W0472456

# Internationales Steuerrecht

- Neuerungen des OECD-Musterabkommens 2017
- Multilaterales Instrument der OECD
- Hinzurechnungsbesteuerung

6., aktualisierte Auflage

Stand: Februar 2020

VON

Dr. Sabine Schmidjell-Dommes

REIHE HERAUSGEGEBEN VON

Dr. MR Wolfgang Berger
Dr. Caroline Toifl
DDr. Marian Wakounig

LexisNexis

LexisNexis® Österreich vereint das Erbe der österreichischen Traditionsverlage Orac und ARD mit der internationalen Technologiekompetenz eines der weltweit größten Medienkonzerne, der RELX Group. Als führender juristischer Fachverlag versorgt LexisNexis® die Rechts-, Steuer- und Wirtschaftspraxis sowie Lehre und Weiterbildung mit Fachinformationen in gedruckter und digitaler Form.

Bücher, Zeitschriften, Loseblattwerke, Skripten und die Kodex-Gesetzestexte garantieren sowohl rasche Information als auch thematische Vertiefung. Von der juristischen Fachredaktion von LexisNexis wird uA die höchstgerichtliche Judikatur gesichtet, nach Wichtigkeit gefiltert und als Rechtsnews zusammengefasst. Webinare bieten Weiterbildung und direkten Kontakt zu Experten.

Mit der Datenbank Lexis 360® haben Sie nicht nur Zugriff auf Gesetze, Rechtsprechung sowie relevante Kommentare und Fachbücher: Enthalten sind auch Lexis Briefings®, eine eigene Kategorie der Rechtsliteratur, die Detailwissen in kürzest möglicher Form komprimiert. Die Suchtechnologie Lexis SmartSearch findet und gruppiert verwandte, weiterführende Inhalte und bringt Sie in Bestzeit zum Rechercheziel. Mit Tools und modernsten Analyse-Technologien wie Lexis SmartScan macht LexisNexis die Zukunft für Sie schon heute verfügbar.

**Nähere Informationen unter www.lexisnexis.at**

**Bibliografische Information der Deutschen Nationalbibliothek**
Die Deutsche Nationalbibliothek verzeichnet diese Publikation in der Deutschen Nationalbibliografie; detaillierte bibliografische Daten sind im Internet über https://dnb.de abrufbar.

**ISBN 978-3-7007-7598-0**

LexisNexis Verlag ARD Orac GmbH & Co KG, Wien
www.lexisnexis.at
**Wien 2020 • Best.-Nr. 84.094.006**

Alle Rechte, insbesondere das Recht der Vervielfältigung und Verbreitung sowie der Übersetzung, vorbehalten. Kein Teil des Werkes darf in irgendeiner Form (durch Fotokopie, Mikrofilm oder anderes Verfahren) ohne schriftliche Genehmigung des Verlags reproduziert oder unter Verwendung elektronischer Systeme gespeichert, verarbeitet, vervielfältigt oder verbreitet werden. Es wird darauf verwiesen, dass alle Angaben in diesem Werk trotz sorgfältiger Bearbeitung ohne Gewähr erfolgen und eine Haftung des Verlags, der Herausgeber und der Autoren ausgeschlossen ist.

Foto Cover

Druckerei: Prime Rate GmbH, Budapest

# Inhaltsverzeichnis

# Abkürzungsverzeichnis

| | |
|---|---|
| AEUV | Vertrag über die Arbeitsweise der Europäischen Union |
| ADG | Amtshilfe-Durchführungsgesetz |
| AG | Aktiengesellschaft |
| AIF | Alternative Investmentfonds |
| AIFMG | Alternative Investmentfonds Manager-Gesetz |
| APA | Advance Pricing Agreement |
| AVOG | Abgabenverwaltungsorganisationsgesetz |
| Art | Artikel |
| BAO | Bundesabgabenordnung |
| BEPS | Base Erosion and Profit Shifting |
| BgA | Betrieb gewerblicher Art |
| BGBl | Bundesgesetzblatt |
| BFG | Bundesfinanzgericht |
| BFH | Bundesfinanzhof |
| BMF | Bundesministerium für Finanzen |
| BS | Betriebstätte |
| BVG | Bundesverfassungsgesetz |
| bzw | beziehungsweise |
| DAC | Directive on Administrative Cooperation |
| DBA | Doppelbesteuerungsabkommen |
| EAS | Express Antwort Service |
| EStG | Einkommensteuergesetz |
| EStR | Einkommensteuerrichtlinien |
| EU | Europäische Union |
| EU-BStbG | EU-Besteuerungsstreitbeilegungsgesetz |
| EU-MPfG | EU-Meldepflichtgesetz |
| EuGH | Europäischer Gerichtshof |
| EWR | Europäischer Wirtschaftsraum |
| gem | gemäß |
| GmbH | Gesellschaft mit beschränkter Haftung |
| GMSG | Gemeinsamer Meldestandard-Gesetz |
| hA | herrschende Ansicht |
| hL | herrschende Lehre |
| hM | herrschende Meinung |
| InvFG | Investmentfondsgesetz |
| InvFR | Investmentfondsrichtlinien |
| idF | in der Fassung |
| idR | in der Regel |
| iSd | im Sinne des/der |
| iVm | in Verbindung mit |
| KESt | Kapitalertragsteuer |
| KG | Kommanditgesellschaft |
| KöR | Körperschaft des öffentlichen Rechts |
| KStG | Körperschaftsteuergesetz |
| KStR | Körperschaftsteuerrichtlinien |

| | |
|---|---|
| lit | litera |
| LStR | Lohnsteuerrichtlinien |
| Lt | laut |
| MLI | Multilaterales Instrument der OECD (Mehrseitiges Übereinkommen zur Umsetzung steuerabkommensbezogener Maßnahmen zur Verhinderung der Gewinnverkürzung und Gewinnverlagerung) |
| OECD | Organisation for economic co-operation and development |
| OECD-MA | OECD-Musterabkommen |
| OECD-MK | OECD-Musterkommentar |
| OECD-VPL | OECD-Verrechnungspreisleitlinien |
| OG | Offene Gesellschaft |
| OGAW | Organismen für gemeinsame Anlagen in Wertpapieren |
| öVPR | österreichische Verrechnungspreisrichtlinien |
| PPT | Principle-Purpose-Test |
| Rsp | Rechtsprechung |
| Rz | Randzahl |
| UFS | Unabhängiger Finanzsenat |
| UGB | Unternehmensgesetzbuch |
| usw | und so weiter |
| SE | Societas Europaea |
| TIEA | Tax Information Exchange Agreement |
| TP | Transfer Pricing |
| va | vor allem |
| v | Vom |
| vGA | verdeckte Gewinnausschüttung |
| vgl | Vergleiche |
| VPDG | Verrechnungspreisdokumentationsgesetz |
| V | Verordnung |
| VfGH | Verfassungsgerichtshof |
| VwGH | Verwaltungsgerichtshof |
| WVK | Wiener Vertragsrechtskonvention |
| Z | Ziffer |
| zB | zum Beispiel |

# Literaturübersicht

## Lehrbücher und Skripten:

*Beiser*, Steuern[16], Facultas WUV, Wien 2018

*Doralt/Ruppe*, Steuerecht I[12], Manz, Wien 2019

*Doralt*, Steuerrecht 2018/19[20], Manz, Wien 2018

*Bendlinger/Kanduth-Kristen/Kofler/Rosenberger*, Handbuch Internationales Steuerrecht[2], LexisNexis Österreich, 2019

*Lang*, Einführung in das Recht der Doppelbesteuerungsabkommen[2], Linde Verlag, Wien 2002

*Lang*, Introduction to the Law of Double Taxation Conventions[2], Linde Verlag, Wien 2013

*Lang/Pistone/Schuch/Staringer*, Introduction to European Tax Law on Direct Taxation[5], Linde Verlag, Wien 2018

*Lang/Rust/Schuch/Staringer*, Einführung in das Steuerrecht[18], Facultas WUV, Wien 2019

*Vock/Wakounig*, Körperschaftsteuer[5], LexisNexis Österreich, 2018

*Wakounig/Labner*, Einkommensteuer[7], LexisNexis Österreich, 2019

## Kommentare:

*Achatz/Kirchmayr/Bergmann/Bieber*, Körperschaftsteuergesetz Kommentar, Facultas WUV, Wien 2015

*Aigner/Kofler/Tumpel*, DBA-Kommentar[2], Linde Verlag, Wien 2018

*Doralt/Kirchmayr/Mayr/Zorn*, Kommentar zum EStG[19], Facultas WUV, Wien

*Hofstätter/Reichel*, Die Einkommensteuer (Loseblatt), LexisNexis Österreich

*Jakom*, Einkommensteuergesetz[12], Linde Verlag, Wien 2019

*Kofler*, Kommentar zur Mutter-Tochter-Richtlinie, LexisNexis Österreich, Wien 2011

*Lang/Rust/Schuch/Staringer*, Körperschaftsteuergesetz Kommentar[2], Linde Verlag, Wien 2016

*OECD Committee on Fiscal Affairs*, Model Tax Convention on Income and on Capital, Paris 2017

*OECD Committee on Fiscal Affairs*, Transfer Pricing Guidelines, Paris 2017

*Loukota/Jirousek/Schmidjell-Dommes*, Internationales Steuerrecht (Loseblatt), Manz

*Quantschnigg/Renner/Schellmann/Stöger/Vock*, Die Körperschaftsteuer (Loseblatt), LexisNexis Österreich

*Ritz*, Bundesabgabenordnung Kommentar[6], Linde Verlag, Wien 2017

*Vogel/Lehner*, Doppelbesteuerungsabkommen Kommentar[6], Verlag C.H. Beck, München 2015

*Wassermeyer/Kaeser/Schwenke*, Doppelbesteuerungsabkommen (Loseblatt), Verlag C.H. Beck, München

# Anleitung zum Verständnis des Skriptums

Das **Steuerrecht**, in allen seinen Ausprägungen, stellt an den „Einsteiger" wie an den „Experten" stets **hohe Anforderungen**. Häufige Gesetzesänderungen, unzählige Entscheidungen, laufende Entwicklungen der unionsrechtlichen Vorgaben sowie komplexe Grundbegriffe erschweren ein Verständnis für die Materie. **Begriffe** wie Betriebstätte, Verrechnungspreismethode oder Nettobesteuerung sind zwar manchen bekannt, bleiben aber in vielen Lehrbüchern nur **unzureichend erklärt**.

Das Herausgeberteam, das jahrzehntelange Erfahrung in der Vermittlung der unterschiedlichen steuerrechtlichen Rechtsgebiete aufweist, hat sich dazu entschlossen, eine **didaktisch orientierte Darstellung** der zentralen Gebiete des Steuerrechts zu verfassen. Das primäre Ziel besteht darin, die einzelnen Bereiche leicht und verständlich darzustellen und den Zugang in mehreren Phasen nachhaltig zu vermitteln.

Wie? Durch ein **phasenbezogenes Vermitteln** und **Lernen** des **Prüfungsstoffs.**

**Phase 1/Basiswissen**

Hier findet der Leser auf einer Übersichtsseite (grau hinterlegt) die zentralen Begriffe eines Kapitels. Diese sind glossarartig dargestellt und vermitteln den gesamten Basisstoff des Fachgebiets; so erhält man einen schnellen Einstieg in die Materie. Eine Übersichtsgrafik, die die wesentlichen Bereiche des folgenden Kapitels auf einen Blick zeigt, ergänzt die zentralen Begriffe. Lesen Sie zuerst diese Übersichtsseiten durch, rekapitulieren Sie diese und gehen Sie erst dann zur nächsten Phase über.

**Phase 2/Vertiefungswissen**

Nun geht es ans Detailwissen. Die zentralen Begriffe werden näher erklärt, mit verständlichen Beispielen versehen und natürlich mit wichtigen Prüfungstipps garniert. Einige Tabellen und Grafiken unterstützen Sie dabei. Die Autorin hat bei den Überschriften **Lesehinweise** angebracht. Damit sehen Sie gleich, welche Gesetzesstellen bzw Randnummern von Richtlinien Sie lesen müssen, um das Dargestellte bestmöglich zu verstehen.

Sie finden bei den einzelnen Elementen **Icons** (Beispiel, Tipp, Literaturhinweise). So wissen Sie stets, wo Sie sich befinden.

Haben Sie alles durchgeackert? Gut, denn nun können Sie überprüfen, ob Sie fit im Steuerrecht sind.

**Phase 3/Wiederholung**

Am Ende jedes Kapitels gibt es einige **Kontrollfragen**. So können Sie testen, wie weit Sie bereits sind. Die Antworten zu diesen Fragen finden Sie am Ende des Skriptums in übersichtlicher Form.

**Frage:** Nach welchem Schema sind internationale Steuerfälle zu lösen?

**Lösung:** Nach der Dreistufentechnik.

Das Skriptum wurde der leichteren Lesbarkeit wegen geschlechterneutral formuliert.

Die Autorin, Wien im Februar 2020

# Teil I: Österreichisches nationales Recht

Internationale Steuerfälle sind stets nach der **Dreistufentechnik** zu lösen. Das bedeutet, dass zunächst nach österreichischem inländischen Recht zu beurteilen ist, ob in Österreich überhaupt ein Besteuerungsanspruch besteht (**erste Stufe**). Besteht in Österreich nach nationalem Recht kein Besteuerungsanspruch, ist der Fall aus österreichischer Sicht bereits gelöst und abgeschlossen. In Österreich kann keine Steuer erhoben werden, allenfalls könnte der andere involvierte Staat besteuern, was wiederum von dessen nationalem Recht und dem anwendbaren Doppelbesteuerungsabkommen (DBA) abhängt. Wird jedoch ein österreichischer Besteuerungsanspruch feststellt, so ist in einem weiteren Schritt zu prüfen, ob dieser Besteuerungsanspruch durch die Anwendung des jeweils relevanten DBA weiterhin bestehen bleibt (**zweite Stufe**). Nimmt das DBA Österreich einen Besteuerungsanspruch, weil das Besteuerungsrecht gemäß dem DBA dem anderen involvierten Staat zugeteilt wird, so ist die Falllösung wiederum beendet, denn ein nach nationalem Recht existierendes Besteuerungsrecht kann durch die Anwendung eines DBA wieder zunichtegemacht werden. Sofern nach dem nationalen Recht des anderen involvierten Staates ein Besteuerungsanspruch besteht und durch das DBA weiter bestätigt wird, hat der andere Staat ein definitives Besteuerungsrecht. Bleibt hingegen auch nach Anwendung des DBA das Besteuerungsrecht weiterhin bei Österreich, so ist in einem letzten Schritt (**dritte Stufe**) die tatsächliche Form der Steuererhebung nach österreichischem nationalen Recht zu prüfen. Die Art der Erhebung der Steuer bestimmt sich ausschließlich nach den österreichischen innerstaatlichen Rechtsvorschriften. Plastisch wurde die Dreistufentechnik mit der Anwendung von Schablonen beschrieben: Zunächst ist auf einem Blatt Papier der internationale Steuerfall beschrieben. Dann wird zuerst die Schablone „nationales Recht" und sodann die Schablone „DBA" darübergelegt. Bleibt der Besteuerungsanspruch weiterhin „sichtbar", darf tatsächlich besteuert werden und es bleibt lediglich das „Wie" zu erörtern.

## Erster Abschnitt: Die unbeschränkte Steuerpflicht

Lesen Sie aufmerksam §§ 1, 2 EStG, § 1 KStG, §§ 26, 27 BAO, EStR 2000 Rz 1–36, LStR 2002 Rz 1–14a, KStR 2013 Rz 1–139.

In Österreich können nur dann Steuern auf Einkünfte erhoben werden, wenn der Einkünfteempfänger einen gewissen Nahebezug zum Inland hat. Dieser Nahebezug kann sich in Form eines **Wohnsitzes, gewöhnlichen Aufenthalts, Sitzes** oder **Ortes der Geschäftsleitung** äußern. Ist ein solcher Nahebezug erfüllt, unterliegt das gesamte Einkommen ungeachtet dessen, ob es in Österreich oder im Ausland angefallen ist, grundsätzlich der unbeschränkten Steuerpflicht (**Welteinkommensprinzip**). Ist ein solcher Nahebezug hingegen nicht erfüllt, können nur jene Einkünfte mit einem gewissen Inlandsbezug in Österreich im Rahmen der beschränkten Steuerpflicht besteuert werden (**Territorialitätsprinzip**).

# A. Unbeschränkt steuerpflichtige natürliche Personen

Lesen Sie aufmerksam §§ 1, 2 EStG, § 26 BAO, EStR 2000 Rz 1–26, LStR 2002 Rz 1–14a.

Natürliche Personen mit Wohnsitz oder gewöhnlichem Aufenthalt in Österreich sind mit ihren weltweit erzielten Einkünften in Österreich unbeschränkt steuerpflichtig.

**Prüfschema unbeschränkte Steuerpflicht natürlicher Personen**

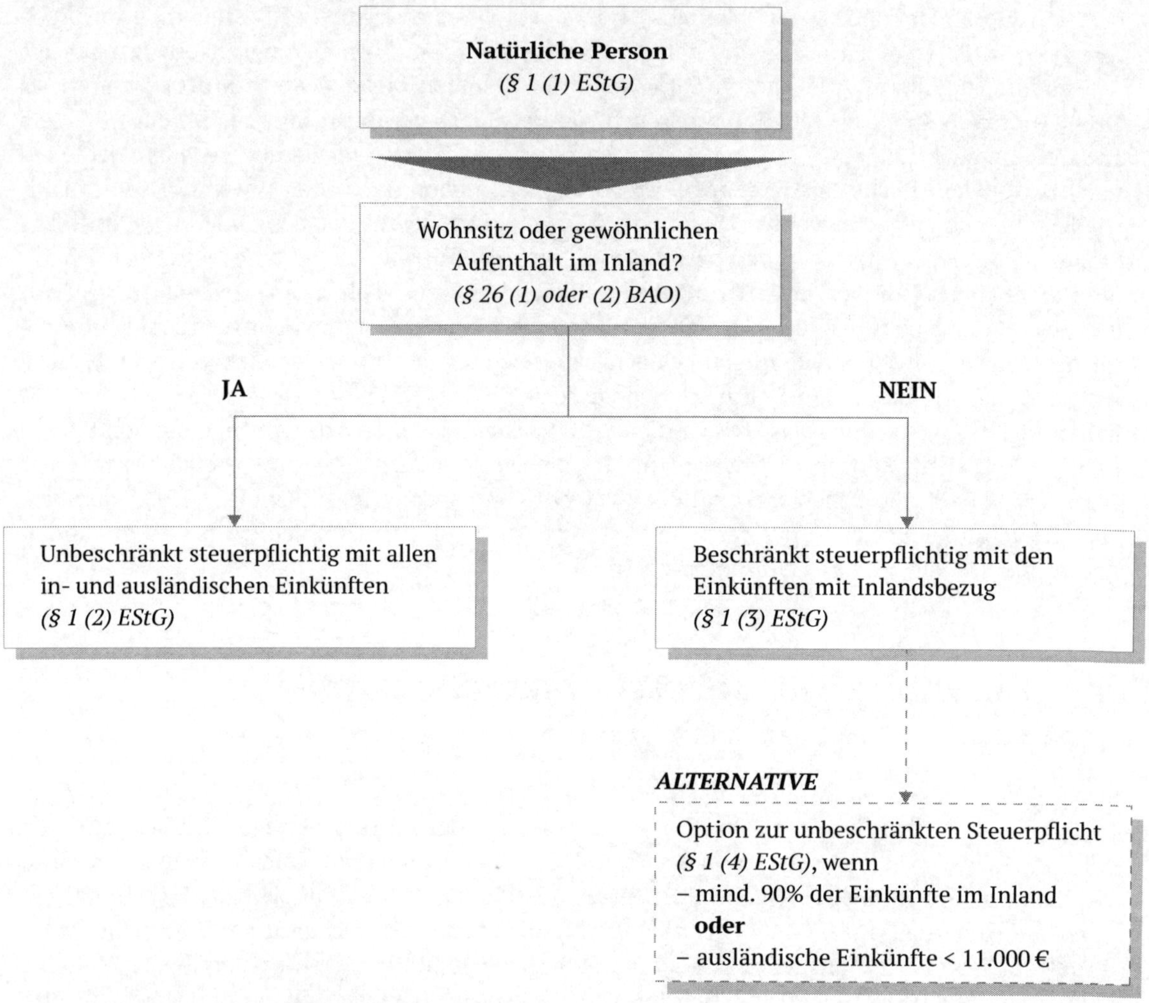


## I. Persönliche Steuerpflicht

„Unbeschränkt steuerpflichtig sind jene natürlichen Personen, die im Inland einen Wohnsitz oder ihren gewöhnlichen Aufenthalt haben.“ (§ 1 [2] EStG)

Im **österreichischen EStG** wird die unbeschränkte Steuerpflicht für **natürliche Personen** geregelt. Persönlich steuerpflichtig ist dabei der Steuerschuldner, der der ESt unterliegt. Voraussetzung für die unbeschränkte Einkommensteuerpflicht einer natürlichen Person ist das Vorhandensein eines **Wohnsitzes oder** eines **gewöhnlichen Aufenthalts** im Inland.

### Prüfschema Wohnsitz/gewöhnlicher Aufenthalt

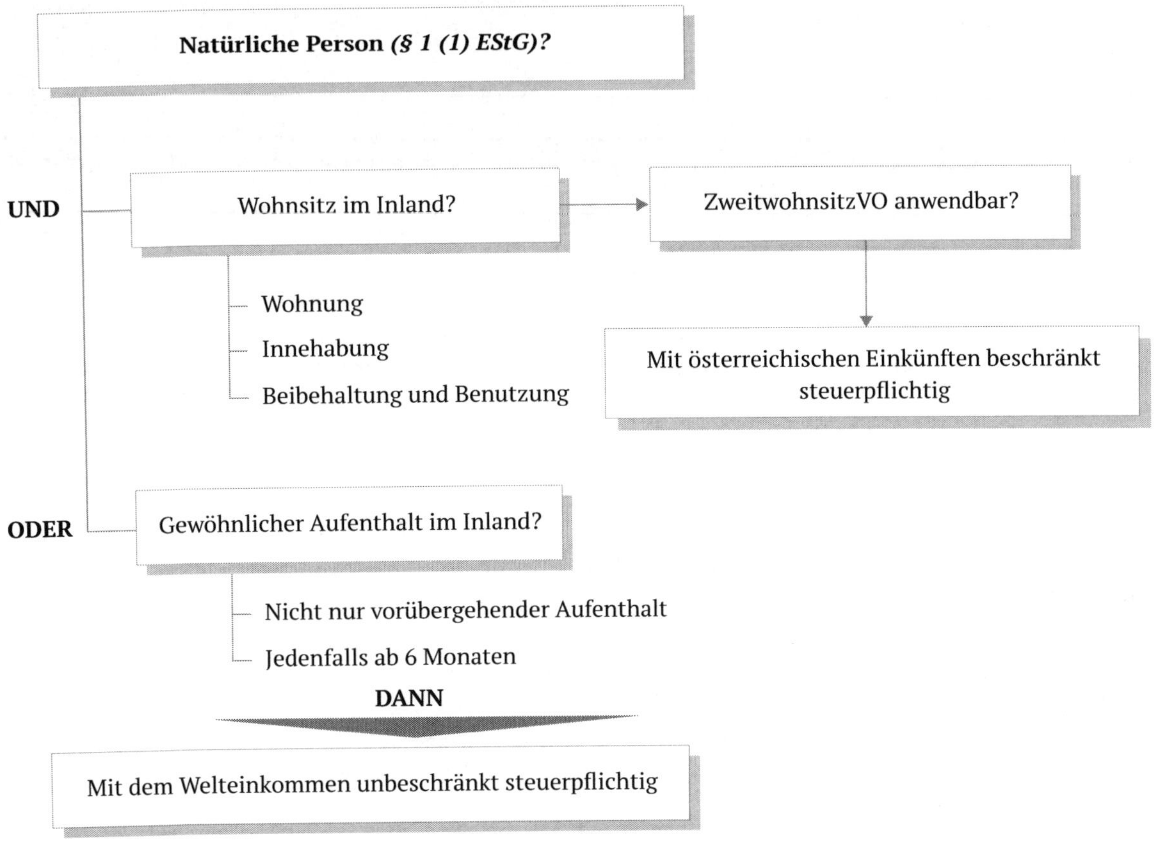


## 1. Wohnsitz

Was als Wohnsitz oder gewöhnlicher Aufenthalt im Inland gilt, wird in § 26 BAO normiert: Demnach hat eine natürliche Person ihren **Wohnsitz** gem **§ 26 (1) BAO** im Inland, wenn sie eine

- Wohnung **im Inland hat,**
- diese Wohnung **tatsächlich innehat** und
- die Umstände darauf schließen lassen, dass diese Wohnung künftig auch **beibehalten** und **benutzt wird.**

Ob ein Wohnsitz im Inland vorliegt, hängt nicht von schwer nachweisbaren subjektiven Elementen, sondern vom tatsächlichen Vorhandensein der drei oben genannten Kriterien ab (VwGH 21. 5. 1990, 89/15/0115). Die bloße Absicht, im Inland eine Wohnung zu mieten, reicht daher für die unbeschränkte Steuerpflicht nicht aus. Zudem ist es möglich, dass eine Person **mehrere** Wohnsitze besitzt.

### a) Wohnung

Als **Wohnung** gelten alle Räumlichkeiten, die zum Wohnen bestimmt und auch geeignet sind. Untermietzimmer, Hotelzimmer, Ferienwohnungen und ähnliche mit vier Wänden umschlossene Räume, die dem Steuerpflichtigen ein Heim bieten können (VwGH 26. 11. 1991, 91/14/0041), sind daher potenzielle Wohnungen iSd § 26 (1) BAO.

**Beispiel:**

Besitzt ein in Deutschland lebendes Ehepaar in einem österreichischen Schiort ein Appartement zur Benutzung während des Schiurlaubes, begründet dies einen Wohnsitz im Inland, da alle Kriterien (Wohnung, Innehabung, Beibehaltung und Benutzung) des § 26 (1) BAO erfüllt sind.

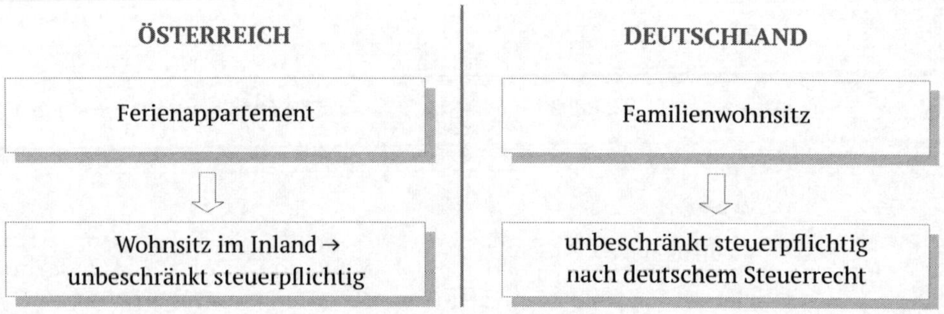


## b) Innehabung

Unter **Innehabung** ist die tatsächliche Verfügungsmacht zu verstehen (VwGH 16. 9. 1992, 90/13/0299). Ist eine im Besitz einer Person befindliche Wohnung vermietet, fehlt es an der Voraussetzung der Innehabung (VwGH 23. 5. 1990, 89/13/0015). Umgekehrt muss eine Person eine Wohnung nicht gemietet haben, um sie innehaben zu können (VwGH 26. 11. 1991, 91/14/0041).

**Beispiel:**

(Fortsetzung zu obigem Beispiel): Wenn das Appartement zwischen den Schiurlauben des Ehepaares vermietet wird, ist in den Zeiträumen der Vermietung das Kriterium der Innehabung nicht erfüllt. Daher wird kein österreichischer Wohnsitz begründet (VwGH 7. 7. 1967, 1860/66).

**Beispiel:**

X schläft bei seinen Aufenthalten in Österreich regelmäßig bei seinem Freund Y auf dessen Ausziehcouch. Y hat X einen Wohnungsschlüssel überlassen und es wurde vereinbart, dass X jederzeit in der Wohnung übernachten könne. Da im gegenständlichen Fall eine Wohnung vorliegt, über die X mittels „Schlüsselgewalt" verfügt (Kriterium der Innehabung ist erfüllt), und die Umstände darauf schließen lassen, dass X die Wohnung auch in Zukunft beibehalten und benutzen wird, dürfte ein Wohnsitz iSd § 26 (1) BAO vorliegen.

## c) Beibehaltung und Benutzung

Das Erfordernis der **Beibehaltung und Benutzung** hat in objektiv erkennbarer Weise zum Zeitpunkt des Wohnungsbezugs zu bestehen. Die Wohnung muss daher in gewissem Ausmaß benutzt werden und es dürfen keine Anzeichen vorliegen, dass sie in Zukunft verkauft oder nicht mehr benutzt werden sollte. Eine leer stehende Wohnung ist nicht unmittelbar benutzbar und kann daher nicht als „Wohnung" iSd BAO gesehen werden. Allerdings ist nicht erforderlich, dass eine benutzbare Wohnung tatsächlich **ständig** benutzt wird. Vielmehr genügt es, wenn eine Wohnung jederzeit zur Verfügung steht und tatsächlich auch fallweise benutzt wird. Das Gesetz lässt es offen, ob eine Mindestzahl an Tagen der tatsächlichen Benutzung zur Begründung eines inländischen Wohnsitzes besteht. Der hA zufolge ist die Innehabung und Benutzung einer Wohnung für einen Zeitraum von über sechs Monaten in jedem Fall wohnsitzbegründend (*Ritz*, BAO-Kommentar[6] § 26 Rz 9). In der Judikatur wurde eine jederzeit bewohnbare Wohnung, die auch fallweise tatsächlich (im Ausmaß von etwa vier Wochen im Jahr) benutzt wurde, für ausreichend erachtet (VwGH 5. 9. 1969, 0698/69; 4. 12. 1969, 310/69).

**Tipp:**

Die polizeiliche Meldung ist für die Feststellung der unbeschränkten Steuerpflicht nicht entscheidend. Ihr kommt maximal Indizienwirkung bei der Erörterung eines Wohnsitzes zu.

**Beispiel:**

X zieht im Anschluss an sein in Wien absolviertes Studium nach Italien. Er unterlässt eine meldepolizeiliche Abmeldung seines Wohnsitzes in seinem Elternhaus, wo er bis zu seinem Umzug nach Italien gelebt hat. Nach dem Umzug nach Italien wird sein Zimmer im Haushalt seiner Eltern geräumt, bei fallweisen Übernachtungen steht X das Gästezimmer, sofern frei, zur Verfügung. Da X weder einen Wohnsitz noch seinen gewöhnlichen Aufenthalt im Inland hat, kann auch die polizeiliche Meldung keine unbeschränkte Steuerpflicht begründen. Im Übrigen haben volljährige Kinder mit eigenem Hausstand jedenfalls einen eigenen Wohnsitz, auch wenn ihnen die Eltern an deren Wohnsitz ein Zimmer zur Verfügung stellen; zu prüfen wäre, ob bei den Eltern ein weiterer Wohnsitz besteht.

### d) Abgeleiteter Wohnsitz

Gemäß dem Konzept des **„abgeleiteten Wohnsitzes"** haben minderjährige Kinder grundsätzlich ihren Wohnsitz im Haushalt der Erziehungsberechtigten. Gleiches gilt auch für Ehepaare, welche idR bei aufrechter Ehe den abgeleiteten Wohnsitz am Ort des Familienwohnsitzes haben (VwGH 11. 12. 1964, 1023/63; 19. 12. 2006, 2005/15/0127; BMF EAS 1723, 11. 10. 2000; EAS 1963, 3. 12. 2001).

**Beispiel:**

Hat die Ehefrau eines weltweit berühmten Dirigenten im Inland eine 60 $m^2$ große Dachgeschoß-Wohnung angemietet, die durch den Dirigenten während seiner Auftritte in Österreich bewohnt wird, dann liegt die Vermutung nahe, dass dadurch ein Wohnsitz gem § 26 (1) BAO begründet wird. Dies auch ungeachtet dessen, ob das Appartement für einen „Weltstar" standesgemäß ist oder nicht (VwGH 11. 3. 2005, 2002/15/0102).

**Tipp:**

Am Beginn jeder Lösung eines Steuerfalles hat die Frage zu stehen, ob unbeschränkte oder beschränkte Steuerpflicht vorliegt. Der erste Schritt bei natürlichen Personen ist dabei die Prüfung des Vorliegens eines Wohnsitzes anhand der Kriterien Wohnsitz, Innehabung, Beibehaltung und Benutzung. Ob tatsächlich ein Wohnsitz vorliegt, ist abhängig vom jeweiligen Sachverhalt.

## 2. Gewöhnlicher Aufenthalt

Liegt kein Wohnsitz gem § 26 (1) BAO im Inland vor, so kann nach wie vor ein **gewöhnlicher Aufenthalt** im Inland zur unbeschränkten Steuerpflicht führen. Gem **§ 26 (2) BAO** hat jemand einen gewöhnlichen Aufenthalt „dort, wo er sich unter Umständen aufhält, die erkennen lassen, daß er an diesem Ort oder in diesem Land nicht nur vorübergehend verweilt".

Jedenfalls wird ab einem Aufenthalt von mehr als **sechs Monaten** ein gewöhnlicher Aufenthalt im Inland fiktiv angenommen. Das heißt, dass ab Überschreiten der Sechs-Monats-Frist ungeachtet der Frage, ob das Verweilen im Inland nur vorübergehend ist, in jedem Fall ein gewöhnlicher Aufenthalt im Inland und somit unbeschränkte Steuerpflicht begründet wird. Die unbeschränkte Steuerpflicht tritt dabei nach Ablauf der Frist rückwirkend ein (VwGH 9. 2. 1973, 1025/71).

Während im Falle des Wohnsitzes mehrere Wohnsitze möglich sind (zB Wohnung im Inland, von der aus die Arbeitsstätte besucht wird, Wochenendhaus am Land und Ferienwohnung im Ausland), kann ein Steuerpflichtiger immer nur **einen** gewöhnlichen Aufenthalt haben (VwGH 30. 7. 1992, 89/17/0072). Zur Begründung eines gewöhnlichen Aufenthaltes ist keine ununterbrochene Anwesenheit im Inland erforderlich. Kürzere Unterbrechungen sind daher unschädlich (VwGH 13. 12. 1982, 1603/80). Allerdings wird für die Zeit des Auslandsaufenthalts der Fristenlauf für Zwecke der Sechs-Monats-Berechnung gehemmt.

**Beispiel:**

Der Grieche X ist Künstler und hat ein Engagement an einem österreichischen Theater. Laut Vertrag wird X am Theater für eine Dauer von vier Monaten beschäftigt, danach endet der Vertrag und X wird wieder in seine Heimat Griechenland zurückkehren. Ein gewöhnlicher Aufenthalt in Österreich ist nicht gegeben, da die Umstände nicht erkennen lassen, dass X nicht nur vorübergehend in Österreich verweilt.

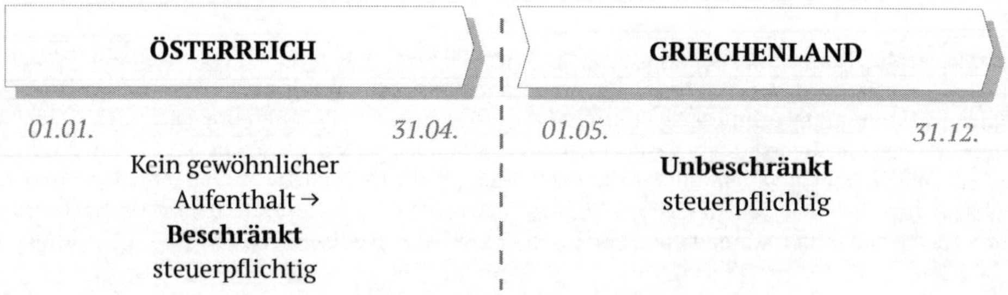


**Beispiel:**

(Variante zu obigem Beispiel): Der bisher in Griechenland lebende X bekommt ein unbefristetes Engagement an einem österreichischen Theater. Zu Beginn seiner Beschäftigung übernachtet er in verschiedenen Hotels und Pensionen, bis er schließlich nach etwa zwei Monaten eine Wohnung bezieht. Mit dem Beginn der Beschäftigung am Theater und dem damit im Zusammenhang stehenden physischen Aufenthalt im Inland liegt ein gewöhnlicher Aufenthalt in Österreich vor, welcher alleine schon zur unbeschränkten Steuerpflicht gem § 1 (2) EStG führt. Mit Bezug der Wohnung verfügt er zusätzlich über einen Wohnsitz im Inland. Ungeachtet dessen, ob X seine Wohnung im Ausland beibehalten hat, ist er in Österreich unbeschränkt steuerpflichtig und wird mit seinem Welteinkommen zur Besteuerung herangezogen.

**Grenzgänger**, die sich nur während des Tages zum Zwecke der Arbeitsausübung im Inland aufhalten, begründen keinen gewöhnlichen Aufenthalt. Nur sofern gleichzeitig eine Wohnung oder ein Zimmer im Inland unterhalten wird, in dem fallweise übernachtet wird, würde unbeschränkte Steuerpflicht begründet werden (EStR 2000 Rz 35; VwGH 14. 4. 1972, 0457/71).

Steuerpflichtige, die weder ein Gewerbe im Inland betreiben noch einen anderen Beruf ausüben und bei denen von vornherein klar ist, dass sie sich nicht länger als ein Jahr im Inland aufhalten werden, können auf Antrag beim Bundesministerium für Finanzen gem § 26 (2) BAO eine **Ausdehnung der Sechs-Monats-Frist auf ein Jahr** beantragen. Anwendungsfälle sind vor allem krankheitsbedingte Inlandsaufenthalte oder Aufenthalte zu Studienzwecken.

**Literaturhinweise:**

*Rosenberger*, Besonderheiten beim Wohnsitzbegriff, SWK 2007, S 848; *Ritz*, Bundesabgabenordnung Kommentar[6] (2017) § 26.

## 3. Wechsel von der beschränkten in die unbeschränkte Steuerpflicht und umgekehrt

Lesen Sie aufmerksam EStR 2000 Rz 7503.

Die unbeschränkte Steuerpflicht kann durch einen Wohnsitz oder gewöhnlichen Aufenthalt auch unterjährig begründet werden. In diesem Fall liegen in einem Kalenderjahr **zwei Veranlagungsabschnitte**, einer basierend auf der unbeschränkten Steuerpflicht und ein anderer basierend auf der beschränkten Steuerpflicht, vor. In der Folge sind ggf zwei Steuererklärungen, eine für die unbeschränkte Steuerpflicht und eine weitere für die beschränkte Steuerpflicht, einzureichen (BMF EAS 1778, 5. 1. 2001).

**Beispiel:**

(Variante zu obigem Beispiel): Entschließt sich ein über mehrere Jahre an einem österreichischen Theater beschäftigter Künstler unter Aufgabe seines österreichischen Wohnsitzes zur unterjährigen Rückkehr in sein Heimatland Griechenland, so liegen im Veranlagungsjahr zwei Veranlagungsabschnitte vor.

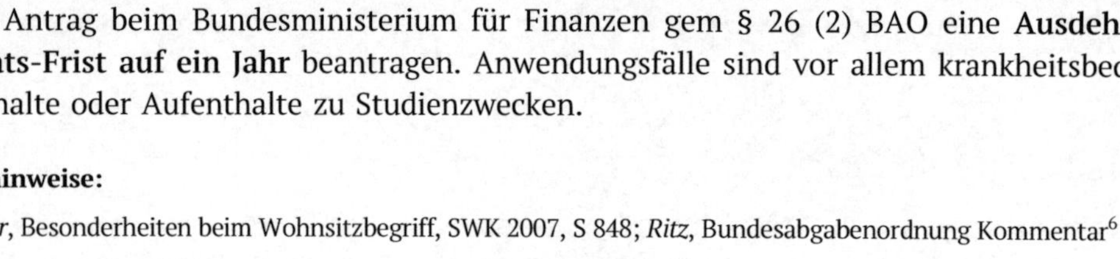

**Tipp:**

Wird bei der Lösung eines Steuerfalles festgestellt, dass kein Wohnsitz im Inland vorliegt, ist in einem zweiten Schritt zu prüfen, ob die Person den gewöhnlichen Aufenthalt im Inland hat. Liegt auch kein gewöhnlicher Aufenthalt im Inland vor, dann ist die Person in Österreich nur beschränkt steuerpflichtig mit den in § 98 EStG taxativ aufgezählten Einkünften. Wird das Kriterium des gewöhnlichen Aufenthalts hingegen erfüllt, ist die Person unbeschränkt steuerpflichtig. In einem nächsten Schritt wäre sodann der Gesamtbetrag der Einkünfte nach dem Welteinkommensprinzip zu ermitteln.

## 4. Zweitwohnsitzverordnung

Lesen Sie aufmerksam die ZweitwohnsitzV BGBl II 2003/528.

Personen, die außer einem Feriendomizil keinen Bezug zu Österreich haben, würden durch die gesetzliche Wohnsitzanknüpfung unbeschränkt steuerpflichtig mit dem gesamten Welteinkommen in Österreich. Um dies zu verhindern, wurde die Zweitwohnsitzverordnung geschaffen: Im Ausland lebende Steuerpflichtige, die über einen Zweitwohnsitz im Inland verfügen, haben die Möglichkeit, durch Anwendung der **ZweitwohnsitzV** (BGBl II 2003/528) die unbeschränkte Steuerpflicht im Inland zu verhindern. Primäres Ziel der ZweitwohnsitzV ist, die drohende unbeschränkte Steuerpflicht, welche durch die Begründung eines Feriendomizils in Österreich besteht, zu relativieren.

Voraussetzungen für die Anwendung der ZweitwohnsitzV:

- Der Steuerpflichtige muss seinen **Mittelpunkt der Lebensinteressen länger als fünf Jahre im Ausland** haben,
- die Wohnung darf alleine oder gemeinsam mit anderen inländischen Wohnungen nicht mehr als **70 Tage** benutzt werden und
- der Steuerpflichtige muss ein **Verzeichnis** über die Benutzung der Wohnung führen.

Das bedeutet, dass Steuerpflichtige, die in der Vergangenheit keinen Wohnsitz in Österreich hatten, auch in der Zukunft keinen begründen, sofern – trotz Vorliegens einer Wohnung – der Aufenthalt im Inland nicht die Grenze von 70 Tagen im Kalenderjahr überschreitet. Aber auch Fälle, in denen vormals unbeschränkt Steuerpflichtige unter Beibehaltung der inländischen Wohnung ins Ausland übersiedeln, sind vom Anwendungsbereich der V erfasst. In diesen Fällen ist die ZweitwohnsitzV bereits im Zeitpunkt des Wegzugs anwendbar. Sofern innerhalb des Beobachtungszeitraumes von fünf Kalenderjahren die Voraussetzungen nicht mehr vorliegen, ist die Anwendung der V gem § 295a BAO rückwirkend zu versagen (BMF EAS 2399, 5. 1. 2004).

**Beispiel:**

Der in Österreich geborene Schauspieler und Politiker S zieht unter Beibehaltung einer kleinen Wohnung in Graz in die USA. Der Schauspieler verbringt in den Folgejahren jeweils die Weihnachtsfeiertage und zwei Wochen während der Sommerferien in Österreich. Er macht sich Aufzeichnungen über seinen Aufenthalt und vorsorglich hebt er zusätzlich noch die Reisebelege (Flug- und Bahntickets) auf. Da S sich nicht mehr als 70 Tage im Inland aufhält und dies auch durch Vorlage eines Verzeichnisses und der Reisebelege nachweisen kann, wird trotz Vorliegens eines inländischen Wohnsitzes gem § 26 (1) BAO von einer Besteuerung als unbeschränkt Steuerpflichtiger abgesehen. Benützt allerdings die Ehegattin die Wohnung für einen die 70-Tage-Frist überschreitenden Zeitraum, so liegen für beide die Voraussetzungen der ZweitwohnsitzV nicht mehr vor (abgeleiteter Wohnsitz), wodurch beide als unbeschränkt steuerpflichtig im Inland anzusehen sind.

Die ZweitwohnsitzV hat in der Literatur heftige Kritik hervorgerufen: Ihr wird unter anderem offenkundige Gesetzwidrigkeit vorgeworfen, da § 26 (1) BAO rein auf das Vorliegen einer Wohnung abstellt und durch die V, welche eben trotz Vorhandenseins einer Wohnung im Inland keine unbeschränkte Steuerpflicht vorsieht, das Gesetz konterkariert werde. Daneben wird auch die Kontrollierbarkeit des vom Steuerpflichtigen geführten Verzeichnisses kritisiert.

**Literaturhinweise:**

*Doralt*, Zweitwohnsitzverordnung: Steuerflucht trotz Wohnsitz im Inland, RdW 2004, 51; *Loukota*, Beschränkte Steuerpflicht bei inländischem Wohnsitz, SWI 2004, 53.

## 5. Fiktive unbeschränkte Steuerpflicht

Lesen Sie aufmerksam LStR 2002 Rz 7–12.

Eine Ausnahmeregelung vom Wohnsitzprinzip bzw vom Prinzip des gewöhnlichen Aufenthalts sieht **§ 1 (4) EStG** zur Erlangung der unbeschränkten Steuerpflicht vor. Demnach können **EU- oder EWR-Staatsangehörige**, die weder Wohnsitz noch gewöhnlichen Aufenthalt in Österreich haben, über einen **Antrag** zur unbeschränkten Steuerpflicht optieren, sofern

- entweder **mindestens 90 %** der Einkünfte inländische Einkünfte iSd § 98 EStG sind oder
- die nicht der österreichischen ESt unterliegenden Einkünfte **nicht mehr als 11.000 €** betragen.

Hintergrund für die Schaffung dieser Option zur unbeschränkten Steuerpflicht war die Rsp in der Rs *Schumacker* (EuGH 14. 2. 1995, C-279/93). Zielsetzung der Regelung ist, beschränkt steuerpflichtige Gebietsfremde, die nahezu ihr gesamtes Einkommen in einem Staat erwirtschaften und sich dadurch in einer mit unbeschränkt steuerpflichtigen Gebietsansässigen vergleichbaren Situation befinden, nicht gegenüber unbeschränkt steuerpflichtigen Gebietsansässigen zu benachteiligen. Steuerpflichtige, die zur fiktiven unbeschränkten Steuerpflicht optieren, können in der Folge die ansonsten nur unbeschränkt Steuerpflichtigen vorbehaltenen Absetzbeträge und Freibeträge in Anspruch nehmen. Durch die DBA- Diskriminierungsverbote besteht die Möglichkeit zur Option zur unbeschränkten Steuerpflicht auch für all jene Steuerpflichtige, die in einem Staat ansässig sind, mit dem Österreich ein DBA abgeschlossen hat, in dem ein dem Art 24 (1) OECD-MA nachgebildetes Diskriminierungsverbot enthalten ist (LStR 2002 Rz 7a). Optiert eine Person zur unbeschränkten Steuerpflicht nach § 1 (4) EStG, kann sie nach der jüngsten Rsp des VwGH Auslandsverluste absetzen, die im Ausland nicht berücksichtigt wurden (VwGH 25. 9. 2012, 2008/13/0201; LStR 2002 Rz 10). Bei einer späteren Berücksichtigungsmöglichkeit im Ausland kommt es jedoch zur Nachversteuerung gem § 2 (8) Z 3 EStG und die Verluste erhöhen im betreffenden Veranlagungsjahr den inländischen Gesamtbetrag der Einkünfte.

**Beispiel:**

H bewohnt mit ihrer Familie ein Haus in Italien. H ist Lehrerin an einem österreichischen Gymnasium und Internat und unterrichtet zwei Tage pro Woche. Somit hat H ihren Wohnsitz und gewöhnlichen Aufenthalt in Italien und wäre in der Folge in Österreich nur beschränkt steuerpflichtig. Sofern H über Antrag zur unbeschränkten Steuerpflicht optiert, würden ihre österreichischen Einkünfte unter Berücksichtigung aller nur für unbeschränkt Steuerpflichtige geltenden Freibeträge und Absetzbeträge (Alleinerzieherabsetzbetrag, Unterhaltsabsetzbetrag, außergewöhnliche Belastungen [§§ 34, 35 EStG], Progressionsermäßigungen [§§ 37, 38 EStG], Freibetrag nach § 105 EStG, Bausparen nach § 108 EStG, prämienbegünstigte Pensionsvorsorge nach § 108a EStG und prämienbegünstigte Zukunftsvorsorge nach § 108g EStG; vgl LStR 2000 Rz 9) versteuert.

**Literaturhinweise:**

*Toifl*, Der Fall „Schumacker" – Neue EuGH-Rspr zur Diskriminierung beschränkt Steuerpflichtiger, SWI 1995, 149; *Fekar/Schnitger*, Art 24 Abs 1 OECD-MA als Eintrittsklausel zur mittelbaren und unmittelbaren Anwendung der Grundfreiheiten des EG-Vertrages für Drittstaatler, SWI 2002, 76; *Huber/Pichler*, Auslandsverluste bei erweiterter unbeschränkter Steuerpflicht, taxlex 2013, 14.

# II. Sachliche Steuerpflicht

Die sachliche Steuerpflicht erstreckt sich auf das Einkommen, das eine unbeschränkt steuerpflichtige Person innerhalb eines Kalenderjahres bezogen hat. Das **Einkommen** setzt sich gem **§ 2 (2) EStG** aus dem Gesamtbetrag der Einkünfte (Summe der sieben Einkunftsarten) nach Ausgleich mit Verlusten und nach Abzug allfälliger Sonderausgaben, außergewöhnlicher Belastungen und Freibeträge zusammen. Einkünfte, die nicht unter die sieben Einkunftsarten fallen, unterliegen nicht der ESt und sind nicht steuerbar.

## III. Welteinkommensprinzip

Rechtsfolge der unbeschränkten Steuerpflicht ist die Besteuerung nach dem **Welteinkommensprinzip**. Das bedeutet, dass sämtliche in- und ausländischen Einkünfte eines unbeschränkt Steuerpflichtigen der österreichischen Besteuerung unterliegen.

**Beispiel:**

Der in Österreich unbeschränkt steuerpflichtige Z bezieht ein Gehalt aus seiner unselbständigen Tätigkeit als Segellehrer am Neusiedlersee. Im Frühling und im Herbst übt er seine Segellehrertätigkeit an der italienischen Riviera aus. Zusätzlich hält Z ein Aktienpaket an einer US-Gesellschaft auf einem ausländischen Depot. Sämtliche Einkünfte unterliegen grundsätzlich in Österreich der unbeschränkten Steuerpflicht, ungeachtet dessen, ob sie im In- oder Ausland angefallen sind. Der Besteuerungsanspruch nach nationalem Recht kann allerdings durch ein DBA beschränkt werden.

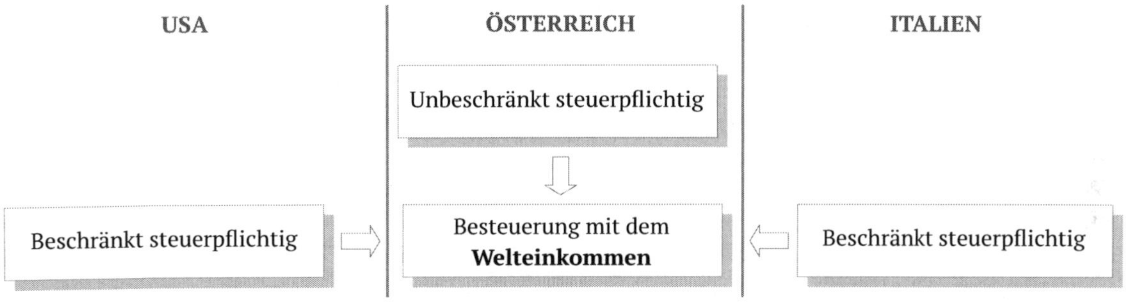


Bezieht ein in Österreich unbeschränkt Steuerpflichtiger Auslandseinkünfte, so sind die Vorschriften des österreichischen Steuerrechts gem **§ 2 (8) EStG** bei Ermittlung der österreichischen Besteuerungsgrundlage maßgebend (Anpassungsrechnung) (EStR 2000 Rz 17).

**Kontrollfragen:**

1. Wann ist eine natürliche Person unbeschränkt steuerpflichtig und was ist die Folge davon?
2. Welche Voraussetzungen müssen erfüllt werden, um im Anwendungsbereich der ZweitwohnsitzV nur als beschränkt Steuerpflichtiger behandelt zu werden?
3. Wann besteht die Möglichkeit der Option zur unbeschränkten Steuerpflicht und welche Konsequenzen ergeben sich daraus?

# B. Unbeschränkt steuerpflichtige Körperschaften

Lesen Sie aufmerksam § 2 EStG, §§ 1, 7, 10 KStG, § 27 BAO, KStR 2013 Rz 1–139.

Körperschaften, die ihren Sitz oder Ort der Geschäftsleitung in Österreich haben, sind mit den weltweit erzielten Einkünften in Österreich unbeschränkt steuerpflichtig. Dabei sind diverse Sondervorschriften zur Ermittlung der Auslandseinkünfte zu beachten, wie zB Beteiligungsertragsbefreiungen, Passiveinkünfte niedrig besteuerter Körperschaften oder die Behandlung von Verlusten bei ausländischen Betriebstätten oder Tochtergesellschaften.

## I. Persönliche Steuerpflicht

„Unbeschränkt steuerpflichtig sind Körperschaften, die im Inland ihre Geschäftsleitung oder ihren Sitz (§ 27 der Bundesabgabenordnung) haben." (§ 1 [2] KStG)

**Prüfschema unbeschränkte Steuerpflicht juristischer Personen**

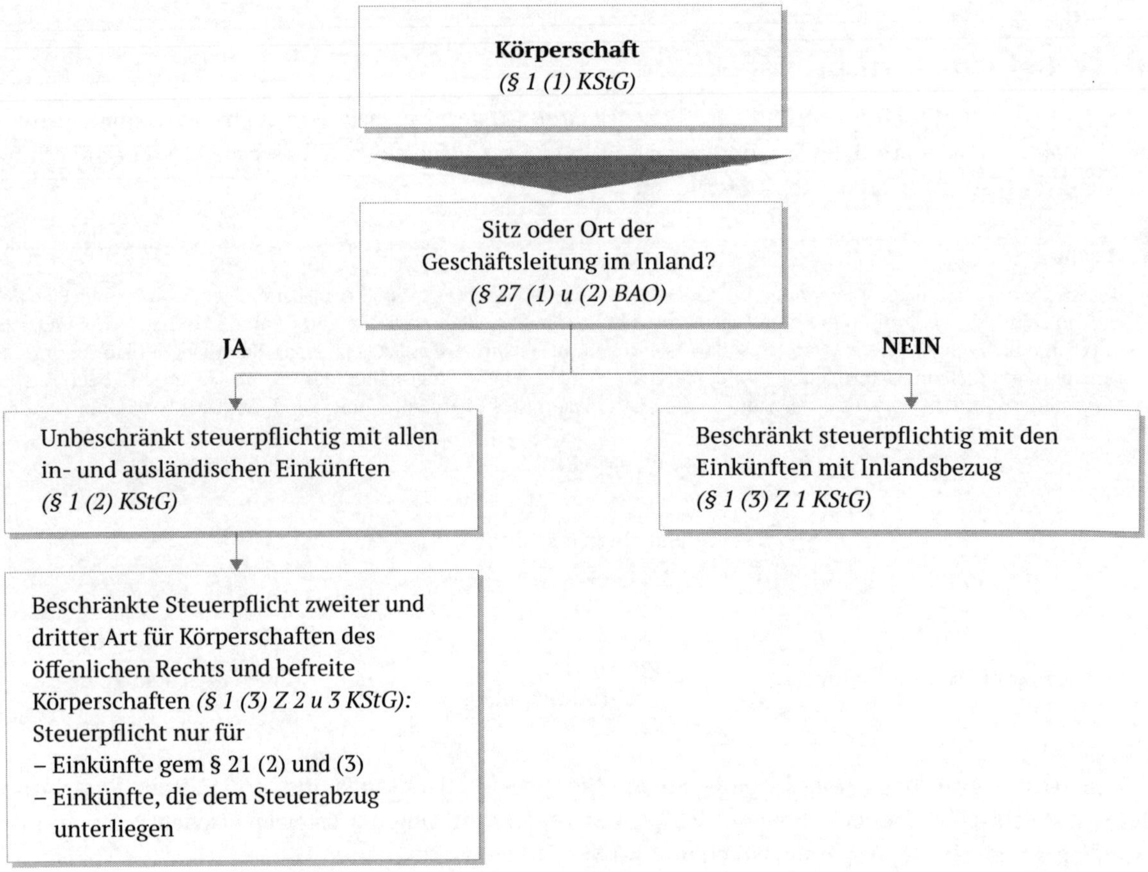


Im **österreichischen KStG** wird die unbeschränkte Steuerpflicht für **Körperschaften** geregelt. Voraussetzung für die unbeschränkte Körperschaftsteuerpflicht ist einerseits das Vorliegen einer **Körperschaft** und andererseits das Vorhandensein des **Sitzes oder der Geschäftsleitung** im Inland. Der im KStG verwendete Begriff der Körperschaften ist – abweichend vom zivilrechtlichen – ein Sammelbegriff. Vom Begriff der Körperschaften umfasst sind

- juristische Personen des privaten Rechts (das sind insbesondere die Kapitalgesellschaften AG, SE und GmbH sowie Genossenschaften, Vereine, Sparkassen, Versicherungsvereine auf Gegenseitigkeit und Privatstiftungen);
- Betriebe gewerblicher Art von Körperschaften des öffentlichen Rechts;
- nichtrechtsfähige Personenvereinigungen, Anstalten, Stiftungen und andere Zweckvermögen.

## 1. Sitz

Der **Sitz** einer Körperschaft bestimmt sich gem **§ 27 (1) BAO** nach dem Ort, der durch Gesetz, Vertrag, Satzung, Stiftungsbrief und dergleichen bestimmt ist. Der Sitz einer Körperschaft ist formal festzustellen und damit rechtsgeschäftlichen Gestaltungen zugänglich. Hat ein Unternehmen den Sitz in Österreich, liegt automatisch unbeschränkte Körperschaftsteuerpflicht vor.

**! Beispiel:**

Wurde in Österreich eine GmbH gegründet und die Geschäftsführung vom Ausland aus unternommen, dann liegt selbst dann unbeschränkte Steuerpflicht vor, wenn in Österreich lediglich eine Briefkastengesellschaft besteht (KStR 2013 Rz 4). Eine Ansässigkeitsbescheinigung kann jedoch nur erteilt werden, wenn die gegenständlichen Einkünfte der Briefkastengesellschaft zugerechnet werden können.

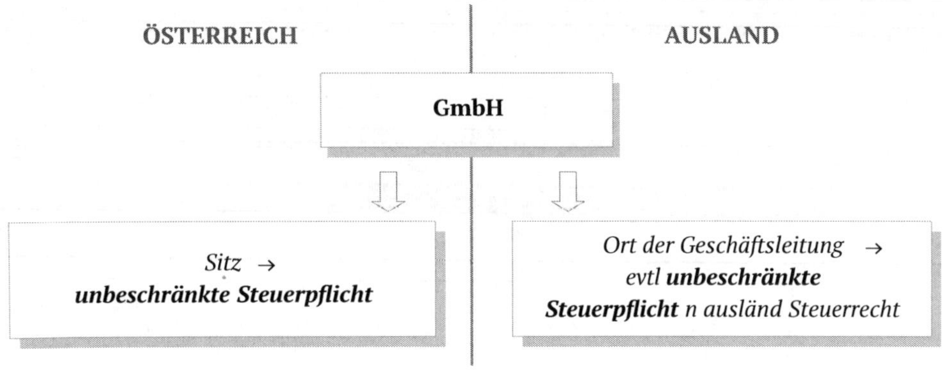


## 2. Geschäftsleitung

Als **Ort der Geschäftsleitung** ist gem § 27 (2) BAO „der Ort anzunehmen, an dem sich der **Mittelpunkt der geschäftlichen Oberleitung** befindet".

In den meisten Fällen wird der Sitz mit dem Ort der Geschäftsleitung zusammenfallen. Ist hingegen der Sitz einer Gesellschaft im Ausland, kann nach wie vor der Ort der Geschäftsleitung die unbeschränkte Steuerpflicht in Österreich begründen. Durch die doppelte Anknüpfung an den Sitz und gleichzeitig an den Ort der Geschäftsleitung wird Konstruktionen, in denen eine Gesellschaft in einer Steueroase gegründet wird, um der inländischen Steuer zu entgehen, der Boden entzogen. Im Zweifel liegt der Ort der Geschäftsleitung an dem Ort, wo sich der **Mittelpunkt der geschäftlichen Oberleitung** befindet, also wo die für die Geschäftsführung nötigen Maßnahmen von einigem Gewicht angeordnet werden (VwGH 23. 2. 1987, 85/15/0131) bzw wo die für das Tagesgeschäft der Gesellschaft bedeutsamen Entscheidungen getroffen werden. IdR sind dabei die zur Geschäftsführung berufenen Organe auch diejenigen, die die bedeutsamen Entscheidungen treffen. Daher wird in den meisten Fällen auch der Ort, an dem die Büros der leitenden Geschäftsführer sind, der Mittelpunkt der geschäftlichen Oberleitung sein. Eine Gesellschaft kann nur **einen** Mittelpunkt der geschäftlichen Oberleitung haben (VwGH 2. 3. 1956, 0598/54).

**Beispiel:**

Eine österreichische Kapitalgesellschaft gründet eine Tochtergesellschaft in Monaco, über welche das Auslandsgeschäft abgewickelt werden soll. Der Geschäftsführer der monegassischen Gesellschaft lebt in Österreich und gibt den Mitarbeitern in Monaco über Telefon und E-Mail Anweisungen. Da sich der Ort der Geschäftsleitung in Österreich befindet, ist die monegassische Tochtergesellschaft in Österreich unbeschränkt steuerpflichtig.

Hat eine Körperschaft den Sitz im Ausland und den Ort der Geschäftsleitung in Österreich oder, umgekehrt, den Sitz in Österreich und den Ort der Geschäftsleitung im Ausland, so liegt eine **„doppelansässige Gesellschaft"** vor. Um in diesen Fällen Doppelbesteuerung zu vermeiden, sehen die DBA einen Mechanismus vor, um die abkommensrechtliche Ansässigkeit zu bestimmen: Die dem OECD-MA 2014 bzw früheren Fassungen folgenden DBA beinhalten eine Tie-Breaker-Regelung, der zufolge bei Doppelansässigkeit die tatsächliche Ansässigkeit in dem Staat liegt, in dem sich der **Ort der tatsächlichen Geschäftsleitung** befindet. Nach den dem OECD-MA 2017 folgenden DBA ist zur Lösung einer Doppelansässigkeit jedoch stets ein Verständigungsverfahren zu führen.

**Beispiel:**

Gründet eine liechtensteinische Kapitalgesellschaft zum Zwecke der besseren Kundenanbindung eine Tochtergesellschaft in Österreich, deren Geschäftsleitung sich in Liechtenstein befindet, dann handelt es sich bei der österreichischen Gesellschaft um eine „doppelansässige Gesellschaft".

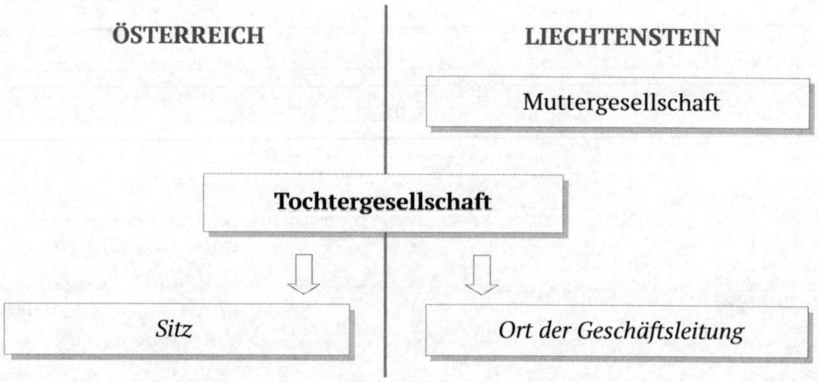


**Literaturhinweise:**

*Lang/Rust/Schuch/Staringer*, Körperschaftsteuergesetz Kommentar (2016) § 1; *Ritz*, Bundesabgabenordnung Kommentar[6] (2017) § 27.

## II. Sachliche Steuerpflicht

Die unbeschränkte Steuerpflicht von Körperschaften erstreckt sich auf das Einkommen, das nach Maßgabe des § 7 (2) KStG unter Verweis auf § 2 EStG zu ermitteln ist. Wie auch bei unbeschränkt steuerpflichtigen natürlichen Personen unterliegt der Gesamtbetrag der Einkünfte der sieben Einkunftsarten nach Ausgleich mit Verlusten, Sonderausgaben, außergewöhnlichen Belastungen und Freibeträgen der KSt. Körperschaften, die kraft Rechtsform rechnungslegungspflichtig sind (dazu gehören AG, SE, GmbH, Erwerbs- und Wirtschaftsgenossenschaften, Versicherungsvereine auf Gegenseitigkeit, Sparkassen und betrieblich veranlasste Privatstiftungen iSd § 4 [11] Z 1 EStG), haben automatisch aufgrund § 7 (3) KStG nur Einkünfte aus Gewerbebetrieb.

## III. Welteinkommensprinzip

### 1. Umfang der Steuerpflicht

Wie bei natürlichen Personen ist auch bei Körperschaften die Besteuerung nach dem **Welteinkommensprinzip** die Rechtsfolge der unbeschränkten Steuerpflicht. Das bedeutet, dass sämtliche in- und ausländischen Einkünfte einer in Österreich unbeschränkt steuerpflichtigen Körperschaft der österreichischen Besteuerung unterliegen.

**Beispiel:**

Die im Wiener Firmenbuch eingetragene X-AG produziert und vertreibt Autoteile in Österreich und in Deutschland und bezieht daher neben ihren Einkünften aus der Veräußerung von Autoteilen in Österreich auch Einkünfte aus der Veräußerung der Autoteile in Deutschland. Sämtliche Einkünfte sind durch das Welteinkommensprinzip in Österreich steuerbar.

### 2. Ermittlung der Auslandseinkünfte

Auch Körperschaften haben ihre ausländischen Einkünfte gem **§ 2 (8) EStG** nach österreichischem Steuerrecht zu ermitteln. Daher ist eine **Umrechnung** der ausländischen Einkünfte auf österreichisches Steuerrecht notwendig. Durch die in Auslandssachverhalten erforderliche **erhöhte Mitwirkungspflicht** hat der Steuerpflichtige nachzuweisen, dass eine Umrechnung erfolgt ist (EStR 2000 Rz 191).

**Literaturhinweis:**

*Schilcher*, Grenzen der Mitwirkungspflichten im Lichte des Gemeinschaftsrechts (2010).

## 3. Sondervorschriften zur Ermittlung der Auslandseinkünfte

### a) Befreiung für Beteiligungserträge und internationale Schachtelbeteiligungen

Lesen Sie aufmerksam § 10 KStG, KStR 2013 Rz 1153–1227; Richtlinie (2011/96/EU) des Rates vom 30. November 2011 über das gemeinsame Steuersystem der Mutter- und Tochtergesellschaften verschiedener Mitgliedstaaten (Mutter-Tochter-Richtlinie).

Die in § 10 KStG normierte **Beteiligungsertragsbefreiung** gilt sowohl für nationale als auch für grenzüberschreitende Fälle. Zielsetzung dieser Befreiung ist im Wesentlichen, dass in den Händen der ausschüttenden Körperschaft bereits besteuerte Gewinne bei der empfangenden Körperschaft nicht nochmals besteuert werden sollen. Die Beteiligungsertragsbefreiung greift mit unterschiedlichen Voraussetzungen auf vier Ebenen:

- **Gewinnanteile** zwischen zwei **inländischen Körperschaften** sind gem § 10 (1) Z 1 bis 4 KStG bei der empfangenden Körperschaft steuerfrei.
- **Gewinnanteile** aus einer Beteiligung an einer **EU-Körperschaft** sind gem § 10 (1) Z 5 KStG von der KSt bei der österreichischen empfangenden Körperschaft befreit, sofern nicht § 10 (1) Z 7 greift.
- **Gewinnanteile** aus einer Beteiligung an einer **ausländischen Körperschaft**, die mit inländischen unter § 7 (3) fallenden Körperschaften vergleichbar ist und mit deren Ansässigkeitsstaat eine **umfassende Amtshilfe** besteht, sind gem § 10 (1) Z 6 KStG von der KSt bei der österreichischen empfangenden Körperschaft befreit, sofern nicht § 10 (1) Z 7 greift.

**Tipp:**

§ 10 (1) Z 6 KStG wurde aufgrund von EuGH-Judikatur in den Rs Haribo und Salinen (EuGH 10. 2. 2011, C-436/08, 437/08) geändert und auf sämtliche ausländische Körperschaften ausgeweitet, da sich die Kapitalverkehrsfreiheit nach Auffassung des EuGH auch auf Gewinnausschüttungen aus Portfoliobeteiligungen an Körperschaften in Drittstaaten erstreckt. Der im bestehenden Gesetzestext verwendete Begriff der „umfassenden Amtshilfe" ist im Sinne einer „großen Auskunftsklausel" eines DBA zu sehen (siehe dazu Kapitel E. III. „Der Informationsaustausch"). Mit folgenden Jurisdiktionen besteht gegenwärtig (Stand 1. Jänner 2019) eine „umfassende Amtshilfe" (vgl Info des BMF vom 7. 1. 2019, BMF-010221/0002-IV/8/2019):

Ägypten, Albanien, Anguilla, Algerien, Andorra, Argentinien, Armenien, Aruba, Aserbaidschan, Australien, Bahamas, Bahrain, Barbados, Belarus, Belgien, Belize, Bermuda, Bosnien-Herzegowina, Brasilien, Britische Jungferninseln, Bulgarien, Chile, China (Volksrepublik), Cookinseln, Costa Rica, Curaçao, Dänemark, Deutschland, Estland, Färöer-Inseln, Finnland, Frankreich, Georgien, Ghana, Gibraltar, Grenada, Griechenland, Großbritannien, Grönland, Guatemala, Guernsey, Hongkong, Indien, Indonesien, Irland, Island, Isle of Man, Israel, Italien, Japan, Jersey, Kaimaninseln, Kamerun, Kanada, Kasachstan, Katar, Kolumbien, Korea (Republik), Kosovo, Kroatien, Kuwait, Lettland, Libanon, Liechtenstein, Litauen, Luxemburg, Macao, Malaysia, Malta, Marokko, Marshallinseln, Mauritius, Mazedonien, Mexiko, Moldau, Monaco, Montenegro, Montserrat, Nauru, Neuseeland, Niederlande, Nigeria, Niue, Norwegen, Pakistan, Panama, Peru, Philippinen, Polen, Portugal, Rumänien, Russland, Samoa, San Marino, Saudi-Arabien, Schweden, Schweiz, Senegal, Serbien, Seychellen, Singapur, Sint Maarten, Slowakische Republik, Slowenien, Spanien, St. Kitts und Nevis, St. Lucia, St. Vincent und die Grenadinen, Südafrika, Tadschikistan, Taipeh, Thailand, Tschechische Republik, Tunesien, Türkei, Turkmenistan, Turks- und Caicosinseln, Uganda, Ukraine, Ungarn, Uruguay, Vanuatu, Venezuela, Vereinigte Arabische Emirate, Vereinigte Staaten von Amerika, Vietnam und Zypern.

- **Gewinnanteile** aus einer **internationalen Schachtelbeteiligung** sind gem § 10 (1) Z 7 KStG von der KSt bei der österreichischen empfangenden Körperschaft befreit. Eine internationale Schachtelbeteiligung liegt gem § 10 (2) KStG vor, wenn österreichische Körperschaften während eines ununterbrochenen Zeitraumes von mindestens einem Jahr zu mindestens einem Zehntel an ausländischen vergleichbaren Körperschaften oder EU-Körperschaften beteiligt sind.

**Tipp:**

Die Beteiligung muss nicht unmittelbar bei nach Österreich einfließenden Gewinnausschüttungen gehalten werden. Mittelbar über eine zwischengeschaltete Personengesellschaft oder einen transparenten Investmentfonds ausgeschüttete Gewinne sind auch von der Beteiligungsertragsbefreiung erfasst (KStR 2013 Rz 1171 und 1209).

Nur **Gewinnanteile** von

- **ausländischen Körperschaften**, die inländischen
- Kapitalgesellschaften **vergleichbar** sind, oder
- anderen ausländischen Körperschaften, die die in der Anlage 2 zum EStG vorgesehenen Voraussetzungen des Art 2 der Richtlinie 2011/96/EU des Rates vom 30. November 2011 in der jeweils geltenden Fassung erfüllen **(EU-Körperschaft)**, sind von der KSt befreit.

**Tipp:**

Der bloße Umstand, dass eine ausländische **Gesellschaft** die Voraussetzungen der Mutter-Tochter-Richtlinie erfüllt und somit in der Anlage 2 zum EStG genannt ist, kann nicht bewirken, dass sie als **„Körperschaft"** iSd österreichischen KStG gilt. Vielmehr stellen Dividendenausschüttungen einer EU-Gesellschaft, die einer österreichischen Personengesellschaft vergleichbar ist, im Geltungsbereich des österreichischen Steuerrechts nicht steuerbare Entnahmen dar (KStR 2013 Rz 1204).

Die Vergleichbarkeit der ausländischen mit einer inländischen Körperschaft gilt dann als gegeben, wenn die Wesensmerkmale einer inländischen Kapitalgesellschaft erfüllt sind (sog **Typenvergleich**). Indizien dafür sind insbesondere (KStR 2013 Rz 134):

- eigene Rechtspersönlichkeit nach ausländischem Recht;
- starres, ergebnisunabhängiges, im Eigentum der Gesellschaft stehendes Gesellschaftskapital;
- Beteiligung einer oder mehrerer Personen am Gesellschaftskapital;
- Haftung für Gesellschaftsschulden ist auf das Gesellschaftsvermögen beschränkt;
- Willensbildung unter Gesellschaftermitwirkung.

Neben diesen Basiskriterien können beim Typenvergleich aber auch noch andere Aspekte von Bedeutung sein:

- die ungehinderte Übertragbarkeit der Gesellschaftsanteile an Nichtgesellschafter (kein gesetzliches Zustimmungserfordernis der anderen Gesellschafter);
- das Erfordernis der Aufbringung des Gesellschaftskapitals durch Einlagen der Gesellschafter (keine Verzichtsmöglichkeit und auch kein Ersatz durch die Erbringung von Dienstleistungen);
- das Erfordernis der Eintragung in einem öffentlichen Buch (Handelsregister, Firmenbuch oder sonstige Bestätigung der Durchführbarkeit des Gesellschaftsvertrages durch eine „öffentliche Instanz") für die Entstehung der Gesellschaft.

**Tipp:**

Es ist nicht notwendig, dass die ausländische Körperschaft nach ausländischem Steuerrecht ein eigenes Steuersubjekt ist.

Auf **Empfängerseite** können Gewinnanteile nur folgenden Körperschaften steuerfrei iSd § 10 KStG zufließen:

- Unbeschränkt steuerpflichtigen Körperschaften

**Tipp:**

Unbeschränkt steuerpflichtige ausländische Körperschaften sind Körperschaften, die zwar ihren Sitz im Ausland, jedoch ihren Ort der Geschäftsleitung im Inland haben.

- Beschränkt steuerpflichtigen EU/EWR-Körperschaften mit inländischer Betriebstätte (§ 21 [1] Z 2 lit a KStG)

**Tipp:**

Die Öffnung der Beteiligungsertragsbefreiung für Betriebstätten ausländischer EU-Körperschaften wurde aufgrund der Rsp des EuGH zur Niederlassungsfreiheit erforderlich (KStR 2013 Rz 1487).

**Beispiel:**

Die österreichische Bierbrauerei GmbH ist zu 100 % an einem türkischen Bierhersteller beteiligt, der hinsichtlich der Rechtsform einer österreichischen AG vergleichbar ist. Die von der türkischen Körperschaft ausgeschütteten Dividenden sind bei der Bierbrauerei GmbH steuerfrei.

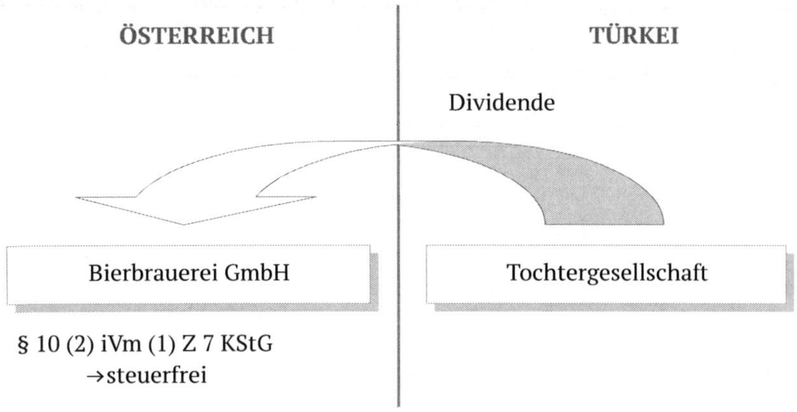


**Literaturhinweise:**

*Zorn*, Urteil des EuGH in der Rs *Haribo und Salinen AG* zu § 10 KStG, RdW 2011, 171; SWI 2011, 244; *Kofler/Prechtl/Aigner*, Die Beteiligungsertragsbefreiung nach *Haribo und Salinen*, GES 2011, 175; *Mayr*, § 10 KStG: Portfoliodividenden aus Drittstaaten ebenfalls befreit, RdW 2011, 533; *S. Lang*, Gewinnanteile aus internationalen Schachtelbeteiligungen am Beispiel Brasiliens, SWI 2013, 95; *Plott*, Verschärfung der Verwaltungspraxis beim Dividendenvorbehalt, SWI 2013, 710.

## b) Exkurs: Beteiligungserträge an beschränkt steuerpflichtige Körperschaften

Lesen Sie aufmerksam § 94 Z 2 EStG, § 21 (1) Z 1a KStG, EStR 2000 Rz 7755–7759; KStR 2013 Rz 1486–1491.

§ 10 KStG betrifft die Behandlung von Beteiligungserträgen auf **Empfängerseite (österreichische Körperschaft)**. Auf Ebene der in Österreich ansässigen **ausschüttenden Körperschaft, die Beteiligungserträge an bestimmte ausländische Körperschaften zahlt**, wurde ein ähnlicher Mechanismus zur Vermeidung einer Doppel- oder Mehrfachbesteuerung geschaffen: Basis für die Beseitigung der Doppelbesteuerung von Gewinnausschüttungen ist die **Mutter-Tochter-Richtlinie** (Richtlinie 2011/96/EU des Rates vom 30. November 2011). Sinn und Zweck ist es, Gewinnausschüttungen zwischen verbundenen Unternehmen von einer Quellenbesteuerung bei der ausschüttenden Gesellschaft zu befreien. Anwendbar ist die Quellensteuerbefreiung von der österreichischen KESt für Kapitalerträge:

- von einer unbeschränkt steuerpflichtigen Körperschaft,
- an eine EU-Körperschaft,
- für Gewinnanteile (Dividenden) und sonstige Bezüge aus Aktien, Anteilen an GmbH oder an Erwerbs- und Wirtschaftsgenossenschaften,
- sofern eine unmittelbare oder mittelbare Beteiligung von mind 10 % besteht und
- die Beteiligung für einen ununterbrochenen Zeitraum von mind einem Jahr gehalten wird.

**Tipp:**

Der Verweis auf EU-Körperschaften iSd Mutter-Tochter-Richtlinie ist dynamisch. Somit werden allfällige Änderungen in der Mutter-Tochter-Richtlinie automatisch in § 94 Z 2 EStG mitgetragen.

§ 94 Z 2 EStG regelt den Fall, dass die Beteiligung einer ausländischen EU-Körperschaft zuzurechnen ist. Ist die Beteiligung an der österreichischen Körperschaft jedoch funktional dem Betriebsvermögen einer inländischen Betriebstätte zuzurechnen, so kommt gem § 21 (1) Z 2 lit a KStG die Befreiung des § 10 KStG sowie die Hinzurechnungsbesteuerung und der Methodenwechsel des § 10a KStG zur Anwendung. Die Regelung gilt ab 1. 1. 2019, davor erstreckte sich die Befreiung auf EU-/EWR-Körperschaften.

§ 94 Z 2 EStG greift nur, wenn eine EU-Körperschaft zu mindestens 10 % an einer unbeschränkt steuerpflichtigen Körperschaft beteiligt ist. Im Falle einer **Beteiligung unter 10 %** besteht grundsätzlich KESt-Pflicht in Österreich. Es besteht jedoch **gem § 21 (1) Z 1a KStG** die Möglichkeit der **Rückzahlung** der KESt, soweit

- der Einkünfteempfänger eine beschränkt steuerpflichtige Körperschaft ist, die in einem Mitgliedstaat der EU oder des EWR ansässig ist, und
- die KESt nicht aufgrund eines DBA im Ansässigkeitsstaat angerechnet werden kann. Dabei hat der Steuerpflichtige den Nachweis zu erbringen, dass die KESt ganz oder teilweise nicht angerechnet werden kann.

**Tipp:**

§ 21 (1) Z 1a KStG umfasst neben Portfoliodividenden auch Schachteldividenden, die an EWR-Kapitalgesellschaften gezahlt werden. Für EU-Kapitalgesellschaften, die eine Beteiligung von mehr als 10 % halten, ist § 21 (1) Z 1a KStG jedoch irrelevant, da bereits die Befreiungsverpflichtung aufgrund § 94 Z 2 EStG greift. Für EWR-Kapitalgesellschaften gilt Folgendes: Mit Norwegen und Liechtenstein wurde bereits im Doppelbesteuerungsabkommen für Schachteldividenden eine ausschließliche Besteuerung im Ansässigkeitsstaat normiert, allerdings könnte § 21 (1) Z 1a KStG noch im Verhältnis zu Island zur Anwendung gelangen.

**Tipp:**

Warum eine Anrechnung im Ansässigkeitsstaat unterbleibt, ist für die Möglichkeit einer Rückerstattung grundsätzlich irrelevant. Denkbar wäre beispielsweise, dass die Körperschaft im Ausland Verluste lukriert hat und der Ansässigkeitsstaat keinen Anrechnungsvortrag für österreichische Quellensteuern gewährt.

**Beispiel:**

Ein französisches Industrieunternehmen hält eine Zwergbeteiligung an einer österreichischen börsennotierenden AG. Da die Voraussetzungen zur Anwendung der Befreiungsbestimmung des § 94 Z 2 EStG aufgrund der Höhe der Beteiligung nicht erfüllt sind, besteht nach § 98 (1) Z 5 EStG KESt-Pflicht. Weist das französische Industrieunternehmen jedoch nach, dass eine Anrechnung der österreichischen Steuer in Frankreich nicht möglich ist, kann eine Rückerstattung in Österreich beantragt werden. Denn Frankreich ist ein EU-Staat, mit dem eine umfassende Amts- und Vollstreckungshilfe besteht. Für die Rückzahlung ist gem § 18 (1) Z 2 AVOG das Finanzamt Bruck-Eisenstadt-Oberwart bundesweit zuständig. Ein Rückerstattungsantrag (unter Erstellung einer elektronischen Vorausmeldung, die Formulare sind in der Formulardatenbank des BMF abrufbar, siehe auch https://www.bmf.gv.at/steuern/int-steuerrecht/rueckerstattung/rueckerstattung-oesterreichischer-abzugsteuer.html#heading_Rueckerstattung_gemaess__21_Abs_1_Z_1a_KStG_1988) kann, analog zu § 240 (3) BAO, bis zum Ablauf des fünften Kalenderjahres, das auf das Jahr der Einbehaltung der KESt folgt, gestellt werden.

Die Rückzahlung ist erforderlich, um Investitionen aus dem Ausland gegenüber inländischen Investitionen nicht zu benachteiligen, wenn der ausländische Ansässigkeitsstaat die österreichische Steuer nicht anrechnet. In der Literatur wird hierzu zT vertreten, dass § 21 (1) Z 1a KStG, da die in diesen Konstellationen anwendbare Kapitalverkehrsfreiheit auch im Verhältnis zu Drittstaaten gilt, ebenso für in Drittstaaten ansässige Körperschaften zur Anwendung gelangen sollte, sofern mit dem Drittstaat eine Möglichkeit zur umfassenden Amts- und Vollstreckungshilfe besteht (siehe inzwischen auch BFG, 20. 11. 2019, RV/7102891/2012).

**Literaturhinweise:**

*Bendlinger*, Keine KESt-Entlastung bei Durchlaufgesellschaften, ÖStZ 2019, 140; *W. Loukota*, Neue Steuerentlastung für Outbound-Dividenden an EU-/EWR-Körperschaften, SWI 2009, 432; *Bauer*, Rückzahlung österreichischer Kapitalertragsteuer nach § 21 KStG, SWI 2010, 275; *Kofler*, Kommentar zur Mutter-Tochter-Richtlinie (2011); *Kofler*, Die Quellensteuerrückzahlung bei grenzüberschreitenden Portfoliodividenden nach § 21 Abs 1 Z 1a KStG, GES 2011, 289; *Simader*, Die Rs *Haribo und österreichische Salinen*, Neues zur Bedeutung der Amtshilfe mit Drittstaaten? SWI 2011, 244.

### c) Veräußerungsgewinne oder -verluste bei internationalen Schachtelbeteiligungen

Lesen Sie aufmerksam § 10 (3) KStG, KStR 2013 Rz 1214–1227.

**Veräußerungsgewinne oder -verluste** aus internationalen Schachtelbeteiligungen gem § 10 (2) KStG sind **grundsätzlich steuerlich unbeachtlich (§ 10 [3] KStG)**. Allerdings besteht im Rahmen der Körperschaftsteuererklärung die Möglichkeit **zur Steuerpflicht** der Beteiligung im Jahr der Anschaffung oder im Zeitpunkt, in dem eine internationale Schachtelbeteiligung entsteht, **zu optieren**. In der Folge können sämtliche Verluste aus der Veräußerung einer Beteiligung gewinnmindernd angesetzt werden; auf der anderen Seite sind aber auch sämtliche Gewinne aus einer Beteiligungsveräußerung steuerpflichtig. Die Option zur Steuerpflicht besteht nur für die aus der Beteiligungssubstanz resultierenden Erträge und betrifft nicht die laufenden Gewinnausschüttungen.

**Tipp:**

Die Option zur Steuerwirksamkeit einer Beteiligung kann nicht widerrufen werden. Lediglich ein tatsächlicher und endgültiger Vermögensverlust durch Untergang (Liquidation oder Insolvenz) ist auch bei Nichtoption zu berücksichtigen.

**Beispiel:**

Veräußert eine inländische Kapitalgesellschaft ihre mit 100 zu Buch stehende Beteiligung an einer ausländischen Tochtergesellschaft zum Marktwert von 250, unterliegt der hierbei anfallende Veräußerungsgewinn von 150 dann der österreichischen KSt, wenn die Option zur Steuerwirksamkeit der Beteiligung in der Körperschaftsteuererklärung ausgeübt wurde.

**Literaturhinweise:**

*Haslinger*, Die Veräußerung von Beteiligungen: Beurteilung des geltenden Rechts und Ausblick auf eine Neukonzeption (2006); *Massoner*, Das Optionsmodell des § 10 (3) KStG am Prüfstand des Unionsrechts, SWI 2010, 532; *Mayr/Schilcher*, Neuerungen im KStG, RdW 2015, 54.

### d) Passiveinkünfte niedrig besteuerter Körperschaften

Lesen Sie aufmerksam § 10a KStG, KStR 2013 Rz 1248aa–1248gc, V Passiveinkünfte niedrigbesteuerter Körperschaften BGBl II 2019/21; Richtlinie (EU) 2016/1164 des Rates vom 12. 7. 2016 mit Vorschriften zur Bekämpfung von Steuervermeidungspraktiken mit unmittelbaren Auswirkungen auf das Funktionieren des Binnenmarktes.

#### da) Hinzurechnungsbesteuerung

Zur Erfüllung EU-rechtlicher Verpflichtungen aufgrund der Richtlinie (EU) 2016/1164 des Rates vom 12. 7. 2016 mit Vorschriften zur Bekämpfung von Steuervermeidungspraktiken mit unmittelbaren Auswirkungen auf das Funktionieren des Binnenmarktes (**ATAD**) wurde mit Inkrafttreten 1. 1. 2019 eine Hinzurechnungsbesteuerung in das österreichische KStG implementiert. Nach dem der RL zugrunde liegenden Gedanken soll eine Niedrig- oder Nichtbesteuerung nicht ausgeschütteter Gewinne von ausländischen Tochtergesellschaften vermieden werden, indem unter bestimmten Umständen diese nicht ausgeschütteten Gewinne auf Ebene der österreichischen Muttergesellschaft einer Besteuerung zugeführt werden. Voraussetzung ist dabei, dass es sich zu einem wesentlichen Teil um sog **Passiveinkünfte** handelt (Kriterium 1), welche im Ausland lediglich einer **Niedrigbesteuerung** unterliegen (Kriterium 2), und die ausländische Körperschaft keine wesentliche wirtschaftliche Tätigkeit ausübt (Kriterium 3). Sind alle drei Kriterien erfüllt, so sind diese Passiveinkünfte der österreichischen beherrschenden Körperschaft hinzuzurechnen und zu besteuern.

**Tipp:**

Die Regelung greift nicht nur für österreichische unbeschränkt steuerpflichtige Körperschaften (als Zurechnungssubjekt), sondern auch für beschränkt steuerpflichtige Körperschaften der 1. Art, also ausländische Körperschaften, sofern die relevante Beteiligung einer im Inland belegenen Betriebstätte zuzurechnen ist.

**Kriterium 1:** Als **Passiveinkünfte** gelten (§ 10a [2] KStG):

- ➔ Zinsen (Z 1),
- ➔ Lizenzgebühren (Z 2),
- ➔ Dividenden und Einkünfte aus der Veräußerung von Anteilen, soweit diese bei der beteiligten Körperschaft steuerpflichtig wären (Z 3),
- ➔ Einkünfte aus Finanzierungsleasing (Z 4),
- ➔ Einkünfte aus Tätigkeiten von Banken und Versicherungen (Z 5),
- ➔ Einkünfte aus Abrechnungsunternehmen (Z 6).

Ausreichend ist bereits, dass die Passiveinkünfte **mehr als ein Drittel der gesamten Einkünfte** (inkl Dividenden) der ausländischen Körperschaft betragen (**„Bagatellgrenze“**, § 10a [4] Z 1 KStG).

**Kriterium 2: Niedrigbesteuerung** liegt vor, wenn die tatsächliche Steuerbelastung einer ausländischen Körperschaft **nicht mehr als 12,5 %** beträgt. Das Einkommen der ausländischen Körperschaft ist nach Maßgabe der österreichischen Steuervorschriften zu ermitteln. Für die Beurteilung der Niedrigbesteuerung ist die effektive Steuerbelastung (Durchschnittssteuerbelastung) maßgeblich. Die ausländische niedrig besteuerte Körperschaft hat die tatsächlich im Ausland entrichtete Steuer glaubhaft zu machen, zB durch einen ausländischen Körperschaftsteuerbescheid oder eine Bescheinigung der ausländischen Steuerbehörde. Kommt es nachträglich im Ausland zu einer Steuerrückerstattung, so ist die rückerstattete Steuer in der Niedrigbesteuerungsberechnung zu berücksichtigen. Für den Steuerbelastungsvergleich ist somit auf die nach der Rückerstattung verbleibende effektive Steuerbelastung abzustellen.

**Kriterium 3:** Die ausländische beherrschte Körperschaft übt bezogen auf Personal, Ausstattung, Vermögenswerte und Räumlichkeiten **keine wesentliche wirtschaftliche Tätigkeit** aus (**Substanznachweis**).

Die Hinzurechnungsbesteuerung setzt voraus, dass die österreichische Körperschaft die ausländische Körperschaft „beherrscht“ (§ 10a [4] Z 2 KStG, **„Beherrschungstatbestand“**). Von einer Beherrschung ist auszugehen, wenn die beherrschende Körperschaft selbst oder zusammen mit ihren verbundenen Unternehmen

- unmittelbar oder mittelbar mehr als 50 % der Stimmrechte oder
- unmittelbar oder mittelbar mehr als 50 % des Kapitals hält, oder
- Anspruch auf mehr als 50 % der Gewinne der ausländischen Körperschaft hat.

**Tipp:**

Bei einer Beteiligung (unmittelbar oder mittelbar) in Form von Stimmrechten oder Kapital von mindestens 25 % oder einem 25%igen Gewinnanspruch ist von einer Verbundenheit auszugehen.

**Tipp:**

Die Hinzurechnungsbesteuerung greift nicht nur bei ausländischen Körperschaften mit eigener Rechtspersönlichkeit, sondern auch bei ausländischen Betriebstätten. Die Einbindung von Betriebstätten ist erforderlich, um die Gleichbehandlung von niedrig besteuerten Körperschaften und Betriebstätten sicherzustellen. Die Hinzurechnungsbesteuerung geht einer allenfalls im DBA vorgesehenen Befreiung der Betriebstättengewinne vor (§ 10a [6] Z 2). Diese Gleichbehandlung stellt keine verbotene Abkommensverletzung dar, da hierdurch Missbrauch unterbunden wird und in Missbrauchsfällen keine Abkommensvorteile gewährt werden müssen (OECD-MK 2017 Art 1 Rz 81).

Sind die drei oben genannten Kriterien bei einer beherrschten Auslandskörperschaft erfüllt, so kommt es nach Maßgabe des § 10a (5) Z 1 KStG zur **Hinzurechnung der ausländischen Gewinne** nach der Höhe der von der jeweiligen beherrschenden Körperschaft unmittelbar und mittelbar (anteilig) gehaltenen Beteiligung. Folglich bestimmt sich das Ausmaß der Hinzurechnung nach der unmittelbaren Beteiligung der beherrschenden Körperschaft und den aliquoten Beteiligungen, die die beherrschende Körperschaft mittelbar über ihre verbundenen Unternehmen hält. Ist das Ergebnis der beherrschten Körperschaft negativ, ist ein solcher Verlust gem § 10a (5) Z 3 KStG nicht hinzuzurechnen.

In zeitlicher Hinsicht erfolgt die Hinzurechnung in jenem Wirtschaftsjahr der beherrschenden Körperschaft, in dem das maßgebende Wirtschaftsjahr der ausländischen beherrschten Körperschaft endet.

Eine allenfalls zB durch Mehrfachhinzurechnung eintretende **Doppelbesteuerung** soll vermieden werden. § 10a (9) KStG sieht drei Konstellationen vor, in denen eine Doppelbesteuerung im Gefolge einer Hinzurechnungsbesteuerung eintreten kann:

**Doppelte Hinzurechnung im Inland:** Gem Z 1 soll eine Hinzurechnung bei einer mittelbar beteiligten beherrschenden Körperschaft unterbleiben, als eine Hinzurechnung bereits bei einer unmittelbar beteiligten beherrschenden Körperschaft im Inland erfolgt ist.

**Doppelte Besteuerung durch Hinzurechnung und Veräußerungsgewinn:** Gem Z 2 soll eine Doppelbesteuerung durch Hinzurechnungs- und Veräußerungsgewinnbesteuerung vermieden werden, indem der Veräußerungsgewinn insoweit von der Körperschaftsteuer befreit ist, als in diesem bereits hinzugerechnete Gewinne enthalten sind. Diese Regelung gelangt zur Anwendung, wenn die Option zur Steuerpflicht der Beteiligung (§ 10 [3] KStG) ausgeübt wurde.

**Zwischenstaatliche Doppelbesteuerung:** Gem Z 3 wird auf Antrag die auf die hinzugerechneten Passiveinkünfte entfallende ausländische Steuer der beherrschten Körperschaft sowie eine ausländische vorgelagerte Hinzurechnungsbesteuerung angerechnet. Dadurch wird eine im Inland erfolgende Hinzurechnungsbesteuerung durch eine parallel in einem anderen Staat stattfindende Hinzurechnungsbesteuerung oder eine später, auf Ebene der beherrschten Körperschaft erfolgende Körperschaftsbesteuerung, neutralisiert. Ist eine Anrechnung ausländischer Körperschaftsteuer mangels ausreichenden Steuersubstrats im Inland (unter Außerachtlassung der Mindestkörperschaftsteuer) nicht möglich, so kann gem § 10a (9) Z 4 2. Absatz auf Antrag ein Anrechnungsvortrag erfolgen.

**Beispiel 1 (vgl im Wesentlichen KStR 2013 Rz 1248do, Beispiel 4):**

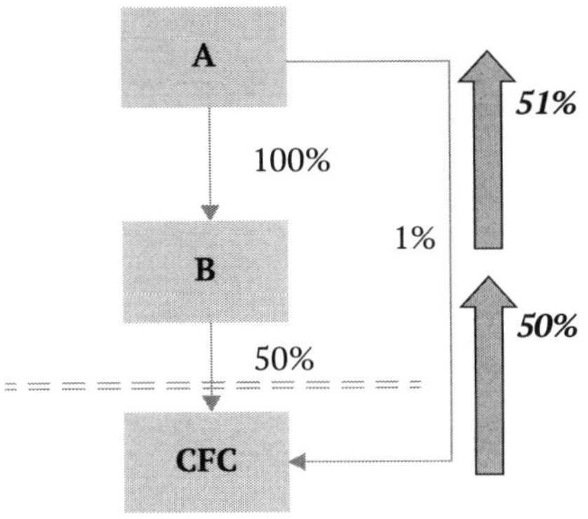


Die inländische A-GmbH hält 100 % an der inländischen B-GmbH, die wiederum 50 % an der im Staat X ansässigen, niedrig besteuerten X-GmbH („CFC“) hält. Die A-GmbH selbst hält wiederum 1 % unmittelbar an der X-GmbH.

Die A-GmbH und B-GmbH sind verbundene Unternehmen (A-GmbH hält mindestens 25 % an der B-GmbH); die A-GmbH hält selbst 1 % unmittelbar und zusammen mit der B-GmbH 50 % (mittelbar) an der X-GmbH. Die B-GmbH hält selbst unmittelbar 50 % an der X-GmbH und zusammen mit der A-GmbH 1 % an der X-GmbH. Aufgrund der „gemeinsamen“ Beherrschungsquote von 51 % erfüllen sowohl die A-GmbH als auch die B-GmbH den Beherrschungstatbestand hinsichtlich der X-GmbH (Beherrschungsquote 51 %).

Die Zurechnungsquote der A-GmbH an der im Staat X ansässigen, niedrig besteuerten X-GmbH („CFC“) beträgt 51 %, weil diese selbst zu 1 % unmittelbar und mittelbar über ihr verbundenes Unternehmen B-GmbH durchgerechnet zu 50 % an der X-GmbH beteiligt ist.

Die Zurechnungsquote der B-GmbH an der im Staat X ansässigen, niedrig besteuerten X-GmbH („CFC“) beträgt aufgrund der eigenen unmittelbaren Quote 50 %; die 1 %-Beteiligung ihrer Muttergesellschaft, der A-GmbH, an der X-GmbH ist hierfür nicht zu berücksichtigen.

Zur Vermeidung einer Mehrfachhinzurechnung, die angesichts des Bestandes von zwei beherrschenden Gesellschaften gegeben wäre, ordnet für diese Fälle § 10a (9) Z 1 KStG an, dass die aufgrund der unmittelbaren Beteiligung bereits bei der B-GmbH hinzurechnungspflichtigen Passiveinkünfte bei der mittelbar beteiligten Gesellschaft A-GmbH nicht nochmals erfasst werden.

**Beispiel 2 (vgl im Wesentlichen KStR 2013 Rz 1248do, Beispiel 5):**

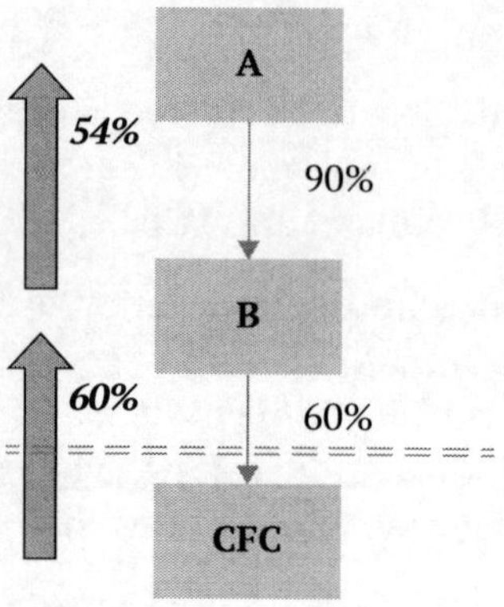


Die inländische A-GmbH hält 90 % an der inländischen B-GmbH, die wiederum 60 % an der im Staat X ansässigen, niedrig besteuerten X-GmbH („CFC“) hält.

Beherrschungsquoten: Die A-GmbH und B-GmbH sind verbundene Unternehmen (A-GmbH hält mindestens 25 % an der B-GmbH). Die B-GmbH vermittelt der A-GmbH für Zwecke des Beherrschungstatbestandes folglich mittelbar die gesamte von ihr an der X-GmbH gehaltene (unmittelbare) Beteiligungsquote von 60 %; eine Durchrechnung hat für Zwecke der Ermittlung der Beherrschungsquote nicht zu erfolgen. Folglich erfüllen sowohl die A-GmbH als auch die B-GmbH den Beherrschungstatbestand hinsichtlich der X-GmbH (Beherrschungsquote 60 %).

Die Zurechnungsquote der A-GmbH an der X-GmbH („CFC“) beträgt an sich 54 %, weil diese mittelbar über ihr verbundenes Unternehmen B-GmbH durchgerechnet zu 54 % an der X-GmbH beteiligt ist. Da die davon betroffenen Passiveinkünfte aber bereits bei der unmittelbar beteiligten beherrschenden Gesellschaft (B-GmbH) hinzugerechnet werden, unterbleibt gem § 10a (9) Z 1 KStG die Zurechnung bei der A-GmbH.

Die Zurechnungsquote der B-GmbH an der X-GmbH („CFC“) beträgt aufgrund der eigenen unmittelbaren Quote 60 %; die mittelbare Beteiligung der A-GmbH an der X-GmbH ist hierfür nicht zu berücksichtigen.

**Literaturhinweise:**

*Blum*, Hinzurechnungsbesteuerung und Abzugsverbot: Kumulative Anwendung überschießend? SWI 2018, 586; *H. Loukota*, Hinzurechnungsbesteuerung versus Verrechnungspreisberichtigung, SWI 2019, 294; *Marchgraber/Zöchling*, § 10a KStG: Passiveinkünfte bei niedrig besteuerten Auslandsaktivitäten, ÖStZ 2018, 388; *Mayr/Titz*, Umsetzung der Anti-BEPS-RL: Hinzurechnungsbesteuerung ergänzt Methodenwechsel nach § 10 Abs 4 KStG, RdW 2018, 246; *Petritz-Klar/Petritz*, Paradigmenwechsel im Konzernsteuerrecht Einführung einer Hinzurechnungsbesteuerung (Teil 1), taxlex 2018, 204; *Schilcher/Knesl*, Die § 10a KStG-VO zur Hinzurechnungsbesteuerung und zum Methodenwechsel im Überblick, RdW 2019, 44; *Schlager*, Die Hinzurechnungsbesteuerung im Jahressteuergesetz 2018 im Überblick, SWI 2018, 362.

## db) Methodenwechsel

Im Rahmen des sog **Methodenwechsels gem § 10a (1) Z 2 iVm (7) KStG** wird bei Erfüllung bestimmter Voraussetzungen die bestehende Befreiung von Gewinnanteilen außer Kraft gesetzt. Stattdessen kommt es zur inländischen Besteuerung der Gewinnanteile. Um eine ansonsten drohende Doppelbesteuerung zu vermeiden, ist die ausländische Steuer auf Antrag auf die österreichische KSt anzurechnen.

Zu einem Methodenwechsel kann es unter folgenden Bedingungen kommen:

- Es besteht eine **internationale Schachtelbeteiligung** iSd § 10 (2) KStG oder
- eine **Portfoliobeteiligung** iSd § 10 (1) Z 5 oder Z 6 KStG iHv **mindestens 5 % („qualifizierte Portfoliobeteiligung“)**, dh
  - eine Beteiligung an ausländischen EU-Körperschaften oder
  - eine Beteiligung an einer der österreichischen Körperschaft vergleichbaren Drittstaatskörperschaft mit umfassender Amtshilfe.
- Der Unternehmensschwerpunkt liegt in der Erzielung von Passiveinkünften iSd § 10a (2) KStG (dh, mehr als die Hälfte der gesamten Einkünfte des zu beurteilenden Zeitraumes stellen Passiveinkünfte dar [**„Hälftegrenze“**, vgl § 6 Z 2 V Passiveinkünfte niedrigbesteuerter Körperschaften BGBl II 2019/21, beachte aber auch die **„Korridorregelung“**, vgl § 6 Z 3 V Passiveinkünfte niedrigbesteuerter Körperschaften BGBl II 2019/21]), und
- es handelt sich um eine niedrig besteuerte ausländische Körperschaft (tatsächliche Steuerbelastung im Ausland von weniger als 12,5 %).
- Übersteigt die anrechenbare ausländische KSt die österreichische Steuerschuld (unter Außerachtlassung einer Mindeststeuer nach § 24 [4] KStG), kann der Übersteigungsbetrag auf die Steuerschuld in den Folgejahren auf Antrag angerechnet werden.

**Tipp:**

Beachte auch die zu § 10a KStG ergangene Verordnung Passiveinkünfte niedrigbesteuerter Körperschaften BGBl II 2019/21.

**Beispiel:**

Hat eine österreichische Kapitalgesellschaft in Dubai eine Tochtergesellschaft errichtet, deren Funktion die konzerninterne Finanzierung ist, dann erzielt die Tochtergesellschaft schädliche Passiveinkünfte, die, sofern die effektive Durchschnittssteuerbelastung unter 12,5 % liegt, zu einem Methodenwechsel in Österreich führen. Die Ausnahme für Finanzunternehmen gem § 10a (8) KStG gelangt nicht zur Anwendung.

**Tipp:**

Bei der Ermittlung der Steuerbelastung ist wie bei der Hinzurechnungsbesteuerung vorzugehen. Dementsprechend ist grundsätzlich auf die effektive Steuerbelastung (Durchschnittssteuersatz) abzustellen.

**Tipp:**

Für Portfoliobeteiligungen unter 5 % gelangt kein Methodenwechsel zur Anwendung, selbst wenn der Unternehmensschwerpunkt der ausländischen Körperschaft in der Erzielung von Passiveinkünften liegt.

Der Katalog der Passiveinkünfte für den Methodenwechsel ist in § 10a (2) normiert und entspricht damit jenen Passiveinkünften, die auch eine Hinzurechnungsbesteuerung auslösen können. Ein Methodenwechsel unterbleibt jedoch insoweit, als Passiveinkünfte betroffen sind, die bereits nachweislich im Rahmen der Hinzurechnungsbesteuerung erfasst wurden.

**Beispiel:**

Die österreichische Ost-GmbH hält eine 5%ige Beteiligung an der bulgarischen Steuerspar-Gesellschaft, die hinsichtlich der Rechtsform einer österreichischen GmbH vergleichbar ist. Schüttet die Steuerspar-Gesellschaft Gewinne an die Ost-GmbH aus, so kann mangels Erfüllung des Beteiligungserfordernisses die Geltendmachung einer Befreiung als internationale Schachtelbeteiligung gem § 10 (1) Z 7 iVm (2) KStG nicht erfolgen. Grundsätzlich käme die Befreiungsbestimmung für Gewinnanteile aus Beteiligungen an EU-Körperschaften gem § 10 (1) Z 5 KStG zum Tragen. Wenn jedoch die Steuerspar-Gesellschaft hauptsächlich (mindestens zu mehr als die Hälfte) Passiveinkünfte erzielt und der auf diese Einkünfte zur Anwendung gelangende Steuersatz lediglich 10 % beträgt, kommt es zu einem Wechsel von der Befreiung der bulgarischen Beteiligungserträge zur Anrechnung der bulgarischen KSt. Hat die österreichische Ost-GmbH aufgrund langanhaltender Verluste außer der Mindestkörperschaftsteuer keine weitere KSt zu zahlen und kann somit unmittelbar keine Anrechnung auf eine österreichische KSt erfolgen, so besteht über Antrag die Möglichkeit, die anrechenbare ausländische KSt auf Folgejahre vorzutragen und auf die Steuerschuld in den folgenden Jahren anzurechnen.

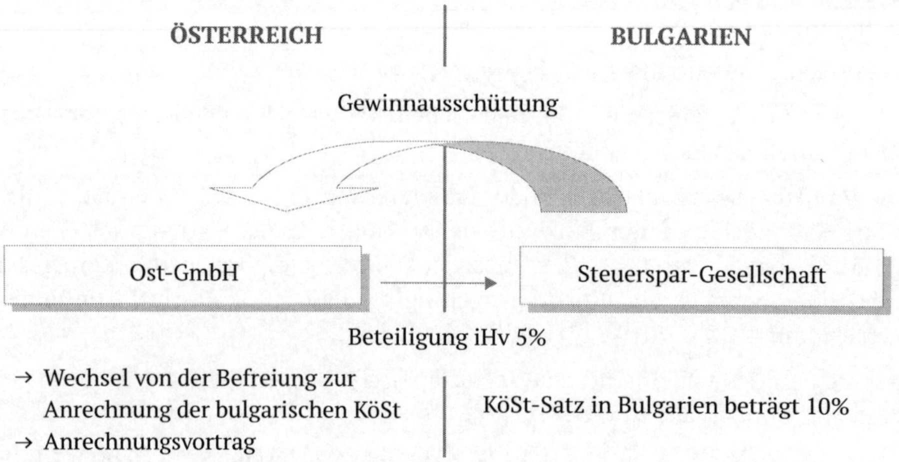


**Gesamtüberblick über die Besteuerung von Beteiligungserträgen**

| | EU und Drittstaat mit umfassender Amtshilfe | | | Drittstaat ohne umfassender Amtshilfe | | |
|---|---|---|---|---|---|---|
| | mind. 10% | unter 10% bis 5% | unter 5 % | mind. 10% | unter 10% bis 5% | unter 5 % |
| Gewinnanteile | befreit, § 10 (1) Z 7 iVm (2) | befreit, § 10 (1) Z 5 u Z 6 | befreit, § 10 (1) Z 5 u Z 6 | befreit, § 10 (1) Z 7 iVm (2) | Keine Befreiung | Keine Befreiung |
| Methodenwechsel | Ggf Anrechnung § 10a (1) Z 2 | Ggf Anrechnung § 10a (1) Z 2 | X | Ggf Anrechnung § 10a (1) Z 2 | X | X |
| Substanzgewinn/ -verlust | befreit, § 10 (3) iVm (2) | Keine Befreiung | Keine Befreiung | befreit, § 10 (3) iVm (2) | Keine Befreiung | Keine Befreiung |

**Literaturhinweise:**

*Schrottmeyer*, Der neue Methodenwechsel – Überblick und Zweifelsfragen, SWI 2019, 302; *Schilcher/Knesl*, Die § 10a KStG-VO zur Hinzurechnungsbesteuerung und zum Methodenwechsel im Überblick, RdW 2019, 44.

### e) Ausnahme von der Beteiligungsertragsbefreiung bei „Hybridfinanzierung"

Lesen Sie aufmerksam § 10 (4) KStG, KStR 2013 Rz 1248.

Im österreichischen Steuerrecht sind Gewinnausschüttungen einerseits bei der ausschüttenden Körperschaft nicht abzugsfähig, andererseits bei der empfangenden Körperschaft steuerbefreit nach Maßgabe der Beteiligungsertragsbefreiung des § 10 KStG. Handelt es sich nun um eine Gewinnausschüttung von einer ausländischen Körperschaft, so können jedoch nach dem Recht des ausländischen Staates Gewinnausschüttungen abzugsfähig sein (sogenannte **hybride Finanzierungsinstrumente**, insbesondere Genussrechte, Partizipationskapital, Vorzugsaktien, gewinnabhängige Darlehen). Um einen ungerechtfertigten steuerlichen Vorteil in Form einer doppelten Nichtbesteuerung zu verhindern, normiert § 10

(4) KStG (bis zum JStG 2018 § 10 [7] KStG), dass eine Beteiligungsertragsbefreiung in jenen Fällen, in denen die Gewinnanteile im Ausland zum Abzug zugelassen wurden, nicht greift.

**Literaturhinweise:**

*Marchgraber/Titz*, Die Wirkungsweise des § 10 Abs 7 KStG im System der Beteiligungsertragsbefreiung, ÖStZ 2011, 373; *Stefaner*, Besteuerung von Beteiligungserträgen gem § 10 Abs 7 KStG auch bei fehlendem Abzug im Ausland? SWI 2012, 443.

### f) Nichtabzugsfähigkeit von Zinsen und Lizenzgebühren im Konzern

Lesen Sie aufmerksam § 12 (10) KStG, KStR 2013 Rz 1266ai–1266bn.

Konzernintern gezahlte Zinsen oder Lizenzgebühren, die nach dem 28. 2. 2014 anfallen, sind nicht abzugsfähig, wenn folgende Voraussetzungen erfüllt sind:

- Empfänger ist eine inländische Körperschaft iSd § 1 (2) Z 1 KStG oder eine vergleichbare **ausländische Körperschaft**;
- die empfangende Körperschaft ist unmittelbar oder mittelbar **konzernzugehörig** oder steht unmittelbar oder mittelbar unter dem beherrschenden Einfluss desselben Gesellschafters; und
- die empfangende Körperschaft wird mit den Zinsen oder Lizenzgebühren **nicht oder niedrig besteuert.**

Unterliegen Zinsen oder Lizenzgebühren

- aufgrund einer persönlichen oder sachlichen Befreiung keiner Besteuerung oder
- einem Steuersatz von weniger als 10 % (nominell oder effektiv) (zB wegen teilweiser sachlicher Befreiungen oder fiktiver Betriebsausgaben) oder
- aufgrund einer Steuerrückerstattung einer Steuerbelastung von weniger als 10 %, wobei auch eine Steuerrückerstattung an die Anteilsinhaber zu berücksichtigen ist,

gelten sie als **nicht oder niedrig besteuert** (§ 12 [10] lit c KStG).

**Tipp:**

Um Umgehungsgestaltungen zu vermeiden, wird bei der empfangenden Körperschaft nicht nur auf den formellen Empfänger, sondern vor allem auf den „Nutzungsberechtigten" der Zinsen oder Lizenzgebühren abgestellt. Die Zurechnung der Einkünfte orientiert sich dabei an österreichischen innerstaatlichen Zurechnungsvorschriften sowie § 99a (3) EStG.

**Literaturhinweise:**

*Dziurdź/Marchgraber*, Überlegungen zum konzerninternen Abzugsverbot für „niedrig besteuerte" Zinsen und Lizenzgebühren, ÖStZ 2014/599, 378; *Kühbacher*, Der Methodenwechsel des § 10 Abs 4 KStG im Licht des Gemeinschaftsrechts, ÖStZ 2008, 201; *Schlager/Titz*, Ertragsteuerliche Änderungen im AbgÄG 2014 – ein Überblick, RWZ 2014, 65; *Wimpissinger*, Ist die Nichtabzugsfähigkeit von Zinsen und Lizenzgebühren nach § 12 KStG unionsrechtswidrig? SWI 2014, 220; *Rzepa*, § 12 Abs 1 Z 10 KStG im Lichte des steuerlichen Transparenzprinzips, RdW 2014, 615.

### g) Sondervorschriften für hybride Gestaltungen

Lesen Sie aufmerksam § 14 KStG.

Im Zuge der Umsetzung der ATAD I und II (Anti-Tax Avoidance Directive) der EU (RL 2016/1164/EU und RL 2017/952/EU) wurden umfassende Regelungen zur Neutralisierung von hybriden Gestaltungen in das KStG implementiert. Die Vorschrift ist ab 1. 1. 2020 sowohl im Verhältnis zwischen den Mitgliedstaaten als auch im Verhältnis zu Drittstaaten anwendbar. Die Sondervorschriften für hybride Gestaltungen setzen tatbestandlich eine Steuerdiskrepanz im Sinne der Definition des § 14 (2) voraus, die sich im Rahmen einer hybriden Gestaltung im Sinne der Definitionen der Absätze 3 bis 5 ergibt. Diesfalls wird allgemein die „Neutralisierung" einer solchen Steuerdiskrepanz nach Maßgabe der Absätze 6 bis 11 angeordnet. Die „Neutralisierung" besteht allgemein darin, im Inland entweder den Abzug von Aufwendungen als (Betriebs-)Ausgaben zu versagen oder eine Zahlung als (Betriebs-)Einnahme zu erfassen. Die jeweilige Art dieser Neutralisierung ist je nach Art der hybriden Gestaltung unterschiedlich und wird in den Absätzen 6 bis 11 konkretisiert.

### h) Verluste ausländischer Betriebstätten

Lesen Sie aufmerksam § 2 (8) EStG, EStR 2000 Rz 187–217.

Hat eine österreichische Gesellschaft eine Betriebstätte in einem Staat, mit welchem ein DBA mit Befreiungsmethode abgeschlossen wurde, so hat Österreich aufgrund des DBA kein Besteuerungsrecht an den in der Betriebstätte erzielten Gewinnen. Erzielt die ausländische Betriebstätte hingegen Verluste, dann sind die Verluste – trotz Anwendung der Befreiungsmethode im DBA – in Österreich zu verwerten (§ 2 [8] Z 3 EStG; VwGH 25. 9. 2001, 99/14/0217). Die ausländischen Verluste sind bei der Berücksichtigung in Österreich nach österreichischem Steuerrecht zu ermitteln (1. **Verlustdeckel**). Eine Verlustberücksichtigung ist betragsmäßig jedoch auch mit der Höhe der nach ausländischem Steuerrecht ermittelten Verluste begrenzt (2. **Verlustdeckel**). § 2 (8) Z 3 EStG sieht zur Vermeidung einer Doppelberücksichtigung der Verluste sowohl im In- als auch im Ausland eine **Nachversteuerung** vor, sobald die Verluste im Betriebstättenstaat berücksichtigt werden können. Sofern jedoch mit dem Betriebstättenstaat keine umfassende Amtshilfe besteht (siehe dazu Teil I, Erster Abschnitt, B.III.3.a) erfolgt seit 1. Jänner 2015 die Nachversteuerung der Verluste spätestens im dritten Jahr nach deren Ansatz.

**Beispiel:**

Die österreichische X-AG erzielt in Österreich Gewinne iHv 10 Millionen. In ihrer deutschen Betriebstätte sind Verluste iHv 1 Million entstanden. Unter der Annahme, dass die ausländischen Verluste nach Umrechnung gemäß den Bestimmungen des österreichischen Steuerrechts ebenfalls 1 Million betragen, beträgt das Welteinkommen der X-AG 9 Millionen. Werden im Folgejahr in der deutschen Betriebstätte Gewinne iHv 2 Millionen erwirtschaftet, dann kommt es in Österreich zur Nachversteuerung der Verluste des Vorjahres iHv 1 Million.

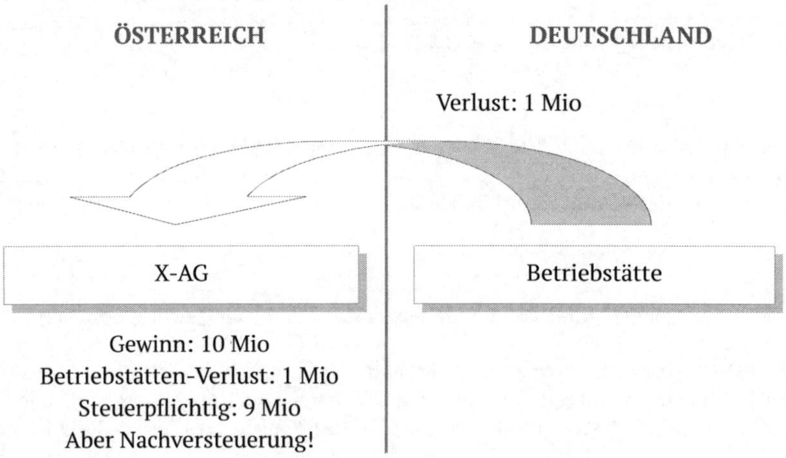


**Tipp:**

Sollten die Einkünfte im Ausland in pauschalierter Form einer Besteuerung unterzogen werden (sog „tax holidays"), so dürfen die Verluste – mangels späterer Verwertungsmöglichkeit im Ausland – in Österreich nicht berücksichtigt werden (EStR 2000 Rz 211).

**Literaturhinweise:**

*Hohenwarter*, Verlustverwertung im Konzern (2009); *Haslehner/Kofler*, Auslandsverluste und ausländisches Steuerrecht: Neuregelung durch das 1. StabG 2012, GES 2012, 350; *Blum/Spies*, Ausländische Verluste im Lichte des Unionsrechts – die Rs. *A Oy* und ihre Implikationen für Österreich, SWI 2013, 213; *Kofler/Marschner*, Änderungen im Außensteuerrecht, SWK 2014, 455.

## i) Verluste ausländischer Tochtergesellschaften

Lesen Sie aufmerksam § 9 (6) Z 6 KStG, KStR 2013 Rz 1075–1102.

Haben österreichische Gesellschaften im Ausland Tochtergesellschaften und erleiden die ausländischen Tochtergesellschaften Verluste, so können diese im Rahmen der **Gruppenbesteuerung** (§ 9 KStG) berücksichtigt werden. Mit Stichtag 1. 1. 2015 (vgl KStR 2013 Rz 1013c) können allerdings nur solche ausländische Gesellschaften Gruppenmitglieder sein, mit deren Ansässigkeitsstaat eine umfassende Amtshilfe besteht (siehe dazu Teil I, Erster Abschnitt, B.III.3.a). Gruppenmitglieder, mit deren Ansässigkeitsstaat zum Stichtag keine umfassende Amtshilfe besteht, scheiden automatisch ex lege mit Stichtag 1. 1. 2015 aus der Gruppe aus und es kommt zu einer Nachversteuerung sämtlicher noch nachversteuerungshängiger Verluste.

Die Berücksichtigung ausländischer Verluste unterliegt folgenden Begrenzungen:

- Der ausländische Verlust ist vor Berücksichtigung auf österreichisches Steuerrecht umzurechnen (1. **Verlustdeckel**).
- Zusätzlich kann der Verlust höchstens im Ausmaß des nach ausländischem Recht ermittelten Verlustes berücksichtigt werden (2. **Verlustdeckel**).
- Eine Verlustberücksichtigung kann nur im Ausmaß der Beteiligung aller beteiligter Gruppenmitglieder einschließlich eines beteiligten Gruppenträgers am ausländischen Gruppenmitglied erfolgen.
- Die zuzurechnenden Verluste können nur im Ausmaß von 75 % der Summe der eigenen Einkommen sämtlicher unbeschränkt steuerpflichtiger Gruppenmitglieder sowie des Gruppenträgers berücksichtigt werden.
- Können die Verluste im laufenden Jahr nicht berücksichtigt werden, sind sie in folgenden Jahren als vortragsfähige Verluste des Gruppenträgers abzuziehen.

Kann oder könnte ein in Österreich berücksichtigter ausländischer Verlust im Ausland verrechnet werden, so kommt es im Ausmaß der Berücksichtigung zur Nachversteuerung beim österreichischen Gruppenmitglied oder Gruppenträger. Dementsprechend kommt es beim Ausscheiden eines ausländischen Gruppenmitgliedes aus der Unternehmensgruppe zu einer gänzlichen Nachversteuerung aller berücksichtigten, aber noch nicht nachversteuerten Verluste.

**Beispiel:**

Eine in Österreich unbeschränkt steuerpflichtige Kapitalgesellschaft ist Gruppenträger einer international strukturierten Unternehmensgruppe. Das Einkommen des Gruppenträgers beträgt 1 Million €. Somit können Verluste eines ausländischen Gruppenmitglieds jedenfalls nur maximal im Ausmaß von 75 % der Summe des eigenen Einkommens, somit 750.000 €, berücksichtigt werden. Die Verluste des unmittelbar verbundenen ausländischen Gruppenmitgliedes können zudem nur in Höhe des Beteiligungsausmaßes in die Unternehmensgruppe einbezogen werden. Besteht zB eine Beteiligung am ausländischen Gruppenmitglied iHv 80 %, dann können 80 % der ausländischen Verluste, umgerechnet auf österreichisches Steuerrecht, maximal jedoch der nach ausländischem Recht ermittelte Verlust, in der österreichischen Unternehmensgruppe verwertet werden. Kann oder könnte das ausländische Gruppenmitglied den innerhalb der Gruppe berücksichtigten Verlust im Ausland verwerten, kommt es in Österreich zu einer Nachversteuerung. Lukriert das ausländische Gruppenmitglied allerdings Gewinne, dann besteht seitens Österreichs kein Besteuerungsrecht.

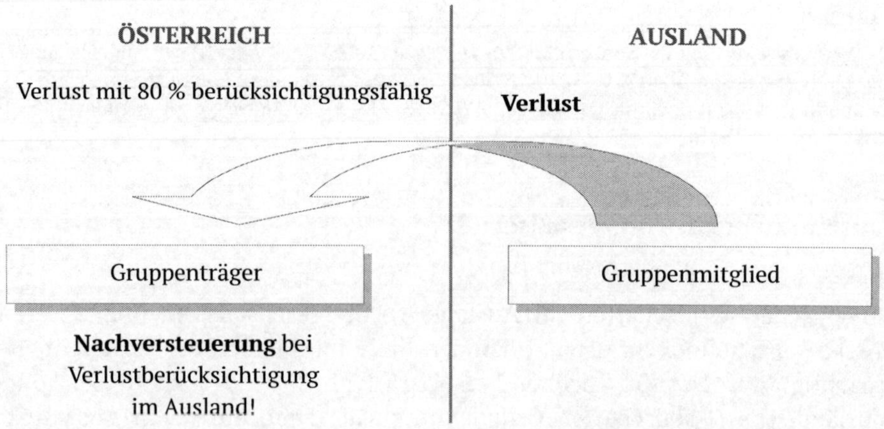


**Literaturhinweise:**

*Schneider*, Die Berücksichtigung von Auslandsverlusten nach § 2 (8) EStG und § 9 (6) Z 6 KStG. Ausländische Betriebstättenverluste vs ausländische Verluste im Rahmen der Gruppenbesteuerung, taxlex 2005, 194; *Hohenwarter-Mayr*, Die Rs. Philips Electronics: Wende in der Verlustverwertung beschränkt Steuerpflichtiger, GES 2012, 505; *Mayr*, Gruppenbesteuerung: Ausländische Verluste mit ausländischem Ergebnis gedeckelt, RdW 2012, 308; *Bendlinger/Kofler*, Rust 2014: Highlights aus dem Workshop „Internationales Steuerrecht", RdW 2014, 607; *Mayr/Titz*, AbgÄG 2014: Verlustberücksichtigung bei ausländischen Gruppenmitgliedern und Betriebstätten eingeschränkt, RDW 2014, 221.

**Kontrollfragen:**

1. Wann ist eine Körperschaft unbeschränkt steuerpflichtig und was ist die Folge der unbeschränkten Körperschaftsteuerpflicht?
2. Die Ö-GmbH besitzt seit einigen Jahren eine 100%ige Beteiligung an der französischen Gesellschaft M-Co, geführt in der Rechtsform einer „société anonyme". Die M-Co schüttet im Wirtschaftsjahr Dividenden iHv 100 an die Ö-GmbH aus. Wie sind die Dividenden auf Ebene der Ö-GmbH zu besteuern? Wie wäre im Falle einer Veräußerung der Beteiligung ein Veräußerungsgewinn oder -verlust zu behandeln?
3. Die deutsche Automobil-AG hält in ihrer Klagenfurter Betriebstätte 75 % der Anteile an einer italienischen SpA („società per azioni"). Im Jahr 2014 erhält sie aus dieser Beteiligung über die Betriebstätte Dividenden iHv 1.000 €. Welche steuerlichen Folgen ergeben sich aus der Dividendenausschüttung?
4. Eine ungarische operativ tätige Kapitalgesellschaft erzielt Einkünfte aus Finanzierungsleasing und Dividenden. Unter welchen Umständen kann es bei der österreichischen Mutter-AG (Beteiligungsausmaß 100 %) zu einer Hinzurechnungsbesteuerung kommen?

# Zweiter Abschnitt: Die beschränkte Steuerpflicht

Lesen Sie aufmerksam §§ 1, 98 EStG, § 1 (3) KStG, § 29 BAO, EStR 2000 Rz 27–36 und Rz 7901–7993, KStR 2013 Rz 130–135 und Rz 1475–1494.

Einkünftebezieher, die keinen Wohnsitz, gewöhnlichen Aufenthalt, Sitz oder Ort der Geschäftsleitung im Inland haben, sind nur mit bestimmten **Einkünften aus österreichischen Quellen** in Österreich steuerpflichtig (**Territorialitätsprinzip**). Die beschränkte Steuerpflicht erfasst nur die in **§ 98 EStG taxativ** aufgezählten Einkünfte.

## A. Beschränkt steuerpflichtige natürliche Personen

Lesen Sie aufmerksam §§ 1, 2 EStG, § 98 EStG, § 26 BAO, EStR 2000 Rz 27–36 und Rz 7901–7993.

Natürliche Personen ohne Wohnsitz oder gewöhnlichen Aufenthalt im Inland sind mit ihren aus österreichischen Quellen stammenden Einkünften – sofern von § 98 EStG erfasst – in Österreich beschränkt einkommensteuerpflichtig. Die Einkunftsarten entsprechen bei der beschränkten Steuerpflicht größtenteils denen der unbeschränkten Steuerpflicht. Somit können beschränkt steuerpflichtige natürliche Personen ebenfalls Einkünfte aus österreichischer Land- und Forstwirtschaft, einer in Österreich ausgeübten oder verwerteten selbständigen Arbeit, einem österreichischen Gewerbebetrieb, in Österreich ausgeübter oder verwerteter nichtselbständiger Arbeit, aus österreichischem Kapitalvermögen oder Einkünfte aus österreichischem vermieteten oder verpachteten Vermögen haben. Hinsichtlich des Besteuerungsverfahrens unterliegen beschränkt Steuerpflichtige einem Lohnsteuerabzug für Arbeitnehmer oder dem besonderen Steuerabzug für bestimmte Einkünfte oder machen von der Veranlagungsmöglichkeit für beschränkt Steuerpflichtige Gebrauch. Der Kapitalertragsteuerabzug bei beschränkter Steuerpflicht entspricht im Wesentlichen jenem bei unbeschränkter Steuerpflicht. Zusätzlich stehen beschränkt Steuerpflichtigen Maßnahmen zur Steuerentlastung von abzugsbesteuerten Einkünften offen, sofern ein österreichischer Besteuerungsanspruch durch ein DBA geschmälert wird.

Nur die in § 98 EStG **taxativ** (abschließend) aufgezählten Einkünfte unterliegen gem § 1 (3) EStG der beschränkten Steuerpflicht in Österreich. Beim Katalog des § 98 (1) EStG handelt es sich um keine eigenen Einkunftsarten für beschränkt Steuerpflichtige, sondern um die Einkunftsarten des § 2 EStG. Im Rahmen der beschränkten Steuerpflicht bleiben die persönlichen und familiären Verhältnisse eines Steuerpflichtigen weitgehend unberücksichtigt. Hat eine in Österreich nur beschränkt steuerpflichtige Person Einkünfte aus österreichischen Quellen, die nicht in § 98 EStG genannt sind, so liegen in Österreich **nicht steuerbare Einkünfte** vor.

**Tipp:**

Insbesondere nicht der beschränkten Steuerpflicht unterliegende Einkünfte sind:

- (Stück)Zinsen, die nicht von natürlichen Personen erzielt werden,
- (Stück)Zinsen, die von Personen erzielt werden, die in einem Staat ansässig sind, mit dem ein automatischer Informationsaustausch besteht (siehe dazu Teil I, Zweiter Abschnitt, A.II.5.),
- Einkünfte aus realisierten Wertsteigerungen von Kapitalvermögen bei unter 1%igen Beteiligungen,
- Mieten aus der Vermietung einzelner Wirtschaftsgüter,
- Gewinne aus der Veräußerung privater Vermögenswerte gegen Leibrente und
- Einkünfte aus kurzfristigen Inlandsbaustellen.

Nur Einkünfte mit einem bestimmten **Inlandsbezug** unterliegen in Österreich der Steuerpflicht. Dieser Inlandsbezug ist je nach Einkunftsart in unterschiedlicher Intensität ausgestaltet.

Das für die Einkünfte unbeschränkt Steuerpflichtiger geltende **Subsidiaritätsprinzip** gilt auch für beschränkt Steuerpflichtige (VwGH 22. 9. 1992, 88/14/0244): Die in § 98 (1) Z 1 bis 4 EStG genannten Haupteinkunftsarten haben prinzipiell Vorrang vor den in § 98 (1) Z 5 bis 7 EStG genannten Nebeneinkunftsarten.

! **Beispiel:**

Frau S lebt in Ungarn und forscht auf freiberuflicher Basis regelmäßig im Chemielabor eines österreichischen Pharmaunternehmens. Ihre aus der Forschertätigkeit erzielten Honorare unterliegen gem § 98 (1) Z 2 EStG der österreichischen Steuerpflicht. Werden nun, außerhalb ihrer freiberuflichen Tätigkeit, durch Frau S Patente geschaffen, die in ein inländisches öffentliches Buch eingetragen werden und die dem österreichischen Pharmaunternehmen gegen Entgelt überlassen werden, dann fallen die Einkünfte aus der Überlassung dieser Patente einerseits unter § 98 (1) Z 6 EStG als „in ein inländisches Buch eingetragene Rechte". Andererseits gehören die Patenteinkünfte zu den Einkünften aus selbständiger Arbeit gem § 98 (1) Z 2 EStG. Aufgrund der **Subsidiarität** der Haupteinkunftsarten **vor** den Nebeneinkunftsarten ist § 98 (1) Z 2 EStG maßgebend.

Das Subsidiaritätsprinzip findet allerdings seine Grenzen in der **isolierenden Betrachtungsweise**. Das bedeutet, dass sich die Subsidiarität aufgrund des Territorialitätsprinzips der beschränkten Steuerpflicht nur auf die inländischen Einkünfte erstreckt.

! **Beispiel:**

Ein japanischer Installateur besitzt in seinem Betriebsvermögen Aktien an einem österreichischen börsennotierenden Unternehmen. Da die Grundvoraussetzungen für die Besteuerung eines Gewerbebetriebs gem § 98 (1) Z 3 EStG nicht vorliegen (weder Betriebstätte noch feste Einrichtung noch unbewegliches Vermögen in Österreich), werden die aus der Beteiligung resultierenden Dividenden in Österreich im Rahmen des Gewerbebetriebes nicht besteuert. Aufgrund der isolierenden Betrachtungsweise liegen allerdings auf österreichischem Territorium Einkünfte aus der Überlassung von Kapital gem § 98 (1) Z 5 lit a EStG vor, welche in Österreich der beschränkten Steuerpflicht unterliegen.

Eine Einschränkung erfährt die isolierende Betrachtungsweise in Fällen, in denen ein ausländischer Gewerbebetrieb **inländisches unbewegliches Vermögen** besitzt (§ 98 [1] Z 3, 3. TS EStG).

# I. Prüfschema zur beschränkten Steuerpflicht

**Kein Wohnsitz/gewöhnlicher Aufenthalt im Inland** → **Beschränkt steuerpflichtig gem *§ 1 (3) EStG)***

**Besteuert werden nur die in *§ 98 EStG* aufgezählten Einkünfte**

- Im Inland betriebene **Land & Forstwirtschaft**
- Im Inland ausgeübte oder verwertete **selbstständige Arbeit**
- Im Inland über Betriebstätte, ständigem Vertreter oder unbeweglichem Vermögen ausgeübter **Gewerbebetrieb**
- Im Inland ausgeübte kaufm/techn Beratung, Arbeitskräftegestellung, Tätigkeit als Sportler, Artist oder Mitwirkender an Unterhaltungsdarbietungen
- Im Inland ausgeübte, verwertete oder an inländischen öffentlichen Einrichtungen ausgeübte **nichtselbstständige Arbeit**
- Bestimmte KESt-pflichtige **Kapitaleinkünfte** (zB Dividenden inländ. KapGes, stille Gesellschaft), KESt-pflichtige (Stück)**Zinsen** und **Einkünfte aus realisierten Wertsteigerungen** (ab 1 %)
- **Vermietung/Verpachtungs**einkünfte eines im Inland gelegenen unbeweglichen Vermögens, in inländ. Buch eingetragenes oder in inländ Betriebstätte verwendetes Recht/Sachinbegriff
- Private **Grundstücksveräußerungen** von inländischen Grundstücken

**Literaturhinweise:**

*Kofler*, Die beschränkte Steuerpflicht natürlicher Personen nach dem AbgÄG 2004, JAP 2004/2005, 35; *W. Loukota*, EG-Grundfreiheiten und beschränkte Steuerpflicht (2006); *Bendlinger/Kofler*, Rust 2014: Highlights aus dem Workshop „Internationales Steuerrecht“, RdW 2014, 607.

## II. Die Einkunftsarten gem § 98 EStG

### 1. Einkünfte aus Land- und Forstwirtschaft

Gem § 98 (1) Z 1 EStG sind Einkünfte aus einer **im Inland betriebenen** Land- und Forstwirtschaft in Österreich beschränkt steuerpflichtig. Hinsichtlich des Begriffs der Land- und Forstwirtschaft verweist § 98 (1) Z 1 EStG auf § 21 EStG. „Im Inland betrieben" wird eine Land- und Forstwirtschaft idR dann, wenn die zur Betriebsausübung notwendigen bewirtschafteten Grundstücke im Inland belegen sind. Es spielt dabei keine Rolle, ob der Ort der Geschäftsleitung im Ausland liegt. Zu den Einkünften aus Land- und Forstwirtschaft gehören auch die Gewinne aus der Veräußerung oder Aufgabe des Betriebes.

**Beispiel:**

Ein deutscher Landwirt bewirtschaftet einen in Burghausen (D) gelegenen Bauernhof. Daneben besitzt er einige Hektar Wald in der Nähe von Braunau. Der im Inland gelegene Wald begründet für den deutschen Landwirt eine im Inland gelegene Forstwirtschaft, deren Einkünfte gem § 98 (1) Z 1 EStG in Österreich steuerpflichtig sind.

### 2. Einkünfte aus selbständiger Arbeit

Einkünfte aus selbständiger Arbeit unterliegen im Inland der Steuerpflicht, wenn die Arbeit **im Inland ausgeübt** oder **verwertet** wird. Eine Arbeit gilt als im Inland **ausgeübt**, „wenn der Steuerpflichtige im Inland persönlich tätig geworden ist", also wenn er sich körperlich im Inland aufhält. Es ist allerdings nicht notwendig, dass sich der selbständig Tätige selber im Inland aufhält, vielmehr genügt es, wenn angestellte Mitarbeiter für ihn im Inland tätig werden.

**Beispiel:**

Ein Musiker gibt ein Konzert in Wien im Ernst-Happel-Stadion. Er wird persönlich im Inland tätig. Die Erlöse aus dem Konzert unterliegen daher der inländischen Steuerpflicht. Kommt der Musiker allerdings zum Schifahren nach Österreich und lässt er sich dabei von der österreichischen Bergwelt für ein neues Stück inspirieren, das er sodann nach seiner Rückkehr im Studio in seinem Heimatland aufnimmt, dann fehlt es am persönlichen Tätigwerden im Inland.

Im Falle eines Tätigwerdens sowohl im In- als auch im Ausland hat eine **Aufteilung** der Einkünfte zu erfolgen. Ist hingegen der auf das Inland entfallende Teil des Tätigwerdens von untergeordneter Bedeutung und nur Mittel zu einem im Ausland verwirklichten Hauptzweck, hat eine Aufteilung zu unterbleiben (EStR 2000 Rz 7916).

Die **Verwertung** im Inland ist gegenüber der Ausübung subsidiär. Eine Verwertung im Inland gilt als gegeben, wenn der Steuerpflichtige zwar nicht persönlich im Inland tätig wird, allerdings der „wirtschaftliche Erfolg der **inländischen Volkswirtschaft** unmittelbar zu dienen bestimmt ist".

Die Reichweite des Begriffs der Einkünfte aus selbständiger Arbeit bestimmt sich grundsätzlich nach § 22 EStG. Darüber hinaus fallen auch die Einkünfte aus der Veräußerung oder Aufgabe eines Betriebs und nachträgliche Einkünfte aus selbständiger Arbeit unter § 98 (1) Z 2 EStG.

**Tipp:**

Unternehmen haben bei bestimmten Auslandszahlungen eine **Mitteilungspflicht** gem § 109b EStG. Von dieser Mitteilungspflicht sind ua auch Leistungen für Tätigkeiten iSd § 22 EStG, wenn die Tätigkeit im Inland ausgeübt wird, sowie Vermittlungsleistungen, die sich auf das Inland beziehen, erfasst. § 109a (4) EStG normiert jedoch eine Reihe von Ausnahmetatbeständen, bei denen eine Mitteilung unterbleiben kann.

**Literaturhinweise:**

*Sutter*, Aufsichtsratstätigkeiten bei ausländischer Tochter – „Verwertung" im Inland? AnwBl 2002, 111; *Endfellner*, Der Verwertungstatbestand des § 98 Z 2 und 4 EStG, SWI 2003, 117.

## 3. Einkünfte aus Gewerbebetrieb

Der beschränkten Steuerpflicht unterliegen die Einkünfte aus einem Gewerbebetrieb, für den „im Inland eine **Betriebstätte** unterhalten wird", für den „im Inland ein **ständiger Vertreter** bestellt ist", oder aber, wenn „im Inland **unbewegliches Vermögen** vorliegt". § 98 (1) Z 3 EStG verweist hinsichtlich des Begriffs „Gewerbebetrieb" auf § 23 EStG. Daneben besteht auch die Möglichkeit, ohne örtlichen Anknüpfungspunkt im Inland mit Einkünften aus Gewerbebetrieb der beschränkten Steuerpflicht zu unterliegen: § 98 (1) Z 3 EStG nennt in TS 4 bis 6 die **technische** oder **kaufmännische Beratung** im Inland, die **Gestellung von Arbeitskräften** zur inländischen Arbeitsausübung und die gewerbliche Tätigkeit als **Sportler**, **Artist** oder **Mitwirkender an Unterhaltungsdarbietungen** im Inland. In diesen Fällen liegen auch ohne Betriebstätte oder ständigen Vertreter im Inland Einkünfte aus Gewerbebetrieb vor.

### a) Die Betriebstätte

In **§ 29 BAO** findet sich eine Definition des Begriffs **„Betriebstätte"**. Demzufolge ist eine Betriebstätte „jede feste örtliche Anlage oder Einrichtung, die der Ausübung eines Betriebes oder wirtschaftlichen Geschäftsbetriebes dient". Der Begriff der Betriebstätte ist damit sehr weit gefasst und umfasst:

- Ein **statisches Element:** Das heißt, dass der Gewerbetreibende über eine feste örtliche Anlage oder Einrichtung **verfügen** muss.

! **Beispiel:**

Das statische Element ist bereits erfüllt, wenn die Verfügungsmacht über einen Schreibtisch in einem Großraumbüro besteht (BMF EAS 1613, 13. 3. 2000). Allerdings würde die bloße **Mitbenützung** eines Schreibtisches in einem Großraumbüro das statische Element der Verfügungsmacht nicht erfüllen.

- Ein **funktionales Element:** Die Anlage oder Einrichtung muss der Erfüllung des betrieblichen Zweckes **dienen**.

! **Beispiel:**

Die von einem japanischen Unternehmer in den Salzburger Tauern zur Erholung der Mitarbeiter angeschaffte Schihütte dient nicht unmittelbar der Betriebsausübung und vermag somit keine Betriebstätte zu begründen.

- Ein **zeitliches Element:** Das Vorhandensein einer „festen örtlichen Einrichtung" setzt eine gewisse zeitliche Dauer voraus. Nach Judikatur und Verwaltungspraxis wird eine über **sechs Monate** bestehende feste örtliche Anlage oder Einrichtung als prinzipiell betriebstättenbegründend angesehen (EStR 2000 Rz 7928; VwGH 21. 5. 1997, 96/14/0084; § 29 [2] lit c BAO stellt explizit auf Bauausführungen ab). Für die Fristenberechnung sind auch die Zeiten der Vorbereitungsarbeiten relevant. Wird die Sechs-Monats-Frist überschritten, so ist rückwirkend eine Betriebstätte anzunehmen.

! **Beispiel:**

Werden von einem tschechischen Reisebüro inländische Hotels jährlich für etwa drei bis vier Monate zur Gänze angemietet, um darin Touristen unterzubringen und zu betreuen, dann werden hierdurch inländische Betriebstätten des tschechischen Reisebüros begründet. Denn auch bei wiederkehrender Nutzung von Einrichtungen kann bei einer unter sechs Monate liegenden Nutzungsdauer eine Betriebstätte begründet werden (BMF EAS 1979, 10. 1. 2002).

Jedenfalls ex lege betriebstättenbegründend sind der Ort der Geschäftsleitung, eine Zweigniederlassung, eine Fabrikationsstätte, ein Warenlager, eine Ein- und Verkaufsstelle, Geschäftsstellen und Bauausführungen (siehe § 29 [2] lit b BAO). Auch Mitunternehmerschaften (zB Personengesellschaften) werden in vielen Fällen eine Betriebstätte gem § 29 BAO entfalten. Nicht notwendig für eine Betriebstättenbegründung ist, dass vor Ort auch Menschen beschäftigt werden. So kann zB auch ein Server, durch welchen ein Unternehmen zumindest teilweise eine Tätigkeit ausübt, als Betriebstätte angesehen werden (BMF EAS 1836, 23. 4. 2001). Gleiches gilt für einen Verkaufsautomaten oder Geldspielautomaten (BMF EAS 2865, 17. 7. 2007, und 1396, 4. 1. 1999).

**Beispiel:**

Übt ein im Inland ansässiger Steuerpflichtiger für seinen ausländischen Arbeitgeber von zu Hause aus regelmäßig und nicht nur in untergeordnetem Ausmaß Tätigkeiten aus (sog Homeoffice-Tätigkeiten), so kann dadurch – neben der Lohnsteuerpflicht der Arbeitnehmervergütung – auch eine Betriebstätte des ausländischen Arbeitgebers gem § 29 BAO begründet werden (BMF EAS 3415, 27. 6. 2019; siehe auch EAS 3392, 6. 11. 2017). Die Verfügungsmacht wird dem Arbeitgeber faktisch im Wege der betrieblichen Nutzung des Homeoffice durch seinen Arbeitnehmer verschafft.

Ein bloßer **Briefkasten** an einer bestimmten Adresse oder ein **Bankkonto** kann keine Betriebstätte begründen (*Ritz*, BAO-Kommentar[5] § 29 Rz 5).

Der inländischen beschränkten Steuerpflicht unterliegen nur jene Einkünfte des ausländischen Gewerbebetriebs, die der inländischen Betriebstätte funktional **zuzurechnen** sind (vgl VwGH 18. 10. 2017, Ro 2016/13/0014, zum umgekehrten Fall der Zurechnung zu einer slowakischen Betriebstätte). Das bedeutet, dass nur die durch die Betriebstätte erwirtschafteten Ergebnisse im Inland der Steuerpflicht unterliegen, wobei die entsprechend zugerechneten Ergebnisse jedenfalls nach Maßgabe der innerstaatlichen Rechtsvorschriften zu ermitteln sind.

**Literaturhinweis:**

*Endfellner*, Der Begriff der „Betriebstätte" im Ertragsteuerrecht, FJ 2006, 217.

### b) Der ständige Vertreter

Sofern keine Betriebstätte vorliegt, kommen natürliche oder juristische Personen als **„ständiger Vertreter"** iSd § 98 (1) Z 3 EStG infrage, sofern sie als unselbständig oder selbständig tätige Vertretung im Inland für eine Gesellschaft tätig werden und dabei im Namen der Gesellschaft auftreten. Der Vertreter ist dabei in gewissem Ausmaß abhängig vom Vertretenen (*Loukota*, Internationale Steuerfälle Rz 163; VwGH 17. 12. 1993, 93/15/0094) sowie dem Vertretenen gegenüber weisungsgebunden. Ein ständiger Vertreter liegt zudem nur im Falle einer Nachhaltigkeit der Tätigkeit vor. Hier könnte analog zur Betriebstätte auf die Sechs-Monats-Frist zurückgegriffen werden.

**Beispiel:**

Ein Schweizer Küchengeräteerzeuger vertreibt seine Waren im Inland über in Österreich ansässige Außendienstmitarbeiter. Die Außendienstmitarbeiter, denen im Inland keinerlei Räumlichkeiten zur Ausübung ihrer Tätigkeit zur Verfügung stehen, sind dabei befugt, Verträge mit Kunden über den Kauf und die Lieferung von Küchengeräten abzuschließen. Da der Schweizer Küchengeräteerzeuger einen ständigen Vertreter im Inland hat, unterliegt er mit seinen im Inland erzielten Gewinnen der beschränkten Steuerpflicht gem § 98 (1) Z 3 EStG (siehe in diese Richtung auch BMF EAS 2347, 2. 9. 2003).

**Beispiel:**

Werden Küchengeräte eines Schweizer Unternehmers in verschiedenen Elektrohandelsketten im Inland angeboten, löst dies im Inland selbst dann keine beschränkte Steuerpflicht gem § 98 (1) Z 3 EStG aus, wenn in den Elektrohandelsketten gelegentlich Verkaufsmitarbeiter des Schweizer Unternehmens zur Unterstützung und Beratung tätig werden (BMF EAS 1884, 24. 7. 2001).

**Tipp:**

Nach den öVPR 2010 Rz 172 f kann auch ein im eigenen Namen auftretender **Kommissionär** „ständiger Vertreter" des Kommittenten sein, da auch ihm die Verpflichtung obliegt, nicht im eigenen Interesse, sondern im Interesse des Kommittenten zu handeln. Durch die DBA bleiben jedoch nur jene Vertreter steuerpflichtig, die als „abhängige Vertreter" einzustufen sind.

### c) Inländisches unbewegliches Vermögen

Auch beim Vorliegen von **inländischem unbeweglichen Vermögen** ist ein Anknüpfungspunkt für die beschränkte Steuerpflicht gegeben. Die ansonsten geltende „isolierende Betrachtungsweise" wird dadurch eingeschränkt: Sofern ein im Ausland befindlicher Gewerbebetrieb im Inland belegenes unbewegliches Vermögen hat, erfolgt eine steuerliche Erfassung daraus resultierender Gewinne im Rahmen der Einkünfte aus Gewerbebetrieb gem § 98 (1) Z 3 EStG. Gem § 98 (4) EStG sind der besondere Steuersatz gem § 30a EStG, dessen Entrichtung gem § 30b EStG und die Mitteilung der Selbstberechnung durch den Parteienvertreter gem § 30c EStG auch für Grundstücksveräußerungen iSd § 98 (1) Z 3 EStG anzuwenden.

**Beispiel:**

Wird die von einem japanischen Unternehmer in den Salzburger Tauern zur Erholung der Mitarbeiter angeschaffte Schihütte veräußert, so ist ein daraus resultierender Veräußerungsgewinn als Einkünfte aus Gewerbebetrieb gem § 98 (1) Z 3 EStG in Österreich beschränkt steuerpflichtig.

**Literaturhinweise:**

*Schneider*, AbgÄG 2005: Steuerpflicht bei inländischen Immobilien, taxlex 2005, 610; *Urtz* (Hrsg), Die neue Immobiliensteuer – Update 2013[2] (2014); *Thunshirn*, Die Immobilien-Ertragsteuer[3] (2018).

### d) Technische oder kaufmännische Beratung

Als **technische oder kaufmännische Beratung** gilt vor allem die Tätigkeit von Marktforschern, Unternehmensberatern sowie technische Beratung im Zusammenhang mit Lizenzvergabe. Voraussetzung ist, dass die Tätigkeit gewerblicher Natur ist und im Inland ausgeübt wird.

**Tipp:**

Die Einkünfte von Unternehmensberatern sind in vielen Fällen schon in den Einkünften selbständig Tätiger erfasst.

**Beispiel:**

Ein deutscher Unternehmensberater wird regelmäßig auch für Kunden in Österreich tätig, wobei ihm für seine in Österreich physisch erbrachte Tätigkeit beim Kunden keine feste Einrichtung zur Verfügung steht. Ungeachtet der sachverhaltsabhängigen Frage, ob eine Betriebstätte im Inland gegeben ist, unterliegt der Unternehmensberater mit seinen inländischen Einkünften der beschränkten Steuerpflicht mit Einkünften aus Gewerbebetrieb. (In den meisten Fällen ist dieses Besteuerungsrecht allerdings durch das DBA wieder aufzugeben.)

**Tipp:**

Unternehmen haben bei bestimmten Auslandszahlungen eine Mitteilungspflicht gem § 109b EStG. Von dieser Mitteilungspflicht ist ua die kaufmännische oder technische Beratung im Inland erfasst. § 109a (4) EStG normiert jedoch eine Reihe von Ausnahmetatbeständen, bei denen eine Mitteilung unterbleiben kann.

### e) Arbeitskräftegestellung

**Arbeitskräftegestellung** liegt vor, wenn ein Unternehmer (Gesteller) seine Dienstnehmer einem anderen Unternehmer (Gestellungsnehmer) zur Verfügung stellt, ohne dass zwischen dem Gestellungsnehmer und den Dienstnehmern ein Dienstverhältnis begründet wird (VwGH 27. 9. 2000, 96/14/0126), womit der Gesteller Arbeitgeber bleibt (zur Frage des Arbeitgebers bei Arbeitskräftegestellung siehe auch LStR 2002 Rz 923 ff). Für einen inländischen Besteuerungsanknüpfungspunkt ist auch bei der Arbeitskräftegestellung wesentlich, dass es sich um Arbeitsausübung im Inland handelt, dass also die Arbeitskräfte im Inland tätig werden.

**Beispiel:**

Ein polnischer Arbeitskräfteverleiher verleiht einen Teil der bei ihm angestellten Arbeitskräfte an einen österreichischen Bauunternehmer. Obwohl keine Betriebstätte begründet wird, unterliegt der polnische Arbeitskräfteverleiher mit seinen in Österreich erzielten Gewinnen prinzipiell der inländischen beschränkten Steuerpflicht. Diese Steuerpflicht trifft auch indirekt die Arbeitslöhne der verliehenen Arbeitskräfte (siehe dazu BMF EAS 3313, 21. 12. 2012).

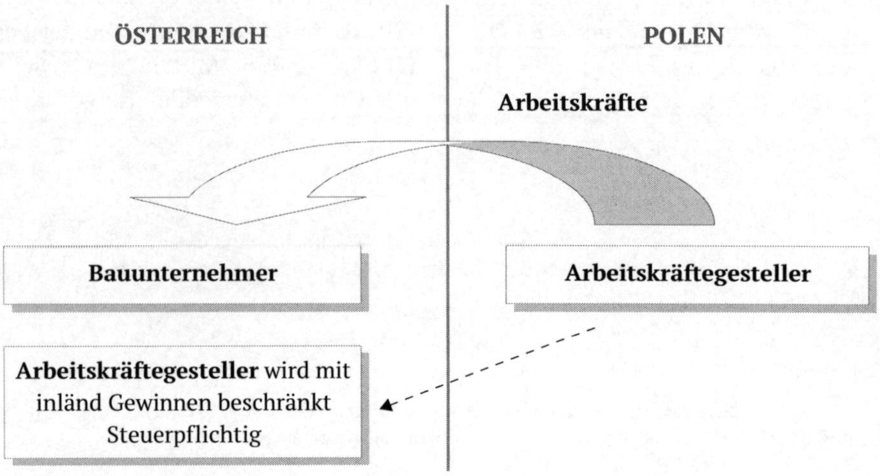


**Literaturhinweis:**

*Nowotny/Prechtl-Aigner*, Rückerstattung der Abzugssteuer bei Arbeitskräftegestellung an Gesteller oder Arbeitnehmer, SWI 2013, 163.

## f) Sportler, Artisten und Mitwirkende an Unterhaltungsdarbietungen

Die Begriffe **„Sportler"**, **„Artist"** und **„Mitwirkender an einer Unterhaltungsdarbietung"** sind, wie auch schon die in den vorstehenden Absätzen genannten, nicht im Gesetz normiert, wodurch der allgemeine Sprachgebrauch zur Auslegung heranzuziehen ist. Allen drei Begriffen ist gemeinsam, dass es sich um eine gewerbliche Tätigkeit handeln und dass die Tätigkeit im Inland ausgeübt werden muss. Das bedeutet, dass zB Hobbysportler mangels Gewerblichkeit nicht von der Bestimmung erfasst sind.

**Tipp:**

Nicht alle Einkünfte, die ein Künstler oder Sportler im Inland erzielt, sind gewerbliche Einkünfte. Überlässt zum Beispiel ein im Ausland ansässiger berühmter Sportler einem inländischen Sportartikelhersteller das Recht, dessen Namen, die Persönlichkeit und das äußere Erscheinungsbild mittels eines im Inland verteilten Katalogs zu nützen, liegen Einkünfte aus Vermietung und Verpachtung (Überlassung von Rechten) gem § 98 (1) Z 6 EStG vor, unter der Voraussetzung, dass der Sportler nicht selber persönlich im Inland tätig wird (Isolationstheorie).

**Sportler** sind Personen, die eine sportliche Tätigkeit ausüben, wobei eine gewisse körperliche Anstrengung vorauszusetzen ist. Ob Geistessportarten wie zB Schach oder Sudoku oder die Tätigkeit als Base-Jumper auch vom Sportlerbegriff erfasst sind, ist fraglich (siehe zB auch *Loukota*, Außensteuerrecht 25; *Daxkobler/Kerschner*, Da fiel er aus allen Wolken ..., SWK 2013, 901).

**Beispiel:**

Ein Fußballer wurde während der EM in Österreich tätig. Der beschränkten Steuerpflicht gem § 98 (1) Z 3 unterliegen sämtliche Siegesprämien, Preise, Einnahmen aus Trikotwerbung etc, die während der sportlichen Tätigkeit im Inland verdient wurden. Auch Einnahmen aus anderen im Inland ausgeübten Nebenleistungen (zB Autogrammstunden, Auftritte in Talkshows etc) unterfallen der beschränkten Steuerpflicht. Trägt der Sportler das Trikot jedoch auch bei Spielen im Ausland und werden sonach die Werbetätigkeiten auch im Ausland entfaltet, dann wäre der auf das Ausland entfallende Teil der Einkünfte nicht der inländischen Besteuerung zu unterziehen.

Unter **Artisten** werden Personen verstanden, die in Zirkussen oder auf Showbühnen auftreten. **Mitwirkende an Unterhaltungsdarbietungen** sind Personen, die ähnliche Tätigkeiten wie Künstler und Sportler und Artisten ausüben, jedoch nicht unter den jeweiligen Begriff fallen. Sonach sind Beleuchtungstechniker, Regisseure, Kostümbildner und auch die mitwirkenden Trägerorganisationen von Orchestern und Theatern als Mitwirkende an Unterhaltungsdarbietungen zu werten (zur Abgrenzung Künstleragentur und Theater-AG siehe VwGH 11. 12. 2003, 2000/14/0165). Voraussetzung für das Vorliegen einer Unterhaltungsdarbietung ist nicht zwingend, dass sie vor einem Publikum stattfindet.

**Beispiel:**

Die Wiener Staatsoper schließt einen Vertrag mit einer russischen Künstleragentur ab, wonach das russische Staatsballett Aufführungen an der Wiener Staatsoper abhalten soll. Als an der Unterhaltungsdarbietung mitwirkend gilt nur das Ballettensemble, nicht aber auch die russische Künstleragentur.

**Literaturhinweis:**

*Loukota*, Kehrtwende bei der Besteuerung ausländischer Künstleragenturen, SWI 2004, 99.

## 4. Einkünfte aus nichtselbständiger Arbeit

Ausländische Steuerpflichtige unterliegen auch dann der Besteuerung in Österreich, wenn sie Einkünfte aus

- im **Inland ausgeübter** nichtselbständiger Arbeit oder
- im **Inland verwerteter** nichtselbständiger Arbeit beziehen oder
- die Einkünfte aus inländischen **öffentlichen Kassen** stammen.

Die **Ausübung im Inland** gilt als gegeben, wenn sich der Steuerpflichtige physisch im Inland aufhält. Ob der Arbeitnehmer für einen österreichischen oder einen ausländischen Arbeitgeber tätig wird, ist unbeachtlich. Ebenso ist irrelevant, für welche Zeitdauer im Inland einer Tätigkeit nachgegangen wird. Somit führt bereits eine eintägige unselbständige Beschäftigung zur Steuerpflicht in Österreich.

**Beispiel:**

Werden von einem österreichischen Spediteur in Deutschland ansässige Berufskraftfahrer für internationale Transporte beschäftigt, unterliegen die Arbeitslöhne in dem Maße der österreichischen Besteuerung, als sich die Fahrer in Ausübung ihrer beruflichen Tätigkeit auf österreichischem Staatsgebiet aufhalten (zB bei Durchfahrten durch Österreich oder anlässlich des Aufsuchens des österreichischen Arbeitgebers) (BMF EAS 1709, 17. 8. 2000).

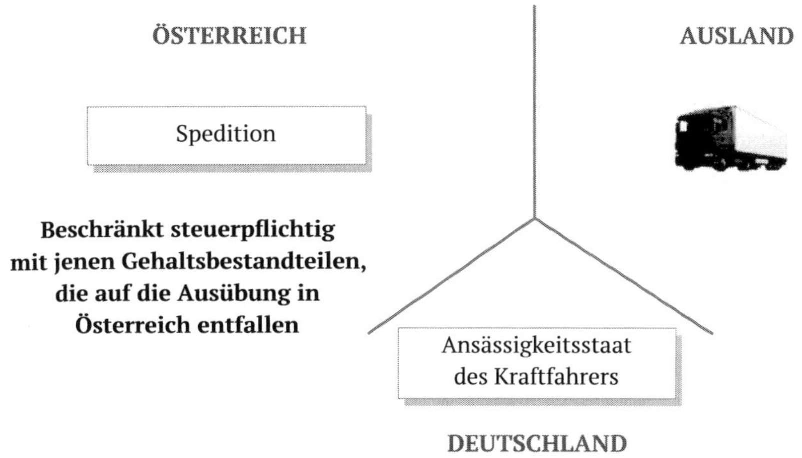


Neben der Ausübung im Inland kann auch die reine **Verwertung im Inland** zur Steuerpflicht in Österreich führen. Verwertung im Inland ist gegeben, wenn „der wirtschaftliche Erfolg der inländischen Volkswirtschaft unmittelbar zu dienen bestimmt ist" (siehe § 98 [1] Z 2 EStG bei selbständiger Beschäftigung).

**Tipp:**

Wenn ein österreichischer Arbeitnehmer von seinem österreichischen Arbeitgeber ins Ausland entsandt wird, kann von einer Verwertung im Inland ausgegangen werden (VwGH 20. 10. 1982, 81/13/0083).

**Beispiel:**

Typischerweise ist bei Bediensteten der Außenhandelsstellen der Wirtschaftskammer Österreich (soweit dies nicht nach der Art der Tätigkeit – etwa bei Reinigungskräften – auszuschließen ist) eine Verwertung im Inland gegeben (VwGH 27. 11. 1968, 0889/67).

**Beispiel:**

Werden Arbeitnehmer österreichischer Unternehmen zu Schulungszwecken ins Ausland entsandt, dann unterliegt das weiterhin vom österreichischen Arbeitgeber bezahlte Gehalt der beschränkten Steuerpflicht gem § 98 (1) Z 4 EStG.

**Einkünfte aus öffentlichen Kassen**, die mit Rücksicht auf ein gegenwärtiges oder früheres Dienstverhältnis gewährt werden, unterliegen in Österreich der beschränkten Steuerpflicht. Als öffentliche Kassen gelten nur die Gebietskörperschaften (Bund, Länder, Gemeinden) (VwGH 28. 9. 1956, 1963/56, LStR 2000 Rz 919).

**Tipp:**

Sozialversicherungspensionen sind nicht als Einkünfte aus öffentlichen Kassen anzusehen. Zahlungen daraus fallen unter § 98 (1) Z 4 EStG, wenn die Ausübung oder Verwertung der nichtselbständigen Arbeit im Inland stattgefunden hat.

Der letzte Satz des § 98 (1) Z 4 dient der Vermeidung einer wirtschaftlichen Doppelbesteuerung, falls die Einkünfte bereits unter den Tatbestand einer anderen, vorher genannten Einkunftsart zu subsumieren waren.

## 5. Einkünfte aus Kapitalvermögen

**Der beschränkten Steuerpflicht unterliegen gem § 98 (1) Z 5 EStG:**

- Einkünfte aus der **Überlassung von Kapital** gem § 27 (2) Z 1 oder § 27 (5) Z 7 EStG (§ 98 [1] Z 5 lit a EStG) – dazu zählen:

  1. **Dividenden,**
  2. **GmbH-Gewinnausschüttungen,**
  3. gleichartige Bezüge und Rückvergütungen aus Anteilen an **Erwerbs- und Wirtschaftsgenossenschaften,**
  4. gleichartige Bezüge aus **Genussrechten** und sonstigen **Finanzierungsinstrumenten** und aus **Partizipationskapital,**
  5. Bezüge aus Anteilen an **Agrargemeinschaften** und
  6. Zuwendungen von **Privatstiftungen.**

  Beschränkte Steuerpflicht besteht aber nur, wenn es sich um **inländische Kapitalerträge** handelt, dh wenn der Schuldner der Kapitalerträge Inländer ist. Zudem greift die beschränkte Steuerpflicht nur, wenn KESt abzuziehen war.

**Beispiel:**

Eine in den Niederlanden ansässige Person hält Aktien einer russischen Gesellschaft auf dem österreichischen Bankdepot. Voraussetzung für die beschränkte Steuerpflicht ist, dass der Abzugsverpflichtete Schuldner der Kapitalerträge iSd § 95 (2) Z 1 lit a EStG ist und KESt einzubehalten war (§ 93 [1] EStG). Die Erträge sind somit nicht beschränkt steuerpflichtig gem § 98 (1) Z 5 lit a EStG, wenn nicht der Abzugsverpflichtete (die österreichische Bank), sondern die russische ausschüttende Gesellschaft Schuldner der Kapitalerträge ist.

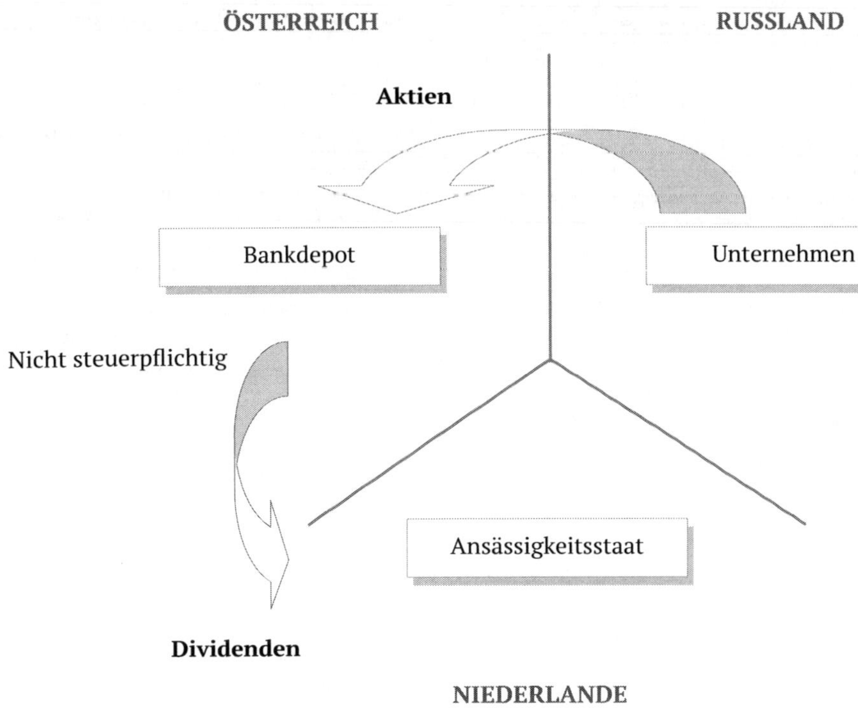


**Beispiel:**

Werden Aktien an einer österreichischen Gesellschaft von einer in Deutschland lebenden Person in einem Schweizer Aktiendepot gehalten, so unterliegen die daraus resultierenden Dividenden der österreichischen Kapitalertragsteuer, da der Schuldner der Kapitalerträge, der auch Abzugsverpflichteter gem § 95 (2) Z 1 lit a EStG ist, Geschäftsleitung oder Sitz im Inland hat und gem § 93 (2) Z 1 KESt einzubehalten war.

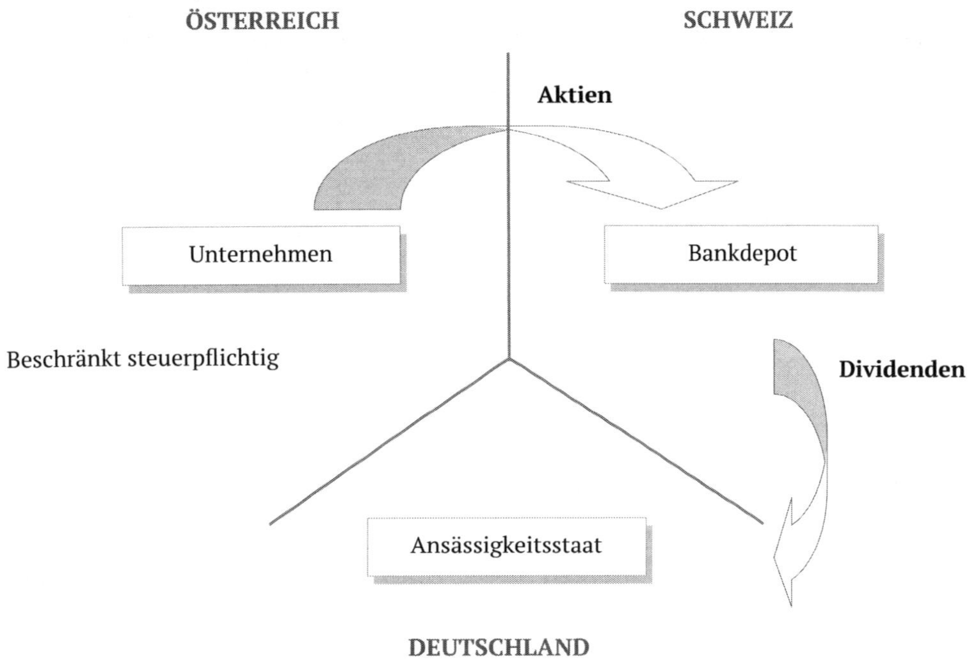


- **(Stück)Zinsen**, sofern KESt einzubehalten war (§ 98 Z 5 lit b EStG).
- Gewinnanteile eines (echten) **stillen Gesellschafters** sowie aus der Beteiligung nach Art eines stillen Gesellschafters, sofern Abzugssteuer gem § 99 EStG einzubehalten war (§ 98 [1] Z 5 lit c EStG).

- Erträge aus **Immobilieninvestmentfonds**, soweit die Immobilien im Inland gelegen sind (§ 98 [1] Z 5 lit d EStG).
- Einkünfte aus **realisierten Wertsteigerungen** von Kapitalvermögen aus inländischen Beteiligungen an einer Kapitalgesellschaft bei Mindestbeteiligung von 1 % innerhalb der letzten fünf Jahre (§ 98 [1] Z 5 lit e EStG). Dabei genügt es, wenn der Veräußerer innerhalb der letzten fünf Jahre vor Veräußerung zu mindestens 1 % beteiligt war.

**Beispiel:**

Eine in Österreich lebende Person zieht nach Italien. Die in Österreich angewachsenen stillen Reserven der 3%igen Beteiligung an einem österreichischen börsennotierenden Unternehmen unterliegen im Zeitpunkt des Wegzugs der unbeschränkten Steuerpflicht. Es besteht aber die Möglichkeit, gem § 27 (6) Z 1 lit a EStG einen Antrag auf Steueraufschub bis zum tatsächlichen Zeitpunkt der Veräußerung zu stellen.

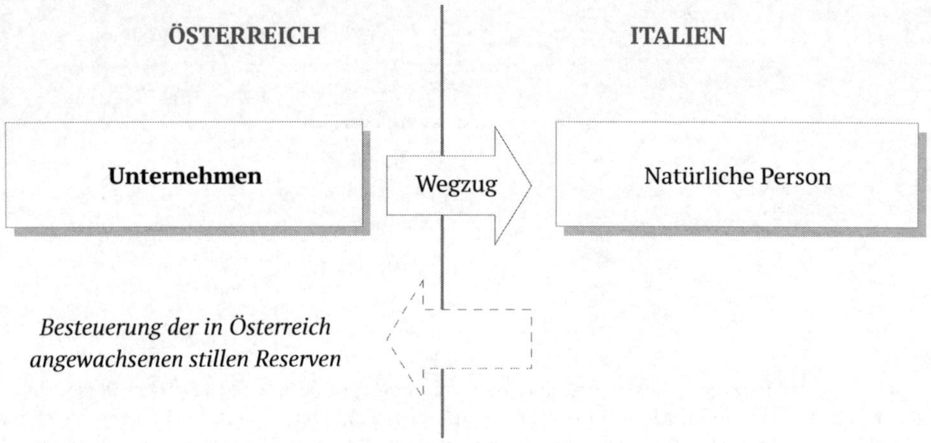


**Tipp:**

**Nicht der beschränkten Steuerpflicht unterliegen bzw von der Steuer ausgenommmen sind insbesondere:**

- **(Stück)Zinsen**, die **nicht von natürlichen Personen** erzielt werden (§ 98 Z 5 lit e 2. Absatz 1. TS EStG).

**Beispiel:**

Eine in Freilassing (D) ansässige GmbH hat bei einer österreichischen Bank nicht unweit der Grenze ein Girokonto eröffnet. Ungeachtet der Frage, ob die daraus resultierenden Zinsen in Deutschland besteuert werden oder nicht, wird in Österreich mangels beschränkter Steuerpflicht keine KESt erhoben. Weist die deutsche GmbH ihre Ausländereigenschaft gegenüber der Bank nach (wobei zusätzliche Nachweiserfordernisse bei ausländischen Körperschaften gelten, EStR 2000 Rz 7972e) und liegt eine Befreiungserklärung vor, so wird die Bank im Regelfall unmittelbar keine KESt einbehalten. Wird der Nachweis der Ausländereigenschaft nicht erbracht, wird zunächst KESt abgezogen, welche allerdings im Wege der Rückerstattung wieder zurückgeholt werden kann.

- **(Stück)Zinsen**, die von Personen erzielt werden, die in einem Staat ansässig sind, mit dem ein automatischer Informationsaustausch (siehe dazu im Detail Teil II, Zweiter Abschnitt, E.III.) besteht (Nachweis durch Ansässigkeitsbescheinigung) (§ 98 Z 5 lit e 2. Absatz 2. TS EStG).
- **(Stück)Zinsen**, die anteilig in Ausschüttungen aus Investmentfonds oder Immobilieninvestmentfonds enthalten sind, sofern höchstens 15 % der Fondserträge aus inländischen Zinsen stammen (§ 98 Z 5 lit e 2. Absatz 3. TS EStG).
- **Zinsen** aus **Privatdarlehen.**
- ausländische Kapitalerträge, die im Inland ausbezahlt werden.
- Einkünfte aus **realisierten Wertsteigerungen** von Kapitalvermögen aus inländischen Beteiligungserträgen bei **Beteiligungen unter 1 %**.

- Konzernintern zwischen verbundenen Unternehmen innerhalb der EU gezahlte **Zinsen** gem § 99a EStG aufgrund der Zins- und Lizenzgebührenrichtlinie (Richtlinie des Rates 2003/49/EG vom 3. Juni 2003 über eine gemeinsame Steuerregelung für Zahlungen von Zinsen und Lizenzgebühren zwischen verbundenen Unternehmen verschiedener Mitgliedstaaten), sofern
  1. eine unmittelbare Beteiligung von mindestens 25 %
  2. einer unbeschränkt steuerpflichtigen Körperschaft oder einer inländischen Betriebstätte eines Unternehmens eines anderen EU-Mitgliedstaates
  3. an einem Unternehmen oder einer Betriebstätte eines anderen EU-Mitgliedstaates besteht, wobei
  4. die Beteiligungserfordernisse für einen ununterbrochenen Zeitraum von mindestens einem Jahr bestanden haben müssen.

**Tipp:**

Eine Erweiterung der Zins- und Lizenzgebührenrichtlinie auf die Schweiz ist durch Art 15 des Zinsabkommens mit der Schweiz (ABl L 385/2004, 0030-0049) erfolgt.

- Konzernintern an EU-Körperschaften iSd Mutter-Tochter-Richtlinie **ausgeschüttete Gewinne** gem § 94 Z 2 EStG, sofern
  1. die Behaltedauer von einem Jahr und
  2. das Mindestbeteiligungsausmaß von 10 % erfüllt ist (siehe Teil I, Erster Abschnitt, B.III.3.b).

**Tipp:**

Eine Erweiterung der Mutter-Tochter-Richtlinie auf die Schweiz ist durch Art 9 des zwischen der EU und Schweiz abgeschlossenen Abkommens über den automatischen Informationsaustausch über Finanzkonten zur Förderung der Steuerehrlichkeit bei internationalen Sachverhalten erfolgt.

**Literaturhinweise:**

*Bendlinger*, Keine KESt-Entlastung bei Durchlaufgesellschaften, ÖStZ 2019, 140; *Furherr/Nowotny*, Umsetzung der Zinsen-/Lizenzen-Richtlinie in § 99a EStG durch das AbgÄG 2003, GeS 2004, 190; *Bergmann*, Besteuerung der echten stillen Gesellschaft nach BBG 2011, Ges aktuell 2011, 30; *Hilber*, Grundlagen der neuen Kapitalbesteuerung, ecolex 2011, 359; *Polivanova-Rosenauer*, AbgÄG 2014: Beschränkte Steuerpflicht für Zinsen, RdW 2014, 163; *Kofler/Marschner*, Änderungen im Außensteuerrecht, SWK 2014, 455.

## 6. Einkünfte aus Vermietung und Verpachtung

Beschränkte Steuerpflicht besteht bei Einkünften aus Vermietung und Verpachtung, sofern es sich um unbewegliches Vermögen, Sachinbegriffe oder Rechte handelt, die

- im Inland belegen,
- in ein inländisches öffentliches Buch oder Register eingetragen sind oder
- in einer inländischen Betriebstätte verwendet werden.

**Unbewegliches Vermögen** erfasst primär Grundstücke, Gebäude, Gebäudeteile und Wohnungen, welche auf österreichischem Staatsgebiet belegen sind. Nur die Nutzungsüberlassung soll von § 98 (1) Z 6 EStG erfasst sein, im Falle der Veräußerung ist § 98 (1) Z 7 EStG anzuwenden.

**Beispiel:**

Die in Polen lebende X hat eine Wohnung in St. Pölten von einer Tante geerbt. X entschließt sich, die Wohnung zu vermieten. Mit den Mieteinkünften unterliegt X in Österreich gem § 98 (1) Z 6 EStG der beschränkten Steuerpflicht.

**Sachinbegriffe** bestehen aus einer Vielzahl von beweglichen Gegenständen, die wirtschaftlich eine Einheit bilden und deren Wert und Funktionsfähigkeit sich aus ihrer Zusammenfassung ergeben. Zu den **Sachinbegriffen** zählt vor allem das bewegliche Betriebsvermögen (siehe § 28 [1] Z 2 EStG) oder der Hausrat. Eine Inlandsanknüpfung ergibt sich hier aus der Belegenheit im Inland oder der Verwendung in einer inländischen Betriebstätte.

**Beispiel:**

Eine Salzburger Galerie stellt die Kunstsammlung eines berühmten ausländischen Künstlers (ohne dessen Mitwirkung) aus. Das an den Künstler bezahlte Entgelt für die Nutzungsüberlassung unterliegt gem § 98 (1) Z 6 der beschränkten Steuerpflicht (siehe BMF EAS 983, 9. 12. 1996).

**Tipp:**

Einkünfte aus der Vermietung beweglicher Wirtschaftsgüter, die keinen Sachinbegriff darstellen, unterliegen nicht der inländischen beschränkten Steuerpflicht. (Im Gegensatz dazu fallen sie im Rahmen der unbeschränkten Steuerpflicht unter den Tatbestand der sonstigen Einkünfte des § 29 Z 3 EStG.)

Die Veräußerung von Sachinbegriffen ist in isolierender Betrachtung (also sofern sie nicht unter eine betriebliche Einkunftsart fällt) nicht von der beschränkten Steuerpflicht im Inland erfasst.

Unter den Begriff „**Rechte**" fallen insbesondere:

- ausschließliche wie auch beschränkte Nutzungsrechte an Urheberrechten (zB Nutzungsrechte an Literatur, Kunst, Film und Computersoftware),
- Patente, Marken und Muster,
- gewerbliche Erfahrungen wie Rezepte, Pläne und Know-how,
- Berechtigungen (zB das Recht auf Nutzung einer Konzession) und
- Persönlichkeitsrechte (zB das Recht an einem Foto einer bestimmten Person).

Der **Inlandsbezug** kann als erfüllt angesehen werden, wenn das Recht in ein österreichisches öffentliches Register, wie zB das Patentregister, eingetragen ist oder das Recht in einer inländischen Betriebstätte verwendet wird.

**Beispiel:**

Ein international agierender, ausländischer Maschinenproduzent überlässt einer in Österreich ansässigen Gesellschaft geheime Pläne zur Produktion von Maschinenbestandteilen. Der ausländische Maschinenproduzent unterliegt mit den Einkünften aus der Überlassung der geheimen Pläne an die österreichische Gesellschaft der beschränkten Steuerpflicht in Österreich gem § 98 (1) Z 6 EStG.

**Tipp:**

Befreit von der beschränkten Steuerpflicht sind aufgrund der Zins- und Lizenzgebührenrichtlinie der EU (Richtlinie des Rates 2003/49/EG vom 3. Juni 2003 über eine gemeinsame Steuerregelung für Zahlungen von Zinsen und Lizenzgebühren zwischen verbundenen Unternehmen verschiedener Mitgliedstaaten) konzerninterne Lizenzen zwischen EU-Gesellschaften, sofern das Beteiligungsausmaß von 25 % und die Behaltedauer von einem Jahr erfüllt sind.

**Beispiel:**

(Fortsetzung zu obigem Beispiel): Handelt es sich bei dem österreichischen Unternehmen um die Tochtergesellschaft einer innerhalb der EU ansässigen Muttergesellschaft, so sind die innerhalb des Unternehmensverbandes gezahlten Lizenzen vom Steuerabzug in Österreich befreit. Das Abzugsverbot für Lizenzgebühren an niedrig oder nicht besteuerte Körperschaften gem § 12 (1) Z 10 KStG wäre jedoch zu beachten.

Wird ein Recht veräußert, unterliegen die daraus lukrierten Gewinne nicht § 98 (1) Z 6 EStG, da hier nur die Erträgnisse aus der Nutzung des Rechtes einbezogen sind. In der Praxis kann es schwierig sein, eine klare Abgrenzung zwischen reiner Nutzungsüberlassung und einer Veräußerung zu ziehen. Eine Veräußerung ist dann anzunehmen, wenn sich der Veräußerer selber nach der Veräußerung „der Nutzungsmöglichkeit begeben hat" (VwGH 24. 11. 1987, 87/14/0001).

**Literaturhinweis:**

*Koch/Toifl*, Steuerpflicht bei Werbeauftritten ausländischer Sportler in Österreich. Beschränkte Steuerpflicht von Einkünften aus der Überlassung von Rechten an der Person eines Sportlers oder aus der Gestattung der Verwertung von Rechten (Lizenzen), taxlex 2005, 22 und 59 (Teil 1 und 2).

## 7. Sonstige Einkünfte

Sonstige Einkünfte sind nur in Form von Einkünften aus privaten Grundstücksveräußerungen (§ 98 [1] Z 7 iVm § 30 EStG) beschränkt steuerpflichtig, soweit es sich um inländische Grundstücke oder inländische Rechte handelt, die den Vorschriften des bürgerlichen Rechts über Grundstücke unterliegen (zB Baurechte).

**Tipp:**

Somit unterliegen **wiederkehrende Bezüge** iSd § 29 Z 1 EStG, Einkünfte aus Leistungen iSd § 29 Z 3 EStG, Funktionsgebühren iSd § 29 Z 4 EStG sowie **Spekulationsgeschäfte** iSd § 31 EStG nicht der beschränkten Steuerpflicht.

**Beispiel:**

Die Einmalzahlung aus einer österreichischen Lebensversicherung an einen im Ausland ansässigen Steuerpflichtigen ist in Österreich steuerfrei.

**Kontrollfragen:**

1. Wann ist eine natürliche Person beschränkt steuerpflichtig und was ist die Folge der beschränkten Einkommensteuerpflicht?
2. Welche Einkünfte unterliegen in Österreich der beschränkten Steuerpflicht?

# B. Beschränkt steuerpflichtige Körperschaften

Lesen Sie aufmerksam § 1 (3), § 21 KStG, KStR 2013 Rz 130–135 und Rz 1475–1494.

Körperschaften ohne Sitz oder Geschäftsleitung im Inland sind mit ihren aus österreichischen Quellen stammenden Einkünften – sofern von § 98 EStG erfasst – in Österreich beschränkt körperschaftsteuerpflichtig. Die Einkunftsarten entsprechen bei der beschränkten Steuerpflicht größtenteils denen der unbeschränkten Steuerpflicht. Somit können beschränkt steuerpflichtige Körperschaften ebenfalls Einkünfte aus österreichischer Land- und Forstwirtschaft, einer in Österreich ausgeübten oder verwerteten selbständigen Arbeit, einem österreichischen Gewerbebetrieb, aus österreichischem Kapitalvermögen oder Einkünfte aus österreichischem vermieteten oder verpachteten Vermögen haben. Hinsichtlich des Besteuerungsverfahrens werden beschränkt steuerpflichtige Körperschaften idR veranlagt, sie können aber auch dem KESt-Abzug im Inland unterliegen. Zusätzlich stehen beschränkt steuerpflichtigen Körperschaften auch noch Maßnahmen zur Steuerentlastung von abzugsbesteuerten Einkünften offen, sofern ein österreichischer Besteuerungsanspruch durch ein DBA geschmälert wird.

Die beschränkte Steuerpflicht hat im Körperschaftsteuerrecht eine dreifache Bedeutung:

## I. Beschränkte Steuerpflicht erster Art

Darunter fallen jene Körperschaften, die im Inland **weder ihre Geschäftsleitung noch ihren Sitz** haben. Die beschränkte Steuerpflicht erstreckt sich in diesem Fall gem § 21 (1) Z 1 KStG auf die unter § 98 EStG taxativ aufgezählten Einkünfte.

Der KSt unterfallen ausländische Rechtsgebilde, die aufgrund eines **Typenvergleichs** den inländischen Körperschaften vergleichbar sind (§ 1 [3] Z 1 lit a KStG) (zum Typenvergleich siehe Teil I, Erster Abschnitt, B.III.3.a).

**Beispiel:**

Eine kasachische LLP kann durchaus ungeachtet der Tatsache, dass sie nach kasachischem Recht als Personengesellschaft angesehen wird und sonach auch als „Partnership" bezeichnet wird, aufgrund der Erfüllung der geforderten Vergleichbarkeitsvoraussetzungen (siehe KStR 2013 Rz 134) nach der österreichischen Rechtslage als Körperschaft eingestuft werden.

Die Ermittlung der inländischen Einkünfte beschränkt steuerpflichtiger Körperschaften erfolgt nach den Vorschriften des EStG und des KStG.

**Prüfschema zur beschränkten Steuerpflicht ausländischer Körperschaften**

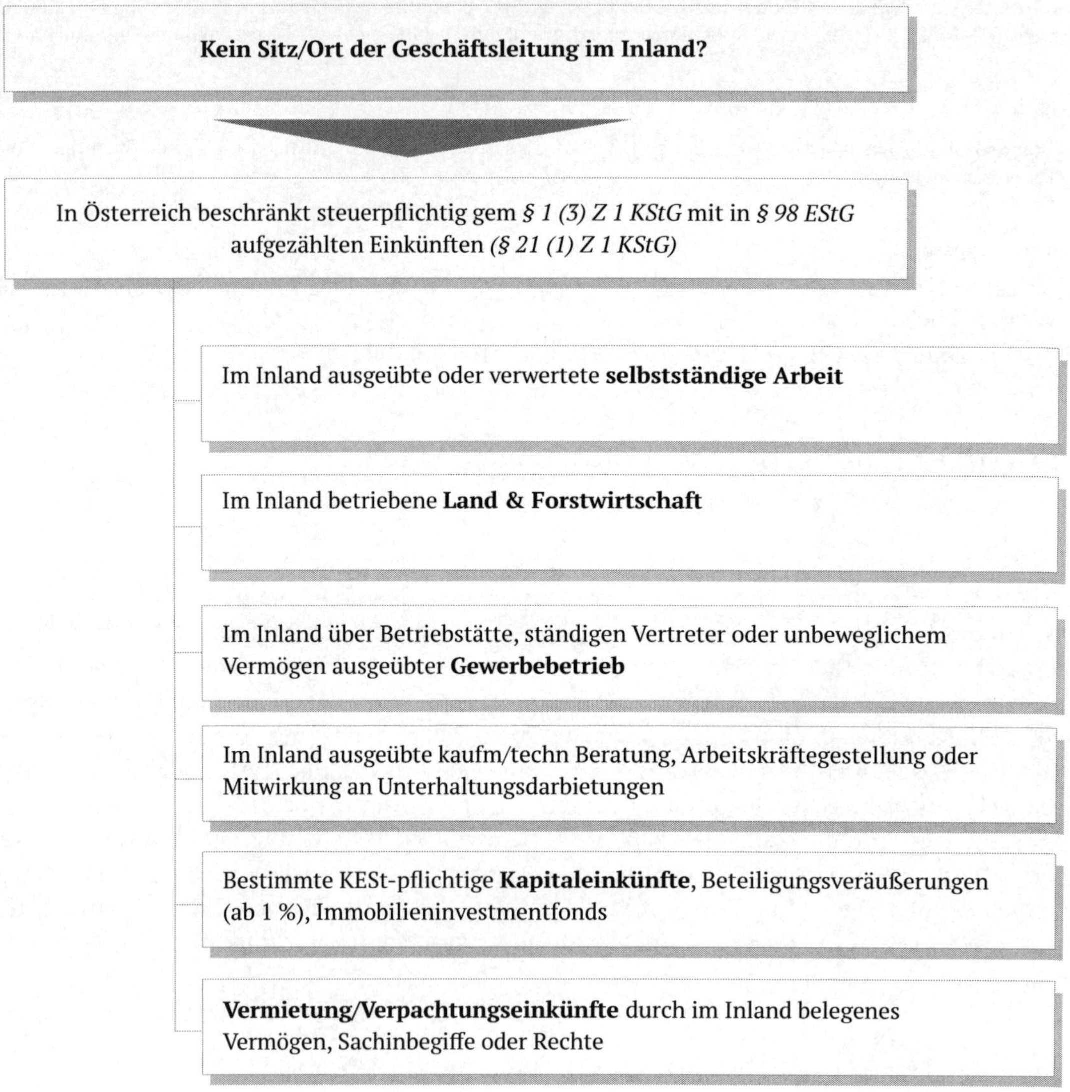


**Tipp:**

Beschränkt steuerpflichtige Körperschaften können klarerweise keine Einkünfte aus nichtselbständiger Arbeit oder als Sportler oder Künstler beziehen.

Auch bei beschränkt steuerpflichtigen Körperschaften sind die Einkünfte unter Beachtung der **Isolationstheorie** zu ermitteln, dh, dass sich die Steuerpflicht der ausländischen Körperschaft ungeachtet ihrer Erscheinungsform oder der Rechtsnatur im Ausland und ausschließlich nach dem Inhalt der erbrachten Leistung und den objektiven Verhältnissen im Inland bestimmt. Besitzt die ausländische Körperschaft im Inland eine Betriebstätte, so zählen zu den Einkünften dieser Betriebstätte alle inländischen Einkünfte, sofern sie ihr zuzurechnen sind.

Beschränkt steuerpflichtige Körperschaften sind grundsätzlich von der **Beteiligungsertragsbefreiung** des § 10 KStG ausgeschlossen (siehe § 21 [1] KStG), wodurch Gewinnausschüttungen an beschränkt steuerpflichtige Körperschaften der österreichischen KESt unterliegen. Davon bestehen jedoch drei Ausnahmen:

1. **Inländische Betriebstätten von beschränkt Steuerpflichtigen (EU sowie Drittstaat)** können gem § 21 (1) Z 2a KStG von der Beteiligungsertragsbefreiung des § 10 KStG Gebrauch machen. Allerdings lebt dadurch auch die Möglichkeit der Anwendung einer Hinzurechnungsbesteuerung iSd § 10a KStG auf, die im Falle einer Steuerpflicht der Beteiligungserträge nicht wirksam war.
2. Um einen allfälligen Verstoß gegen Unionsrecht zu vermeiden, sieht § 21 (1) Z 1a KStG für EU-Körperschaften oder EWR-Körperschaften eine **Rückerstattungsmöglichkeit österreichischer KESt** auf Antrag vor, sofern im Ansässigkeitsstaat keine Anrechnung möglich ist.

**Beispiel:**

Eine deutsche AG unterhält in Österreich eine Betriebstätte zur Produktion von Wirtschaftsgütern. Zum Vertrieb der Produkte gründet sie in Österreich und in Ungarn je eine Tochterkapitalgesellschaft. Diese Tochtergesellschaften werden von Österreich aus betreut und dienen dem Vertrieb der in Österreich erzeugten Produkte. Die Beteiligungen sind daher funktional zum Betriebsvermögen der Betriebstätte zuzurechnen. Die Beteiligungserträge sind zwar im Rahmen der beschränkten Steuerpflicht im Betriebstättengewinn zu erfassen, die Befreiungsbestimmung des § 10 (1) KStG (hinsichtlich der österreichischen) und des § 10 (2) KStG (hinsichtlich der ungarischen Tochtergesellschaft) sind aber anzuwenden.

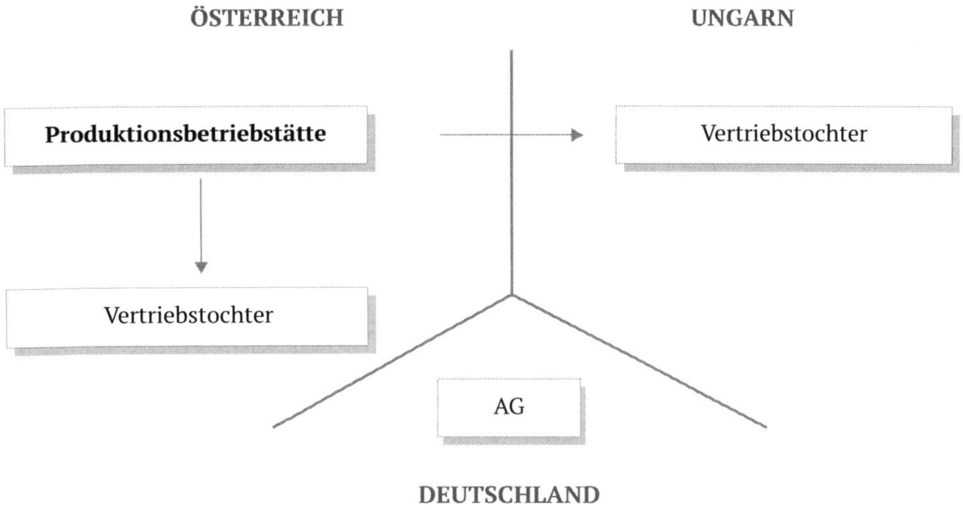


3. Parallel dazu besteht gem **§ 94 Z 2 EStG** in Umsetzung der Mutter-Tochter-Richtlinie eine Befreiung vom inländischen KESt-Abzug (siehe dazu im Detail Exkurs Teil I, Erster Abschnitt, B.III.3.b). Sind die Voraussetzungen des § 94 Z 2 EStG nicht erfüllt, ist in Österreich KESt einzubehalten. Die 25%ige KESt kann sich hierbei durch die Anwendung eines DBA weiter reduzieren. Eine Entlastung an der Quelle könnte mittels Vorlage des vollständig ausgefüllten und mit einer Ansässigkeitsbescheinigung der ausländischen Steuerverwaltung versehenen Formulars ZS-QU2 erwirkt werden (siehe dazu näher Teil III, F.II.).

**Literaturhinweise:**

*Steiner*, Einstufung ausländischer Gesellschaftsformen – „Typenvergleich“, ÖStZ 2007, 160 und 204 (Teil I und Teil II); *Kofler/Tumpel*, Amurta: Diskriminierende Quellenbesteuerung und Anrechnungsmethode, ÖStZ 2008, 54.

## II. Beschränkte Steuerpflicht zweiter und dritter Art

**Inländische Körperschaften des öffentlichen Rechts** (beschränkte Steuerpflicht zweiter Art) sowie von der KSt **befreite Körperschaften** (beschränkte Steuerpflicht dritter Art) sind nur mit ihren unter § 21 (2) und (3) KStG fallenden Einkünften steuerpflichtig. Die Steuerpflicht erstreckt sich auf Einkünfte, bei denen die Steuer durch **Steuerabzug** erhoben wird (§ 21 [2] EStG), somit also die KESt-pflichtigen Einkünfte. Daneben sind aber auch ausländische Einkünfte, die mit den Einkünften nach § 21 (2) KStG vergleichbar sind, von denen aber keine KESt abgezogen wurde, weil der Schuldner der Kapitalerträge nicht zum Steuerabzug verpflichtet werden kann, von der beschränkten Steuerpflicht zweiter Art erfasst (§ 21 [3]).

**Kontrollfrage:**

1. Welche Arten der beschränkten Körperschaftsteuerpflicht gibt es?

# Teil II: Das Recht der Doppelbesteuerungsabkommen

Werden nach nationalem Recht Anknüpfungsmerkmale zur Besteuerung erfüllt, so erheben die Staaten grundsätzlich Besteuerungsansprüche. Die Anknüpfungsmerkmale können persönlicher oder sachlicher Natur sein. Die notwendigen Anknüpfungsmerkmale hängen von den jeweiligen Bestimmungen des nationalen Rechts ab, wobei in den meisten Staaten als persönliche Anknüpfungspunkte der Wohnsitz, die Staatsangehörigkeit, der gewöhnliche Aufenthalt, der Sitz oder Ort der Geschäftsleitung gesehen werden. In Österreich wäre dieser persönliche Anknüpfungspunkt die unbeschränkte Steuerpflicht. Daneben besteht aber auch die Möglichkeit, über sachliche Anknüpfungspunkte, also die Zugehörigkeit einer Einkunftsquelle zu einem Staat, in die Besteuerungshoheit eines Staates zu gelangen. Nach österreichischem Recht wird dieser sachliche Anknüpfungspunkt über die beschränkte Steuerpflicht verwirklicht. In den meisten Staaten genügt bereits die Erfüllung des persönlichen oder des sachlichen Anknüpfungspunktes, um einer Besteuerung in diesem Staat zu unterliegen. Somit entsteht aber automatisch in grenzüberschreitenden Fällen die Gefahr der Doppelbesteuerung, da beide Staaten Besteuerungsansprüche erheben. Um diese zu vermeiden, schließen Staaten untereinander bilaterale Verträge in Form von Doppelbesteuerungsabkommen ab, die vorsehen, welchem Staat in bestimmten Konstellationen das Besteuerungsrecht an einer Einkunftsart zukommt und wie eine potenzielle Doppelbesteuerung verhindert werden kann.

## Erster Abschnitt: Doppelbesteuerung und Doppelbesteuerungsabkommen

Ziel und Zweck der DBA ist die Vermeidung der Doppelbesteuerung und der Doppelnichtbesteuerung. Für die Anwendung der DBA empfiehlt es sich, nach der Dreistufentechnik vorzugehen. Demnach ist zunächst ein erster Blick ins nationale Recht zur Lösung der Frage, ob überhaupt nationale Besteuerungsanknüpfungspunkte bestehen, zu werfen (1. Stufe). In einem zweiten Schritt ist die Aufteilung des Besteuerungsrechts gemäß dem DBA zu erörtern (2. Stufe). Im Zuge eines dritten Schritts hat wiederum ein Blick ins nationale Recht zur Klärung der Frage nach der Art der Ausübung des Besteuerungsanspruchs zu erfolgen (3. Stufe).

Die DBA werden großteils im Hinblick auf ihre Grundstruktur dem OECD-Musterabkommen folgend abgeschlossen. Zur Auslegung des OECD-Musterabkommens hat die OECD einen OECD-Musterabkommenskommentar verfasst. Parallel dazu hat sich die DBA-Auslegung auch an Art 31 der Wiener Vertragsrechtskonvention sowie am Abkommenszusammenhang zu orientieren. Führen diese Auslegungswege zu keinem Ergebnis, kann auf das innerstaatliche Recht des Anwenderstaates zurückgegriffen werden.

Die DBA gehen zwar dem nationalen Recht vor, haben sich allerdings dem Unionsrecht zu beugen und müssen unionsrechtskonform ausgestaltet sein.

# A. Arten von Doppelbesteuerung

## I. Juristische Doppelbesteuerung

Der Hauptanwendungsbereich der DBA ist die Vermeidung der **juristischen Doppelbesteuerung** (sogenannte echte internationale Doppelbesteuerung). Juristische Doppelbesteuerung bedeutet die **doppelte Besteuerung** eines bestimmten Steuergegenstandes

- mit vergleichbaren Steuern
- in den Händen ein und derselben Person
- im selben Besteuerungszeitraum.

Insbesondere wenn ein Staat Besteuerungsansprüche nach dem Welteinkommensprinzip und der andere Staat Besteuerungsansprüche nach dem Territorialitätsprinzip erhebt, kann potenziell juristische Doppelbesteuerung drohen.

**Beispiel:**

Ein österreichisches Unternehmen erbringt Dienstleistungen in Italien. Österreich knüpft Besteuerungsansprüche an die unbeschränkte Steuerpflicht, die durch den Sitz und den Ort der Geschäftsleitung in Österreich vermittelt wird. Folge ist, dass das Welteinkommen in Österreich besteuert wird. Italien wiederum knüpft den Besteuerungsanspruch an den Ort, an dem die Tätigkeit ausgeübt und verwertet wird, also Italien. Somit werden Einkünfte nach dem Territorialitätsprinzip in Italien besteuert. Beide Staaten besteuern die Einkünfte also nach ihren jeweiligen nationalen Rechtsvorschriften, wodurch das österreichische Unternehmen einer juristischen Doppelbesteuerung unterläge.

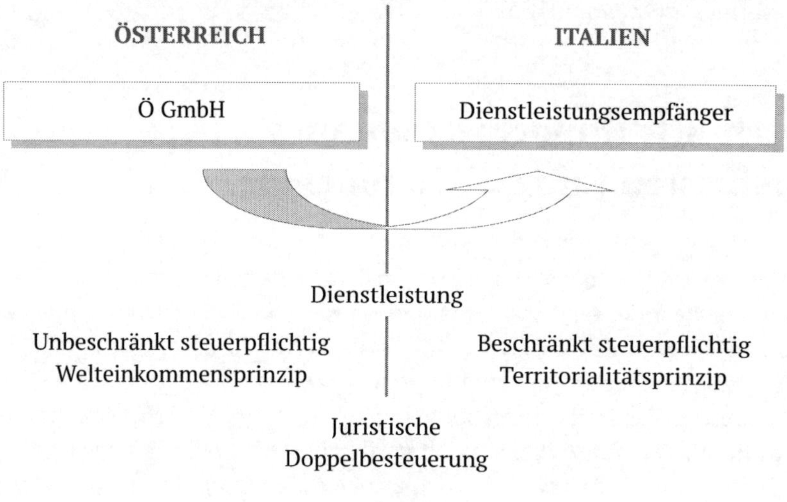


**Beispiel:**

Der in Deutschland wohnende Z hat in Österreich eine Ferienwohnung. Da beide Rechtsordnungen zur Begründung der unbeschränkten Steuerpflicht auf einen Wohnsitz abstellen, wird infolge der unbeschränkten Steuerpflicht in beiden Staaten prinzipiell auch das Welteinkommen in beiden Staaten besteuert.

## II. Wirtschaftliche Doppelbesteuerung

Die **wirtschaftliche Doppelbesteuerung** (sogenannte unechte internationale Doppelbesteuerung) ist die doppelte Erfassung von Steuergegenständen in zwei Staaten bei zwei unterschiedlichen Steuerpflichtigen.

**Beispiel:**

Eine in Deutschland ansässige Produktionsmuttergesellschaft bedient sich zum weltweiten Vertrieb einer österreichischen Vertriebstochtergesellschaft. Dabei kauft die Vertriebstochtergesellschaft die fertigen Waren von der deutschen Mutter zu einem bestimmten Preis und verkauft die Güter wiederum an unabhängige Kunden. Kommt es in Deutschland im Zuge einer Betriebsprüfung zur Anpassung der an die Vertriebstochtergesellschaft gewährten Preise, weil ursprünglich nach der Auffassung der Betriebsprüfung ein zu niedriger Preis verrechnet wurde, dann wäre eine Gegenberichtigung der Verrechnungspreise auf den fremdvergleichskonformen Wert auf Ebene der österreichischen Vertriebstochtergesellschaft erforderlich, um eine wirtschaftliche Doppelbesteuerung zu vermeiden.

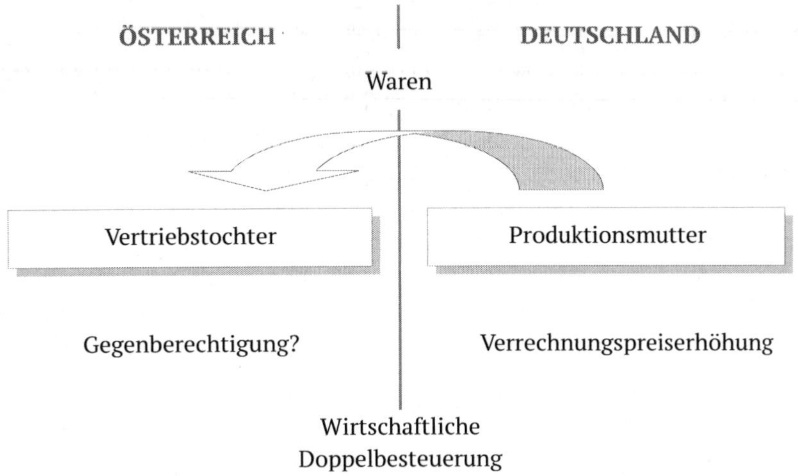


# B. Die Doppelbesteuerungsabkommen und das OECD-Musterabkommen

Lesen Sie aufmerksam das OECD-MA.

## I. Die Rolle des OECD-Musterabkommens

Zur Vermeidung der Doppelbesteuerung haben die Staaten bilaterale völkerrechtliche Verträge – sogenannte **Doppelbesteuerungsabkommen auf dem Gebiete der Steuern vom Einkommen und vom Vermögen** – abgeschlossen. Die DBA regeln, welcher Staat in welchem Umfang bestimmte Einkünfte besteuern darf.

Obwohl jedes DBA separat zwischen den beiden Vertragsstaaten ausverhandelt wird (in Einzelfällen kann es auch multilaterale Abkommen geben, so zB im Falle der nordischen Staaten Norwegen, Schweden und Finnland), folgen die DBA idR einem Vertragsmuster: Das **OECD-Musterabkommen** (idF OECD-MA) bildet die Basis für DBA von OECD-Staaten. Zu den OECD-Staaten gehören gegenwärtig Australien, Belgien, Chile, Dänemark, Deutschland, Estland, Finnland, Frankreich, Griechenland, Großbritannien, Irland, Island, Israel, Italien, Japan, Kanada, Korea, Lettland, Litauen, Luxemburg, Mexiko, Neuseeland, Niederlande, Norwegen, Österreich, Polen, Portugal, Schweden, Schweiz, Slowakische Republik, Slowenien, Spanien, Tschechische Republik, Türkei, Ungarn und USA. Für Entwicklungsländer wurde von den Vereinten Nationen das **UN-Musterabkommen** herausgegeben, welches in vielen Bereichen dem OECD-MA folgt, in einigen Bereichen allerdings auch abweicht. Die Anden-Staaten haben zudem auch ein eigenes Musterabkommen, das sogenannte **Anden-Modell**, entwickelt, welches sich jedoch in der Abkommenspraxis kaum durchgesetzt hat.

Die meisten Staaten haben in Anlehnung an die Vertragsmuster auch eigene MA unter Berücksichtigung der jeweiligen Spezifika des nationalen Rechts oder sonstiger abkommenspolitischer Zielsetzungen entwickelt, auf deren Basis Abkommensverhandlungen geführt werden. Weiten Bekanntheitsgrad hat beispielsweise das US-Musterabkommen.

Die OECD gibt die „Vertragsschablone" des OECD-MA in regelmäßigen Abständen neu heraus, um den aktuellen Erfordernissen der Steuerpolitik der Staaten in weitestgehendem Ausmaß zu entsprechen. Das aktuelle OECD-MA stammt aus dem Jahr 2017 und entspricht der seit vielen Jahren bestehenden Grundstruktur: Das OECD-MA regelt in Art 1 iVm Art 4 den **persönlichen Anwendungsbereich**, wonach das Abkommen nur für jene natürlichen und juristischen Personen anwendbar ist, die in einem der beiden

Vertragsstaaten ansässig sind. Der **sachliche Anwendungsbereich** des Art 2 regelt, auf welche Abgabenarten das Abkommen anwendbar ist. Die Art 6–22 (mit Ausnahme des Art 9) werden als **Verteilungsnormen** bzw **Zuteilungsregeln** bezeichnet und teilen die Besteuerungsrechte zwischen den beiden Vertragsstaaten auf. Einige Verteilungsnormen sehen ein reines Besteuerungsrecht im Ansässigkeitsstaat des Einkünfteempfängers vor (zB für Einkünfte aus der Veräußerung von Beteiligungen, Pensionseinkünfte, sonstige Einkünfte usw). Ein paar Verteilungsnormen teilen dem Quellenstaat, also dem Staat, aus dem die Einkünfte stammen, ein begrenztes Quellenbesteuerungsrecht zu (vor allem in den Fällen von Passiveinkünften wie Dividenden, Zinsen und Lizenzgebühren), während dem Ansässigkeitsstaat weiterhin die unbegrenzte Besteuerungshoheit obliegt. Wenige Verteilungsnormen sehen ein reines Besteuerungsrecht im Quellenstaat vor (zB das Kassenstaatsprinzip bei öffentlichen Bezügen). Nachdem geklärt ist, welchem Staat in welchem Ausmaß für bestimmte Einkünfte ein Besteuerungsrecht zusteht, stellt sich schließlich noch die Frage, wie eine nach wie vor entstehende Doppelbesteuerung zu verhindern wäre. Zur Klärung dieser Frage sind die **Methodenartikel** Art 23 A (Befreiungsmethode) oder Art 23 B (Anrechnungsmethode) zur Vermeidung der Doppelbesteuerung heranzuziehen.

Zusätzlich sieht das OECD-MA noch sonstige Abkommensbestimmungen, die nicht unmittelbar der Vermeidung der Doppelbesteuerung dienen, vor. So sind zB in Art 24 das **Diskriminierungsverbot**, in Art 25 das **Verständigungsverfahren**, in Art 26 der **Informationsaustausch**, in Art 29 eine Bestimmung zur **Verhinderung von Abkommensmissbrauch (Anspruch auf Vergünstigungen)** und in Art 31 und 32 die **Inkrafttretens- und Kündigungsbestimmungen** geregelt.

**Der Aufbau des OECD-Musterabkommens idF 2017:**

| | |
|---|---|
| **Geltungsbereich** | |
| Persönlicher Anwendungsbereich | Art 1 und 4 |
| Sachlicher Anwendungsbereich | Art 2 |
| Territorialer Anwendungsbereich | Art 3 und 30 |
| Zeitlicher Anwendungsbereich | Art 31 und 32 |
| **Begriffsbestimmungen** | |
| Person | Art 3 (1) lit a |
| Gesellschaft | Art 3 (1) lit b |
| Unternehmen | Art 3 (1) lit c |
| Unternehmen eines Vertragsstaates | Art 3 (1) lit d |
| Internationaler Verkehr | Art 3 (1) lit e |
| Zuständige Behörde | Art 3 (1) lit f |
| Staatsangehöriger | Art 3 (1) lit g |
| Geschäftstätigkeit | Art 3 (1) lit h |
| Anerkannter Pensionsfonds | Art 3 (1) lit i |
| Rückgriff auf das innerstaatliche Recht | Art 3 (2) |
| Ansässigkeit | Art 4 |
| Betriebstätte | Art 5 |
| Unbewegliches Vermögen | Art 6 (2) |
| Dividenden | Art 10 (3) |
| Zinsen | Art 11 (3) |
| Lizenzgebühren | Art 12 (2) |

| **Verteilungsnormen** | |
|---|---|
| Einkünfte aus unbeweglichem Vermögen | Art 6 |
| Unternehmensgewinne | Art 7 |
| Seeschifffahrt, Binnenschifffahrt, Luftfahrt | Art 8 |
| Dividenden | Art 10 |
| Zinsen | Art 11 |
| Lizenzgebühren | Art 12 |
| Gewinne aus der Veräußerung von Vermögen | Art 13 |
| Einkünfte aus unselbständiger Arbeit | Art 15 |
| Aufsichts- und Verwaltungsratsvergütungen | Art 16 |
| Künstler und Sportler | Art 17 |
| Ruhegehälter | Art 18 |
| Öffentlicher Dienst | Art 19 |
| Studenten | Art 20 |
| „Andere" Einkünfte | Art 21 |
| Besteuerung des Vermögens | Art 22 |
| **Methoden zur Vermeidung der Doppelbesteuerung** | |
| Befreiungsmethode | Art 23 A |
| Anrechnungsmethode | Art 23 B |
| **Besondere Bestimmungen** | |
| Verbundene Unternehmen | Art 9 |
| Nichtdiskriminierung | Art 24 |
| Verständigungsverfahren | Art 25 |
| Informationsaustausch | Art 26 |
| Amtshilfe bei der Vollstreckung von Steuern | Art 27 |
| Diplomaten und Konsularbeamte | Art 28 |
| Anspruch auf Vergünstigungen | Art 29 |
| **Schlussbestimmungen** | |
| Inkrafttreten | Art 31 |
| Kündigung | Art 32 |

Neben den DBA auf dem Gebiete des Einkommens und des Vermögens bestehen auch einige DBA auf dem Gebiete der **Nachlass-, Erbschafts- und Schenkungssteuern**. Auch Österreich hat Abkommen betreffend die Erbschafts- oder Schenkungssteuer abgeschlossen, seit dem Wegfall der Erbschafts- und Schenkungssteuer mit 1. 8. 2008 haben diese allerdings wesentlich an Bedeutung verloren.

## II. Die österreichische Abkommenspolitik und -praxis

Die österreichischen DBA folgen im Grundsatz in weitestgehendem Ausmaß dem OECD-MA. Mit Stand 2020 sind seitens Österreichs 90 DBA zur Vermeidung der Doppelbesteuerung auf dem Gebiete der Steuern vom Einkommen und vom Vermögen abgeschlossen.

In der österreichischen Abkommenspraxis stehen vor allem die Förderung der wirtschaftlichen Entwicklung und internationaler Wirtschaftsbeziehungen, die Verhinderung internationaler Steuerumgehung und die Gewährung von Rechtssicherheit im Mittelpunkt. Die Vermeidung der Doppelbesteuerung ist natürlich auch ein wesentlicher Faktor zum Abschluss von DBA, allerdings könnte sie bereits durch österreichisches innerstaatliches Recht, nämlich die unilaterale Entlastung gem § 48 (5) BAO, auf österreichischer Seite vermieden werden.

Die österreichischen DBA enthalten – obwohl grundsätzlich dem OECD-MA folgend – mitunter sehr unterschiedliche Vertragsregelungen. Das ist einerseits darauf zurückzuführen, dass die Abkommen teilweise aus älterer Zeit stammen. Das DBA-Schweden wurde zum Beispiel noch im Jahr 1959 abgeschlossen, zwischenzeitlich wurde es aber auch mehreren Abkommensrevisionen unterworfen. Andererseits sind bei den jeweiligen Abkommensverhandlungen auch immer die unterschiedlichen wirtschaftlichen und geografischen Beziehungen zu den einzelnen Partnerstaaten zu berücksichtigen. Abgesehen davon streben die Vertragsstaaten in den meisten Fällen an, eigene Sonderbestimmungen in die Abkommen aufzunehmen.

In Abweichungen zum OECD-MA werden beispielsweise Dividenden aus wesentlichen Beteiligungen in der österreichischen Abkommenspraxis meist – im Einklang mit der Mutter-Tochter-Richtlinie – von einer Quellensteuer ausgenommen bzw mit einer nur sehr niedrigen Quellensteuer belastet. Bei Portfoliobeteiligungen ist Österreich meist bereit, die Steuern zwischen Ansässigkeitsstaat und Quellenstaat aufzuteilen.

In den meisten von Österreich abgeschlossenen DBA wurde zur Vermeidung der Doppelbesteuerung die Befreiungsmethode in Kombination mit der Anrechnungsmethode für Passiveinkünfte vereinbart. Überdies ist in einigen Abkommen die nationale Beteiligungsertragsbefreiung in den Methodenartikel der Abkommen inkludiert.

**Literaturhinweise:**

*Lang*, Überlegungen zur österreichischen DBA-Politik, SWI 2012, 108; *Jirousek*, Anmerkungen zur DBA-Politik Österreichs: Eine Replik, SWI 2012, 157; *Rauner-Andrae*, Die DBA-Politik aus Sicht der Wirtschaftskammer, SWI 2012, 396; *Lang/Schuch/Staringer*, Die österreichische DBA-Politik[1] (2013); *Schmidjell-Dommes*, Wie BEPS'st Österreich, TPI 2017, 37.

## III. Die Dreistufentechnik zur Lösung internationaler Steuerfälle

Lesen Sie aufmerksam EStR 2000 Rz 32–34.

Internationale Steuerfälle sind nach der **Dreistufentechnik** zu lösen (EStR 2000 Rz 33). Es hat daher zunächst eine Prüfung eines Sachverhalts nach den Vorschriften des nationalen Rechts zu erfolgen. Stellt sich heraus, dass nach österreichischem innerstaatlichen Recht kein Besteuerungsanspruch besteht, da weder unbeschränkte Steuerpflicht und somit Welteinkommensbesteuerung gegeben ist, noch beschränkte Steuerpflicht unter Erfüllung eines der in § 98 EStG taxativ aufgezählten Tatbestände besteht, ist die Prüfung der drei Stufen bereits in der ersten Stufe abgeschlossen.

**Beispiel:**

Bezieht ein beschränkt Steuerpflichtiger als Gegenleistung für die Übertragung eines österreichischen Betriebes an seinen in Österreich lebenden Neffen eine Versorgungsrente, dann unterliegen die monatlichen Rentenzahlungen bereits nach innerstaatlichem Recht nicht der beschränkten Steuerpflicht. Die Prüfung nach der Dreistufentechnik ist somit abgeschlossen (BMF EAS 2992, 23. 7. 2008).

Sollte allerdings ein nationales Besteuerungsrecht bestehen, ist sodann unter Anwendung der „Lochschablone" des DBA als zweite Stufe der Dreistufentechnik festzustellen, welchem Staat in welcher Höhe ein Besteuerungsrecht zusteht.

**Beispiel:**

Wird ein im Ausland ansässiger Unternehmensberater im Inland tätig, dann unterliegen die daraus resultierenden Einkünfte der beschränkten Steuerpflicht gem § 98 (1) Z 3 EStG. Auf Abkommensebene besteht in Österreich OECD-MA-konform nur dann Steuerpflicht, wenn der Unternehmer im Inland über eine Betriebstätte oder feste Einrichtung verfügt.

Kommt man nach der zweiten Stufe zum Ergebnis, dass Österreich nach wie vor Besteuerungsrechte zustehen, so ist wiederum nach innerstaatlichen Rechtsvorschriften zu klären, wie diese Besteuerungsrechte auszuüben sind (dritte Stufe).

**Beispiel:**

Die im oben beschriebenen Fall erzielten österreichischen Betriebstättengewinne sind im Wege der Veranlagung gem § 102 (1) Z 1 EStG in Österreich zu besteuern.

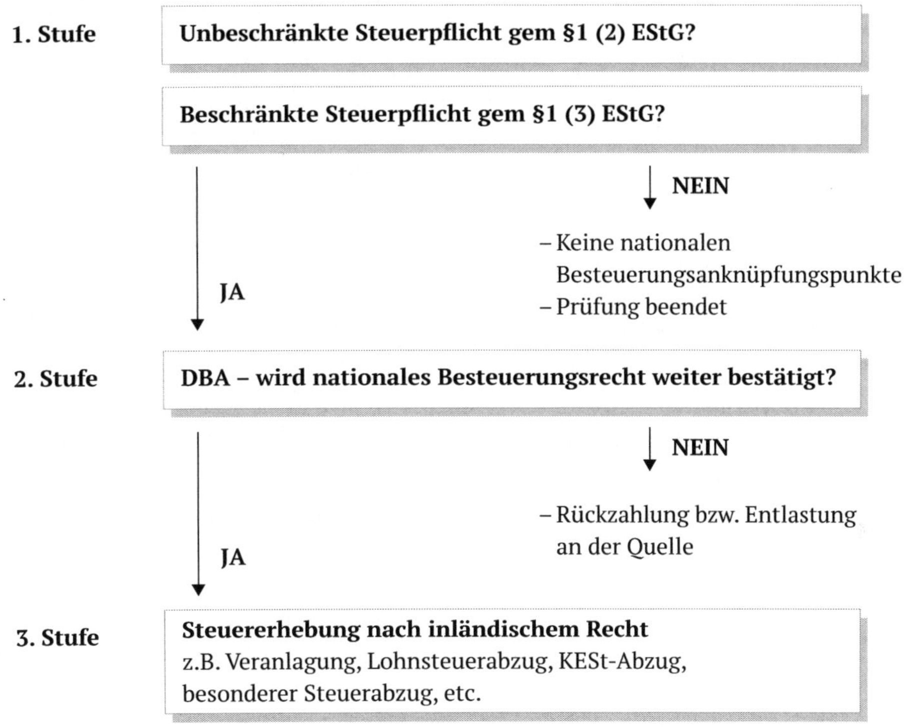


**Tipp:**

Obwohl die meisten der österreichischen DBA in weitestgehendem Ausmaß dem OECD-MA in der jeweiligen Fassung folgen, so sei dennoch darauf hingewiesen, dass bei jedem internationalen Steuerfall das jeweils anwendbare Abkommen heranzuziehen ist und nicht von vornherein davon ausgegangen werden darf, dass die relevante Bestimmung ohnehin musterabkommenskonform ist.

# C. Die Auslegung von DBA

## I. Der OECD-Musterkommentar

Lesen Sie aufmerksam den Erlass des BMF vom 27. Oktober 1995, 04 0610/286-IV/4/95, zur Auslegung der österreichischen Doppelbesteuerungsabkommen, Berücksichtigung des Kommentars zum OECD-MA in der jeweils geltenden Fassung, AÖF 284/1995.

Parallel zum OECD-MA gibt die OECD einen **OECD-Musterkommentar (idF OECD-MK)** zur Interpretation und Anwendung des OECD-MA heraus. Die österreichische Finanzverwaltung zieht den OECD-MK – soweit vom Wortlaut des jeweiligen Abkommens gedeckt – als Basis für die Anwendung der DBA heran (siehe auch VwGH 31. 7. 1996, 92/13/0172). Der OECD-MK wird in regelmäßigen Abständen revidiert, das letzte Update ist im November 2017 erfolgt. Der OECD-Ratsempfehlung folgend, ist nach Auffassung der österreichischen Finanzverwaltung die jeweils aktuellste Fassung des OECD-MK für die Auslegung aller DBA – also auch jener, die vor der Kommentaränderung abgeschlossen wurden – anzuwenden, soweit die dem Kommentar zugrunde liegende Bestimmung mit dem Wortlaut der vergleichbaren Bestimmung des DBA zumindest sinngemäß übereinstimmt (siehe auch VwGH 31. 7. 1996, 92/13/0172; 24. 11. 1999, 94/13/0233, wo der VwGH den OECD-MK 1977 auf ein bereits 1974 abgeschlossenes DBA anwendet). In den in jüngerer Zeit seitens Österreichs abgeschlossenen DBA wurde daher in den Protokollen auch eine Klausel angefügt, wonach zwischen den Vertragsstaaten Einvernehmen darüber besteht, dass der OECD-MK, welcher von Zeit zu Zeit überarbeitet werden kann, eine Auslegungshilfe im Sinne der WVK darstellt. Die Auslegung nach dem jeweils aktuellsten OECD-MK wurde in der Literatur des Öfteren kritisiert (siehe zB *Lang*, Haben die Änderungen der OECD-Kommentare für die Auslegung älterer DBA Bedeutung? SWI 1995, 412).Die OECD-Mitgliedstaaten können zu einzelnen Bestimmungen des OECD-MA **„Vorbehalte“** abgeben. Dadurch zeigen die Staaten, dass sie einzelne Abkommensbestimmungen nicht oder nur in abgeänderter Form in ihre Abkommen aufnehmen. Parallel dazu besteht auch die Möglichkeit, dass Staaten **„Bemerkungen“** zu bestimmten Interpretationsergebnissen des OECD-MK kundmachen, womit sie bekunden, dass sie sich der Auslegung eines bestimmten Artikels nicht anschließen können. Österreich hat mit Stand 2019 zwei Vorbehalte gegen Bestimmungen des OECD-MA abgegeben: Einer dieser Vorbehalte wurde in Bezug auf Art 13 OECD-MA (Gewinne aus der Veräußerung von Vermögen) abgegeben (siehe dazu Teil II, Zweiter Abschnitt, C.IX.). Ein weiterer, erst im Jahr 2017 gemeldeter Vorbehalt betrifft den neuen Artikel 7 OECD-MA (Unternehmensgewinne) (siehe dazu Teil II, Zweiter Abschnitt, C.II.).

Mittlerweile bekennen sich auch einige Nicht-OECD-Staaten zur Heranziehung des OECD-MK als Auslegungsbasis.

Nicht alle Arbeiten der OECD münden unmittelbar in einer Aufnahme und Änderung des OECD-MK. Vielmehr werden zahlreiche Arbeiten und auch Zwischenergebnisse der Arbeiten der OECD der Öffentlichkeit in Form von Berichten (**„Reports“**) zugänglich gemacht. So wurde beispielsweise der AOA („Authorized OECD Approach“) als Bericht veröffentlicht, bevor er in einem zweiten Schritt zum Teil in den OECD-MK Eingang gefunden hat. Auch die Ergebnisse der OECD/G20 – BEPS-Initiative wurden in Form von 15 Reports veröffentlicht (vgl http://www.oecd.org/tax/beps/beps-actions.htm). Neben dem OECD-MK als Auslegungsgrundlage können auch diese anderen OECD-Materialien für die Auslegung der DBA relevant sein.

## II. Die Auslegung nach der Wiener Vertragsrechtskonvention

Lesen Sie aufmerksam Art 31 Wiener Vertragsrechtskonvention.

Völkerrechtliche Verträge sind auf Grundlage der **Wiener Vertragsrechtskonvention** (BGBl 1980/40) auszulegen. Demnach sind folgende Punkte gem Art 31 Wiener Vertragsrechtskonvention bei der Auslegung völkerrechtlicher Verträge zu beachten:

- Ein Vertrag ist nach „Treu und Glauben in Übereinstimmung mit der gewöhnlichen, seinen Bestimmungen in ihrem Zusammenhang zukommenden Bedeutung und im Lichte seines Zieles und Zweckes auszulegen“ (Art 31 [1] WVK).
- Der in Art 31 (1) erwähnte „Zusammenhang“ bedeutet außer dem Vertragswortlaut samt Präambel und Anlagen jede sich auf den Vertrag beziehende **Übereinkunft**, die zwischen den Vertragsparteien (bei Abschluss des Abkommens oder danach) getroffen, oder **Urkunde**, die zwischen den Vertragsparteien abgeschlossen wurde (Art 31 [2] und [3] lit a WVK).
- In gleicher Weise zu berücksichtigen ist jede **spätere Übung** bei der Anwendung des Vertrages, aus der die Übereinstimmung der Vertragsparteien über seine Auslegung hervorgeht (Art 31 [3] lit b WVK).

- Zudem ist einem Ausdruck dann eine besondere Bedeutung beizulegen, wenn feststeht, dass die Vertragsparteien dies beabsichtigt haben.
- Außerdem können ergänzende Auslegungsmittel, wie insbesondere die Umstände des Vertragsabschlusses, herangezogen werden, um die sich unter Anwendung des Art 31 WVK ergebende Bedeutung zu bestätigen oder die Bedeutung zu bestimmen, wenn die Auslegung nach Art 31 WVK die Bedeutung mehrdeutig oder dunkel lässt oder zu einem offensichtlich sinnwidrigen oder unvernünftigen Ergebnis führt (Art 32 WVK).

**Verständigungsverfahren** gem Art 25 OECD-MA sind als „später getroffene Übereinkunft" oder „spätere Übung" anzusehen und für die Abkommensauslegung heranzuziehen. Der VwGH sieht sich in seiner Spruchpraxis allerdings nicht an Verständigungslösungen gebunden (VwGH 20. 9. 2001, 2000/15/0116; 30. 3. 2006, 2002/15/0098; so auch der deutsche BFH 2. 9. 2009, I R 111/08).

**Beispiel:**

Mit Deutschland wurde im Rahmen eines Verständigungsverfahrens Übereinstimmung darüber erzielt, dass bei einem Betrieb gewerblicher Art einer Körperschaft öffentlichen Rechts gewerbliche Tätigkeit iSd Art 19 (3) DBA-Deutschland angenommen wird (siehe Erlass des BMF vom 30. November 2006, BMF-010221/0187-IV/4/2006, Auslegungsfragen zum DBA-Deutschland, AÖF 2007/11).

## III. Die Auslegung nach Art 3 (2) OECD-MA

Art 3 (2) OECD-MA normiert, dass „bei der Anwendung des Abkommens durch einen Vertragsstaat, wenn der **Zusammenhang** nichts anderes erfordert und die zuständigen Behörden sich nicht gemäß den Bestimmungen des Artikel 25 auf eine andere Bedeutung einigen, jeder im Abkommen nicht definierte Ausdruck die Bedeutung hat, die ihm im Anwendungszeitraum nach dem Recht dieses Staates über die Steuern zukommt, für die das Abkommen gilt, wobei die Bedeutung nach dem in diesem Staat anzuwendenden Steuerrecht den Vorrang vor einer Bedeutung hat, die der Ausdruck nach anderem Recht dieses Staates hat".

Abkommensvorschriften sind also zunächst unabhängig vom originär innerstaatlichen Recht aus dem **Abkommenszusammenhang** auszulegen (sogenannte **Kontextklausel**). Der Abkommenszusammenhang ist insbesondere unter Zuhilfenahme des **OECD-MK** und den einem Abkommen zugrunde liegenden **Verständigungslösungen** zu erörtern. Zur Klarstellung, dass Verständigungslösungen bei der Auslegung der DBA zu berücksichtigen sind, hat die OECD in der Kontextklausel des OECD-MA im Jahr 2017 explizit einen Verweis auf im Verständigungsweg betroffene anderslautende Interpretationen aufgenommen.

**Beispiel:**

Der Begriff der Betriebstätte ist sowohl im innerstaatlichen Recht in § 29 BAO und § 81 EStG als auch in den DBA in Art 5 definiert. Für Zwecke der Abkommensanwendung ist allerdings die abkommensrechtliche Auslegung primär heranzuziehen.

Bei der DBA-Auslegung ist auch der Zielsetzung der Abkommen – nämlich der **Vermeidung der Doppelbesteuerung bzw der Doppelnichtbesteuerung** – Rechnung zu tragen (siehe VwGH 15. 6. 1977, 1881/76; 25. 9. 2001, 99/14/0217; UFS 15. 3. 2006, GZ RV/0334S/02). Dies kommt auch in der jüngsten Änderung der Präambel des OECD-MA zum Ausdruck, wo klarstellend erwähnt wird, dass DBA nicht nur zur Vermeidung der Doppelbesteuerung abzuschließen sind, sondern auch um keine Gelegenheiten zu schaffen, doppelte Nichtbesteuerung herbeizuführen.

Wird aus dem Zusammenhang mit den übrigen Abkommensbestimmungen allerdings nichts für die Interpretation eines Ausdrucks gewonnen, ist auf das jeweilige innerstaatliche Recht „im Anwendungszeitraum" zurückzugreifen (siehe VwGH 30. 3. 2006, 2002/15/0098; BFH 15. 1. 1971, III R 125/69). Der Verweis auf das innerstaatliche Recht ist hierbei – nach Auffassung der österreichischen Finanzverwaltung und auch der OECD – **dynamisch** zu verstehen (anders aber VwGH 21. 5. 1997, 96/14/0084). Daher ist im Falle des Rückgriffs auf das innerstaatliche Recht grundsätzlich auf die zum Zeitpunkt der DBA-Anwendung jeweils geltende Rechtslage und nicht auf die bei Abkommensabschluss geltende Rechtslage abzustellen. In Einzelfällen wurde allerdings im Verständigungsweg eine statische Auslegung vereinbart (zB Schweiz, Liechtenstein).

**Beispiel:**

Übernimmt die österreichische Muttergesellschaft einer tschechischen Tochtergesellschaft deren Geschäftsführung und wird diese durch den 75%igen Gesellschafter-Geschäftsführer der Muttergesellschaft wahrgenommen, könnte Tschechien auf der Grundlage seines innerstaatlichen Rechts den Geschäftsführer steuerlich als Arbeitnehmer der tschechischen Gesellschaft werten. Denn das Abkommen enthält weder eine Definition des Arbeitnehmerbegriffs noch Einkünftezurechnungsregeln; diese Fragen sind daher gem Art 3 (2) DBA-Tschechien nach innerstaatlichem Recht zu beantworten, wobei die Anwendung des innerstaatlichen Rechts nur dann eine DBA-Verletzung zur Folge hätte, wenn sie zu Ergebnissen führte, die aus dem Abkommenszusammenhang heraus gesehen „absurd" oder sonst unhaltbar sind und daher gemäß der „Kontextklausel" des Art 3 (2) DBA-Tschechien den Rückgriff auf innerstaatliches Recht unzulässig machten. Soweit Tschechien daher eine Besteuerung der Geschäftsführervergütungen ohne Abkommensverstoß vornimmt, ist auf österreichischer Seite gem Art 22 (1) DBA-Tschechien Steuerfreistellung zu gewähren (BMF EAS 2944, 22. 2. 2008).

Teilweise verweisen die Abkommen selbst sogar auf das jeweilige innerstaatliche Recht.

**Beispiel:**

Art 6 (2) OECD-MA normiert, dass dem Ausdruck „unbewegliches Vermögen" die Bedeutung zukommt, „die ihm nach dem Recht des Vertragsstaates zukommt, in dem das Vermögen liegt". Es ist also nach den Rechtsvorschriften des Belegenheitsstaats eines Vermögensgegenstandes zu beurteilen, ob unbewegliches oder bewegliches Vermögen vorliegt.

**Literaturhinweise:**

*Lang et al* (Hrsg), Tax Treaty Interpretation, 2001; *Lang*, Die Maßgeblichkeit des innerstaatlichen Rechts für die DBA-Auslegung in der jüngsten Rechtsprechung des VwGH, SWI 2007, 199; *Loukota*, Der Einfluss des österreichischen Ertragsteuerrechts auf die Auslegung von Doppelbesteuerungsabkommen, in *Beiser/Kichmayr/Mayr/Zorn* (Hrsg), Ertragsteuern in Wissenschaft und Praxis, FS für W. Doralt (2007) 263.

## D. Doppelbesteuerungsabkommen und nationales Recht

In Österreich werden DBA vom Bundespräsidenten abgeschlossen und müssen gem Art 50 (1) B-VG vom Nationalrat genehmigt werden. Zudem ist gem Art 50 (1) zweiter Satz B-VG die Zustimmung des Bundesrates erforderlich, da Angelegenheiten geregelt werden, die den selbständigen Wirkungsbereich der Länder betreffen (kritisch: *Lang*, Doppelbesteuerungsabkommen und Bundesrat, in *Achatz/Ehrke-Rabel/Heinrich/Leitner/Taucher* [Hrsg], FS Ruppe [2007] 379). Die österreichischen DBA sind als völkerrechtliche Verträge **Bestandteil des innerstaatlichen Rechts** und somit unmittelbar anwendbar.

Die DBA sind ***lex specialis* zum nationalen Recht** und haben daher Vorrang gegenüber den innerstaatlichen Rechtsnormen (VwGH 28. 6. 1963, 2312/61; BFH 18. 9. 1968, I R 56/67). Daher können auch nachträgliche Änderungen des nationalen Rechts nicht den Spezialnormen des Abkommensrechts derogieren (sogenannter Treaty Override).

Grundlage für die Anwendung der DBA ist ein nationales Besteuerungsrecht. Für Österreich bedeutet das, dass kraft unbeschränkter oder beschränkter Steuerpflicht die Möglichkeit der Besteuerung bestehen muss. Erst dann vermögen die DBA das Besteuerungsrecht aufzuteilen. Somit kommt den DBA lediglich **Schrankenwirkung** zu, sie können allerdings keine Besteuerungsrechte begründen (siehe zB VwGH 16. 11. 1993, 90/14/0222).

**Beispiel:**

Art 10 OECD-MA bestimmt, dass der Quellenstaat bei qualifizierten Beteiligungen (über 25 %) eine Steuer von max 5 % auf in einen anderen Vertragsstaat fließende Dividenden einheben darf. Da aber im Anwendungsbereich der Mutter-Tochter-Richtlinie und in der Folge kraft nationalen Rechts gem § 94 EStG Dividenden im Anwendungsbereich der Mutter-Tochter-Richtlinie von der KESt-Abzugspflicht ausgenommen sind, kann das 5%ige Quellenbesteuerungsrecht im Abkommen keinen Besteuerungsanspruch schaffen.

Ob ein Staat, dem sowohl nach seinem nationalen Recht als auch aufgrund des DBA das Besteuerungsrecht zugeteilt wird, tatsächlich von seinem Besteuerungsrecht Gebrauch macht, spielt keine Rolle. Somit führen die DBA nicht nur zur Vermeidung der Doppelbesteuerung, sondern sie können in Einzelfällen sogar zu einer doppelten Nichtbesteuerung führen, obwohl die doppelte Nichtbesteuerung nicht dem Sinn und Zweck der DBA entspricht (siehe zB VwGH 25. 9. 2001, 99/14/0217). Eine solche legale doppelte Nichtbesteuerung kann beispielsweise durch Subject-to-Tax-Klauseln verhindert werden.

## E. Doppelbesteuerungsabkommen und Unionsrecht

Das **Unionsrecht** hat nicht nur **Anwendungsvorrang** vor dem nationalen Recht, sondern auch vor den zwischen Mitgliedstaaten abgeschlossenen DBA (grundlegend EuGH 5. 2. 1963, 26/62, *Van Gend & Loos*; EuGH 15. 7. 1964, 6/64, *Costa/ENEL*). Somit sind alle DBA, die zwischen EU-Mitgliedstaaten abgeschlossen wurden, am **Primärrecht** (den Grundfreiheiten) und **Sekundärrecht** (den EU-Richtlinien) zu messen.

**Beispiel:**

Abkommensberechtigung steht nur einer in einem Vertragsstaat ansässigen Person zu. Diese Tatsache ist kein Verstoß gegen das Unionsrecht, solange die Situation eines ansässigen Steuerpflichtigen nicht mit der eines nichtansässigen Steuerpflichtigen vergleichbar ist. Hat allerdings eine ausländische Gesellschaft eine Betriebstätte im Inland, so ist die Betriebstätte mit einem inländischen Unternehmen vergleichbar, mit der Folge, dass sie nicht schlechter gestellt werden darf, weder in Bezug auf Bestimmungen des innerstaatlichen Rechts (EuGH 28. 1. 1986, 270/83, *Avoir Fiscal*) noch in Bezug auf Bestimmungen des DBA (EuGH 21. 9. 1999, C-307/97, *Saint-Gobain*).

Lediglich DBA zwischen einem EU-Mitgliedstaat und einem **Drittstaat**, die vor dem Inkrafttreten des AEUV abgeschlossen wurden, dürften dem Unionsrecht widersprechen, wobei den Mitgliedstaaten allerdings eine Sanierungspflicht zukommt. DBA, die nach dem Inkrafttreten des AEUV (aus Sicht Österreichs ist das mit Beitritt zur EU am 1. 1. 1995 erfüllt) im Verhältnis zu Drittstaaten abgeschlossen wurden, müssen zumindest im Anwendungsbereich der Kapitalverkehrsfreiheit unionsrechtskonform ausgestaltet sein.

Das Unionsrecht ist **unmittelbar** auf das DBA-Recht **anwendbar**. Somit sind dem Unionsrecht widersprechende Bestimmungen der DBA (innerhalb der EU und DBA mit Drittstaaten ab 1995) unanwendbar.

**Beispiel:**

Das alte noch bis Ende 2008 anwendbare DBA-Dänemark sieht ein 10%iges Quellenbesteuerungsrecht für Dividenden vor. Bei Anwendbarkeit der Mutter-Tochter-Richtlinie bleibt Art 10 des DBA unangewendet. Schüttet daher eine dänische Tochtergesellschaft an ihre österreichische Muttergesellschaft Dividenden aus, darf Dänemark nicht besteuern, obwohl ihm aufgrund des Abkommens ein Besteuerungsrecht zustünde.

Nach ständiger Rsp des EuGH können die Mitgliedstaaten **die Anknüpfungspunkte für die Aufteilung der Steuerhoheit zur Vermeidung einer Doppelbesteuerung** selber festlegen. Somit halten die Verteilungsnormen der DBA grundsätzlich einer unionsrechtlichen Prüfung stand. Denn die DBA sollen nur eine Doppelbesteuerung verhindern und nicht gewährleisten, dass die Steuern, die von einem Steuerpflichtigen in dem einen Staat erhoben werden, nicht höher sind als die, die im anderen Staat erhoben werden. Die Ausübung der Besteuerungssouveränität der Mitgliedstaaten hat sich dabei an der völkervertraglichen Praxis und dem OECD-MA samt dazugehörigem OECD-MK zu orientieren (EuGH 12. 9. 2002, C-431/01, *Mertens*). Ein **Meistbegünstigungsrecht**, wodurch sich ein Steuerpflichtiger, der gemäß den

Bestimmungen eines DBA als Nichtansässiger gilt, das günstigste Abkommen aussuchen kann, besteht nicht (EuGH 5. 7. 2005, C-376/03, *D*).

Eine Pflicht zur Vermeidung der Doppelbesteuerung ist nicht im AEUV erwähnt. Dementsprechend liegt bei einer **Doppelbesteuerung** nach der ständigen Rsp des EuGH kein Verstoß gegen Unionsrecht vor, sofern die Mitgliedstaaten ihre nationalen Besteuerungssysteme diskriminierungsfrei ausgeübt haben (grundlegend EuGH 14. 11. 2006, C-513/04, *Kerckhaert-Morres*; EuGH 16. 7. 2009, C-128/08, *Damseaux*).

**Literaturhinweise:**

*Kofler*, Doppelbesteuerungsabkommen und europäisches Gemeinschaftsrecht (2007); *Loukota/Jirousek*, Doppelbesteuerung und Gemeinschaftsrecht, SWI 2007, 1; *Lang/Pistone/Schuch/Staringer*, Introduction to European Tax Law on Direct Taxation[5] (2018).

**Kontrollfragen:**

1. Was ist der Unterschied zwischen wirtschaftlicher und juristischer Doppelbesteuerung?
2. Was ist das OECD-MA und wie ist es aufgebaut?
3. Nach welchem Schema sind internationale Steuerfälle zu lösen?

# Zweiter Abschnitt: Aufbau und Inhalt der DBA

Bei der Lösung eines grenzüberschreitenden Steuerfalls ist zunächst zu überprüfen, ob überhaupt und, falls ja, welches DBA zur Anwendung kommt. Dafür ist erforderlich, dass der Steuerpflichtige vom persönlichen Anwendungsbereich eines Abkommens erfasst ist. Der persönliche Anwendungsbereich ist erfüllt, wenn der Steuerpflichtige in einem der beiden Vertragsstaaten ansässig ist. Sodann wäre zu erörtern, ob die Art der Steuer, die eine Doppelbesteuerung auslöst, vom sachlichen Anwendungsbereich erfasst ist. Denn die Doppelbesteuerung wird in den DBA nicht für sämtliche Abgabenarten vermieden, sondern nur für die im Abkommen aufgezählten. Ist für einen Besteuerungsfall geklärt, dass sowohl der persönliche als auch der sachliche Anwendungsbereich erfüllt sind, stellt sich die Frage, welchem Staat Besteuerungsrechte in welcher Höhe zugeteilt werden. Hierzu sind die Verteilungsnormen eines DBA heranzuziehen. Steht fest, welcher Staat (unbegrenzt oder begrenzt) besteuern darf, ist zur Vermeidung einer allfälligen nach wie vor bestehenden Doppelbesteuerung der Methodenartikel zu Rate zu ziehen. Dieser legt fest, ob dem Ansässigkeitsstaat eine Anrechnung der ausländischen Steuer oder eine Befreiung der ausländischen Einkünfte obliegt.

Zur Verbesserung der Anwendbarkeit der DBA beinhalten diese auch einige Begriffsbestimmungen und Definitionen. Außerdem bestehen Sondervorschriften betreffend ein Gleichbehandlungsgebot von Inländern und DBA-Ausländern. Zudem wurden Mechanismen in die DBA inkludiert, die die Kommunikation zwischen den Vertragsstaaten im Wege von Verständigungsverfahren, Informationsaustausch und Amtshilfe bei der Vollstreckung von Steuern regeln. Schließlich sind in den DBA auch Inkrafttretens- und Kündigungsklauseln enthalten, die den zeitlichen Anwendungsbereich regeln.

# A. Der Anwendungsbereich der DBA

## I. Der persönliche Anwendungsbereich der DBA

Lesen Sie aufmerksam Art 1 und Art 4 OECD-MA.

### 1. Die Ansässigkeit

Die persönliche Anwendbarkeit eines DBA richtet sich nach den Bestimmungen des **Art 1** (unter das Abkommen fallende Personen) **iVm Art 4 (1) OECD-MA** (ansässige Person). Nur wer im Sinne eines Abkommens „ansässig" ist, ist **abkommensberechtigt** und dadurch von der Schutzwirkung eines DBA erfasst. **Art 1 OECD-MA** normiert, dass das Abkommen nur auf **Personen** Anwendung findet, „die in einem Vertragsstaat oder in beiden Vertragsstaaten **ansässig** sind". Somit müssen kumulativ zwei Gegebenheiten erfüllt sein: Zunächst muss eine „Person" iSd Abkommens vorliegen und weiters muss diese Person „ansässig" sein.

Der Ausdruck **„Person"** ist in Art 3 (1) lit a OECD-MA definiert. Sonach sind als „Personen" **natürliche Personen, Gesellschaften und alle anderen Personenvereinigungen** zu verstehen. Ausdrücklich umfasst Art 4 (1) seit dem Update des OECD-MA 2017 auch einen **„anerkannten Pensionsfonds"**, sofern dieser die Voraussetzungen des Art 3 (1) lit i erfüllt. Die **Ansässigkeit** einer Person ist in Art 4 (1) OECD-MA geregelt. Demzufolge ist eine Person ansässig, wenn sie „nach dem Recht dieses Staates dort aufgrund ihres Wohnsitzes, ihres ständigen Aufenthalts, des Ortes ihrer Geschäftsleitung oder eines anderen ähnlichen Merkmals steuerpflichtig ist". Somit ist nach dem jeweils geltenden Recht eines Staates zu untersuchen, ob die Person dort „steuerpflichtig" ist. In Österreich wird für die **DBA-rechtliche Ansässigkeit** des Art 4 (1) OECD-MA idR auf die **unbeschränkte Steuerpflicht** abgestellt. Dadurch sind alle in Österreich unbeschränkt Steuerpflichtigen abkommensberechtigt und können die Schutzwirkungen der österreichischen DBA in Anspruch nehmen.

Kurzfristige Auslandsaufenthalte (im Ausmaß von weniger als 2 Jahren) gelten idR nicht als Verlagerung der Ansässigkeit. Bei länger als fünf Jahre dauernden Aufenthalten im Ausland kann davon ausgegangen werden, dass der Mittelpunkt der Lebensinteressen ins Ausland verlagert wurde. Dazwischen ist die Frage der Ansässigkeit anhand des Einzelfalls zu lösen (EStR 2000, Rz 7596).

### 2. Die Doppelansässigkeit

Besteht in beiden Staaten unbeschränkte Steuerpflicht, so wäre zu klären, in welchem Staat „tatsächliche" Ansässigkeit iSd DBA vorliegt. Für **natürliche Personen** ist hierfür **Art 4 (2) OECD-MA,** die sogenannte **Tie-Breaker-Regelung**, zu Rate zu ziehen: Demnach ist eine natürliche Person in dem Staat ansässig, in dem sie über eine **ständige Wohnstätte** verfügt. Verfügt sie in beiden Staaten über eine ständige Wohnstätte, so gilt sie gem Art 4 (2) lit a OECD-MA nur in dem Staat ansässig, zu dem sie die engeren **persönlichen und wirtschaftlichen Beziehungen** hat (**Mittelpunkt der Lebensinteressen**).

**Tipp:**

Die engeren persönlichen Beziehungen sind beispielsweise am Ort des Familienwohnsitzes, an dem Ort der Betätigung religiöser und kultureller Art sowie anderer Tätigkeiten zur Entfaltung persönlicher Interessen und Neigungen. Die engeren wirtschaftlichen Beziehungen werden meist an dem Ort gelegen sein, an dem der Beruf ausgeübt wird bzw von wo aus das Vermögen verwaltet wird.

Nach der Rsp des VwGH (22. 3. 1991, 90/13/0073) kommt den wirtschaftlichen Beziehungen idR eine geringere Bedeutung als den persönlichen Beziehungen zu.

**Beispiel:**

Herr A bewohnt alleine eine Wohnung in Wien, die für ihn auch den Ausgangspunkt für die täglichen Fahrten zu seiner Arbeitsstätte bildet. Am Wochenende fährt er regelmäßig zu seinem Familienwohnsitz nach Ungarn, den er gemeinsam mit seiner Frau und seinen Kindern bewohnt. Da er über Wohnsitze sowohl in Ungarn als auch in Österreich verfügt, ist er grundsätzlich doppelansässig. Aufgrund des Tie-Breakers in Art 4 ist er allerdings nur in Ungarn ansässig, da dort der Mittelpunkt seiner persönlichen Beziehungen liegt.

Kann der Mittelpunkt der Lebensinteressen nicht festgestellt werden oder verfügt die natürliche Person in keinem der beiden Vertragsstaaten über eine ständige Wohnstätte, so gilt sie gem Art 4 (2) lit b OECD-MA nur in dem Staat als ansässig, in dem sie den **gewöhnlichen Aufenthalt** hat. Hat die Person den gewöhnlichen Aufenthalt in keinem der Vertragsstaaten oder in beiden Vertragsstaaten, so gilt sie gem Art 4 (2) lit c OECD-MA als in dem Staat ansässig, dessen **Staatsangehöriger** sie ist. Ist die Person allerdings Staatsangehöriger beider Vertragsstaaten oder keiner der Vertragsstaaten, so regeln die zuständigen Behörden der Vertragsstaaten die Frage in gegenseitigem Einvernehmen (Art 4 [2] lit d OECD-MA).

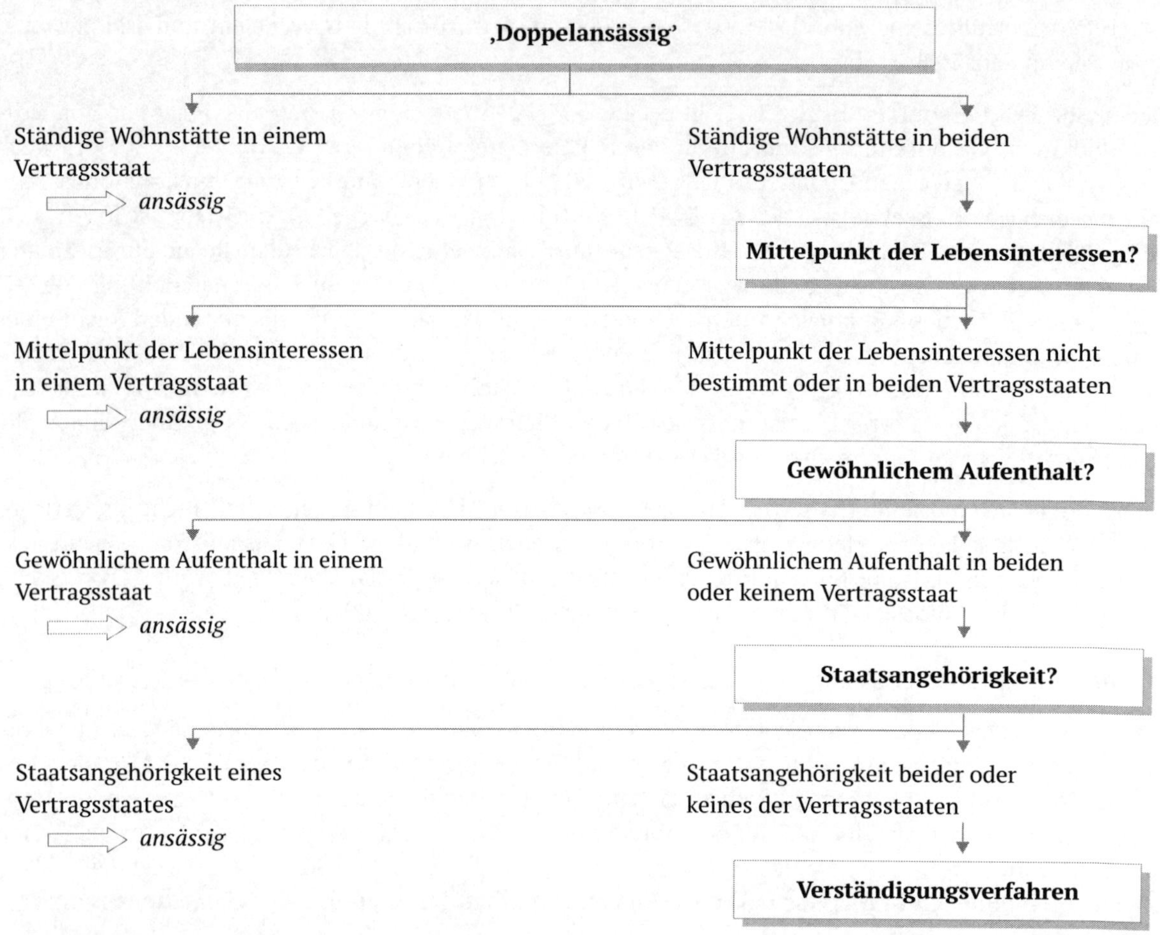


Die Ansässigkeit iSe DBA bedeutet aber für Zwecke des „Verliererstaates" nicht, dass die Person auch aus der unbeschränkten Steuerpflicht nach nationalem Recht ausscheidet. Vielmehr bleibt die unbeschränkte Steuerpflicht weiterhin bestehen und auch die Besteuerung im „Verliererstaat" (sofern das DBA dem „Verliererstaat" Besteuerungsrechte zuteilt) hat nach den für die unbeschränkte Steuerpflicht anwendbaren Bestimmungen zu erfolgen.

Doppelt ansässige **juristische Personen** galten nach der alten Fassung des OECD-MA vor dem Update 2017 gem **Art 4 (3) OECD-MA** nur in dem Staat als ansässig, in dem sich der **Ort ihrer Geschäftsleitung** befindet. Diese Bestimmung befindet sich auch nach wie vor in fast allen von Österreich abgeschlossenen DBA.

Im Update des OECD-MA 2017 erfolgte jedoch eine Änderung des Tie-Breakers für juristische Personen: Nunmehr gelten **doppelansässige juristische Personen** nicht mehr automatisch als am Ort der Geschäftsleitung ansässig, sondern die Ansässigkeit ist in jedem Fall im Wege der Durchführung eines **Verständigungsverfahrens** mit dem betroffenen Vertragsstaat zu eruieren. Solange in einem solchen Verständigungsverfahren keine Einigung über die Ansässigkeit erzielt werden konnte, werden der juristischen Person sämtliche Abkommensvorteile verwehrt, es sei denn, die zuständigen Behörden einigen sich auf die Anwendung einzelner Bestimmungen.

**Beispiel:**

Der in Österreich ansässige A gründet über das Internet in Großbritannien eine Ltd, wobei A nie nach Großbritannien fährt und sämtliche Geschäfte von Österreich aus abwickelt. Die doppelansässige Ltd ist gemäß dem DBA-Großbritannien aufgrund des österreichischen Ortes der Geschäftsleitung in Österreich ansässig, denn nach Art 4 (3) DBA-Großbritannien 2018 gilt eine doppelansässige juristische Person in dem Staat ansässig, in dem sich der Ort ihrer tatsächlichen Geschäftsleitung befindet. Bestehen Zweifel an der Ansässigkeit, so enthält das DBA-Großbritannien 2018 eine Sonderregelung, die gewissermaßen eine Mischvariante aus OECD-MA 2014 und OECD-MA 2017 darstellt: Im Falle der Doppelansässigkeit verpflichten sich die zuständigen Behörden in gegenseitigem Einvernehmen zur Bestimmung des Staates, in dem die tatsächliche Geschäftsleitung der Person ausgeübt wird. Somit besteht kein umfassender Abkommensschutz, wenn keine Einigung der zuständigen Behörden besteht. Das wesentliche Kriterium zur Feststellung der Ansässigkeit bleibt allerdings – im Gegensatz zur Fassung des Art 4 (3) im OECD-MA 2017 – der Ort der tatsächlichen Geschäftsleitung.

Bezieht die Ltd nun Einkünfte aus Deutschland, so wäre den Ausführungen des OECD-MK folgend nur mehr das DBA Österreich – Deutschland und nicht mehr auch das DBA Großbritannien – Deutschland anwendbar (siehe dazu auch KStR 2013 Rz 4).

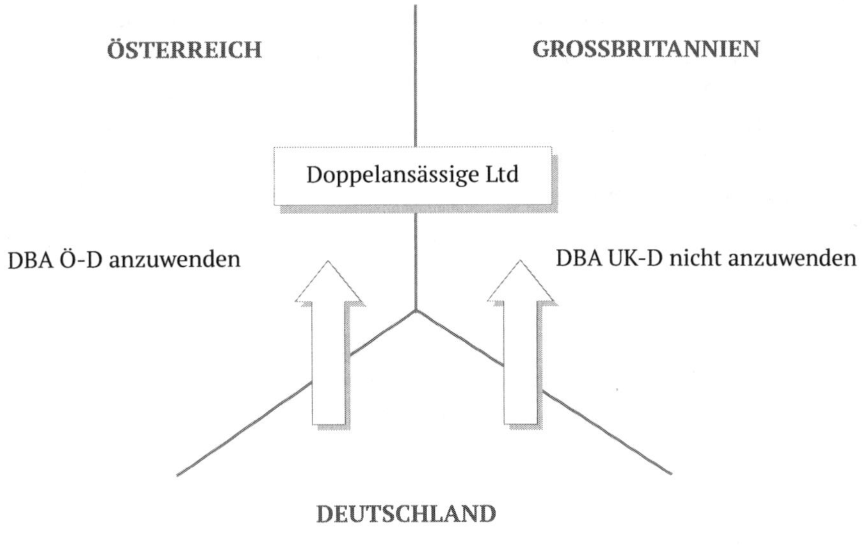


**Literaturhinweis:**

*Bendlinger*, Der Ort der tatsächlichen Geschäftsleitung im DBA-Recht, SWI 2004, 167.

## 3. Sonderfragen zur Abkommensberechtigung

### a) Körperschaften öffentlichen Rechts und steuerbefreite Körperschaften

Voraussetzung für die Abkommensberechtigung ist, dass Körperschaften diejenigen Beziehungen zu einem Vertragsstaat aufweisen, die zu einer unbeschränkten Besteuerung führen können, tatsächliche unbeschränkte Besteuerung ist allerdings nicht erforderlich. **Betriebe gewerblicher Art von Körperschaften öffentlichen Rechts** sind daher jedenfalls als „ansässig“ iSd OECD-MA anzusehen. Auch allen anderen **Körperschaften öffentlichen Rechts** sowie **steuerbefreiten Körperschaften** wird grundsätzlich Abkommensberechtigung zuteil.

**Tipp:**

Mit Deutschland, Großbritannien und Luxemburg wurde durch die österreichische Finanzverwaltung im Rahmen von Verständigungsverfahren Einigung darüber erzielt, dass Körperschaften öffentlichen Rechts und befreite Körperschaften bei Sitz oder Geschäftsleitung in einem der Vertragsstaaten abkommensberechtigt sind. Dementsprechend wurde diese Sichtweise auch auf alle anderen DBA-Partnerstaaten ausgeweitet (Erlass des BMF vom 7. Juli 1992, 040101/62-IV/4/92, AÖF 1992/246, Abkommensberechtigung von Körperschaften des öffentlichen Rechts und von steuerbefreiten Körperschaften).

**Beispiel:**

Bezieht die Österreichische Hochschülerschaft als Körperschaft des öffentlichen Rechts und somit beschränkt Steuerpflichtige zweiter Art Zinsen aus Deutschland, so sind diese Einkünfte gem § 21 (3) Z 1 KStG in Österreich zu besteuern. Deutschland darf aufgrund Art 11 DBA-Deutschland die Zinsen nicht besteuern.

**Literaturhinweis:**

*Prillinger*, Die Abkommensberechtigung von Körperschaften des öffentlichen Rechts, SWI 2008, 246.

### b) Behandlung transparenter Rechtsträger

Artikel 1 (2) OECD-MA 2017 betrifft die **Behandlung transparenter Rechtsträger.** Demnach sollen Einkünfte, die durch oder über Rechtsträger oder Gebilde bezogen werden, die nach dem Steuerrecht eines der Vertragsstaaten als vollständig oder teilweise steuerlich transparent behandelt werden, als Einkünfte einer in einem Vertragsstaat ansässigen Person gelten, jedoch nur, soweit die Einkünfte für Zwecke der Besteuerung durch diesen Vertragsstaat als Einkünfte einer in diesem Vertragsstaat ansässigen Person behandelt werden. Beinhaltet ein DBA eine solche Bestimmung, dann erlangen die von einem Staat als intransparent behandelten Gebilde Abkommensberechtigung, wenngleich der Quellenstaat diese Gebilde als transparent betrachtet.

### c) Öffnungsklausel (Saving Clause)

Seit 2017 beinhaltet das OECD-MA in Art 1 (3) eine **Öffnungsklausel** (sog **Saving Clause**), wonach das jeweilige DBA nicht die Besteuerung einer Person in ihrem Ansässigkeitsstaat berührt. Davon ausgenommen sind Vergünstigungen nach Art 7 (3) und Art 9 (2) (Gegenberichtigung) sowie Art 19, 20, 23, 24, 25 und 28. Dadurch wird einerseits klargestellt, dass die Besteuerung von Ansässigen aufgrund nationaler Zurechnungs- und Missbrauchsvorschriften durch die DBA nicht eingeschränkt werden soll. Andererseits können auch Doppelnichtbesteuerungskonstellationen aufgrund von Zurechnungskonflikten vermieden werden.

**Literaturhinweise:**

*Kofler*, Some reflections on the „Saving Clause", Intertax 2016, 574; *ders*, Transparente Rechtsgebilde und doppelt ansässige Gesellschaften, in *Bendlinger/Kofler/Lang/Schmidjell-Dommes*, SWI-Spezial – Die österreichischen DBA nach BEPS (2018) 38.

### d) Investmentfonds und Immobilieninvestmentfonds

Lesen Sie ausführlich §§ 186–188 InvFG, §§ 40–42 ImmoInvFG, InvFR 2018 Rz 53–597.

Österreichische **Investmentfonds** sowie **Immobilienfonds** sind gem § 186 InvFG bzw § 40 ImmInvFG nicht als Steuersubjekte und somit als **transparent** anzusehen (InvFR 2018 Rz 539 f). Dadurch kommt den Investmentfonds selbst keine Abkommensberechtigung zu, sondern nur den dahinter stehenden Investoren. Im Gegensatz dazu sind **Immobilieninvestmentfonds, deren Anteile öffentlich angeboten werden**, als abkommensberechtigt nach dem Recht der Doppelbesteuerungsabkommen anzusehen (siehe InvFR 2018 Rz 576).

**Folgende ausländische Investmentfonds** gelten gem § 188 InvFG als transparent:

- ausländische OGAW;
- ausländische AIF im Sinne des AIFMG,
- jeder ausländische Organismus, ungeachtet der Rechtsform, sofern Kapitalveranlagung nach den Grundsätzen der Risikostreuung stattfindet und die Gewinne im Ausland nicht oder niedrig besteuert werden (keine der österreichischen Körperschaftsteuer vergleichbare Steuer oder die ausländische Steuer ist um mehr als 10% niedriger als die österreichische Körperschaftsteuer).

Investmentfonds der oben genannten Art wären daher selbst dann, wenn die ausländischen Steuerbehörden eine Ansässigkeitsbescheinigung ausstellen, grundsätzlich nicht abkommensberechtigt. Aus Vereinfachungsgründen und um den Entwicklungen auf Ebene der OECD Rechnung zu tragen, wurde allerdings ab 2008 durch die Neufassung der InvFR die Möglichkeit geschaffen, dass ausländische Investmentfonds, die in ihren Ansässigkeitsstaaten als abkommensberechtigt angesehen werden, für ihre abkommensberechtigten Anteilseigner in Österreich Quellensteuerentlastungen geltend machen können, sofern der Investmentfonds nachweist, „in welchem Ausmaß die österreichischen Kapitalerträge begünstigungsfähigen Anteilsinhabern zugehen". Begünstigungsfähig sind Anteilsinhaber, die in Staaten ansässig sind, mit denen Österreich ein dem OECD-MA im gegebenen Zusammenhang (insbesondere Dividenden) entsprechendes DBA abgeschlossen hat. Ist an einem Fonds ein Anteilsinhaber zumindest zu 10 % beteiligt, ist für eine Erstattung zusätzlich die Ansässigkeitsbescheinigung dieses Anteilsinhabers erforderlich (BMF EAS 3044, 24. 3. 2009; EAS 3189, 25. 11. 2010; InvFR 2018 Rz 558).

Für **ausländische Immobilieninvestmentfonds** gilt aus österreichischer Sicht das Intransparenzprinzip, sofern auch nach dem Recht des Ansässigkeitsstaats Abkommensberechtigung zugestanden wird.

**Beispiel:**

Ein in Luxemburg in Form einer Kapitalgesellschaft geführter Investmentfonds investiert in Österreich. Die Abkommensvorteile einer 15%igen Quellensteuer stehen nur dann zu, wenn der Fonds als abkommensrechtlich in Luxemburg ansässig gewertet wird und die dahinter stehenden Anleger ebenfalls in Luxemburg oder in einem anderen DBA-Staat, mit dem zumindest ein 15%iger Quellensteuersatz für Dividenden im Abkommen vereinbart wurde, ansässig sind.

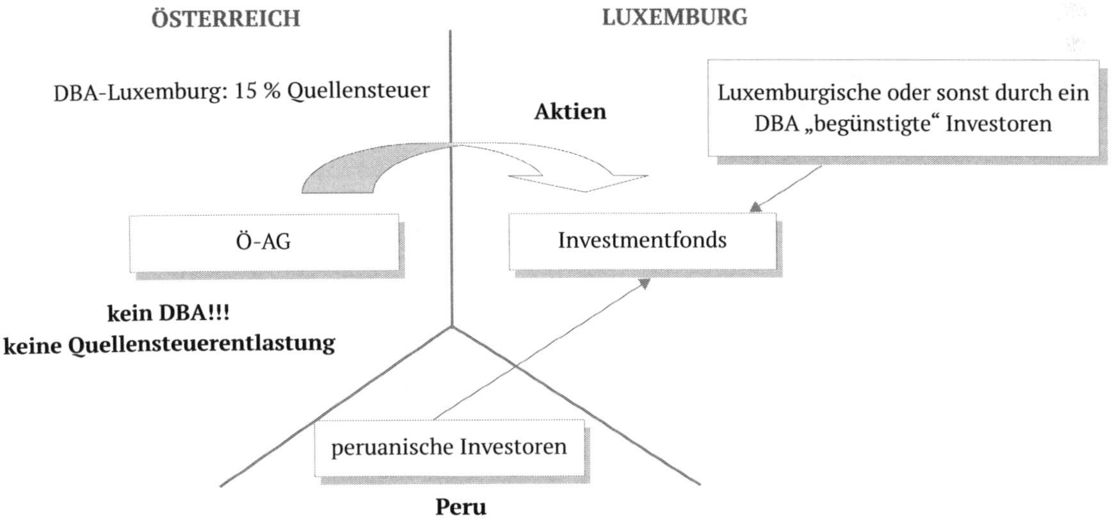


**Tipp:**

Diese in den InvFR niedergelegte Vorgehensweise fand zT auch direkt Eingang in die von Österreich abgeschlossenen DBA. Als Vorlage für die Abkommensbestimmungen dienten dabei idR die in Rz 35 ff zu Art 1 OECD-MA vorgeschlagenen Bestimmungen im OECD-MK.

**Literaturhinweise:**

*W. Loukota*, Rückerstattung österreichischer Kapitalertragsteuer an ausländische Investmentfonds im Lichte der Kapitalverkehrsfreiheit, SWI 2012, 305; *Blum/Pinetz*, Aktuelle Änderungen in der Investmentfondsbesteuerung, RdW 2014, 558; *dieselben*, Besteuerung ausländischer Investmentfonds im AIFMG, RdW 2014, 490.

### e) Personengesellschaften

**Österreichische Personengesellschaften** werden als transparent angesehen, wodurch ihnen keine Abkommensberechtigung zukommt. Nur die dahinter stehenden Anteilsinhaber können als „ansässige" Personen von Österreichs DBA-Netzwerk profitieren. In manchen Abkommen wurde allerdings aus Praktikabilitätsgründen vereinbart, dass, sofern zumindest drei Viertel der Personengesellschaftsanteile von ansässigen Personen gehalten werden, eine Quellensteuerentlastung vollumfänglich erfolgen kann (siehe zB Art 28 [4] DBA-Italien, Art 28 [6] DBA-Schweiz).

**Beispiel:**

Der Anteilseigner A einer österreichischen OG (50 % Beteiligung) ist in Österreich, der Anteilseigner B (ebenfalls 50 % Beteiligung) in Belgien ansässig. Bezieht die OG Dividenden aus Spanien, so ist betreffend die Frage, ob Spanien Quellensteuer einheben darf, nur für 50 % der Dividenden das DBA Österreich – Spanien anzuwenden. Die Frage der spanischen Quellensteuer für die an Anteilseigner B weiterfließenden Dividenden wäre nach dem DBA Belgien – Spanien zu behandeln. Zusätzlich wäre zu beachten, dass die Personengesellschaft in Österreich möglicherweise eine Betriebstätte begründen wird, wodurch gem Art 7 (2) DBA Österreich – Belgien Österreich das Besteuerungsrecht an den Betriebstättengewinnen zusteht.

Bei ausländischen Personengesellschaften wäre ein **Typenvergleich** anzustellen, um zu klären, ob die Personengesellschaft aus Sicht Österreichs als Personengesellschaft, und somit als transparent, oder als Kapitalgesellschaft, und somit als intransparent, anzusehen ist (siehe Teil I, Erster Abschnitt, B. II.3.a).

**Literaturhinweise:**

*Toifl*, Personengesellschaften im Recht der Doppelbesteuerungsabkommen (2003); *Beiser*, Mitunternehmerschaften und DBA (Teil 1 und 2), ÖStZ 2011, 453 und 479.

## II. Der sachliche Anwendungsbereich der DBA

Der **sachliche Anwendungsbereich** ist in **Art 2 OECD-MA** („Unter das Abkommen fallende Steuern") geregelt. Grundsätzlich gelten die DBA für **Steuern vom Einkommen und vom Vermögen.** Gem Art 2 (2) OECD-MA „gelten als Steuern vom Einkommen und vom Vermögen alle Steuern, die vom Gesamteinkommen, vom Gesamtvermögen oder von Teilen des Einkommens oder des Vermögens erhoben werden, einschließlich der Steuern vom Gewinn aus der Veräußerung beweglichen oder unbeweglichen Vermögens, der Lohnsummensteuern sowie der Steuern vom Vermögenszuwachs".

**Art 2 (3) OECD-MA** räumt den Vertragsstaaten außerdem die Möglichkeit ein, dass sie die in ihrem Vertragsstaat bestehenden Steuern, für die das Abkommen gilt, explizit aufzählen. In den österreichischen Abkommen werden regelmäßig die **Einkommensteuer** (inklusive Lohn- und Kapitalertragsteuer), die **Körperschaftsteuer**, die **Grundsteuer**, die **Abgabe von land- und forstwirtschaftlichen Betrieben** und die **Abgabe vom Bodenwert bei unbebauten Grundstücken** als bestehende Steuern genannt. Die **Kommunalsteuer** fällt häufig in den sachlichen Anwendungsbereich, denn auch wenn sie nicht ausdrücklich genannt ist, so ist sie dennoch als eine Gewerbesteuer in Form einer Lohnsummensteuer iSd Art 2 (2) OECD-MA zu erfassen, wenn das DBA eine automatische Anpassungsklausel iSd Art 2 (4) OECD-MA enthält (BMF EAS 789, 4. 1. 1996). Eine **„automatische Anpassungsklausel"**, wonach auch Steuern, die „nach der Unterzeichnung des Abkommens neben den bestehenden Steuern oder an deren Stelle erhoben werden", enthält **Art 2 (4) OECD-MA.**

**Literaturhinweise:**

*Burgstaller*, Kommunalsteuer und DBA, SWI 2004, 17; *Brandstetter*, Taxes Covered (2011); *Ismer/Jescheck*, Der sachliche Anwendungsbereich von DBA in einer Welt nach BEPS: Art. 2 OECD-MA (Unter das Abkommen fallende Steuern) und die Einführung neuer Steuern, IStR 2017, 501; *Kofler/Mayr/Schlager*, Digitalisierung und Betriebsstättenkonzept, RdW 2017, 369; *Zirngast/Kanduth-Kristen*, Der Begriff der „Steuer" und die Vermeidung internationaler Doppel-(Nicht-)Besteuerung, SWI 2016, 547.

### III. Der zeitliche Anwendungsbereich der DBA

Die ausverhandelten DBA werden nach der Unterzeichnung einem Ratifikationsverfahren unterzogen. In Österreich erfolgt die **Ratifikation** durch die verfassungsmäßige Genehmigung im Nationalrat und Bundesrat. Sodann teilen die Vertragsstaaten einander mittels Austausch der Ratifikationsurkunden mit, dass das nationale Genehmigungsverfahren abgeschlossen ist. Manche Abkommen treten mit dem Austausch der Ratifikationsurkunden in Kraft, die meisten jedoch erst nach Verstreichen einer Frist, damit die nach innerstaatlichem Recht erforderlichen Schritte zum Inkrafttreten (in Österreich die Kundmachung im BGBl) abgeschlossen werden können. Wirksam werden die DBA gem **Art 31 OECD-MA** aber erst nach dem Inkrafttreten. Der Wirksamkeitsbeginn ist meist am Beginn des Jahres, das auf das Jahr des Inkrafttretens folgt.

Die DBA sehen zudem auch **Kündigungsbestimmungen** in **Art 32 OECD-MA** vor. Abkommenskündigungen sind in der Praxis äußerst selten, denn sollte ein Vertragsstaat mit bestimmten Regelungen des Abkommens unzufrieden sein, so ist zunächst im Normalfall mit einer Abkommensrevision des bestehenden Abkommens zu rechnen. Das DBA-Argentinien wurde jedoch mit Wirkung ab 1. Jänner 2009 von argentinischer Seite gekündigt. Zudem wurde mit Wegfall der Erbschaftssteuer in Österreich das Erbschaftssteuer-DBA durch Deutschland gekündigt.

### IV. Der territoriale Anwendungsbereich der DBA

Die Vertragsstaaten legen in den Abkommen fest, welchen territorialen Anwendungsbereich das Abkommen hat. Dabei werden idR die überseeischen Gebiete nicht miteinbezogen. In territorialer Hinsicht ist das Bundesgebiet Österreichs einschließlich der Zollausschlussgebiete von den DBA erfasst.

**Kontrollfragen:**

1. Wann findet ein DBA auf eine Person Anwendung und was ist im Falle von Doppelansässigkeit zu tun?
2. Ist eine österreichische OG abkommensberechtigt?
3. Können DBA auch gekündigt werden?

## B. Begriffsbestimmungen

In den DBA werden Definitionen für bestimmte Begriffe festgelegt. Somit wird gewährleistet, dass Unterschiede in den nationalen Rechtsordnungen der Vertragsstaaten keine Relevanz haben und nur die Abkommensdefinition Geltung hat. **Art 3 OECD-MA** enthält **allgemeine Begriffsbestimmungen** wie **„Person"**, **„Gesellschaft"**, **„Unternehmen"**, **„internationaler Verkehr"**, **„zuständige Behörde"**, **„Staatsangehöriger"**, **„Geschäftstätigkeit"** und **„anerkannter Pensionsfonds"**. Werden Begriffe im Abkommen nicht definiert und ist auch aus dem Abkommenszusammenhang nichts für die Interpretation eines Begriffs zu gewinnen, hat gem Art 3 (2) OECD-MA ein Rückgriff auf das nationale Recht zu erfolgen.

Art 4 beinhaltet die Definition der **„Ansässigkeit"** und Art 5 definiert den Begriff der **„Betriebstätte"**. In bestimmten Verteilungsnormen finden sich außerdem noch weitere hilfreiche Definitionen. So beinhaltet zB Art 10 eine Definition des **Dividenden**begriffs, Art 11 eine Definition des **Zinsen**begriffs,

Art 12 eine Definition des **Lizenzgebühren**begriffs und in Art 6 wird betreffend die Definition von **unbeweglichem Vermögen** auf das nationale Recht des Belegenheitsstaats verwiesen.

## C. Die Verteilungsnormen

Die Verteilungsnormen zeigen auf, welcher der Vertragsstaaten in welchem Ausmaß besteuern darf. Dabei folgen sie grundsätzlich dem Konzept des Welteinkommensprinzips, indem dem Ansässigkeitsstaat im Allgemeinen das Besteuerungsrecht zusteht. Ein Quellenbesteuerungsrecht iSd Territorialitätsprinzips kommt nur bei bestimmten Einkünften (insbesondere bei den Passiveinkünften) zum Tragen.

Zu beachten ist, dass die Verteilungsnormen nur national bestehende Besteuerungsrechte zuteilen können, sie können allerdings nicht Besteuerungsrechte verschaffen, die schon nach innerstaatlichem Recht nicht bestehen. Zudem teilen die Verteilungsnormen nicht nur die Besteuerungsrechte an den Einnahmen einem Vertragsstaat zu, sondern auch die damit im Zusammenhang stehenden Aufwendungen. Somit sind die „Einkünfte" Gegenstand der Verteilungsnormen. Dabei sind die Auslandseinkünfte stets nach den Bestimmungen des österreichischen Rechts zu ermitteln.

**Struktur der Zuteilungsregeln**

| Artikel | DBA-Einkünftegruppe | Besteuerung im Ansässigkeitsstaat | Besteuerung im Quellenstaat |
|---|---|---|---|
| Art 6 | Unbewegliches Vermögen | Befreiung oder Anrechnung | Belegenheitsstaat |
| Art 7 (1)<br>Art 7 (2) | Unternehmensgewinne<br>Betriebstätte | Ansässigkeitsstaat<br>Befreiung oder Anrechnung | <br>Betriebstättenstaat |
| Art 8 | Schiff- und Luftfahrt | Staat der Seeschifffahrt/ Luftfahrtgesellschaft | |
| Art 9 | Verbundene Unternehmen | Fremdvergleich | |
| Art 10 | Dividenden | Ansässigkeitsstaat | Quellensteuer |
| Art 11 | Zinsen | Ansässigkeitsstaat | Quellensteuer |
| Art 12 | Lizenzen | Ansässigkeitsstaat | |
| Art 13 | Veräußerungsgewinne<br>Unbewegliches Vermögen<br>Seeschiffe, Luftfahrzeuge<br>Betriebsvermögen<br>Immobiliengesellschaften<br>Übriges Vermögen | <br>Befreiung oder Anrechnung<br>Geschäftsleitungsstaat<br>Befreiung oder Anrechnung<br>Befreiung oder Anrechnung<br>Ansässigkeitsstaat | <br>Belegenheitsstaat<br>Betriebstättenstaat<br>Belegenheitsstaat |
| Art 14 | Selbständige Arbeit<br>Feste Einrichtung | Ansässigkeitsstaat<br>Befreiung oder Anrechnung | <br>Staat der festen Einrichtung |
| Art 15 (1)<br>Art 15 (2) | Nichtselbständige Arbeit | Befreiung oder Anrechnung<br>Ansässigkeitsstaat | Tätigkeitsstaat |
| Art 16 | Aufsichtsräte | Befreiung oder Anrechnung | Ansässigkeitsstaat der Gesellschaft |
| Art 17 | Künstler/Sportler | Befreiung oder Anrechnung | Tätigkeitsstaat |

| Artikel | DBA-Einkünftegruppe | Besteuerung im Ansässigkeitsstaat | Besteuerung im Quellenstaat |
|---|---|---|---|
| Art 18 | Pensionen | Ansässigkeitsstaat | |
| Art 19 | Öffentliche Kassen | | Kassenstaat |
| Art 20 | Stipendien | Ansässigkeitsstaat | |
| Art 21 | Sonstige Einkünfte | Ansässigkeitsstaat | |

## I. Einkünfte aus unbeweglichem Vermögen

Lesen Sie aufmerksam Art 6 OECD-MA.

### 1. Die Aufteilung des Besteuerungsrechts

**Unbewegliches Vermögen** ist gem **Art 6 (1) OECD-MA** grundsätzlich im **Belegenheitsstaat** des unbeweglichen Vermögens zu besteuern. Art 6 OECD-MA kommt ungeachtet dessen zur Anwendung, ob sich das unbewegliche Vermögen im Betriebs- oder Privatvermögen des Einkünfteempfängers befindet (siehe Art 6 [4] OECD-MA). Wäre daher Art 7 oder 14 OECD-MA anwendbar, so hat Art 6 OECD-MA Vorrang.

Ein etwaiges Besteuerungsrecht des Ansässigkeitsstaates bleibt in Art 6 OECD-MA offen. Je nachdem, welche Methode zur Vermeidung der Doppelbesteuerung im DBA vereinbart wurde, hat der Ansässigkeitsstaat die Einkünfte aus unbeweglichem Vermögen zu befreien oder die auf das unbewegliche Vermögen im Ausland erhobene Steuer anzurechnen.

Die meisten österreichischen DBA folgen bei der Besteuerung von unbeweglichem Vermögen den Grundsätzen des Art 6 OECD-MA. Da Österreich überwiegend die Befreiungsmethode verfolgt, werden idR Einkünfte aus unbeweglichem Vermögen bei in Österreich Ansässigen aus der Besteuerung ausgenommen.

### 2. Begriffsbestimmung

Was als **unbewegliches Vermögen** gilt, bestimmt sich gem Art 6 (2) OECD-MA nach dem Recht des Vertragsstaates, in dem das Vermögen liegt (**Belegenheitsstaat**). Jedenfalls zum unbeweglichen Vermögen gehören auch „das Zubehör zum unbeweglichen Vermögen, das lebende und tote Inventar land- und forstwirtschaftlicher Betriebe, die Rechte, für die die Vorschriften des Privatrechts über Grundstücke gelten, Nutzungsrechte an unbeweglichem Vermögen sowie Rechte auf veränderliche oder feste Vergütungen für die Ausbeutung oder das Recht auf Ausbeutung von Mineralvorkommen, Quellen und anderen Bodenschätzen". Der OECD-MK stellt in Rz 2.1 zu Art 6 OECD-MA klar, dass der Ausdruck „Einkünfte aus land- und forstwirtschaftlichen Betrieben" auch den Erwerb und Handel mit Emissionszertifikaten umfasst, sofern diese Tätigkeiten einen integralen Bestandteil der land- und forstwirtschaftlichen Tätigkeiten darstellen. Ist dies nicht der Fall, gilt der Gewinn aus dem Handel mit Emissionszertifikaten oder anderen Klimaschutzprogrammen als Unternehmensgewinn (Art 7 OECD-MA) und der Gewinn aus der Veräußerung als Veräußerungsgewinn (Art 13 OECD-MA).

! **Beispiel:**

Ein in Österreich Ansässiger betreibt in der Toskana ein Weingut. Die durch das Weingut erwirtschafteten Gewinne sind regelmäßig nicht unter die Verteilungsnorm des Art 7 zu subsumieren, sondern fallen unter Art 6 und sind im Belegenheitsstaat – also Italien – zu versteuern. Ob das Weingut als unbewegliches Vermögen zu werten ist, bestimmt italienisches Recht.

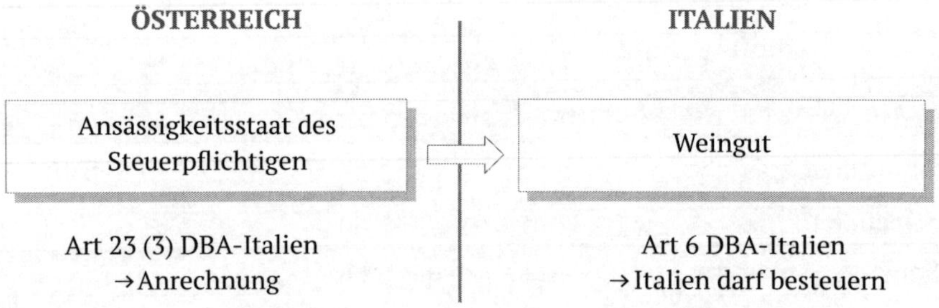


**Tipp:**

Die als Nebenertrag anfallenden Einkünfte (zB Zinseinkünfte) aus einer Beteiligung an einer vermögensverwaltenden Personengesellschaft (zB Immobilien KG) sind im Anwendungsbereich des DBA-Deutschland unter Art 6 OECD MA zu subsumieren.

Art 6 OECD-MA gilt nur für **laufende Einkünfte** aus unbeweglichem Vermögen, Einkünfte aus der **Veräußerung** von unbeweglichem Vermögen sind gem Art 13 (1) OECD-MA ebenfalls im Belegenheitsstaat des unbeweglichen Vermögens zu versteuern.

### 3. Immobilieninvestmentfonds

**Inländische Immobilieninvestmentfonds** sind nach derzeitiger Verwaltungspraxis auf Abkommensebene als **intransparent** anzusehen (InvFR 2018 Rz 573 ff). Sollte es sich jedoch um einen Spezialfonds handeln, dessen Anteile „in tatsächlicher Hinsicht nicht öffentlich angeboten werden", gilt weiterhin das Transparenzprinzip. Immobilieninvestmentfonds, die Einkünfte aus ausländischen Immobilien beziehen, haben aus abkommensrechtlicher Sicht Einkünfte gem Art 6 OECD-MA, obwohl aus rein innerstaatlicher Sicht Einkünfte aus Kapitalvermögen vorliegen (BMF EAS 2615, 3. 6. 2005). Schüttet ein inländischer Immobilieninvestmentfonds mit inländischen Immobilien an ausländische Streubesitzanteilseigner aus, so unterliegen die Einkünfte nach Maßgabe des § 99 (1) Z 6 EStG iVm Art 6 OECD-MA einem 25% igen Steuerabzug.

Ebenso gilt für **ausländische Immobilieninvestmentfonds**, dass diese auf Abkommensebene als **intransparent** anzusehen sind, wenn der Ansässigkeitsstaat den Immobilienfonds ebenso als Steuersubjekt behandelt. Ausschüttungen eines ausländischen Immobilienfonds an österreichische Anteilseigner sind indessen als Dividenden gem Art 10 OECD-MA zu werten. Allerdings kann – wie auch im Falle von „normalen" Investmentfonds – für den Fall, dass ein Investor zu mindestens 10 % an einem Immobilieninvestmentfonds beteiligt ist, wiederum das Transparenzprinzip zur Anwendung kommen. Anteilseigner ab einer Beteiligung von 10 % an einem Immobilieninvestmentfonds beziehen sodann aus österreichischer Sicht Einkünfte gem Art 6 OECD-MA (siehe BMF EAS 2834, 6. 6. 2007).

**Tipp:**

Im Zusammenhang mit der Besteuerung von Immobilieninvestmentfonds wurden in jüngerer Zeit auch Spezialbestimmungen in die von Österreich abgeschlossenen DBA aufgenommen. Als Vorlage dienen meist die in Rz 67.1 ff zu Art 10 OECD-MA vorgeschlagenen Bestimmungen im OECD-MK.

**Literaturhinweis:**

*Pinetz*, EAS 3340: Deutscher Immo-Investmentfonds mit inländischen Grundstücksgesellschaften, SWI 2014, 520.

## II. Unternehmensgewinne

Lesen Sie aufmerksam Art 5 OECD-MA und Art 7 OECD-MA idF des MA 2008 und 2010, § 6 Z 6 und § 81 EStG, § 29 BAO, EStR 2000 Rz 2505–2518, LStR 2002 Rz 1205–1206.

## 1. Die Aufteilung des Besteuerungsrechts

Derzeit bestehen in der internationalen Abkommenspraxis zwei Versionen der Verteilungsnorm des Art 7 OECD-MA. Einerseits wird in nahezu allen Fällen auf die bereits seit vielen Jahren bestehende Version des Art 7 idF des OECD-MA 2008 zurückgegriffen. Andererseits wurde ein neuer Art 7 im Wege einer Änderung des OECD-MA geschaffen, der in das OECD-MA 2010 Eingang gefunden hat. Österreich hat im Jahr 2017 einen Vorbehalt gegen die Aufnahme des neuen Art 7 OECD-MA idF des OECD-MA 2010 bei der OECD abgegeben und damit seinen Abkommenspartnern signalisiert, dass Österreich den neuen Art 7 nicht in die DBA aufzunehmen beabsichtigt. Das bedeutet aber nicht, dass sich Österreich nicht die im Rahmen des AOA entwickelten Auslegungsgrundsätze zur Aufteilung der Gewinne zwischen Stammhaus und Betriebstätte zu eigen macht: Vielmehr beachtet Österreich jene Teile des AOA bei der Auslegung der DBA, die im Wortlaut des alten Art 7 idF 2008 Deckung finden.

Durch den neuen Art 7 wurde der **„Authorized OECD Approach“** (**kurz „AOA“**) in die Verteilungsnorm integriert. Der wesentlichste Unterschied der Neufassung besteht in der **Aufteilung der Gewinne zwischen Stammhaus und Betriebstätte**. Denn die neue Version des Art 7 idF 2010 soll die vollständige Selbständigkeit einer Betriebstätte gegenüber ihrem Stammhaus noch konsequenter umsetzen. Im Folgenden wird auf die Version 2008 oder 2010 verwiesen, sofern zwischen den beiden Versionen Unterschiede bestehen.

Gem **Art 7 (1) OECD-MA** sind **Gewinne eines Unternehmens eines Vertragsstaates** grundsätzlich im Ansässigkeitsstaat des Unternehmens zu versteuern. Als **„Unternehmen eines Vertragsstaates“** ist gem Art 3 (1) lit c und d OECD-MA ein Unternehmen zu verstehen, das von einer in einem Vertragsstaat ansässigen Person betrieben wird. Was konkret als **„Unternehmensgewinn“** zu sehen ist, richtet sich nach den nationalen Gewinnermittlungsvorschriften des Ansässigkeitsstaats des Unternehmens. Sofern das Unternehmen allerdings seine Geschäftstätigkeit über eine **Betriebstätte** im anderen Vertragsstaat ausübt, dürfen die der Betriebstätte zurechenbaren Gewinne im Betriebstättenstaat besteuert werden. Wenn das Engagement eines Unternehmens in einem Vertragsstaat daher nicht das Ausmaß einer Betriebstätte erreicht, können die Unternehmensgewinne dort auch nicht besteuert werden. Was als „Unternehmensgewinn“ einer Betriebstätte anzusehen ist, bestimmt wiederum das nationale Recht des Betriebstättenstaates. Der Ansässigkeitsstaat des Unternehmens darf die Betriebstättengewinne grundsätzlich ebenso besteuern. Art 7 OECD-MA sagt somit nichts darüber aus, wie der Ansässigkeitsstaat die Betriebstättengewinne zu besteuern hat, er hat – je nachdem, welche Methode zur Vermeidung der Doppelbesteuerung vereinbart wurde – die ausländische Steuer anzurechnen oder die Betriebstättengewinne zu befreien.

**Beispiel:**

Die österreichische XY-AG liefert Seilbahnkomponenten nach China. Mangels Betriebstätte darf China die aus dem China-Geschäft entstandenen Gewinne der XY-AG nicht besteuern, sondern Österreich, dem Ansässigkeitsstaat, kommt das alleinige Besteuerungsrecht zu. Dies auch dann nicht, wenn neben der Lieferung der Wirtschaftsgüter ein jährlicher Wartungsvertrag mit dem chinesischen Seilbahnbetreiber vereinbart wird, welcher eine zwei Tage andauernde Wartung umfasst.

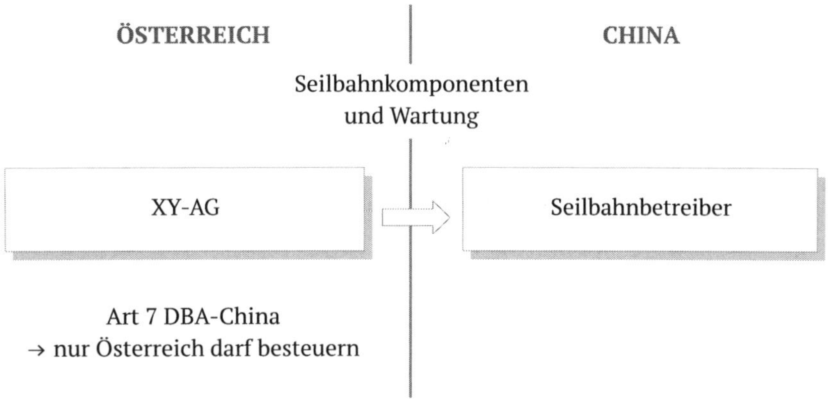

Nicht nur Gewerbetreibende, sondern auch **selbständig Tätige** beziehen seit der Revision des OECD-MA 2000 Einkünfte aus Unternehmensgewinnen, da die alte Sonderbestimmung zur Aufteilung des Besteuerungsrechts für selbständig Tätige gestrichen wurde.

Die **Subsidiaritätsklausel** in Art 7 (7) OECD-MA 2008 bzw Art 7 (4) OECD-MA 2010 normiert klarstellend, dass, falls ein Steuertatbestand bereits unter eine andere Verteilungsnorm fällt, diese andere Verteilungsnorm primär zur Anwendung kommen sollte. Daher sind zB Einkünfte eines Unternehmens aus unbeweglichem Vermögen, Zinsen, Dividenden oder Lizenzgebühren nicht unter Art 7 OECD-MA zu erfassen.

## 2. Die Betriebstätte

Was als Betriebstätte anzusehen ist, wird in **Art 5 OECD-MA** dargelegt. Der Begriff der Betriebstätte wird nicht nur im Abkommensrecht, sondern auch im innerstaatlichen Recht in § 29 BAO und in § 81 EStG verwendet. Bei der Abkommensanwendung ist allerdings der abkommensrechtliche Begriff maßgeblich, sodass es in manchen Fällen zwar nach innerstaatlichem Recht, nicht aber nach Abkommensrecht zum Bestehen einer Betriebstätte kommen kann. Besteht eine Betriebstätte iSd Art 5 OECD-MA, dann sind die der Betriebstätte zurechenbaren Gewinne im Betriebstättenstaat zu versteuern.

**Beispiel:**

Betreibt eine deutsche Supermarkt AG Supermärkte in Österreich, so werden dadurch Betriebstätten iSd DBA-Deutschland begründet. Österreich darf die den Betriebstätten zurechenbaren Gewinne besteuern. Im Ansässigkeitsstaat Deutschland sind die Betriebstättengewinne unter Progressionsvorbehalt zu befreien.

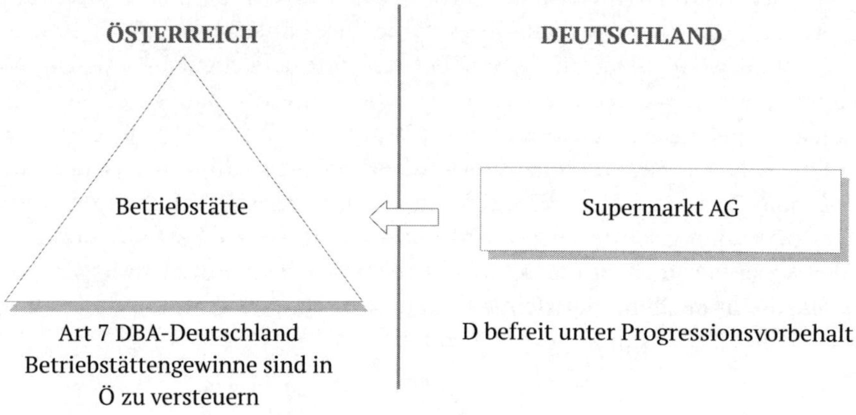


**Beispiel:**

Übt ein österreichischer Unternehmensberater seine Geschäftstätigkeit auch über eine Betriebstätte in Liechtenstein aus, darf Liechtenstein die der liechtensteinischen Betriebstätte zurechenbaren Gewinne besteuern. Österreich als Ansässigkeitsstaat hat die Doppelbesteuerung mittels Anrechnung der liechtensteinischen Steuer zu vermeiden (zur Abgrenzung Art 7 vs Art 14 OECD-MA vgl VwGH, 4. 9. 2014, 2014/15/0001; zur Frage der Zurechnung von Einkünften vgl VwGH 4. 9. 2014, 2012/15/0226).

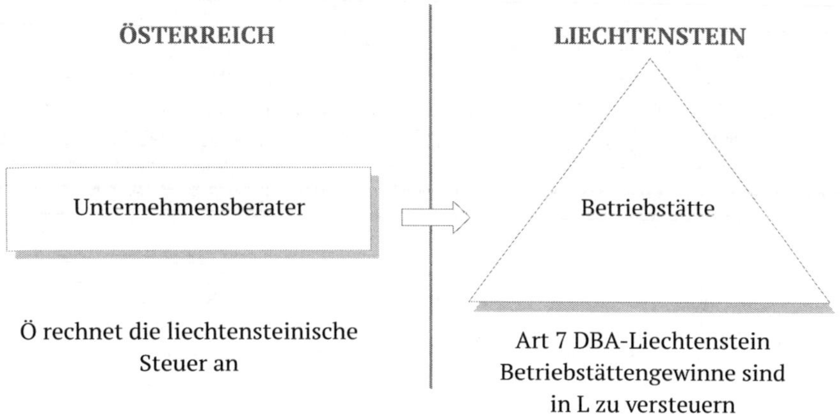


**Für das Vorliegen einer Betriebstätte sind folgende Voraussetzungen zu erfüllen:**

- Es muss eine **feste Geschäftseinrichtung** durch eine örtliche Betriebstätte vorliegen.

  Somit hat für das Bestehen einer Betriebstätte eine an Ort und Stelle verankerte Einrichtung zur Geschäftsausübung zur Verfügung zu stehen. Räumlichkeiten wären hierzu aber nicht zwingend erforderlich. Allerdings würde ein im laufenden Fahrbetrieb befindliches Wohnmobil eines Handelsvertreters nicht als betriebstättenbegründend anzusehen sein (BMF EAS 469, 6. 7. 1994). Zudem wäre nicht erforderlich, dass an Ort und Stelle Menschen arbeiten. Somit können zB Getränkeautomaten (BMF EAS 1269, 22. 6. 1998), Solarien (BMF EAS 1112, 21. 7. 1997), Geldspielautomaten (BMF EAS 1396, 4. 1. 1999), Server (BMF EAS 1836, 23. 4. 2001) und auch Annahmeboxen einer Putzerei (BMF EAS 1696, 25. 7. 2000) betriebstättenbegründend sein. Bloße Mitbenützung führt hingegen idR nicht zu einer Betriebstätte (BMF EAS 993, 18. 12. 1996). Allerdings kann die dauerhafte Innehabung eines Schreibtischs in einem Großraumbüro als Betriebstätte gelten (BMF EAS 1969, 10. 1. 2002).

- Oder es besteht eine **Vertreterbetriebstätte** iSd Art 5 (5) OECD-MA.

  Liegt keine Betriebstätte iSe „festen örtlichen Einrichtung" vor, kann dennoch ein (abhängiger) **ständiger Vertreter** eines ausländischen Unternehmens eine Betriebstätte im Inland begründen und somit eine Besteuerung in Österreich nach sich ziehen. Der DBA-rechtliche Begriff des abhängigen Vertreters findet im Begriff des ständigen Vertreters des § 98 (1) Z 3 EStG vollinhaltlich Deckung (BMF EAS 2988, 23. 7. 2008).

  Eine Vertreterbetriebstätte liegt vor, wenn

  - eine Person in einem Vertragsstaat für ein Unternehmen tätig wird und dabei in einem gewissen **Abhängigkeitsverhältnis** zum ausländischen Unternehmen steht und
  - hierbei gewöhnlich Verträge abschließt oder gewöhnlich die führende Rolle einnimmt, die zum Abschluss von Verträgen führt, welche regelmäßig und ohne wesentliche Änderungen durch das Unternehmen abgeschlossen werden (**Vertragsabschlussvollmacht**).

**Beispiel:**

Setzt ein französisches Versandhandelshaus in Österreich Vertreter ein, die in Österreich von Kunde zu Kunde fahren, dem Kunden Bestellkataloge und Musterkollektionen zeigen und anhand von Produktpreislisten und Rabattstaffeln die Liefer- und Zahlungsbedingungen aushandeln, dann wird das französische Versandhandelshaus eine Vertreterbetriebstätte in Österreich begründen und die auf das Österreich-Geschäft entfallenden Gewinne in Österreich zu versteuern haben. Selbst dann, wenn die Vertreter nur dazu befugt sind, die Bestellungen entgegenzunehmen, allerdings selbst keine formale Vertragsabschlussvollmacht besitzen, kann durch die Tätigkeit der Vertreter eine Vertreterbetriebstätte begründet werden. Denn die Vertreter haben im Wesentlichen alle Bestandteile und Details eines Vertrages verhandelt, währenddessen das französische Stammhaus die Verträge routinemäßig unterzeichnet, ohne sich selbst aktiv am Zustandekommen der Verträge zu beteiligen.

**Tipp:**

Das OECD-MA idF vor 2017 enthielt eine leicht modifizierte Klausel zur Begründung einer Vertreterbetriebstätte. Nach der österreichischen Verwaltungspraxis kann bereits gestützt auf den OECD-MK zu Art 5 (5) idF 2014, Rz 32.1, bei einem Vertreter, der im eigenen Namen Verträge abschließt, welche allerdings wirtschaftlich das Unternehmen binden, eine Vertreterbetriebstätte nach Art 5 (5) begründet werden. Denn auch wenn der Vertreter nach außen hin alleine in Erscheinung tritt (zB in Form einer Kommissionärsgesellschaft), so kann unter bestimmten Umständen dennoch de facto das ausländische Stammhaus durch das Tätigwerden des Kommissionärs in wirtschaftlicher Weise gebunden werden.

**Beispiel:**

Wird eine österreichische Vertriebstochtergesellschaft von ihrer ausländischen Muttergesellschaft beauftragt, künftig nicht mehr als Eigenhändler, sondern bloß auf Kommissionsbasis die Produkte der Muttergesellschaft in Österreich abzusetzen, dann ist nicht ausgeschlossen, diese Tochtergesellschaft als „Vertreterbetriebstätte" der ausländischen Muttergesellschaft zu werten (BMF EAS 2125, 14. 10. 2002).

Von der österreichischen Finanzverwaltung wurde zB bereits in EAS 877 aus dem Jahre 1996 (siehe zB auch EAS 1051, EAS 1682, EAS 1866) vertreten, dass im internationalen Versandhandel in Österreich tätige Außendienstmitarbeiter ohne formelle Abschlussvollmacht dennoch eine Vertreterbetriebstätte für das ausländische Versandhandelsunternehmen begründen, wenn der Vertrag zwar letztlich aufgrund eines standardisierten Bestellverfahrens mit dem ausländischen Versandhandelsunternehmen abgeschlossen wird, die im Inland eingesetzten Vertreter aber aufgrund der vorgegebenen Bestellkataloge, Musterkollektionen, Produktpreislisten, Rabattstaffeln, Liefer- und Zahlungsbedingungen und der zu verwendenden Formulare Einigung über Beschaffenheit und Preis der angebotenen Waren herstellen. Somit hat die durch das OECD-MA 2017 intendierte Änderung des Art 5 (5) aus Sicht der österreichischen Finanzverwaltung lediglich klarstellenden Charakter.

Im Gegensatz zu § 29 BAO, wo die Betriebstätte im innerstaatlichen Recht an örtliche Gesichtspunkte anknüpft, bezieht sich die abkommensrechtliche Betriebstätte sowohl auf örtliche (Art 5 [1] bis [4]) als auch auf personenbezogene (Art 5 [5] und [6]) Kriterien. Insoweit ist der abkommensrechtliche Begriff der Betriebstätte hier weiter als jener der BAO. Dennoch vermag der Katalog der Einkünfte in § 98 EStG – auch ohne Vorliegen einer Betriebstätte nach § 29 BAO – eine beschränkte Steuerpflicht in Österreich zu begründen.

Allerdings wird ein Unternehmen nicht schon deshalb so behandelt, als habe es eine Betriebstätte in einem Vertragsstaat, weil es dort seine Tätigkeit durch einen Makler, Kommissionär oder einen anderen **unabhängigen Vertreter** ausübt, sofern diese Personen im Rahmen ihrer ordentlichen Geschäftstätigkeit handeln. Ein **unabhängiger Vertreter** iSd Art 5 (6) OECD-MA begründet daher selbstverständlich keine Betriebstätte für das ausländische Unternehmen, sondern macht für mehrere Auftraggeber im Rahmen seines ordentlichen Geschäftsbetriebs ohne persönliche Abhängigkeit Geschäfte.

**Tipp:**

In einigen DBA wird die Tätigkeit eines Versicherungsmaklers mit Abschlussvollmacht als betriebstättenbegründend fingiert (zB DBA-Luxemburg, DBA-Neuseeland und DBA-Estland). Normalerweise, ohne eine solche Sonderbestimmung, würden unabhängige Versicherungsmakler, die Versicherungen aller Art für ein ausländisches Versicherungsunternehmen abschließen, Prämien einkassieren, Schäden regulieren etc, keine Betriebstätte für ein ausländisches Unternehmen begründen (BFH 30. 5. 1975, BStBl II 1975, 26).

Grundsätzlich stehen **Tochtergesellschaften** zwar in einem Abhängigkeitsverhältnis zur Muttergesellschaft, allerdings begründen sie damit nicht automatisch Vertreterbetriebstätten (Art 5 [7] OECD-MA).

Das Unternehmen muss seine **Geschäftstätigkeit** in der Betriebstätte **ganz oder teilweise ausüben.**

Keine Betriebstätte entsteht, wenn ein Unternehmen in einem anderen Vertragsstaat einen bloßen **Hilfsstützpunkt** gem Art 5 (4) OECD-MA betreibt, welcher für die unternehmerische Geschäftstätigkeit nur von untergeordneter Bedeutung ist. Darunter fallen idR Lager, Ausstellungslager, Auslieferungslager inkl des Lagerbestands, Einkaufsstätten, Informationsbeschaffungsstellen und andere Stätten, an denen bloße Hilfstätigkeiten oder Tätigkeiten vorbereitender Art eines Unternehmens abgewickelt werden.

Die Frage inwieweit es für die Anwendbarkeit des Art 5 (4) erforderlich ist, dass das Wesen der Tätigkeit im Gesamtkontext der Tätigkeit des Unternehmens als Hilfs- oder Nebentätigkeit zu qualifizieren ist, wurde innerhalb der OECD-Staaten kontrovers diskutiert. Zur Klarstellung beinhaltet der nunmehr mit dem OECD-Update 2017 leicht adaptierte Art 5 (4) eine Formulierung, aus der klar hervorgeht, dass sämtliche in Art 5 (4) OECD-MA genannten Einrichtungen nur dann als Hilfsbetriebstätten zu qualifizieren sind, wenn sie vorbereitender Art sind oder Hilfstätigkeiten darstellen. Nachdem die österreichische Verwaltungspraxis bereits bisher die Auslegung vertreten hat, wonach Art 5 (4) nur zur Anwendung gelangt, wenn es sich bei der durch die Betriebstätte ausgeübten Tätigkeit nicht um die Haupttätigkeit des Unternehmens handelt, ist in dieser Hinsicht die geplante Änderung des Art 5 (4) aus Sicht der österreichischen Verwaltungspraxis nur klarstellender Natur.

**Beispiel:**

Hat eine österreichische Hundeschule in Deutschland eine Garage angemietet, wo Hundezwinger uä Hilfsmaterial gelagert werden, dann kann diese Garage keine Betriebstätte begründen, da diese Einrichtung für die unternehmerische Tätigkeit nur von untergeordneter Bedeutung ist.

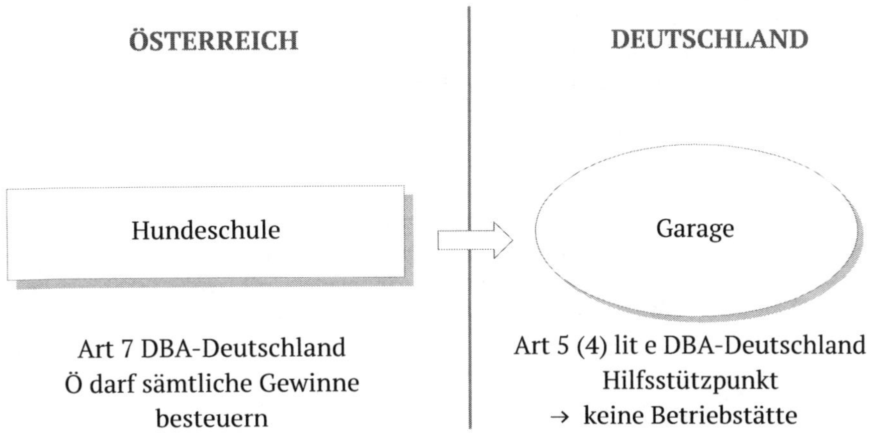


**Operativ tätige Personengesellschaften** begründen im Regelfall eine Betriebstätte (siehe auch BMF EAS 3303, 23. 11. 2012). Davon erfasst sind auch unecht stille Gesellschaften. Die echte stille Gesellschaft wird beim Bestehen einer entsprechenden Sonderbestimmung in vielen von Österreich abgeschlossenen DBA ebenfalls als Betriebstätte fingiert.

Bloß vermögensverwaltende Tätigkeiten ziehen idR keine Betriebstätte iSd Art 5 OECD-MA nach sich, da darin nicht zwingend die „Tätigkeit eines Unternehmens“ ausgeübt wird (siehe dazu auch BMF EAS 3304, 23. 11. 2012). Vielmehr ist bei den Mitunternehmern eine Betriebstätte anzunehmen.

**Beispiel:**

Eine österreichische vermögensverwaltende Personengesellschaft mit dahinter stehenden ausländischen Mitunternehmern begründet keine Betriebstätte und unterliegt daher mit ihren Einkünften keiner Besteuerung in Österreich. Stattdessen dürfen die Mitunternehmer in ihren Ansässigkeitsstaaten mit den Gewinntangenten erfasst werden (siehe auch BMF EAS 2062, 20. 5. 2002).

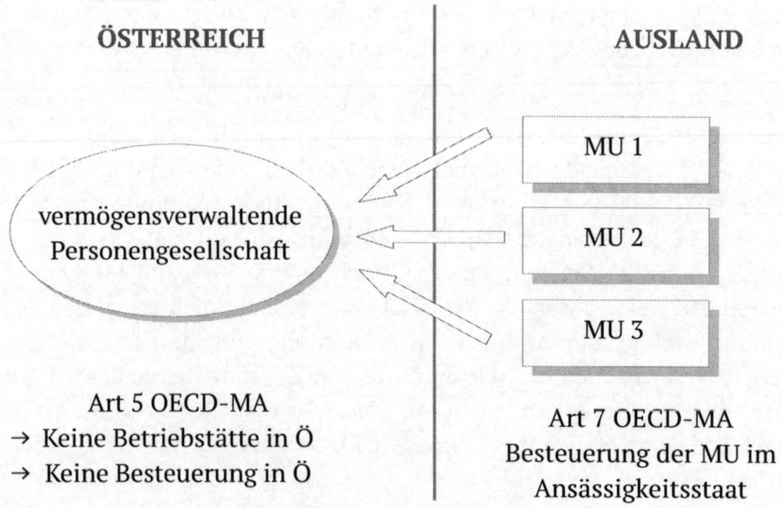


- Das Unternehmen muss über eine gewisse **Dauer** hinweg die **Verfügungsmacht** über die Betriebstätte haben.

  Keine Verfügungsmacht über eine Einrichtung bestünde zB, wenn Räumlichkeiten nur fallweise genutzt werden könnten. Nach der hA wäre jedenfalls ab Überschreiten einer sechsmonatigen Frist von der Begründung einer Betriebstätte auszugehen (VwGH 21. 5. 1997, 96/14/0084; OECD-MK Art 5 Rz 6).

**Beispiel:**

Ein ausländischer Bildersammler stellt seine Sammlung für eine Dauer von zwei Monaten in einem österreichischen Museum aus. Da die dem Bildersammler für Ausstellungszwecke zur Verfügung stehende Galerie nicht auf Dauer – also länger als sechs Monate – benutzt wird, wird keine Betriebstätte begründet. Verkauft der Bildersammler eines der Bilder, sind die daraus resultierenden Gewinne in Österreich von der Besteuerung freizustellen.

Bei **wiederkehrenden Nutzungen** sind die Nutzungszeiten zusammenzurechnen.

**Beispiel:**

Wird ein Hotel jährlich etwa für drei bis vier Monate durch tschechische Reisebüros angemietet, werden hierdurch inländische Betriebstätten durch die tschechischen Reisebüros begründet. Denn bei wiederkehrenden Nutzungen können auch bei kürzeren Nutzungen Betriebstätten begründet werden (BMF EAS 1979, 10. 1. 2002).

**Beispiel:**

Ein Zirkus, der jeweils sechs Wochen lang an einem Ort bleibt und danach weiterzieht, hat weder nach innerstaatlichem noch nach DBA-Recht eine Betriebstätte, da es jedenfalls an der hierfür erforderlichen Dauerhaftigkeit der örtlichen Einrichtung fehlt. Lohnsteuerlich würde allerdings eine Betriebstätte gem § 81 EStG vorliegen (BMF EAS 750, 31. 10. 1995).

- Insbesondere als Betriebstätte gelten der **Ort der Leitung** eines Unternehmens, eine **Zweigniederlassung**, eine **Geschäftsstelle**, eine **Fabrikationsstätte**, eine **Werkstätte**, ein **Bergwerk**, ein **Öl- oder Gasvorkommen**, ein **Steinbruch** oder eine **andere Stätte** zur Ausbeutung von Bodenschätzen (siehe Art 5 [2] OECD-MA).

  Als Betriebstätte gelten **Bauausführungen oder Montagen** erst, wenn ihre Dauer zwölf Monate überschreitet (Art 5 [3] OECD-MA). Somit begründet eine unter zwölf Monate bestehende feste Einrichtung iZm einer Bauausführung keine Betriebstätte.

**Beispiel:**

Innerstaatlich begründet eine Bauausführung schon nach sechs Monaten eine Betriebstätte, abkommensrechtlich bei OECD-konform ausgestalteten DBA erst nach zwölf Monaten. Eine über acht Monate bestehende Bauausführung würde daher keine österreichischen Besteuerungsansprüche nach sich ziehen. Sind im Abkommen längere Baustellenfristen vereinbart, wie dies zB im DBA-Ungarn der Fall ist, in dem die Frist zwei Jahre beträgt, dann wird die innerstaatliche Frist durch die abkommensrechtliche überlagert, wodurch die Zwei-Jahres-Frist zur Anwendung kommt. Etwas anderes gilt nur, wenn im Abkommen ebenfalls eine sechsmonatige oder kürzere Dauer vorgesehen ist, wie zB im DBA-Thailand.

Die Planung und Überwachung einer Bauausführung durch das Bauunternehmen stellt ebenfalls eine betriebstättenbegründende Tätigkeit dar. Für die Fristberechnung ist die erste durch die Planungsarbeit bedingte Anwesenheit maßgeblich (BMF EAS 3171, 19. 7. 2010). Darüber hinaus sind für die Fristenberechnung des Generalunternehmers auch die Tätigkeiten eines Subauftragnehmers zu beachten.

**Beispiel:**

Ein österreichischer Bauunternehmer übernimmt den Auftrag zum Bau eines Kraftwerks in der Ukraine. Für die Erbringung technischer Dienstleistungen bei der Errichtung des Kraftwerkes bedient sich der Bauunternehmer eines österreichischen Subauftragnehmers, der in der Folge die technischen Dienstleistungen in der Ukraine für die Dauer von 18 Monaten erbringt und somit selbst gem Art 5 (3) DBA-Ukraine eine Betriebstätte begründet. Unterhält der Generalunternehmer in der Ukraine eine feste Einrichtung iZm der Bauausführung für die Dauer von neun Monaten, so würde der Generalunternehmer zwar für sich alleine noch keine Betriebstätte begründen, durch die Zusammenrechnung der Anwesenheitszeiten des Subauftragnehmers wird jedoch die Zwölf-Monats-Frist überschritten (BMF EAS 3129, 8. 3. 2010).

Werden Bauausführungen zB jahreszeitlich bedingt unterbrochen, so läuft die Frist weiter (OECD-MK Art 5 Rz 19).

**Tipp:**

Mit Deutschland, Tschechien und der Schweiz wurde abweichend im Wege eines Konsultationsverfahrens vereinbart, dass bezüglich bauvertraglich vorgesehener Unterbrechungen die arbeitsfreien Zwischenzeiten bei der Berechnung der Baustellenfrist außer Betracht bleiben (Erlass des BMF vom 23. 3. 1993, 04 4702/8-IV/4/92, AÖF 1993/143; Erlass des BMF vom 18. 1. 2000, 04 4282/3-IV/4/00, AÖF 2000/34). Gegenwärtig findet jedoch eine Überarbeitung der Vereinbarung mit Deutschland statt; es ist daher damit zu rechnen, dass die Berücksichtigung von Baustellenunterbrechungen im Verhältnis zu Deutschland wieder an die im OECD-MK bestehende Sichtweise angepasst wird.

Werden Arbeiten allerdings in zeitlich begrenzten Abschnitten vergeben, so bleiben arbeitsfreie Zwischenzeiten außer Betracht. Die Frist wäre für jede einzelne Bauausführung getrennt zu berechnen.

In wenigen von Österreich abgeschlossenen DBA wurde auch eine Sonderbestimmung für **„Dienstleistungsbetriebstätten"** aufgenommen, wodurch ein Besteuerungsrecht auch ohne das Bestehen einer Betriebstätte besteht, sofern Dienstleistungen über einen gewissen Zeitraum hinweg erbracht werden. Der OECD-MK sieht eine optionale Sonderbestimmung für Dienstleistungsbetriebstätten vor (siehe auch OECD-MK Art 5 Rz 132 ff).

**Beispiel:**

Ein österreichischer Unternehmensberater berät ein mexikanisches Unternehmen für einen Zeitraum von sieben Monaten. Ihm wird in Mexiko kein Schreibtisch oder Ähnliches bereitgestellt. Da keine feste Einrichtung zur Verfügung steht, würde eigentlich keine Betriebstätte in Mexiko begründet werden. Weil Art 5 (3) lit b des DBA-Mexiko vorsieht, dass auch Dienstleistungen, einschließlich Beratungsleistungen, im Tätigkeitsstaat (in diesem Fall Mexiko) besteuert werden dürfen, sofern die Tätigkeiten im Tätigkeitsstaat länger als sechs Monate dauern, darf Mexiko dennoch besteuern.

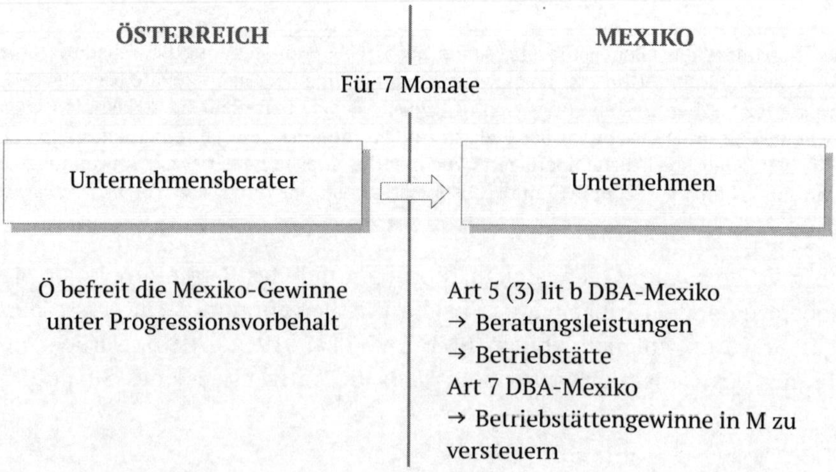


## 3. Die Besteuerung der Betriebstätte

Besteht eine Betriebstätte in einem Vertragsstaat, so sind nicht sämtliche Gewinne des Unternehmens, welche im Betriebstättenstaat lukriert werden, im Betriebstättenstaat zu versteuern, sondern nur die der Betriebstätte **zurechenbaren** Gewinne (keine **Attraktivkraft** der Betriebstätte).

**Beispiel:**

Ein Unternehmen betreibt in Georgien eine über drei Jahre bestehende Baubetriebstätte. Parallel dazu hat das Unternehmen einige Jahre zuvor eigenständig ein Finanzinvestment in eine georgische AG getätigt, woraus Dividenden fließen. Da die Dividenden in keinem wirtschaftlichen Zusammenhang mit der Baubetriebstätte stehen, ist Art 10 DBA-Georgien anzuwenden.

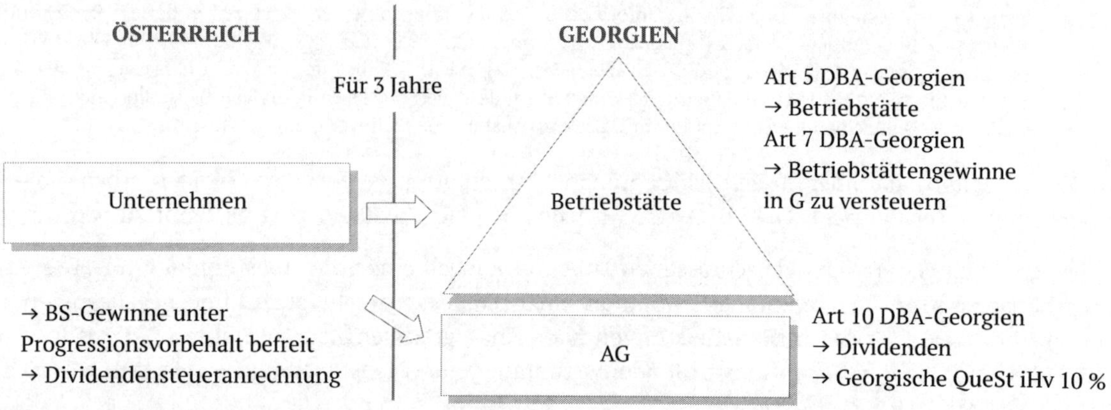


Der Gewinn der Betriebstätte wird mittels einer **„direkten Gewinnaufteilung“** ermittelt. Hierbei sind zwei wesentliche Dinge zu beachten:

1. Zunächst ist eine **Funktionsanalyse** zu erstellen, aus welcher ersichtlich ist, welche Funktionen innerhalb eines Unternehmens von der Betriebstätte und welche Funktionen vom Stammhaus ausgeübt werden.

**Beispiel:**

Ein italienisches Modehaus betreibt in Indonesien eine Produktionsbetriebstätte. Um festzustellen, welche Gewinne in Indonesien zu besteuern wären, hat zunächst eine Funktionsanalyse zu erfolgen: Im italienischen Stammhaus werden die Kleidungsstücke entworfen, die Stoffe und Materialien ausgewählt und gekauft, das Marketing, die Unternehmensstrategie und der Produktionsprozess entwickelt und der Einkauf und die Distribution organisiert. Sämtliche Risiken (Forderungsausfallsrisiko, Produktrisiko, Marktrisiko etc) werden vom italienischen Stammhaus getragen. In Indonesien werden die Kleidungsstücke nach Anweisung des Stammhauses angefertigt und anschließend in das Zentrallager nach Italien geschickt, von wo aus der Vertrieb auf dem europäischen Markt erfolgt. Eine Funktionsanalyse zeigt, dass sich die Funktionen in der indonesischen Betriebstätte auf reine Lohnfertigung beschränken. In der Folge werden auch nur die mit den Funktionen der indonesischen Betriebstätte zusammenhängenden Gewinne der Betriebstätte zurechenbar sein und Indonesien zur Besteuerung zugeteilt. Anhand der OECD-VPL ist ein fremdvergleichskonformer Preis für die von der indonesischen Betriebstätte erbrachten Leistungen festzustellen.

2. Wenn ersichtlich ist, welchen Beitrag eine Betriebstätte zum Gesamtunternehmen beisteuert, so sind der Betriebstätte die Gewinne zuzurechnen, die sie hätte erzielen können, wenn sie eine gleiche oder ähnliche Geschäftstätigkeit unter gleichen oder ähnlichen Bedingungen als vollständig selbständiges Unternehmen ausgeübt hätte und im Verkehr mit dem Unternehmen, dessen Betriebstätte sie ist, völlig unabhängig gewesen wäre (Art 7 [2] OECD-MA). Die Betriebstätte ist also wie ein vollständig unabhängiges Unternehmen zu behandeln und der **Fremdvergleichsgrundsatz** ist zu beachten (siehe auch Teil II, Zweiter Abschnitt, C.IV.1.). Der Fremdvergleichsgrundsatz erfordert, dass die Vertragsbedingungen, die zwischen Stammhaus und Betriebstätte abgeschlossen werden, dem entsprechen, was fremde Dritte untereinander vereinbart hätten. Anders ausgedrückt, darf keine der Parteien, also weder Stammhaus noch Betriebstätte, durch Geschäfte miteinander günstiger oder schlechter gestellt werden, als es in einer realen Marktsituation der Fall wäre.

Hintergrund für den Fremdvergleichsgrundsatz ist, dass **Gewinnverlagerungen** ins Ausland entgegengewirkt werden soll. Denn ansonsten könnten Gewinne in jene Staaten transferiert werden, in denen beispielsweise ein niedrigeres Steuerniveau besteht, und umgekehrt die Verluste in den Staaten verwertet werden, in denen ein höheres Steuerniveau herrscht und die Verluste „mehr wert" sind. Es sind daher adäquate **Verrechnungspreise** für Geschäfte zwischen Betriebstätte und Stammhaus zu verrechnen.

Als Wegweiser zur korrekten Ermittlung der Verrechnungspreise dienen die von der OECD herausgegebenen **OECD-Verrechnungspreisleitlinien 2017** (OECD-VPL). Die OECD-Verrechnungspreisleitlinien wurden ursprünglich nur für Verrechnungspreise zwischen verbundenen Unternehmen entwickelt, sind aber auch im Zusammenhang mit der Betriebstättengewinnermittlung zu beachten. Innerstaatlich wurde der Fremdvergleichsgrundsatz in § 6 Z 6 EStG umgesetzt.

Dabei ist insbesondere dann, wenn die Haupttätigkeit des Unternehmens zwischen Stammhaus und Betriebstätte transferiert wird, eine fremdvergleichskonforme Vergütung – also eine Vergütung mit Gewinnaufschlag – zu zahlen.

**Beispiel:**

Wenn die dänische Betriebstätte einer österreichischen Bank im Rahmen ihrer Geschäftstätigkeit ein Darlehen an ihr Stammhaus vergibt, so sind dafür fremdvergleichskonforme Zinsen mit Gewinnaufschlag zu verrechnen. Dies deshalb, weil die Vergabe von Darlehen zur Haupttätigkeit von Banken zählt.

**Beispiel:**

Das Stammhaus in Staat A hat eine Betriebstätte in Staat B. Die Betriebstätte hat in ihrem Lager alte Maschinen, die in Staat B nicht mehr benötigt werden. Da das Stammhaus seine Kapazitäten ausbauen möchte, kauft es die Maschinen von der Betriebstätte. Für das Geschäft ist jener Preis anzusetzen, den ein fremder Dritter beim Kauf der Maschinen bereit gewesen wäre zu zahlen.

Etwas anderes kann im Anwendungsbereich des Art 7 OECD-MA idF 2008 gelten, wenn die Betriebstätte lediglich Güter oder Waren für ihr Stammhaus einkauft und diese an das Stammhaus weiterliefert. In solchen Fällen einer reinen Einkaufstätigkeit könnte kein fremdvergleichskonformer Gewinnaufschlag verrechnet werden (Art 7 [5] OECD-MA 2008).

Aufwendungen sind gem Art 7 (3) OECD-MA 2008 bei demjenigen zum Abzug zuzulassen, für den sie entstanden sind, ungeachtet dessen, ob sie im Staat des Stammhauses oder im Betriebstättenstaat angefallen sind. Die Weiterverrechnung der Aufwendungen hat grundsätzlich ohne Gewinnaufschlag zu erfolgen. Im Anwendungsbereich des **Art 7 OECD-MA idF 2008** ist die **Selbständigkeit der Betriebstätte** in Teilbereichen **eingeschränkt**: Da die Betriebstätte und das Stammhaus insgesamt als Unternehmen angesehen werden, sind dem Erfordernis des Fremdvergleichs Grenzen gesetzt: Wenn es nämlich um **reine Innentransaktionen** geht, wird im Anwendungsbereich des Art 7 OECD-MA idF 2008 eine fremdvergleichskonforme Abgeltung als nicht sachgerecht erachtet, da ein Unternehmen durch Geschäfte mit sich selbst keine Gewinne lukrieren soll. Unter solche Innentransaktionen, welche nur ohne Gewinnaufschlag weiterverrechnet werden dürfen, fallen insbesondere:

- **Zinsen** für interne Darlehen
- **Lizenzgebühren** für interne Lizenzen
- Andere **Nebenleistungen** (zB interne Mietentgelte)
- **Geschäftsführungs- und Verwaltungskosten**

**Beispiel:**

Gewährt das Stammhaus seiner Betriebstätte aus seinen Eigenmitteln ein Darlehen, so dürfen hierfür keine fiktiven internen Zinsen angesetzt werden. Dies zum einen deshalb, da es die Pflicht des Stammhauses ist, seine Betriebstätte mit ausreichendem Kapital auszustatten, zum anderen aber auch, weil ansonsten Gewinne bei einem Geschäft innerhalb einer einzigen Person realisiert würden.

**Beispiel:**

Beauftragt ein japanisches Elektronikunternehmen seine österreichische Betriebstätte mit der Produktion bestimmter Wirtschaftsgüter, für welche Patente und Lizenzen benötigt werden, die sich im Besitz des japanischen Stammhauses befinden, so ist für diese Innentransaktion keine fiktive Lizenzgebühr zu zahlen. Es wäre lediglich möglich, dass anteilige Entwicklungskosten an die Betriebstätte weiterverrechnet werden.

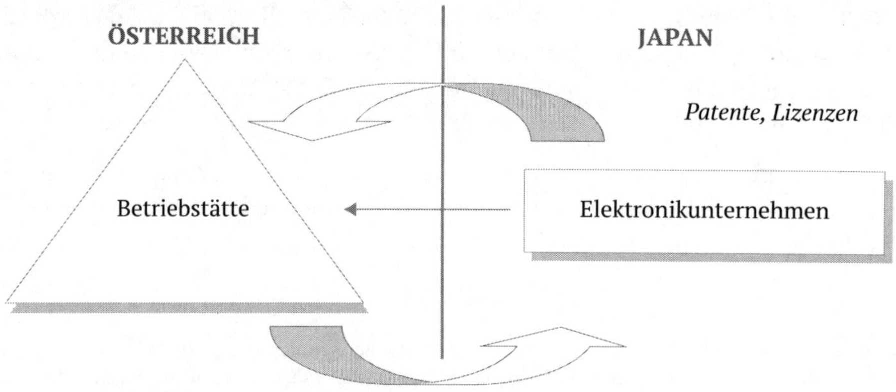


Diese **Einschränkung der Selbständigkeitsfiktion** der Betriebstätte wurde **in der neuen Fassung des Art 7 OECD-MA 2010 nicht mehr aufrechterhalten.** DBA, die einen Art 7 idF OECD-MA 2010 enthalten, erlauben somit auch die **Besteuerung reiner Innentransaktionen** zwischen Stammhaus und Betriebstätte.

Die korrekte Gewinnermittlung der Betriebstätte hat nach den nationalen Rechtsvorschriften des Betriebstättenstaates zu erfolgen. Für eine etwaige Anrechnung der Betriebstättengewinne beim Stammhaus (falls ein DBA die Anrechnungsmethode für Unternehmensgewinne vorsieht) ist wiederum erforderlich, dass das Betriebsergebnis nach den steuerlichen Bestimmungen des Ansässigkeitsstaats des Unternehmens umgerechnet wird.

Neben der oben beschriebenen **direkten Methode** der Gewinnaufteilung zwischen Betriebstätte und Stammhaus besteht im Anwendungsbereich des alten Art 7 OECD-MA 2008 auch die Möglichkeit der Gewinnaufteilung nach der **indirekten Methode** (Art 7 [4] OECD-MA). Hierbei wird der Gesamtgewinn des Unternehmens nach einem Schlüssel zwischen Stammhaus und Betriebstätte aufgeteilt. Der Aufteilungsschlüssel kann sich auf die Umsätze, die Gewinne, die Arbeitnehmer oder Ähnliches beziehen. Klarerweise sollte die indirekte Methode allerdings zu keinem wesentlich abweichenden Ergebnis führen als die direkte Methode, da sich beide Methoden an dem Fremdvergleichsgrundsatz orientieren.

### 4. Die österreichische DBA-Praxis

Die österreichische DBA-Praxis verfolgt in Art 5 die Grundsätze des OECD-MA idF 2017 und in Art 7 die Grundsätze des OECD-MA idF 2008. Allerdings wird in einigen von Österreich abgeschlossenen DBA eine Betriebstättenpräsenz von sechs Monaten als ausreichend erachtet. In einigen DBA finden sich außerdem Sonderbestimmungen betreffend Versicherungen. In wenigen von Österreich abgeschlossenen DBA wurden **„Dienstleistungsbetriebstätten"** im Anwendungsbereich des Art 5 iVm Art 7 aufgenommen. Keines der derzeit von Österreich abgeschlossenen DBA enthält den neuen Art 7 idF des OECD-MA 2010. Österreich hat diesbezüglich einen Vorbehalt bei der OECD abgegeben, wonach sich Österreich zwar an den neuen OECD-Kommentar zu Art 7 idF 2008 gebunden fühlt, allerdings nicht bereit ist, im Rahmen von Abkommensverhandlungen den neuen Art 7 idF 2010 in die DBA aufzunehmen.

**Literaturhinweise:**

*Gassner/Lang/Lechner*, Die Betriebsstätte im Recht der Doppelbesteuerungsabkommen (1998); *Loukota/Jirousek*, § 6 Z 6 EStG und der „AOA", ÖStZ 2007, 314; *Rosenberger*, Betriebsstättenbegriff und Dienstleistungsbetriebsstätte, SWK 2007, S 751; *Plansky*, Die Gewinnzurechnung zu Betriebsstätten (2010); *Wassermeyer*, Die abkommensrechtliche Aufteilung von Unternehmensgewinnen zwischen den beteiligten Vertragsstaaten, IStR 2012, 277; *Bendlinger*, Die Betriebsstätte in der Praxis des internationalen Steuerrechts[2] (2013); *Bendlinger*, Die „neue" Vertreterbetriebsstätte, IStR 2016, 914; *Loukota*, Die „Vertriebsstätte" – das unbekannte Wesen, SWI 2017, 70.

## III. Einkünfte aus selbständiger Arbeit

Lesen Sie aufmerksam Art 14 OECD-MA idF vor 2000.

### 1. Die Aufteilung des Besteuerungsrechts

Art 14 wurde im OECD-Update des MA 2000 gestrichen und Einkünfte aus selbständiger Arbeit fallen in den neueren OECD-MA unter Art 7. Das Konzept der Besteuerung von **Einkünften aus selbständiger Arbeit** gleicht im Wesentlichen dem des Art 7 für Unternehmensgewinne. **Art 14 OECD-MA idF vor 2000** weist für Einkünfte aus einem **freien Beruf** oder einer **sonstigen selbständigen Arbeit** das Besteuerungsrecht dem Staat zu, in dem die Person ansässig ist. Nur wenn im anderen Staat eine **feste Einrichtung** zur Verfügung steht, dürfen die Einkünfte im anderen Staat besteuert werden, sofern sie dieser festen Einrichtung auch zuzurechnen sind.

### 2. Der Begriff der selbständigen Arbeit

Was als Einkünfte aus einem **freien Beruf** anzusehen ist, wird näher in Art 14 (2) OECD-MA beschrieben. Demzufolge umfasst der Ausdruck „freier Beruf" insbesondere die **selbständig ausgeübte wissenschaftliche, literarische, künstlerische, erzieherische oder unterrichtende Tätigkeit** sowie die selbständige Tätigkeit der **Ärzte, Rechtanwälte, Ingenieure, Architekten, Zahnärzte und Buchsachverständigen**. Tätigkeiten, die hier nicht ausdrücklich erwähnt sind, aber einer oben genannten Tätigkeit sehr ähnlich sind, fallen auch unter Art 14 (2) OECD-MA.

Was abkommensrechtlich als **sonstige selbständige Einkünfte** anzusehen ist, wäre, sofern der Abkommenszusammenhang keine weiteren Aufschlüsse gibt, durch Rückgriff auf das nationale Recht gem Art 3 (2) OECD-MA zu ermitteln. Einkünfte von **Gesellschafter-Geschäftsführern**, also Geschäftsführer, die mit mehr als 25 % an der Gesellschaft beteiligt sind, sind im österreichischen nationalen Recht von den Einkünften aus selbständiger Arbeit erfasst, wodurch sie auch abkommensrechtlich unter

Art 14 fallen (vgl VwGH 25. 11. 1992, 91/13/0144; eine Ausnahme davon bilden das DBA-Liechtenstein [AÖF 2001/140 BGBl II 2001/215] und das DBA-Schweiz [Erlass des BMF vom 19. 3. 1992, 04 4283/1-IV/4/92, AÖF 1992/153]). Im österreichischen EStG finden sich jedoch auch die **Aufsichtsräte** unter den sonstigen selbständigen Einkünften. Für Aufsichtsräte sehen die DBA allerdings eine Sonderregelung in Art 16 vor.

## 3. Die feste Einrichtung

Der Begriff **„feste Einrichtung"** hat grundsätzlich dieselbe Bedeutung und Reichweite wie der Begriff der „Betriebstätte". Somit ist die Verfügungsmacht über eine feste Einrichtung erforderlich, die berufliche Tätigkeit ist in dieser festen Einrichtung gewöhnlich auszuüben und es ist erforderlich, dass eine feste Einrichtung länger als **sechs Monate** besteht, um einen Besteuerungsanspruch zu ermöglichen (siehe auch VwGH 30. 10. 1964, 1707/63; BMF EAS 3253, 31. 10. 2011).

**Beispiel:**

Ein selbständig tätiger, in Indien ansässiger Yogalehrer reist nach Österreich, um dort einen mehrwöchigen Yogaworkshop in einem Fitnessstudio abzuhalten. Wenn dem Yogalehrer eine feste örtliche Einrichtung ständig zur Verfügung steht, unterliegt er in Österreich einer Besteuerung. Ist das nicht der Fall, so beinhaltet das DBA-Indien eine Sonderbestimmung, der zufolge im Falle des Überschreitens der 183-Tage-Frist auch ohne Bestehen einer festen Einrichtung ein Besteuerungsrecht im Tätigkeitsstaat besteht. Ist das der Fall, hat das österreichische Fitnessstudio eine Abzugssteuer gem § 99 EStG einzubehalten. Steht dem Yogalehrer jedoch keine feste örtliche Einrichtung zur Verfügung und unterschreitet sein Aufenthalt die Dauer von 183 Tagen, kann unter den Voraussetzungen der DBA-Entlastungsverordnung eine Entlastung an der Quelle erfolgen.

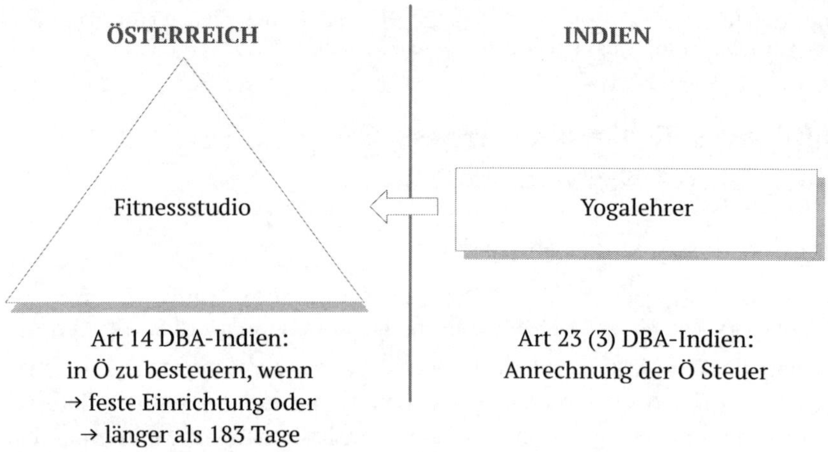


Für die Gewinnzurechnung zur festen Einrichtung werden die **Fremdvergleichskriterien** des Art 7 OECD-MA herangezogen (anders aber VwGH 4. 9. 2014, 2012/15/0226).

## 4. Die österreichische DBA-Praxis

Die älteren österreichischen DBA beinhalten einen Art 14 und auch bei neu verhandelten DBA wird häufig – auf Wunsch des Verhandlungspartners – noch eine gesonderte Verteilungsnorm für Einkünfte aus selbständiger Arbeit aufgenommen.

Sofern Sonderbestimmungen für **„Dienstleistungsbetriebstätten"** in DBA aufgenommen wurden, besteht auch bei der Erbringung einer freiberuflichen oder sonstigen selbständigen Dienstleistung im Tätigkeitsstaat ein Besteuerungsanspruch, wenn die Dienstleistungserbringung für eine gewisse Dauer (zumeist über 183 Tage) erfolgt.

# IV. Verbundene Unternehmen

Lesen Sie aufmerksam Art 9 OECD-MA, §§ 4 (4), § 6 Z 6 EStG, § 8 KStG, §§ 1–15 VPDG, §§ 21, 118, 124, 131, 138, 184 BAO; Verrechnungspreisrichtlinien 2010, AÖF 2010/221 idF 2011/22, OECD-Verrechnungspreisleitlinien 2017 (OECD-VPL), EU-Schiedsübereinkommen (Übereinkommen 90/436/EWG über die Beseitigung der Doppelbesteuerung im Falle von Gewinnberichtigungen zwischen verbundenen Unternehmen), EU-Verhaltenskodex zur Verrechnungspreisdokumentation für verbundene Unternehmen, ABl C 176 vom 28. 7. 2006.

## 1. Der Fremdverhaltensgrundsatz

Während der Fremdverhaltensgrundsatz für Transaktionen zwischen Stammhaus und Betriebstätte in Art 7 OECD-MA normiert ist, wurde für Geschäfte zwischen selbständigen Unternehmen, welche in einem gesellschaftsrechtlichen Naheverhältnis stehen, der Fremdvergleichsgrundsatz in Art 9 OECD-MA festgeschrieben. Bei Geschäften zwischen **verbundenen Unternehmen** sind die Preise so festzulegen, als ob sie zwischen unabhängigen Dritten abgeschlossen würden (**Fremdverhaltensgrundsatz**). Trifft dies nicht zu, ermächtigt **Art 9 OECD-MA** auf Abkommensebene, dass diese grenzüberschreitenden Gewinnverlagerungen zwischen nahestehenden Unternehmen von den jeweiligen Finanzverwaltungen korrigiert werden (Primärberichtigung). Dabei werden die Beteiligten eines internationalen Konzerns als selbständige Unternehmen und nicht als Teil einer Konzernstruktur angesehen („**separate entity approach**"). Somit handelt es sich bei Art 9 OECD-MA nicht um eine Verteilungsnorm im eigentlichen Sinne, da er nichts darüber sagt, welcher Staat besteuern darf.

## 2. Verbundene Unternehmen

**Verbundene Unternehmen** liegen vor, wenn

- ein Unternehmen **unmittelbar oder mittelbar** an der **Geschäftsleitung**, der **Kontrolle** oder dem **Kapital** eines anderen Unternehmens beteiligt ist oder
- **dieselben Personen** unmittelbar oder mittelbar an der Geschäftsleitung, der Kontrolle oder dem Kapital eines Unternehmens beteiligt sind.

IdR handelt es sich bei den verbundenen Unternehmen um Kapitalgesellschaften.

## 3. Primärberichtigung

Wird eine Verrechnungspreisanpassung zwischen verbundenen Unternehmen auf Basis des Art 9 OECD-MA vorgenommen (**Primärberichtigung**), so bedarf es auch im nationalen Recht einer Regelung zur Umsetzung eines innerstaatlichen Besteuerungsanspruchs: Hierzu dient in Österreich einerseits **§ 6 Z 6 EStG** betreffend die **Überführung von Wirtschaftsgütern oder sonstigen Leistungen**. Demnach ist beim Transfer von Wirtschaftsgütern oder Leistungen von einem inländischen Betrieb (Betriebstätte) in einen ausländischen Betrieb (Betriebstätte) oder im Falle einer Betriebsverlegung ein fremdvergleichskonformer Verrechnungspreis anzusetzen, wenn eine gewisse Verbindung zwischen den beiden Unternehmen besteht. Umgekehrt ist auch bei der Überführung eines Wirtschaftsgutes oder Betriebs (Betriebstätte) oder einer Leistung vom Ausland ins Inland der fremdvergleichskonforme Wert anzusetzen.

**Beispiel:**

Die ausländische Tochtergesellschaft T übernimmt konzernweit die Konzernbuchhaltung. Die in Österreich ansässige Muttergesellschaft A hat eine fremdvergleichskonforme Vergütung dafür zu leisten. Ansonsten kann auf Basis des Art 9 OECD-MA iVm § 6 Z 6 EStG eine fremdverhaltenskonforme Anpassung der Gewinne durch die Finanzverwaltung erfolgen.

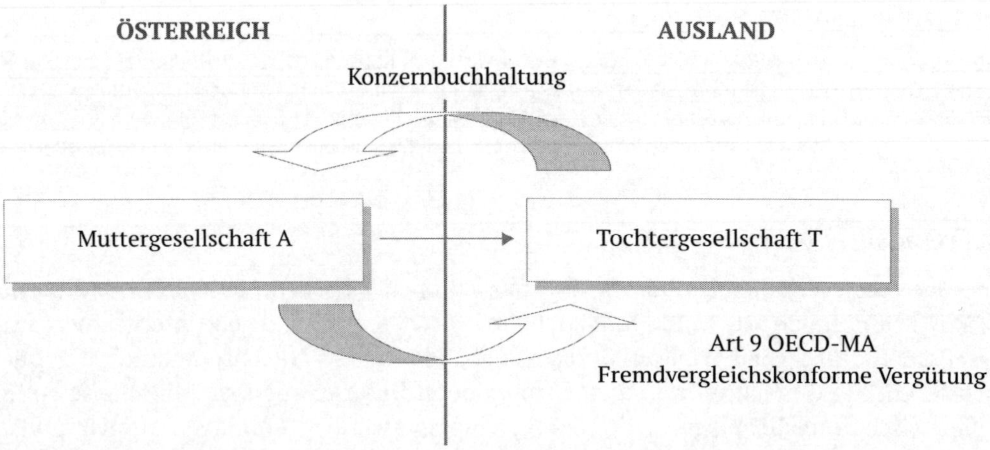


**Tipp:**

Das innerhalb des EU/EWR-Raums mögliche Ratenzahlungskonzept der stillen Reserven gem § 6 Z 6 EStG entfaltet seine Wirkung nur bei einem Transfer eines Wirtschaftsgutes innerhalb eines Unternehmens, also nur zwischen Stammhaus und Betriebsstätte, allerdings nicht zwischen verbundenen Unternehmen (EStR 2000 Rz 2518b).

Ein nationaler Besteuerungsanspruch bei Verrechnungspreisanpassungen kann auch auf Basis einer **verdeckten Gewinnausschüttung** oder **verdeckten Einlage** gem § 8 (1) und (2) KStG argumentiert werden.

**Beispiel:**

Sollte eine ausländische Tochtergesellschaft für ihre österreichische Schwesterngesellschaft die Konzernbuchhaltung übernehmen, ohne dafür eine Vergütung zu bekommen, liegt eine verdeckte Gewinnausschüttung auf Ebene der ausländischen Tochtergesellschaft an die Muttergesellschaft vor, welche wiederum in einer verdeckten Einlage der Muttergesellschaft in die österreichische Schwesterngesellschaft mündet.

Daneben besteht die Gefahr, dass bei zu hohen, nicht fremdüblichen Verrechnungspreisaufwendungen der **Betriebsausgabenabzug** iSd § 4 (4) EStG verwehrt wird, wenn die erforderlichen Nachweise über die Verrechnungspreise auch im Rahmen der erhöhten Mitwirkungspflicht bei Auslandssachverhalten nicht erbracht werden.

**Beispiel:**

Die von einer österreichischen Tochtergesellschaft getätigten Aufwendungen für die Verwendung eines von der ausländischen Muttergesellschaft gehaltenen Patentes sind nur dann abzugsfähig, wenn sie auch tatsächlich dem Wert und dem künftigen Nutzen des Patentes entsprechen. Erweisen sich die Aufwendungen als zu hoch und hätte ein fremder Dritter nur einen niedrigeren Preis bezahlt, so kann der Teil der Aufwendungen, der als überhöht anzusehen ist, nicht abgezogen werden.

Hilfsweise können auch verfahrensrechtliche Vorschriften wie zB § 138 BAO (Mitwirkungspflicht des Steuerpflichtigen) und § 184 BAO (Schätzung) sowie die wirtschaftliche Betrachtungsweise des § 21 BAO zur Umsetzung von Verrechnungspreiskorrekturen herangezogen werden.

Die österreichische Judikatur hat den Fremdverhaltensgrundsatz in Form der **„Angehörigenjudikatur"** herausgearbeitet (vgl zB VwGH 3. 9. 1997, 93/14/0095; 26. 1. 1999, 98/14/0095; EStR 2000 Rz 1130 f): Der zufolge sind Verträge zwischen „nahen Angehörigen" anzuerkennen,

- wenn diese nach außen hin ausreichend in Erscheinung treten,
- wenn der Inhalt klar und eindeutig ist und
- wenn dieselben Bedingungen auch unter Familienfremden abgeschlossen worden wären.

Verliert Österreich aufgrund einer im Ausland vorgenommenen Verrechnungspreisanpassung das Besteuerungsrecht an Unternehmensgewinnen, da sich beispielsweise die im Ausland angesetzten Gewinne als zu niedrig und die in Österreich versteuerten Gewinne als zu hoch erwiesen, so bedarf es hierfür keiner gesonderten innerstaatlichen Regelung zur Umsetzung des geminderten Steueranspruches in Österreich, da der Fremdvergleichsgrundsatz der DBA unmittelbar Wirkung entfaltet (Verrechnungspreisrichtlinien 2010 [öVPR 2010] Rz 13).

## 4. Primäre Gegenberichtigung

Wurde in einem Staat im Rahmen einer Betriebsprüfung eine Primärberichtigung vorgenommen, so besteht die Gefahr der Doppelbesteuerung. Denn wurden in dem einen Staat die Gewinne erhöht, da die Verrechnungspreise als zu niedrig angesehen wurden, so steht im anderen Staat nach wie vor noch der höhere Verrechnungspreis zu Buche. In der Folge ist **eine primäre Gegenberichtigung** im anderen Staat notwendig, damit den Einnahmen in einem Staat die gleichen Ausgaben im anderen Staat gegenüberstehen. **Art 9 (2) OECD-MA** bildet die abkommensrechtliche Rechtsgrundlage für eine primäre Gegenberichtigung. Aus Sicht der österreichischen Finanzverwaltung kommt Art 9 (2) OECD-MA aber nur klarstellende Bedeutung zu und eine primäre Gegenberichtigung wäre auch ohne eine dem Art 9 (2) OECD-MA nachgebildete Vorschrift möglich.

**Beispiel:**

Die Gewinne einer österreichischen Vertriebstochtergesellschaft wurden im Rahmen einer Verrechnungspreisprüfung um 1 Million € erhöht. Eine korrespondierende Gegenberichtigung im Wege einer Erhöhung der Betriebsausgaben um 1 Million € wäre nun bei der ausländischen Muttergesellschaft erforderlich. Sollte der Staat der Muttergesellschaft die Verrechnungspreiskorrektur nicht auf Basis des Art 9 (2) OECD-MA automatisch durchführen, beispielsweise weil die Steuerbescheide der ausländischen Muttergesellschaft für die betreffenden Jahre bereits in Rechtskraft erwachsen sind oder weil der andere Staat die Richtigkeit der Verrechnungspreiskorrektur anzweifelt, so wäre eine Lösung im Wege eines bilateralen Verständigungsverfahrens gem Art 25 OECD-MA, auf Basis des EU-Schiedsübereinkommens oder auf Basis des EU-Besteuerungsstreitbeilegungsgesetzes (EU-BStbG) zu suchen.

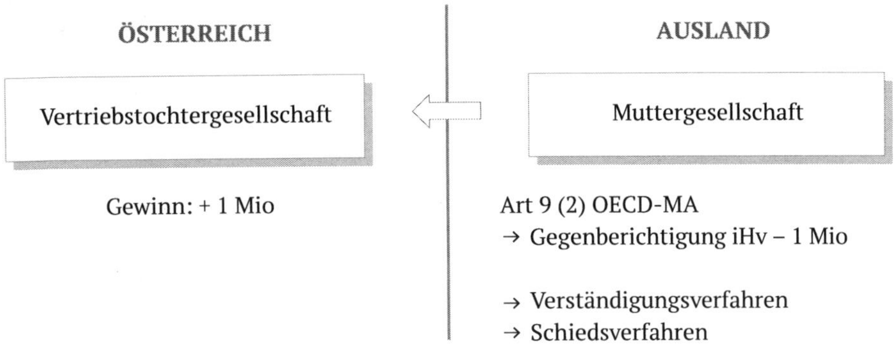


## 5. Sekundärberichtigung

Im Zuge der **Sekundärberichtigung** wird die Primärberichtigung buchmäßig nachvollzogen. Denn die erhöhten bzw verringerten Gewinne sind der fremdvergleichskonformen tatsächlichen Situation anzupassen. Nicht in allen Staaten werden Sekundärberichtigungen – so wie es in Österreich der Fall ist – durchgeführt. Sekundärberichtigungen können ein unterschiedliches Erscheinungsbild haben: Wurde für ein Wirtschaftsgut zB irrtümlicherweise ein zu niedriger Verrechnungspreis verrechnet, so würde die Sekundärberichtigung in Form einer Verrechnungspreisforderung gegen das ausländische verbundene Unternehmen eingebucht werden. Wird andererseits bei überhöhten Verrechnungspreisen eine verdeckte Gewinnausschüttung von der österreichischen Tochtergesellschaft an die ausländische Muttergesellschaft erblickt, dann wird die verdeckte Gewinnausschüttung als Dividende zu werten sein, wodurch Kapitalertragsteuer gem § 21 KStG iVm § 98 (1) Z 5 EStG für das ausländische verbundene

Unternehmen anfällt. Die KESt fällt aber freilich nur außerhalb der EU an, da innerhalb der EU dank der Mutter-Tochter-Richtlinie Gewinnausschüttungen verbundener Unternehmen steuerfrei sind.

## 6. Die OECD-Verrechnungspreisleitlinien

Die **OECD-VPL** in ihrer jeweils geltenden Fassung sind in Österreich – neben den österreichischen Verrechnungspreisrichtlinien 2010 – als international abgestimmte Auslegungshilfe anerkannt, um Verrechnungspreise zwischen verbundenen Unternehmen fremdvergleichskonform zu gestalten (öVPR 2010 Rz 17 ff). Sie erklären, wie der Fremdverhaltensgrundsatz zu verstehen und anzuwenden ist. Um Verrechnungspreise zu ermitteln, können verschiedene Methoden herangezogen werden. Die Anwendung einer Verrechnungspreismethode hat stets geschäftsfallbezogen zu erfolgen. Die Standardmethoden sind die Preisvergleichsmethode, die Wiederverkaufspreismethode und die Kostenaufschlagsmethode. Die Gewinnteilungsmethode und die Nettomargenmethode stellen die Gewinnmethoden dar. Im jeweiligen Einzelfall ist die **am besten geeignete Methode** anzuwenden. Sollten jedoch mehrere Methoden gleichermaßen anwendbar sein, so wäre einer Standardmethode der Vorzug gegenüber einer Gewinnmethode zu geben, und die Preisvergleichsmethode ist generell gegenüber allen anderen Methoden zu präferieren.

### a) Preisvergleichsmethode

Lesen Sie aufmerksam öVPR 2010 Rz 20–23.

Bei der **Preisvergleichsmethode** wird mittels eines inneren (innerhalb des Unternehmens) oder äußeren (außerhalb des Unternehmen) Vergleichs der Preis gesucht, der bei zwischen völlig unabhängigen Unternehmen abgewickelten Geschäften in Rechnung gestellt wird. Primär findet die Preisvergleichsmethode auf Warenlieferungen, Dienstleistungen oder immaterielle Wirtschaftsgüter Anwendung, bei denen branchenübliche Marktpreise verfügbar sind.

**Beispiel:**

Ein finnisches Unternehmen beliefert neben unabhängigen finnischen Unternehmen seine österreichische Tochtergesellschaft mit Holz. Für einen fremdvergleichskonformen Verrechnungspreis kann der an das unabhängige Unternehmen verrechnete Preis als Vergleichspreis herangezogen werden. Sind für das Wirtschaftsgut internationale Marktpreise verfügbar, die das Angebot und die Nachfrage widerspiegeln, so können diese ebenfalls herangezogen werden.

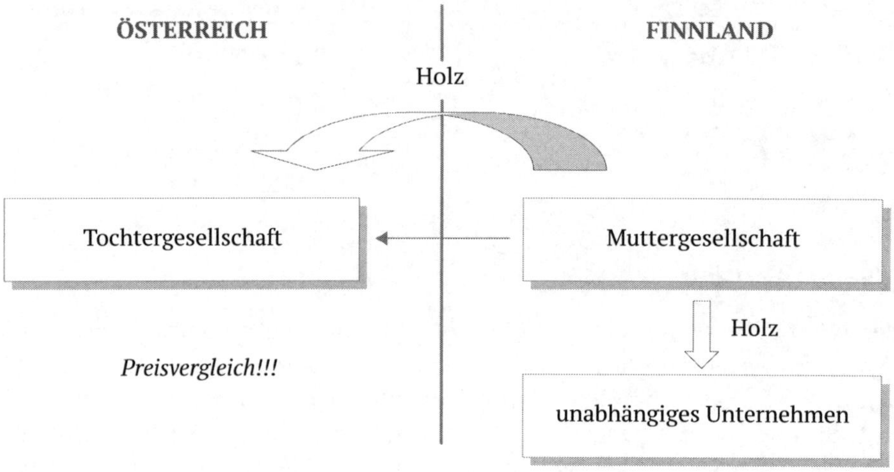

### b) Wiederverkaufspreismethode

Lesen Sie aufmerksam öVPR 2010 Rz 24–25.

Die **Wiederverkaufspreismethode** geht von dem Preis aus, den der Käufer bei einem Weiterverkauf an einen unabhängigen Dritten erzielt. Sie ist daher insbesondere geeignet, wenn Produkte ohne wesentliche Änderung an fremde Dritte weiterverkauft werden, wie zB bei Vertriebsgesellschaften. Dienstleistungen werden im Regelfall nicht über die Wiederverkaufspreismethode abgerechnet. Vom Wiederverkaufspreis, den das Unternehmen am freien Markt erzielt, wird ein marktüblicher Abschlag entsprechend den vom Unternehmen getragenen Funktionen und Risiken abgezogen und somit der fremdübliche Einkaufspreis ermittelt. Der marktübliche Abschlag spiegelt dabei die **Bruttogewinnmarge** (Handelsspanne) wider.

**Beispiel:**

Ein spanisches Pharmaunternehmen beliefert seine österreichische Tochtergesellschaft mit pharmazeutischen Produkten. Die österreichische Tochtergesellschaft übernimmt die landesüblichen Anpassungserfordernisse (deutschsprachige Verpackung und Beipackzettel, Produktzulassung etc), die Distribution an die Kunden sowie das österreichspezifische Marketing. Der geeignete Verrechnungspreis ermittelt sich aus dem Preis, den das Unternehmen am österreichischen Markt mit unabhängigen Kunden erzielen kann, abzüglich eines Abschlags für die vom österreichischen Unternehmen ausgeübten Funktionen und übernommenen Risiken.

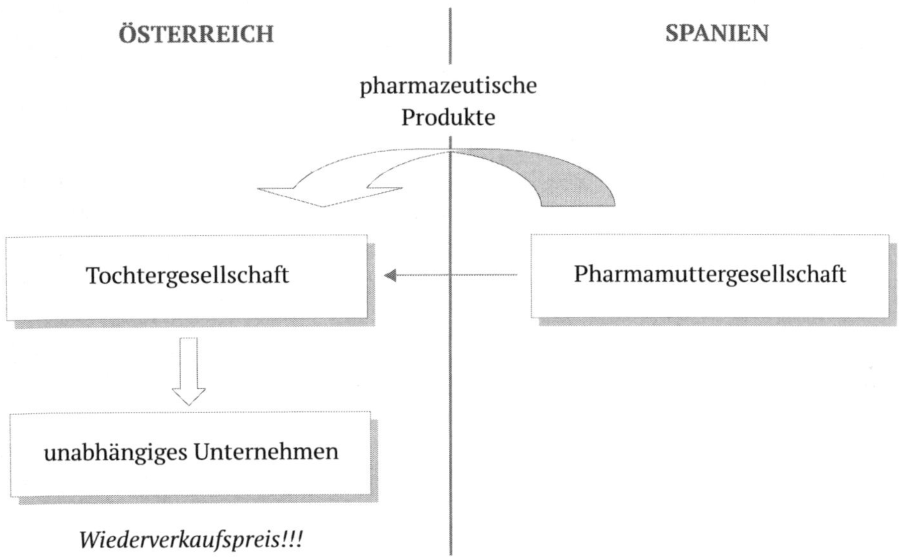


### c) Kostenaufschlagsmethode

Lesen Sie aufmerksam öVPR 2010 Rz 26–33.

Bei der **Kostenaufschlagsmethode** wird auf Grundlage der Kosten zuzüglich eines marktüblichen Gewinnaufschlags der angemessene Verrechnungspreis ermittelt. Die Kostenaufschlagsmethode ist vor allem bei Lohnfertigungen, Auftragsfertigungen, Bearbeitung von Halbfertigfabrikaten, Auftragsforschung, Spezialanfertigung sowie im Bereich der Dienstleistungserbringung eine geeignete Methode.

**Beispiel:**

Ein österreichischer Automobilzulieferer hat in Rumänien eine Tochtergesellschaft, die Automobilkomponenten, welche vom österreichischen Unternehmen geliefert werden, zusammenbaut und bemalt. Bei der Ermittlung des Verrechnungspreises wird es sinnvoll sein, von den Kosten der rumänischen Tochtergesellschaft auszugehen und diesen einen marktüblichen Gewinnaufschlag aufzuschlagen.

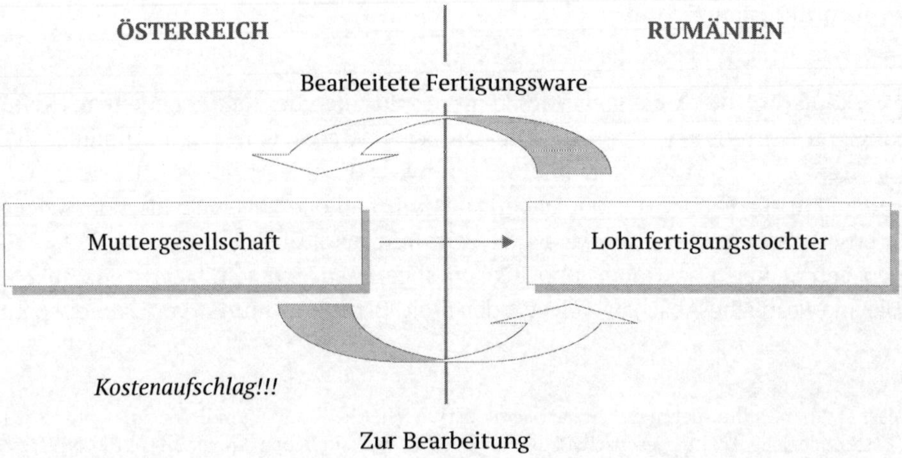


### d) Gewinnteilungsmethode

Lesen Sie aufmerksam öVPR 2010 Rz 39–41.

Wie der Name bereits sagt, wird bei der **Gewinnteilungsmethode** der Gewinn mittels eines Aufteilungsschlüssels zwischen den Konzerngesellschaften aufgeteilt. Der Aufteilungsschlüssel soll dabei den jeweiligen Beitrag (übernommene Funktionen und Risiken) der beteiligten Unternehmen widerspiegeln. Die Gewinnteilungsmethode kommt vor allem zur Anwendung, wenn Geschäfte verbundener Unternehmen sehr eng miteinander verflochten sind und eine gesonderte Verrechnungspreisfestsetzung für jedes Geschäft nicht möglich ist. In manchen Fällen kann es auch notwendig sein, die Gewinnteilungsmethode mit einer geschäftsfallbezogenen Standardmethode zu kombinieren.

**Beispiel:**

Wird im Rahmen einer Unternehmenskooperation zwischen zwei verbundenen Unternehmen ein einzigartiges immaterielles Wirtschaftsgut entwickelt, so kann anhand der durch die Unternehmen geleisteten Beiträge zur Entwicklung des immateriellen Wirtschaftsgutes eine Gewinnteilung erfolgen.

### e) Nettomargenmethode

Lesen Sie aufmerksam öVPR 2010 Rz 34–38.

Bei der **geschäftsfallbezogenen Nettomargenmethode** werden die Reingewinne (Nettomargen, Nettohandelsspannen) bei einer Transaktion zwischen verbundenen Unternehmen und einer Transaktion zwischen nicht verbundenen verglichen. Dabei wird idR auf das Verhältnis Umsatz zu Kosten abgestellt. Häufig werden vergleichbare Nettomargen im Wege von Datenbankenstudien (Amadeus, Orbis) ermittelt. Dabei wäre aber darauf Bedacht zu nehmen, dass ein geschäftsfallbezogener Vergleich zu erfolgen hat. Hauptsächlich wird die Nettomargenmethode angewandt, wenn bei der Wiederverkaufspreismethode keine Bruttomargen, sondern nur die Nettomargen verfügbar sind.

### f) Dokumentation

Lesen Sie aufmerksam §§ 1–15 VPDG inkl Anlage 1–3, öVPR 2010 Rz 302–320.

Werden von einem Unternehmen Verrechnungspreise festgesetzt, so ist eine **Dokumentation**, wie es zur Festsetzung dieser Verrechnungspreise gekommen ist, unerlässlich. Um eine umfassende Dokumentation zu erstellen, werden in der Praxis zunächst sämtliche relevanten Informationen (häufig über Interviews) eingeholt und analysiert. Dabei müssen die branchenüblichen Abläufe, die Marktinformation und alles andere, was die Preisfestsetzung beeinflusst, dokumentiert werden. Sodann ist eine Funktions- und Risikoanalyse zu erstellen, welche in einer Untersuchung potenzieller Vergleichspaare mündet.

Österreichische Unternehmen, deren Umsatzerlöse in den beiden vorangegangenen Wirtschaftsjahren den Betrag von 50 Millionen € überschritten haben, sind verpflichtet, die **Verrechnungspreisdokumentation** in Form eines Master File und Local File zu erstellen (§ 3 (2) VPDG). Ein **Master File** besteht im Wesentlichen aus einer Verrechnungspreisdokumentation mit umfassenden Informationen zur gesamten Unternehmensgruppe (insb Organisationsaufbau, Beschreibung der Geschäftstätigkeit, immaterielle Werte, unternehmensgruppeninterne Finanztätigkeiten, Finanzanlage- und Steuerpositionen). Das **Local File** umfasst spezielle Informationen zu Geschäftsvorfällen der jeweiligen Geschäftseinheit einer multinationalen Unternehmensgruppe und deckt Informationen zu Finanztransaktionen der inländischen Geschäftseinheit sowie zur Vergleichbarkeitsanalyse ab (insb Beschreibung der inländischen Geschäftseinheit, wesentliche unternehmensgruppeninterne Geschäftsvorfälle, Finanzinformationen).

Unternehmen, die nicht unter die oben genannte Umsatzgrenze fallen, haben ihre Verrechnungspreisdokumentation auf Grundlage der BAO und den Bestimmungen über die Buchführungs- und Aufzeichnungspflichten in den §§ 124 bis 138 BAO zu erstellen (öVPR 2010 Rz 302 ff, § 3 (4) VPDG). Auch die Verrechnungspreisdokumentation auf Grundlage des EU-Verhaltenskodex zur Verrechnungspreisdokumentation für verbundene Unternehmen würde durch die österreichische Finanzverwaltung anerkannt (öVPR 2010 Rz 309).

Für multinationale Unternehmensgruppen, deren Gesamtumsatz 750 Millionen € übersteigt, ist darüber hinaus ein **länderbezogener Bericht (Country-by-Country Report)** zu erstellen, welcher in der Folge im Wege des automatischen Informationsaustauschs mit den relevanten Staaten ausgetauscht wird.

#### g) Advance Pricing Agreements

Im Wege eines **„APA“ („Advance Pricing Agreements“)** können Verrechnungspreise im Vorhinein mit der Finanzverwaltung akkordiert werden, um den Steuerpflichtigen Rechtssicherheit zu gewähren und nachträgliche Verrechnungspreisanpassungen zu vermeiden. APA können auf unilateraler Basis, unter Einbezug lediglich der österreichischen Finanzverwaltung im Wege eines „Advance Rulings“ gem § 118 BAO oder auf bi- bzw multilateraler Basis, unter Konsens mehrerer Steuerverwaltungen, erfolgen. Abkommensrechtlich dient das Verständigungsverfahren des Art 25 OECD-MA als Instrument zur Realisierung.

Inzwischen besteht die Verpflichtung, APAs mit den betroffenen Staaten im Wege des automatischen Informationsaustausches auszutauschen.

**Literaturhinweise:**

*Loukota*, Zur Bedeutung der neuen OECD-Verrechnungspreisgrundsätze für die österreichische Besteuerungspraxis, SWI 1997, 339; *Macho/Steiner/Spensberger*, Verrechnungspreise Kompakt[2] (2011); *Beiser*, Verrechnungspreise im Gemeinschaftsrecht, IStR 2008, 587; *Dommes/Gahleitner/Steiner*, APA-Verfahren in Österreich; Rechtlicher Rahmen und erster Erfahrungsbericht, SWI 2009, 56; *Hohenwarter-Mayr*, § 6 Z 6 EStG im Lichte des EuGH-Urteils „SGI“, RdW 2010, 538; *Manessinger/Schlatzer*, Die österreichischen Verrechnungspreisrichtlinien 2010, ÖStZ 2010, 1147 (Teil 1), ÖStZ 2011, 78 (Teil 2), 257 (Teil 3), 442 (Teil 4); *Schwaiger*, EU stärkt Finanzverwaltung im Kampf gegen Steuerumgehung, SWI 2010, 525; *Dommes*, Advance Pricing Agreements, in *Bernegger et al*, Handbuch Verrechnungspreise[2] (2012) 923; *Loukota*, UFS-Entscheidung zu Grundsatzfragen der Verrechnungspreisgestaltung, ÖStZ 2012, 520; *Macho/Stieber*, Verrechnungspreise und Fremdvergleich, taxlex 2012, 370; *Kerschner/Schmidjell-Dommes*, Das Verrechnungspreisdokumentationsgesetz, ÖStZ 2016, 408; *Jirousek/Kerschner*, Der automatische Informationsaustausch über grenzüberschreitende Vorbescheide und Vorabverständigungen über die Verrechnungspreisgestaltung, ÖStZ 2016, 401.

## V. Gewinne aus der Seeschifffahrt und der Luftfahrt

Lesen Sie aufmerksam Art 8 OECD-MA.

**Art 8 (1) und (2) OECD-MA** normiert, dass **Gewinne eines Unternehmens in einem Vertragsstaat aus dem Betrieb von Seeschiffen oder Luftfahrzeugen** im internationalen Verkehr nur in diesem Vertragsstaat zu besteuern sind. Somit wird das ausschließliche Besteuerungsrecht an diesen Einkünften dem Ansässigkeitsstaat des Seeschifffahrt- oder Luftfahrtunternehmens zugeteilt. Dies aus Vereinfachungsgründen ungeachtet dessen, ob in einem anderen Staat eine Betriebstätte unterhalten wird oder nicht. Gem Art 8 (2) gilt diese Grundregel auch für Gewinne aus der Beteiligung an einem Pool, einer Betriebsgemeinschaft oder einer internationalen Betriebsagentur.

Voraussetzung für die Anwendbarkeit des Art 8 OECD-MA ist jedoch, dass es sich um eine Tätigkeit im **„internationalen Verkehr"** handelt. Damit sind Gewinne aus der Binnenschifffahrt oder aus dem rein innerstaatlichen Flugverkehr nicht vom Anwendungsbereich der Bestimmung erfasst.

## VI. Dividenden

Lesen Sie aufmerksam Art 3 (1) lit b OECD-MA, Art 10 OECD-MA, § 94 Z 2 EStG, § 10 KStG.

### 1. Aufteilung des Besteuerungsrechts

Grundsätzlich dürfen gem **Art 10 (1) OECD-MA Dividenden**, die eine in einem Vertragsstaat ansässige Gesellschaft an eine in einem anderen Vertragsstaat ansässige Person zahlt, im anderen Vertragsstaat, also dem Ansässigkeitsstaat des Einkünfteempfängers, besteuert werden. Dem **Quellenstaat** wird allerdings ebenfalls ein **limitiertes Besteuerungsrecht** zugesprochen. Im OECD-MA findet sich diesbezüglich eine Aufteilung in **Portfoliobeteiligungen** und „wesentliche" **Schachtelbeteiligungen**:

- Ist der Nutzungsberechtigte der Dividenden eine Gesellschaft (jedoch keine Personengesellschaft) und beträgt das **unmittelbare Beteiligungsausmaß mehr als 25 % über einen Zeitraum von 365 Tagen einschließlich des Tages, an dem die Dividende gezahlt wird**, so darf der Quellenstaat maximal Steuern iHv 5 % vom Bruttobetrag erheben.
- In allen anderen Fällen darf der Quellenstaat maximal Steuern iHv 15 % vom Bruttobetrag einheben.

**Beispiel:**

Ein Österreicher erzielt aus einer Schweizer Beteiligung (unter 1%) Dividendeneinkünfte. Gemäß dem DBA-Schweiz sind die Dividenden in Österreich mit dem Bruttobetrag, also inklusive der ausländischen Steuern, da diese gem § 12 (1) Z 6 KStG nicht abzugsfähig sind, zu besteuern. Allerdings darf die Schweiz eine 15%ige Quellensteuer einheben, welche in Österreich anzurechnen ist. Somit wird in Österreich auf die 25%ige KESt die 15%ige schweizerische Steuer angerechnet, wodurch in Summe in Österreich nur mehr ein Steuersatz iHv 10 % Anwendung findet. Sollte die Schweiz allerdings Steuern iHv 35 % erhoben haben, so ist dem Steuerpflichtigen über Antrag von den Schweizer Behörden die das Abkommensausmaß übersteigende Steuer zu erstatten.

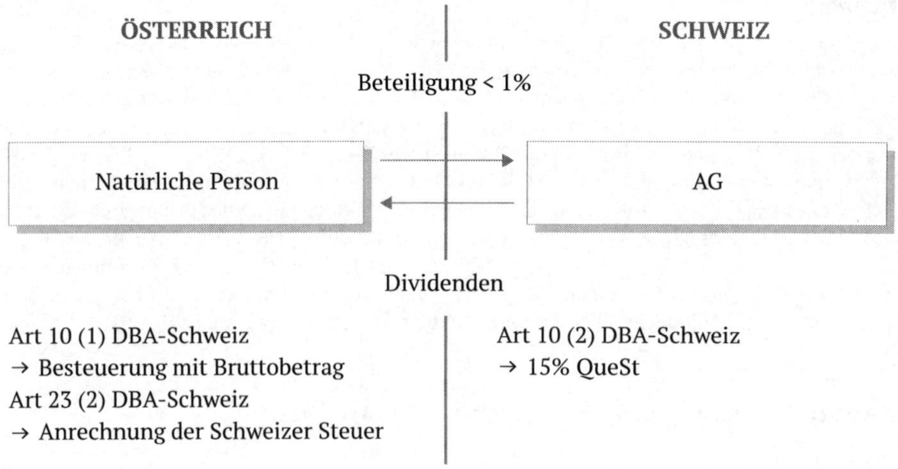

Es ist erforderlich, dass die Dividenden **grenzüberschreitend** gezahlt werden. Werden die Dividenden von einer Gesellschaft im Ansässigkeitsstaat oder einem Drittstaat gezahlt, kommt Art 10 OECD-MA nicht zur Anwendung.

**Tipp:**

Im Verhältnis zur **Schweiz** wurde eine Gegenseitigkeitsvereinbarung geschlossen, der zufolge auch im Falle bloß **mittelbarer Beteiligungen über eine transparente Personengesellschaft** Art 10 direkt zur Anwendung gelangen soll (BMF EAS 3145, 18. 3. 2010).

Nach dem Wortlaut des Art 10 OECD-MA idF vor 2017 besteht kein Erfordernis, die Beteiligung für eine bestimmte Mindestdauer zu halten. Im Zuge des BEPS-Projektes der OECD/G20 wurde jedoch ein neuer Art 10, der in das OECD-MA 2017 Eingang gefunden hat, entwickelt, der für Schachtelbeteiligungen eine **Behaltefrist** von 365 Tagen vorsieht.

Gem Art 10 (4) OECD-MA kommt nicht Art 10, sondern Art 7 OECD-MA zur Anwendung, wenn im Quellenstaat eine Betriebstätte besteht und die Dividendeneinkünfte der Betriebstätte zuzurechnen sind (**Betriebstättenvorbehalt**).

## 2. Auswirkungen des innerstaatlichen Rechts und des Unionsrechts

Ist Österreich der Ansässigkeitsstaat einer dividendenempfangenden Körperschaft, so läuft das Besteuerungsrecht für Schachtelbeteiligungen regelmäßig ins Leere. Denn gem § 10 (1) Z 7 iVm (2) KStG sind Beteiligungserträge im Falle einer Beteiligung über 10 % von einer Besteuerung zu befreien. In der Folge können auch die ausländischen Quellensteuern in Österreich nicht angerechnet werden (BMF EAS 2122, 1. 10. 2002).

Ist eine österreichische Körperschaft an einer ausländischen Körperschaft mit weniger als 10 % beteiligt, so besteht ebenfalls auf nationalrechtlicher Ebene eine Befreiung, sofern die Beteiligungserträge aus einem EU-Staat (§ 10 [1] Z 5 KStG) oder aus einem Staat stammen, mit dem eine umfassende Amtshilfe besteht (§ 10 [1] Z 6 KStG), wodurch eine allenfalls bestehende Anrechnungsverpflichtung ins Leere läuft.

**Beispiel:**

Die philippinische X-AG schüttet Dividenden an ihre österreichische Muttergesellschaft (Beteiligungsausmaß 100 %) aus. Das DBA-Philippinen teilt den Philippinen ein 10%iges Quellenbesteuerungsrecht zu. Da nach österreichischem nationalen Recht die internationale Beteiligungsertragsbefreiung gem § 10 (1) Z 7 iVm (2) KStG greift, werden in Österreich keine Steuern auf die Dividenden erhoben. Da keine Steuern erhoben werden, besteht auch kein Steuersubstrat, auf welches die philippinische Steuer angerechnet werden könnte.

In einigen Abkommen wurde das im KStG festgeschriebene **Schachtelprivileg** inkorporiert und somit dem Ansässigkeitsstaat bereits auf Abkommensebene eine Steuerfreistellungsverpflichtung auferlegt. Absolute Steuerfreistellungen finden sich zB im DBA-Brasilien, Irland Luxemburg (mit Missbrauchsvorbehalt), Malaysia, Malta, Schweden (mit Missbrauchsvorbehalt), Thailand und Türkei. Bedingte Steuerfreistellungen nach Maßgabe des jeweiligen nationalen Rechts sind in den DBA-China, Deutschland, Estland, Finnland, Kanada, Kasachstan, Kroatien, Pakistan, Rumänien und Usbekistan. In solchen Fällen ist ein niedriger Quellensteuersatz für die Unternehmen besonders wichtig, da durch die Steuerbefreiung die Möglichkeit zur Anrechnung verloren geht und eine ausländische Quellensteuer zum Kostenfaktor wird.

Eine abkommenskonform in Österreich erhobene Quellensteuer wäre gem § 21 (1) Z 1a KStG auf Antrag zurückzuzahlen, sofern der Empfänger in einem EU/EWR-Staat ansässig ist und im Ansässigkeitsstaat eine Anrechnung der österreichischen Quellensteuer nicht möglich ist (siehe Teil I, Erster Abschnitt, B.III.3.b).

**Beispiel:**

Eine österreichische GmbH schüttet Gewinne an ihre deutsche Mutter-GmbH aus. Da die Mutter-Tochter-Richtlinie zur Anwendung kommt (Beteiligung mehr als 10 % und Behaltedauer von einem Jahr erfüllt), ist in Österreich von einem Quellensteuereinbehalt Abstand zu nehmen, sofern die Dokumentationsvorschriften (Formular ZS-EUMT) erfüllt werden können und Missbrauch vom Abzugsverpflichteten nicht zu vertreten ist. Somit können die Gewinnausschüttungen nur in Deutschland besteuert werden.

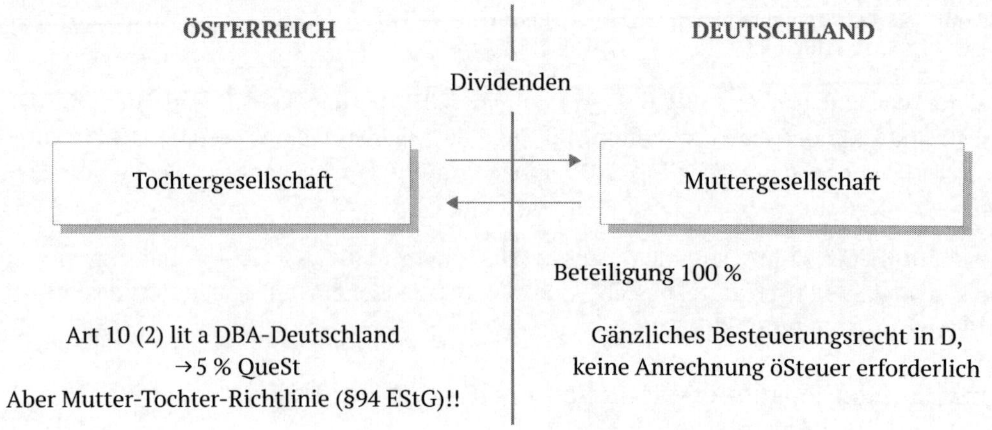


## 3. Begriffsbestimmung

Welche Zahlungen als **Dividenden** im abkommensrechtlichen Sinne anzusehen sind, wird in Art 10 (3) OECD-MA definiert: Zunächst werden in Art 10 (3) beispielhaft „Einkünfte aus Aktien, Genussaktien oder Genussscheinen, Kuxen, Gründeranleihen oder anderen Rechten – ausgenommen Forderungen – mit Gewinnbeteiligung" als klassische Fälle von Dividenden aufgezählt. Diese Generalklausel wird ergänzt durch „aus sonstigen Gesellschaftsanteilen stammende Einkünfte, die nach dem Recht des Staates, in dem die ausschüttende Gesellschaft ansässig ist, den Einkünften aus Aktien gleichgestellt sind". Somit ist das **innerstaatliche Recht des Staates der dividendenausschüttenden Gesellschaft** maßgeblich. Einkünfte aus Gesellschaftsanteilen sind grundsätzlich bei der auszahlenden Gesellschaft nicht abzugsfähig. Aus österreichischer Sicht fallen daher auch GmbH-Gewinnausschüttungen, Ausschüttungen auf Partizipationskapital und auf Substanzgenussrechte sowie verdeckte Gewinnausschüttungen unter Art 10. Beteiligungserträge aus „echten" stillen Beteiligungen fallen jedoch im Rahmen des OECD-MA nicht unter Art 10, sondern unter den Zinsartikel 11. Ausschüttungen von Privatstiftungen sind, sofern die Dividendendefinition musterabkommenskonform ist, nicht von Art 10 erfasst und fallen unter Art 21 OECD-MA. Einige der österreichischen DBA (zB DBA-Barbados, Deutschland, Mazedonien, Pakistan ua) stellen jedoch nicht auf „Gesellschafts**anteile**", sondern ganz generell auf „Einkünfte ... die den Einkünften aus Aktien gleichgestellt sind" ab, wodurch in diesen Fällen auch Ausschüttungen von Privatstiftungen als Dividenden zu qualifizieren wären.

**Tipp:**

Siehe aber im Anwendungsbereich des DBA-Deutschland Erlass des BMF vom 30. 11. 2006, BMF-010221/0187-IV/4/2006, „Zusammenfassung der im Ergebnisprotokoll vom 21./27. März 2006 abgestimmten Auslegungsfragen zum DBA-Deutschland, BGBl. III Nr. 182/2002".

Nur Dividenden, die von einer **„Gesellschaft"** ausgeschüttet werden, sind von Art 10 OECD-MA erfasst. Als „Gesellschaften" sind gem Art 3 (1) lit b OECD-MA **juristische Personen** oder Rechtsträger, die für die Besteuerung wie juristische Personen behandelt werden, anzusehen. Somit fallen Gewinne österreichischer Personengesellschaften nicht unter Art 10, sondern unter Art 7 OECD-MA.

### 4. Die österreichische DBA-Praxis

Die österreichischen DBA enthalten unterschiedlichste Quellensteuersätze und weichen bei der Dividendenbesteuerung häufiger vom OECD-MA ab. Österreich ist grundsätzlich bestrebt, Schachteldividenden ab einer Beteiligung von 10 % nur im Ansässigkeitsstaat zu besteuern und Portfoliodividenden einem 15%igem Quellensteuersatz zu unterwerfen. Zudem werden in den von Österreich abgeschlossenen DBA häufig auch Zuwendungen von Privatstiftungen vom Dividendenartikel erfasst. Die Doppelbesteuerung wird im Bereich der Dividenden auch bei Abkommen, die generell als Methode zur Vermeidung der Doppelbesteuerung die Befreiungsmethode vorsehen, durch die **Anrechnungsmethode** vermieden.

**Literaturhinweise:**

*Aigner*, Die Bedeutung des Begriffs „Personengesellschaft" in Art 10 Abs 2 lit a OECD-MA, SWI 2001, 121; *Polivanova-Rosenauer*, Das Konzept des Nutzungsberechtigten aus abkommensrechtlicher Sicht, SWI 2001, 257; *Aigner*, Die verdeckte Gewinnausschüttung im DBA-Recht, IStR 2003, 154; *Lang/Pistone/Rust/Schuch/Staringer/Storck*, The OECD-Model Convention and its Update 2014 (2014).

## VII. Zinsen

Lesen Sie aufmerksam Art 11 OECD-MA, § 99a EStG.

### 1. Die Aufteilung des Besteuerungsrechts

Im Falle von **Zinsen gem Art 11** teilt das OECD-MA das grundsätzliche Besteuerungsrecht dem Ansässigkeitsstaat zu. Allerdings wird dem Quellenstaat ein Besteuerungsrecht iHv 10 % des Bruttobetrages zugestanden. Art 11 greift nur, wenn Zinsen an den **Nutzungsberechtigten** gezahlt werden. Der Begriff des „Nutzungsberechtigten" ist grundsätzlich zunächst aus dem Abkommenszusammenhang auszulegen, nämlich im Lichte des Sinnes und Zweckes der DBA – der Vermeidung der Doppelbesteuerung und der Verhinderung von Steuerumgehung. Der Empfänger von Zinsen ist dann nicht der Nutzungsberechtigte, wenn das Recht, sie zu verwenden und an ihnen zu partizipieren, durch Verpflichtung zur Weiterleitung an dritte Personen eingeschränkt ist (OECD-MK Rz 10.2). Wie auch bei Dividenden kommt bei Zinsen die Anrechnungsmethode zur Vermeidung einer Doppelbesteuerung ebenso dann zur Anwendung, wenn grundsätzlich die Befreiungsmethode in einem Abkommen vereinbart wurde. **Refinanzierungszinsen** sind von den ausländischen Zinseinkünften allerdings für Zwecke des Anrechnungshöchstbetrages abzuziehen (BMF EAS 2847, 25. 4. 2007).

Es ist zudem erforderlich, dass die Zinsen **grenzüberschreitend** gezahlt werden. Werden die Zinsen von einer Gesellschaft im Ansässigkeitsstaat oder in einem Drittstaat gezahlt, kommt Art 11 nicht zur Anwendung.

**Beispiel:**

Bezieht eine österreichische Gesellschaft Zinseinkünfte aus Malta, so hat Malta das Recht, eine 5%ige Quellensteuer einzubehalten. Die maltesische Quellensteuer kann in Österreich zur Anrechnung gebracht werden, wodurch in Summe in Österreich ein KSt-Satz iHv 20 % auf die Zinsen zur Anwendung kommt.

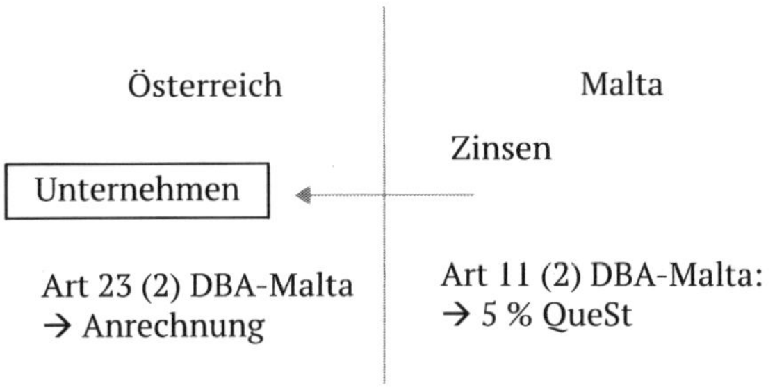

Wie bei den Dividenden findet sich auch in Art 11 (4) OECD-MA ein **Betriebstättenvorbehalt**, dem zufolge einer Betriebstätte zufließende Zinsen im Betriebstättenstaat voll zu besteuern sind.

## 2. Auswirkungen des innerstaatlichen Rechts und des Unionsrechts

Da Zinsen an beschränkt Steuerpflichtige in der Regel nicht der österreichischen Steuerpflicht unterliegen, läuft ein abkommensrechtlich normiertes Quellenbesteuerungsrecht Österreichs regelmäßig ins Leere.

Konzerninterne Zinsen innerhalb der EU ansässiger Unternehmen sind durch die **Zins- und Lizenzgebührenrichtlinie** von einer Quellensteuer befreit (siehe § 99a EStG). Diese Quellensteuerbefreiung geht anderslautenden DBA-Bestimmungen vor.

**Tipp:**

Beachte auch das in § 12 (1) Z 10 KStG normierte Abzugsverbot für Zinsen, die an niedrig besteuerte ausländische konzernzugehörige Unternehmen gezahlt werden.

**Beispiel:**

(Fortsetzung zu obigem Beispiel): Sollten allerdings die österreichische und die maltesische Gesellschaft verbundene Unternehmen iSd Zins- und Lizenzgebührenrichtlinie sein (dh mind 25%iges Beteiligungsausmaß und Behaltedauer von einem Jahr erfüllt), so sind die Zinsen nur in Österreich zu versteuern.

## 3. Begriffsbestimmung

**„Zinsen"** werden in Art 11 (3) OECD-MA definiert: Demnach sind „Einkünfte aus **Forderungen jeder Art**, auch wenn die Forderungen durch Pfandrechte an Grundstücken gesichert oder mit einer Beteiligung am Gewinn des Schuldners ausgestattet sind, und insbesondere Einkünfte aus öffentlichen Anleihen und Obligationen einschließlich der damit verbundenen Aufgelder und der Gewinne aus Losanleihen" als Zinsen anzusehen. Die Zinsendefinition wird nach hA als abschließend angesehen. Zur Auslegung der Begriffsbestimmung ist das nationale Recht des Quellenstaats heranzuziehen. Verzugszinsen sind, da es sich hierbei um eine Entschädigung handelt, gemäß dem aktuellen OECD-MA nicht vom Zinsbegriff des Art 11 erfasst.

Die Einkünfte aus einer **echten stillen Beteiligung** sind vom Zinsartikel erfasst, wohingegen Gewinnanteile aus **unechten stillen Beteiligungen** unter Art 7 zu subsumieren wären. Manche Abkommen bestimmen aber, dass auch Gewinne aus einer echten stillen Beteiligung als Unternehmensgewinne gem Art 7 anzusehen sind (zB DBA-Lettland und Pakistan).

## 4. Öffentlicher Sektor und Exportförderung

Zahlreiche DBA weisen Sonderbestimmungen betreffend Zinsen des **öffentlichen Sektors** auf: Die Sonderbestimmungen sind unterschiedlich ausgestaltet und beinhalten verschiedenste Kombinationen. Im Wesentlichen handelt es sich dabei aber um Quellensteuerbefreiungen von Zinsen, die einerseits **an** Staaten, andererseits **von** Staaten gezahlt werden. Häufig werden auch Sonderbestimmungen betreffend Exportförderungskredite aufgenommen, wodurch bestimmte **Exporte** in den und Infrastrukturprojekte im DBA-Staat gefördert werden sollen.

## 5. Die österreichische DBA-Praxis

Die österreichische DBA-Politik strebt ein ausschließliches Besteuerungsrecht im Ansässigkeitsstaat an, da aufgrund des österreichischen nationalen Rechts ein österreichisches Quellenbesteuerungsrecht idR (mit Ausnahme von bspw. Zinsen an natürliche Personen, die in Staaten ansässig sind, mit denen kein automatischer Informationsaustausch betreffend Finanzkonten besteht) ohnehin ins Leere geht.

Die österreichischen DBA weisen aber dennoch Quellenbesteuerungsrechte in einer Bandbreite von 0 % bis maximal 25 % auf.

**Literaturhinweis:**

*Leitner*, Die Stille Gesellschaft im Recht der Doppelbesteuerungsabkommen, SWI 2000, 159.

## VIII. Lizenzgebühren

Lesen Sie aufmerksam Art 12 OECD-MA, § 99a EStG.

### 1. Die Aufteilung des Besteuerungsrechts

Die Verteilung der Besteuerungsrechte an **Lizenzgebühren** wird in **Art 12 OECD-MA** geregelt. OECD-MA-konform werden Lizenzgebühren nur im Ansässigkeitsstaat des Einkünfteempfängers (Nutzungsberechtigten) besteuert. Somit besteht auch keine Notwendigkeit der Anwendung einer Methode zur Vermeidung der Doppelbesteuerung. Zahlreiche Abkommen weichen hier allerdings vom OECD-MA ab.

**Beispiel:**

Eine österreichische Gesellschaft nutzt Patente eines indischen Textilunternehmens zur Herstellung von Seide. Die dafür von der österreichischen Gesellschaft gezahlten Lizenzen unterliegen in Österreich gem Art 12 (2) DBA-Indien einer 10%igen Quellensteuer. In Indien wird die österreichische Steuer gem Art 23 (3) DBA-Indien angerechnet.

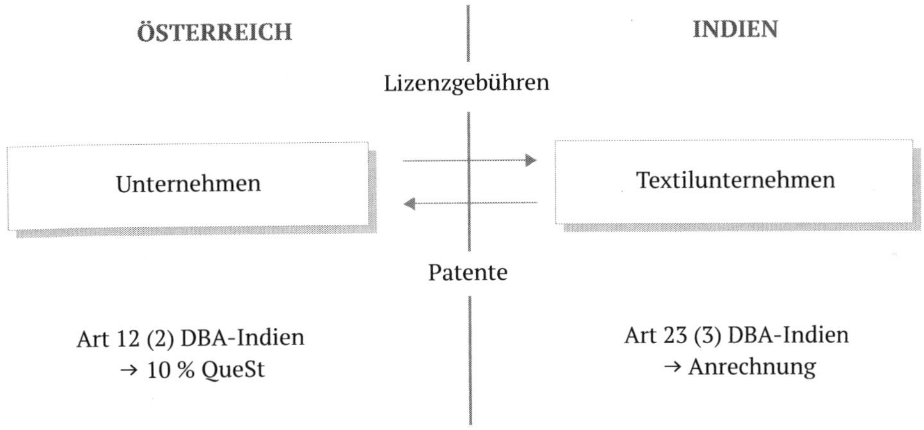


Auch bei Lizenzgebühren ist es entscheidend, dass die Vergütungen an den Nutzungsberechtigten gezahlt werden, also an denjenigen, der das Recht hat, die Lizenzgebühren zu verwenden und an ihnen zu partizipieren.

Wie auch bei Zinsen und Dividenden ist im Falle von Art 12 OECD-MA erforderlich, dass die Lizenzen **grenzüberschreitend** gezahlt werden. Werden die Lizenzgebühren von einer Gesellschaft im Ansässigkeitsstaat oder in einem Drittstaat gezahlt, kommt Art 12 OECD-MA nicht zur Anwendung.

Auch Art 12 OECD-MA enthält in Abs 3 einen **Betriebstättenvorbehalt**. Dadurch hat der Ansässigkeitsstaat kein Besteuerungsrecht an Lizenzgebühren, wenn er im Quellenstaat eine Betriebstätte unterhält und die Lizenzgebühren dieser Betriebstätte zuzurechnen sind. Es kommt Art 7 OECD-MA zur Anwendung und dem Betriebstättenstaat wird das Besteuerungsrecht zugeteilt.

### 2. Auswirkungen des innerstaatlichen Rechts und des Unionsrechts

Konzerninterne Lizenzen innerhalb der EU ansässiger Unternehmen sind durch die **Zins- und Lizenzgebührenrichtlinie** von einer Quellensteuer befreit (siehe § 99a EStG).

**Tipp:**

Beachte auch das in § 12 (1) Z 10 KStG normierte Abzugsverbot für Lizenzen, die an niedrig besteuerte ausländische konzernzugehörige Unternehmen gezahlt werden.

**Beispiel:**

Die 100%ige rumänische Tochter einer österreichischen Produktionsgesellschaft nutzt die von der österreichischen Mutter zur Verfügung gestellten Patente für die Produktion. Aufgrund der Zins- und Lizenzgebührenrichtlinie läuft die im DBA-Rumänien vorgesehene 3%ige Quellensteuer ins Leere und die Lizenzgebühren sind nur im Ansässigkeitsstaat Österreich zu besteuern. Die Anwendung des Methodenartikels ist dadurch obsolet geworden.

## 3. Begriffsbestimmung

Eine Definition von Lizenzgebühren findet sich in Art 12 (2) OECD-MA: Unter den Begriff „Lizenzgebühren" fallen Vergütungen jeder Art, die gezahlt werden für:

- die Benutzung oder das Recht auf Benutzung von **Urheberrechten** an **literarischen**, **künstlerischen** oder **wissenschaftlichen** Werken, einschließlich kinematographischer Filme;
- **Patente, Marken, Muster** oder Modelle, Pläne, geheime Formeln oder Verfahren;
- die Mitteilung gewerblicher, kaufmännischer oder wissenschaftlicher **Erfahrungen.**

In der Praxis bestehen häufig Probleme, „Lizenzgebühren" von **„Dienstleistungen"** abzugrenzen. Kundendienstleistungen, Garantieleistungen, Ingenieursleistungen und Beratungsleistungen fallen nicht unter Art 12 OECD-MA, da in diesen Fällen eine Arbeit für die andere Partei selbst ausgeführt wird und es sich daher nicht um eine bloße Know-how-Überlassung handelt. Häufig werden aber auch Mischverträge, zB im Rahmen von **Franchising**, abgeschlossen, die sowohl aus der Erbringung einer Dienstleistung bestehen, als auch in der Überlassung einer Lizenz. Sofern in diesen Fällen nicht eine der Komponenten von untergeordneter Bedeutung ist, hat eine Aufteilung zu erfolgen (siehe VwGH 24. 11. 1999, 94/13/0233).

Im Übrigen sind die Einnahmen aus der Überlassung von Software durch einen Wiederverkäufer mit Vertriebsrecht (in der Regel Standardsoftware) nach dem geltenden OECD-MA nicht als Lizenzgebühr anzusehen, sondern fallen als Unternehmensgewinne unter Art 7 OECD-MA. Eine Lizenzgebühr im Zusammenhang mit Software würde nur dann anzuerkennen sein, wenn das Recht auf Reproduktion einer Software veräußert würde.

## 4. Die österreichische DBA-Praxis

Grundsätzlich ist Österreich in den meisten DBA bestrebt, dem OECD-MA folgend, Lizenzgebühren nur im Ansässigkeitsstaat zu besteuern. Einige (ältere) österreichische DBA weichen allerdings vom OECD-MA ab und gestehen dem Quellenstaat ein Besteuerungsrecht von teilweise bis zu 25 % zu. Einige österreichische DBA, dem alten OECD-MA 1977 folgend, beinhalten außerdem durch die Formulierung „gewerbliche, kaufmännische oder wissenschaftliche Ausrüstungen" noch ausdrücklich Mietentgelte für Ausrüstungen (Mobilienleasing). Beinhaltet ein DBA eine solche Erweiterung des Lizenzgebührenbegriffs, so können auch Vergütungen für die Nutzungsüberlassung von Standardsoftware vom Lizenzgebührenartikel erfasst sein (vgl EAS 3397, EAS 3393). Überdies waren manche Entwicklungs- und Schwellenländer (zB Indien und Pakistan) bei DBA-Verhandlungen mit Österreich bestrebt, auch **Entgelte für technische Dienstleistungen** mit einer Quellensteuer zu belegen.

**Literaturhinweise:**

*Bobbett/Avery-Jones*, The treaty definition of royalties, Bulletin for International Taxation 2006, 23; *Rosenberger*, Mobilienleasing und Abkommensrecht, SWK 2007, S 812; *Tadmore*, Source Taxation of Cross-Border Intellectual Supplies – Concepts, History and Evolution into the Digital Age, Bulletin for International Taxation 2007, 2.

# IX. Veräußerungsgewinne

Lesen Sie aufmerksam Art 13 OECD-MA.

## 1. Die Aufteilung des Besteuerungsrechts

In **Art 13 OECD-MA** wird die Besteuerung von **Veräußerungsgewinnen** geregelt. Im Allgemeinen werden Veräußerungsgewinne in dem Staat besteuert, in dem auch die laufenden Erträge des veräußerten Vermögens besteuert werden durften. Die Absätze 1 bis 4 enthalten jeweils **Sub-Verteilungsnormen** für verschiedene Arten von Veräußerungsgewinnen. Ist keine der Sub-Verteilungsnormen anwendbar, greift die **Generalklausel** des Absatzes 5 für nicht gesondert genanntes Vermögen.

**Art 13 (1) OECD-MA** regelt, dass **Veräußerungsgewinne von unbeweglichem Vermögen** im Belegenheitsstaat des unbeweglichen Vermögens besteuert werden dürfen. Dies auch dann, wenn im Belegenheitsstaat keine Betriebstätte unterhalten wird. Was als unbewegliches Vermögen anzusehen ist, ist in Art 6 OECD-MA definiert.

Gewinne aus der Veräußerung von **beweglichem Vermögen** einer Betriebstätte eines Vertragsstaates, einschließlich Gewinne aus der Veräußerung der Betriebstätte, dürfen gem **Art 13 (2) OECD-MA** im Betriebstättenstaat besteuert werden. Wie die Doppelbesteuerung der Veräußerungsgewinne iSd Absätze 1 und 2 vermieden wird, hängt vom jeweiligen **Methodenartikel** ab. Als bewegliches Vermögen gelten auch Lizenzen, der Firmenwert oder Emissionszertifikate (OECD-MK zu Art 13 Rz 24).

Gem **Art 13 (3) OECD-MA** dürfen Gewinne, die ein Unternehmen in einem Vertragsstaat aus der **Veräußerung von Seeschiffen und Luftfahrzeugen**, die im internationalen Verkehr betrieben werden, und von **beweglichem Vermögen**, das dem **Betrieb dieser Schiffe oder Luftfahrzeuge dient**, nur in diesem Vertragsstaat besteuert werden. Der Anwendung des Methodenartikels bedarf es in diesem Fall grundsätzlich nicht mehr.

Im Falle von Beteiligungen an **Immobiliengesellschaften**, also Gesellschaften, deren Wert zu irgendeinem Zeitpunkt in den 365 Tagen vor der Veräußerung zu mehr als 50 % unmittelbar oder mittelbar auf unbeweglichem Vermögen beruht, können die daraus resultierenden Veräußerungsgewinne gem **Art 13 (4) OECD-MA** im Belegenheitsstaat der Immobilien besteuert werden. Somit besteht auch dann im Belegenheitsstaat der Immobilien ein Besteuerungsrecht, wenn die Immobiliengesellschaft selber in einem anderen Staat ansässig ist. Mit einer solchen Bestimmung soll verhindert werden, dass unbewegliches Vermögen in eine Kapitalgesellschaft eingebracht wird und bei Veräußerung der Gesellschaftsanteile einer Besteuerung im Lagestaat entgangen werden kann. Wie die Doppelbesteuerung der Veräußerungsgewinne vermieden wird, hängt vom Methodenartikel ab.

**Beispiel:**

Ein Österreicher investiert in eine österreichische Immobiliengesellschaft, die Immobilien in Polen besitzt. Da die Voraussetzungen des Art 13 (2) DBA-Polen erfüllt sind, steht Polen das Besteuerungsrecht an den Gewinnen zu und Österreich hat die polnische Steuer anzurechnen.

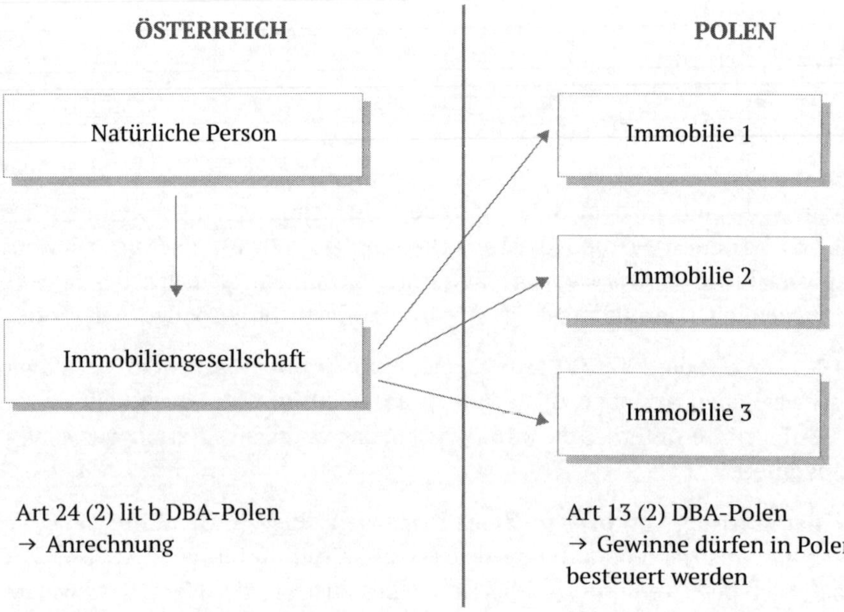


Nach altem Wortlaut des Art 13 (4) OECD-MA idF vor 2017 bestand noch kein Erfordernis, die maßgebliche Wertgrenze von 50 % über eine bestimmte **Mindestdauer** hinweg zu erreichen. Im Zuge des BEPS-Projektes der OECD/G20 wurde jedoch ein neuer Art 13 (4) entwickelt, wonach die maßgebende Wertgrenze am unbeweglichen Vermögen während einer Frist von 365 Tagen vor Veräußerung erforderlich ist. Darüber hinaus wurde der Anwendungsbereich dieser Bestimmung idF OECD-MA 2017 auf Rechte an einer Personengesellschaft bzw einem Trust ausgedehnt.

Art 13 (5) OECD-MA enthält eine **Generalklausel**: In den Absätzen 1 bis 4 **nicht genanntes Vermögen** ist gem **Art 13 (5) OECD-MA** nur in dem Staat zu besteuern, in dem der Veräußerer ansässig ist. Davon erfasst sind zB Gewinne aus der **Veräußerung von Beteiligungen, Gewinne aus der Veräußerung von Know-how oder Gewinne aus der Veräußerung von Patenten**. Voraussetzung ist aber jeweils, dass keiner der vorstehenden Absätze anwendbar ist.

**Tipp:**

Somit unterliegen Gewinne aus der Veräußerung beweglicher Wirtschaftsgüter dem Art 13 (5) OECD-MA. Allerdings besteht in Fällen der Veräußerung von Wirtschaftsgütern des Privatvermögens, sofern die Einkünfte nicht nach § 27 oder § 30 EStG zu erfassen sind und sofern die Spekulationsfrist abgelaufen ist, gar keine beschränkte Steuerpflicht in Österreich, sodass das abkommensrechtlich zugeteilte Besteuerungsrecht mangels innerstaatlicher Anknüpfung nicht ausgeübt werden kann.

Gem Rz 3.1 des OECD-MK zu Art 13 darf ein Vertragsstaat für den Fall, dass ein DBA erst zu einem bestimmten Stichtag erstmalig zur Anwendung gelangt, den gesamten Veräußerungsgewinn besteuern, auch wenn Teile des Veräußerungsgewinnes bereits vor Anwendbarkeit des jeweiligen Abkommens entstanden sind. Dies sogar dann, wenn ein neues DBA ein altes ersetzt und der Vertragsstaat im Anwendungsbereich des Altabkommens gar kein Besteuerungsrecht an den Veräußerungsgewinnen gehabt hätte. Gegen diese Sichtweise musste Österreich eine Bemerkung bei der OECD abgeben (vgl OECD-MK zu Art 13 Rz 32.1): Nach Auffassung Österreichs kann einem Staat nicht das Besteuerungsrecht an Veräußerungsgewinnen genommen werden, die vor Anwendbarkeit eines DBA entstanden sind (siehe auch EAS 3157 vom 26. 5. 2010 zur Wegzugsbesteuerung aufgrund eines nachträglichen DBA).

Die Anwendung des Methodenartikels ist bei Art 13 (5) OECD-MA nicht mehr erforderlich. Wenn der Ansässigkeitsstaat des Veräußerers sein ihm innerstaatlich zustehendes Besteuerungsrecht nicht ausnützt (wie zB Österreich bei § 10 [3] KStG), bleibt der Veräußerungsgewinn gänzlich steuerfrei. Steuerfreiheit wäre aber nicht zu gewähren, wenn die Vertragsstaaten die Einkünfte unter verschiedene Verteilungsnormen einordnen und aus diesem Grunde keine Besteuerung eintreten würde. In diesen Fällen wäre gem Art 23 A (4) OECD-MA der Ansässigkeitsstaat nicht zur Steuerfreistellung verpflichtet (siehe dazu Teil II, Zweiter Abschnitt, D.II.3.).

**Beispiel:**

Eine österreichische Kapitalgesellschaft veräußert ihre 25%igen Anteile an einer niederländischen BV. Der Veräußerungsgewinn ist gem Art 14 (4) DBA-Niederlande nur in Österreich zu versteuern. Allerdings sieht § 10 (3) KStG eine Befreiung von Veräußerungsgewinnen vor. Da DBA Besteuerungsrechte nur zuteilen, aber keine nicht bestehenden Besteuerungsrechte schaffen können, hat der Veräußerungsgewinn in Österreich steuerfrei zu bleiben.

**Tipp:**

Ausnahmen davon sehen zB die DBA-Frankreich und Japan (1961) vor.

**Übersicht über Art 13 OECD-MA**

| Art 13 | Art des Vermögens | Zuteilung des Besteuerungsrechts |
|---|---|---|
| Abs 1 | Unbewegliches Vermögen | Lagestaat |
| Abs 2 | Bewegliches Vermögen einer BS | Betriebstättenstaat |
| Abs 3 | Schiffe/Flugzeuge | Ort der tatsächlichen Geschäftsleitung |
| Abs 4 | Immobiliengesellschaften | Lagestaat |
| Abs 5 | Nicht genanntes Vermögen | Ansässigkeitsstaat |

## 2. Die österreichische DBA-Praxis

Österreich ist in seinen DBA-Verhandlungen grundsätzlich bestrebt, Art 13 OECD-MA musterabkommenskonform zu übernehmen. Allerdings enthalten die von Österreich abgeschlossenen DBA nur selten eine Immobilienklausel. Wurde eine solche aufgenommen, wird zur Vermeidung der Doppelbesteuerung zumeist die Anrechnungsmethode für Gewinne aus Immobiliengesellschaften vereinbart.

Nach Auffassung der österreichischen Finanzverwaltung sind von Art 13 (2) OECD-MA auch **Personengesellschaften** erfasst. Wird daher ein Anteil an einer Personengesellschaft veräußert, so stünde das Besteuerungsrecht dem Belegenheitsstaat der Personengesellschaft zu. Allerdings wird diese Sicht nicht von allen Staaten geteilt, einige Staaten sehen darin nämlich Einkünfte gem Art 13 (4) OECD-MA. Solcherart auftretende Konflikte sind idR durch Verständigungsverfahren (siehe dazu Teil II, Zweiter Abschnitt, E.II.) zu lösen.

Nach Ansicht der österreichischen Finanzverwaltung sind auch Gewinne aus der **Liquidation** einer Gesellschaft von Art 13 (5) OECD-MA erfasst (siehe zB BMF EAS 410, 15. 3. 1994; EAS 1704, 14. 8. 2000) und somit nicht als Dividenden zu qualifizieren. Im Falle eines Konfliktes wäre Österreich als Ansässigkeitsstaat des Veräußerers jedoch zur Vermeidung einer allenfalls auftretenden Doppelbesteuerung verpflichtet (vgl OECD-MK zu Art 13 Rz 31).

Einige Abkommen beinhalten besondere Bestimmungen zur **Wegzugsbesteuerung**. Verzieht ein Steuerpflichtiger in einen anderen Staat, so können nach Wegzug die stillen Reserven einer Kapitalbeteiligung nicht mehr besteuert werden. Somit wird im Zeitpunkt des Wegzugs ein fiktiver Veräußerungsvorgang angenommen, um die stillen Reserven noch einer Besteuerung im alten Ansässigkeitsstaat zu unterziehen (§ 27 EStG, § 6 Z 6 KStG). Im Falle des Wegzugs in einen EU/EWR-Staat besteht jedoch im außerbetrieblichen Bereich (§ 27 [6] EStG) die Möglichkeit, über Antrag einen Besteuerungsaufschub zu erwirken. Im betrieblichen Bereich (§ 6 Z 6 lit c EStG) kann auf Antrag innerhalb des EU/EWR-Raumes um Ratenzahlung verteilt auf fünf Jahre angesucht werden.

**Literaturhinweise:**

*Brugger*, Wegzugsbesteuerung und Abkommensrecht, SWI 2007, 510; *Mechtler/Spies*, Die Entstrickungsbesteuerung bei beschränkter Steuerpflicht nach dem Abgabenänderungsgesetz 2015, SWI 2016, 504; *Mechtler/Spies*, Die Entstrickungsbesteuerung im außerbetrieblichen Bereich nach dem AbgÄG 2015, ÖStZ 2016, 634; *Mechtler/Spies*, Die Entstrickungsbesteuerung im betrieblichen Bereich nach dem AbgÄG 2015, RdW 2016, 697.

## X. Aktive und passive Einkünfte aus nichtselbständiger Arbeit

Lesen Sie aufmerksam Art 15, 18 und 19 OECD-MA.

Die **Einkünfte aus nichtselbständiger Arbeit** lassen sich in private (**Art 15 OECD-MA**) und öffentliche (**Art 19 [1] OECD-MA**) **Aktiveinkünfte** sowie in private (**Art 18 OECD-MA**) und öffentliche (**Art 19 [2] OECD-MA**) **Ruhegehälter** unterteilen.

### 1. Private Aktivbezüge gem Art 15 OECD-MA

#### a) Die Aufteilung des Besteuerungsrechts

Grundsätzlich sind gem **Art 15 (1) OECD-MA Einkünfte aus unselbständiger Arbeit (Gehälter, Löhne und ähnliche Vergütungen)** im Ansässigkeitsstaat des Einkünfteempfängers zu versteuern. Wird die unselbständige Arbeit allerdings in einem anderen Vertragsstaat **ausgeübt**, dann dürfen die dafür bezogenen Vergütungen im anderen Vertragsstaat, dem **Tätigkeitsstaat**, besteuert werden. Als Tätigkeitsstaat ist hierbei der Staat anzusehen, in dem sich der Arbeitnehmer bei seiner Arbeitsausübung körperlich aufhält.

**Beispiel:**

Eine in Bulgarien ansässige Person wird für einen dreijährigen Zeitraum von ihrem bulgarischen Arbeitgeber in der österreichischen Zweigniederlassung beschäftigt. Obwohl die Zahlungen direkt vom bulgarischen Arbeitgeber auf das bulgarische Konto des Steuerpflichtigen gezahlt werden, steht dennoch Österreich als Tätigkeitsstaat das Besteuerungsrecht an den Gehältern zu.

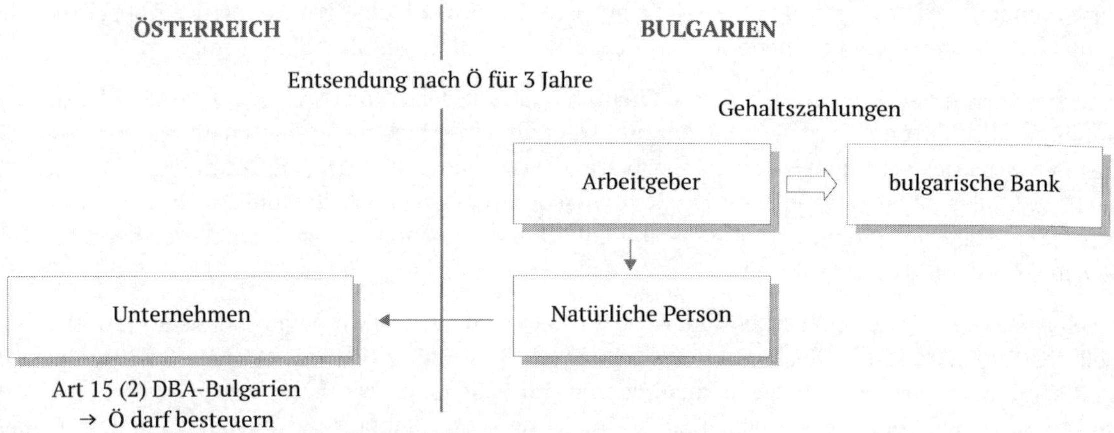


**Art 15 (3) OECD-MA** regelt, dass Vergütungen für unselbständige Arbeit, die an eine in einem Vertragsstaat ansässige Person als Mitglied der ständigen Besatzung an **Bord eines Seeschiffes oder Luftfahrzeues im internationalen Verkehr** gezahlt werden, nur im Ansässigkeitsstaat der Person besteuert werden dürfen. Somit ist nur mehr der Ansässigkeitsstaat des Einkünfteempfängers, der im internationalen Verkehr tätig ist, an den Einkünften aus unselbständiger Arbeit besteuerungsberechtigt. Vor dem Update des OECD-MA 2017 waren die Vergütungen noch im Staat des Ortes der Geschäftsleitung des Seeschiff- oder Luftfahrtunternehmens zu besteuern. Die meisten von Österreich abgeschlossenen Doppelbesteuerungsabkommen folgen noch der alten Version des OECD-MA vor 2017.

**Beispiel:**

Ist ein Pilot für eine Luftfahrtgesellschaft tätig, die in den Vereinigten Arabischen Emiraten ansässig ist, dann steht den VAE auch dann das Besteuerungsrecht am Pilotengehalt zu, wenn der Pilot selber in Österreich ansässig ist. Österreich hat die Piloteneinkünfte unter Progressionsvorbehalt zu befreien. Denn das DBA VAE folgt noch dem alten OECD-MA idF 2014.

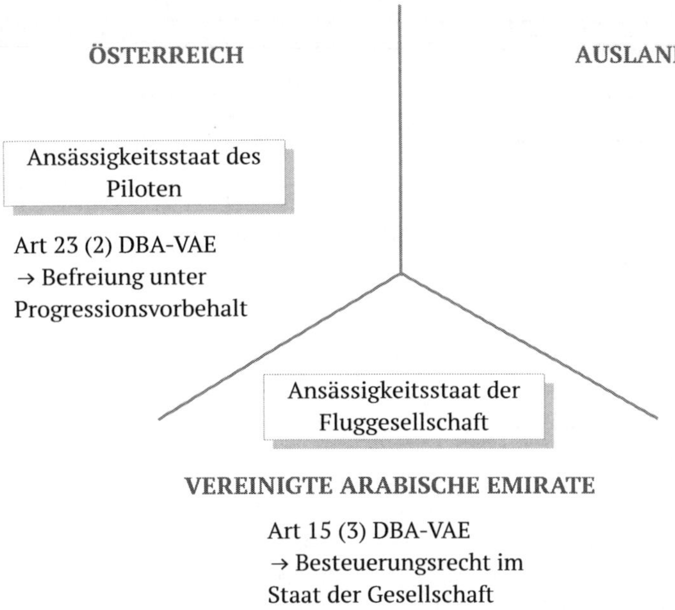


Wie die Vermeidung der Doppelbesteuerung von Einkünften aus unselbständiger Arbeit bewirkt wird, hängt vom jeweiligen Methodenartikel eines DBA ab, Art 15 OECD-MA selbst vermag eine allfällige Doppelbesteuerung nicht zu vermeiden.

### b) Die „183-Tage-Regelung"

Ungeachtet der oben beschriebenen Grundregel sind aus **Vereinfachungsgründen** Einkünfte aus nichtselbständiger Arbeit, obwohl sie im Tätigkeitsstaat erzielt wurden, im **Ansässigkeitsstaat** zu besteuern, wenn

- sich der Einkünfteempfänger **nicht länger als 183 Tage** innerhalb eines Zeitraumes von zwölf Monaten im Tätigkeitsstaat aufhält und
- die Vergütungen von einem **Arbeitgeber** gezahlt werden, der **nicht im Tätigkeitsstaat** ansässig ist, und
- die **Vergütungen nicht von einer Betriebstätte** getragen werden, die der Arbeitgeber im Tätigkeitsstaat hat.

Nur wenn alle drei Voraussetzungen erfüllt sind, fällt das Besteuerungsrecht wieder an den Ansässigkeitsstaat zurück. Wenn der Arbeitgeber in einem Drittstaat ansässig ist, greift die 183-Tage-Regelung zur Besteuerung im Ansässigkeitsstaat ebenfalls. Manche Abkommen sehen allerdings Ausnahmen dazu vor, nämlich dass der Arbeitgeber im selben Staat wie der Arbeitnehmer ansässig sein muss (zB Ägypten und Schweden). Sinn und Zweck dieser Regelung ist, dass bei nur kurzfristiger Beschäftigung im Ausland nicht automatisch der ausländische Tätigkeitsstaat ein Besteuerungsrecht bekommt, um unverhältnismäßigen administrativen Aufwand zu vermeiden. Vielmehr soll dem Ansässigkeitsstaat, der auch Betriebsausgaben und sonstige persönliche und familiäre Verhältnisse berücksichtigt, das Besteuerungsrecht verbleiben (zur OECD-konformen Berechnung der 183-Tage-Frist siehe Erlass des BMF vom 18. 11. 1991, 04 0610/169-IV/4/91, AÖF 1991/331).

**Beispiel:**

Ein in Österreich ansässiger Arbeitnehmer ist bei einem österreichischen Mobilfunkbetreiber beschäftigt. Wird die Person von ihrem Arbeitgeber nach Rumänien zum Tochterunternehmen entsandt, um dort „nach dem Rechten zu sehen" (kein Wechsel des Arbeitgebers und keine Begründung einer Betriebstätte), und unterschreitet der Aufenthalt in Rumänien die 183-Tage-Frist, so bleibt das Besteuerungsrecht in Österreich belegen.

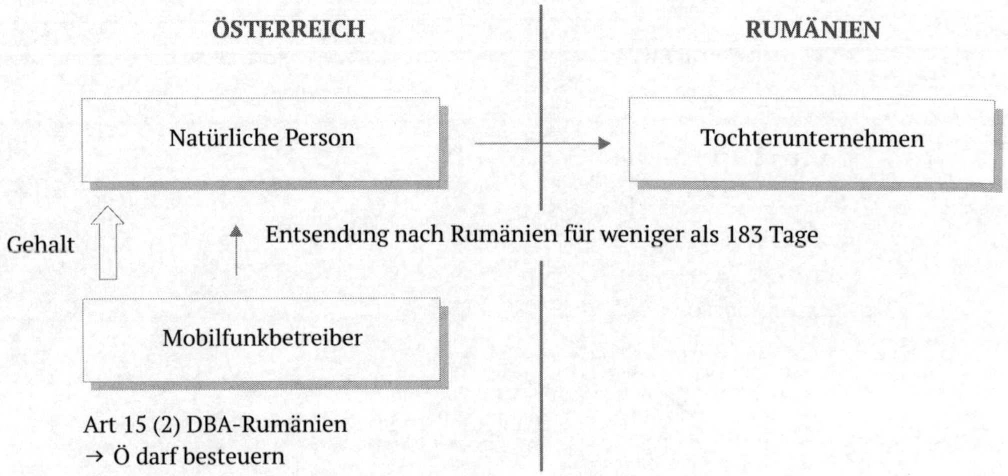


Etwas anderes würde aber in folgenden Fällen gelten:

Wenn die rumänische Gesellschaft die Vergütungen wirtschaftlich trägt und es auf Ebene des DBA zu einem Arbeitgeberwechsel kommt, sodass die rumänische Gesellschaft für die Dauer der Entsendung zum Arbeitgeber wird, würde ungeachtet dessen, ob der Steuerpflichtige die 183-Tage-Frist über- oder unterschreitet, das Besteuerungsrecht Rumänien zugeteilt werden (siehe dazu BMF-Info vom 12. 6. 2014, BMF-010221/0362-VI/8/2014, zurückgehend auf VwGH 22. 5. 2013, 2009/13/0031).

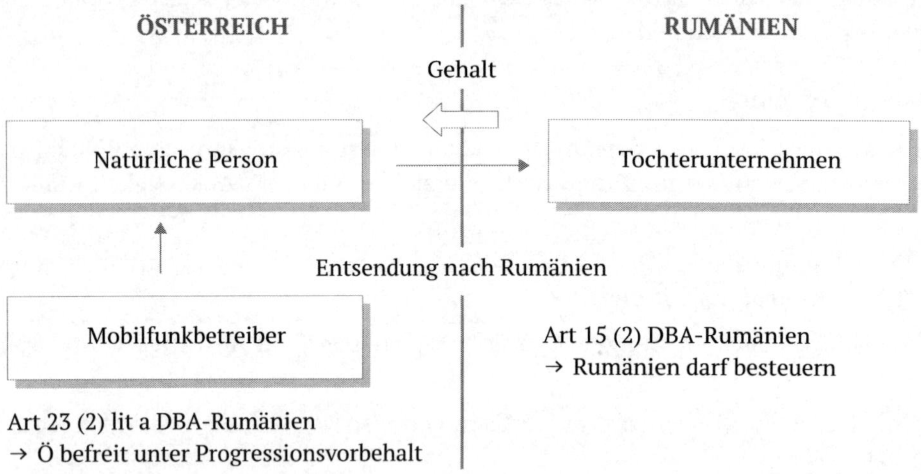


Wenn der österreichische Arbeitgeber eine Betriebstätte in Rumänien betreibt, welche die Vergütungen an den Arbeitnehmer trägt, würde ungeachtet dessen, ob der Steuerpflichtige die 183-Tage-Frist über- oder unterschreitet, das Besteuerungsrecht Rumänien zugeteilt werden.

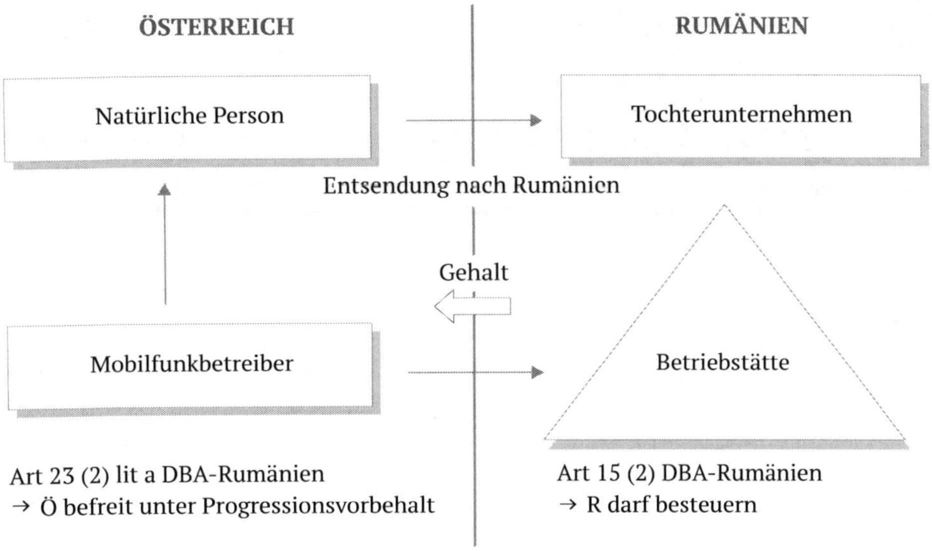


Für die Berechnung der 183-Tage-Frist sind alle **Aufenthaltstage** von Relevanz. Wenn daher die Tätigkeit an weniger als 183 Tagen ausgeübt wird und der Aufenthalt eines Steuerpflichtigen im Tätigkeitsstaat die 183-Tage-Frist übersteigt, zB weil er seinen Urlaub oder die Wochenenden im Tätigkeitsstaat verbringt, so besteht dennoch Steuerpflicht im Tätigkeitsstaat. Nur wenn der Steuerpflichtige zB durch Krankheit an der Rückkehr in seinen Ansässigkeitsstaat gehindert wird, werden diese Tage nicht gezählt.

Die 183-Tage-Frist beginnt innerhalb eines **Zeitraumes von zwölf Monaten, der während eines betreffenden Steuerjahres beginnt oder endet**, zu laufen. In älteren Abkommen, die noch dem OECD-MA 1963 oder 1977 folgen, wurde die 183-Tage-Frist für jedes **Kalenderjahr** festgelegt.

! **Beispiel:**

Ein in Österreich ansässiger Steuerpflichtiger ist vom 15. Juli bis zum 15. Juni des darauffolgenden Jahres, also somit fast ein Jahr, für seinen österreichischen Arbeitgeber in Deutschland tätig. Da der Steuerpflichtige weder im ersten noch im zweiten Jahr die 183-Tage-Frist überschritten hat und das DBA-Deutschland auf das Überschreiten der 183 Tage während des betreffenden Kalenderjahres abstellt, hat Österreich weiterhin das Besteuerungsrecht an den Einkünften. Würde das DBA-Deutschland in dieser Hinsicht dem OECD-MA ab 1992 folgen, hätte Deutschland das Besteuerungsrecht, da bei Abstellen auf eine Zwölf-Monats-Frist die 183 Tage überschritten wären.

### c) Die österreichische DBA-Praxis

Die österreichischen DBA folgen bei Art 15 grundsätzlich dem OECD-MA. Häufig stellen die DBA aber bei der 183-Tage-Frist auf das Kalenderjahr bzw das Steuerjahr als Beobachtungszeitraum ab. In der österreichischen DBA-Praxis wird für Einkünfte aus nichtselbständiger Arbeit zumeist die Befreiungsmethode vereinbart.

Ein paar wenige von Österreich abgeschlossene DBA (zB DBA-Deutschland, Italien und Liechtenstein) enthalten zusätzlich noch eine **Grenzgängerbestimmung** (zur Besteuerung von Grenzgängern im Wirkungsbereich des DBA-Deutschland siehe Erlass des BMF vom 30. 4. 2019, BMF-010221/0113-IV/8/2019; im Wirkungsbereich des DBA-Liechtenstein siehe Erlass des BMF vom 25. 1. 1999, 04 3202/1-IV/4/99, AÖF 1999/55). Grenzgängerbestimmungen teilen das Besteuerungsrecht an Gehältern aus privatwirtschaftlich nichtselbständiger Arbeit dem Ansässigkeitsstaat zu und der Tätigkeitsstaat darf nicht oder nur kaum besteuern. Das DBA-Liechtenstein sieht in Art 15 (4) zB ein 4%iges Besteuerungsrecht an Grenzgängerbezügen im Tätigkeitsstaat vor. Voraussetzung dafür ist, dass die Arbeitnehmer in der Nähe der Grenze arbeiten und wohnen und täglich vom Arbeitsort zum Wohnsitz zurückkehren.

**Literaturhinweise:**

*Gassner/Lang/Lechner/Schuch/Staringer*, Arbeitnehmer im Recht der Doppelbesteuerungsabkommen (2003); *Bendlinger*, Die 183-Tage-Regel im DBA-Recht, SWI 2005, 460; *Beitl*, Grenzgängerregelung Behandlung im österreichischen DBA-Recht, taxlex 2007, 165; *Lang*, Die Bedeutung der Änderungen im OECD-Kommentar 2010 zum Begriff des Arbeitgebers nach Art 15 Abs 2 OECD-MA, SWI 2011, 105 ff; *Lang*, Triangular Cases – Das vernachlässigte Problem des DBA-Rechts, SWI 2019, 420; *Dziurdz*, Kurzfristige Arbeitnehmerüberlassung im Internationalen Steuerrecht (2012); *Schmidjell-Dommes*, Neuerungen bei der Besteuerung internationaler Arbeitskräftegestellung in Österreich, IStR 2014, 762.

## 2. Öffentliche Aktiveinkünfte gem Art 19 (1) OECD-MA

### a) Die Aufteilung des Besteuerungsrechts

In Art 19 (1) OECD-MA werden **Vergütungen** geregelt, die **von einem Vertragsstaat oder einer seiner Gebietskörperschaften** an eine natürliche Person für die diesem Staat oder der Gebietskörperschaft geleisteten Dienste gezahlt werden. Demnach dürfen Vergütungen **öffentlich Bediensteter** nur im **Kassenstaat**, also dem Staat, der die Aufwendungen auch zu tragen hat, besteuert werden (**Kassenstaatsprinzip**).

**Beispiel:**

Die aus Österreich zur österreichischen Botschaft in China entsandten Mitarbeiter sind aufgrund der Kassenstaatsregel des DBA-China nur in Österreich zu besteuern, ungeachtet dessen, ob sie sich über Jahre hindurch in China aufhalten.

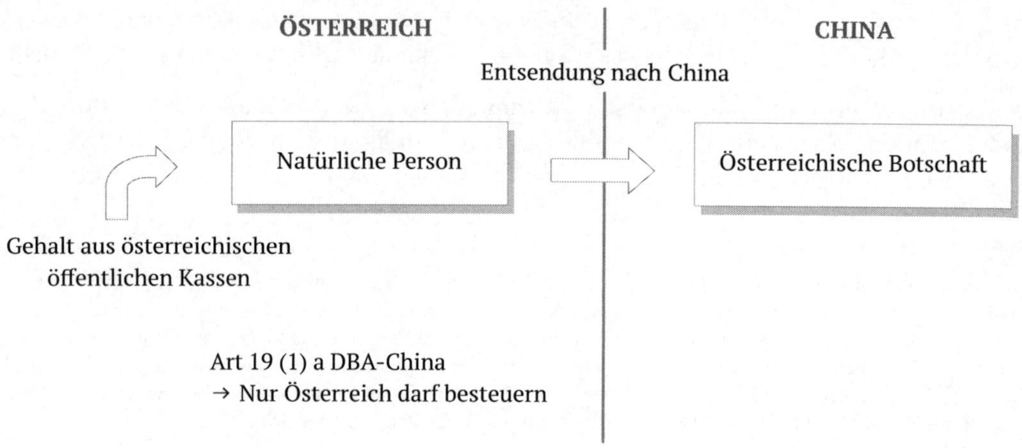


Hintergrund für die Kassenstaatsregel ist, dass Vergütungen eines Staates an dessen Mitarbeiter nicht von einem anderen Staat besteuert werden sollen. Eine Ausnahme von der Kassenstaatsregel ist der sogenannte **„Ortskräftevorbehalt"**. Demnach sind die Einkünfte von Dienstnehmern nur im Ansässigkeitsstaat zu besteuern, wenn sie

- Staatsangehörige des Ansässigkeitsstaates sind oder
- nicht ausschließlich deshalb in dem Ansässigkeitsstaat ansässig geworden sind, um die Dienste zu leisten.

**Beispiel:**

Der bei der französischen Botschaft in Wien angestellte österreichische Koch ist vom Ortskräftevorbehalt des DBA-Frankreich erfasst und somit nur im Ansässigkeitsstaat Österreich zu besteuern.

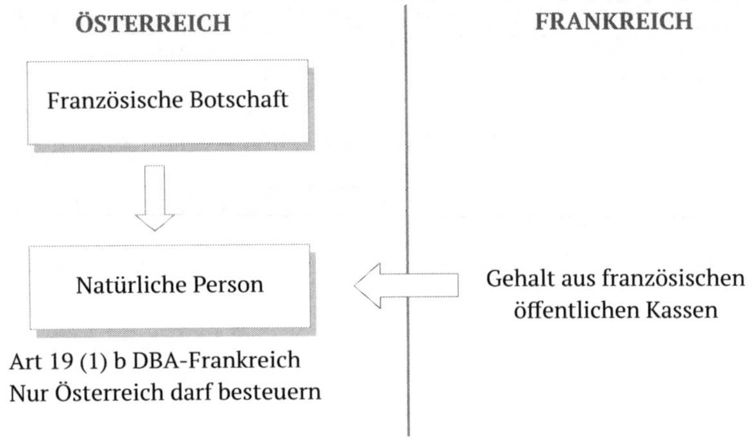


### b) Die österreichische DBA-Praxis

Österreich folgt in den meisten DBA dem OECD-MA und belässt die Besteuerung von öffentlichen Aktivbezügen dem Kassenstaat. Zahlreiche österreichische DBA subsumieren auch Vergütungen, die von „**Körperschaften öffentlichen Rechts**" ausbezahlt werden, unter den Anwendungsbereich des Art 19. Damit sind auch die Handelsdelegierten der Wirtschaftskammer sowie die Mitarbeiter der Rechtsanwaltskammer im Ausland von dieser Bestimmung erfasst (BMF EAS 174, 8. 10. 1992; EAS 416, 21. 3. 1994).

**Literaturhinweise:**

*Rodi*, Das Kassenstaatsprinzip im nationalen und internationalen Steuerrecht, RIW 1992, 484; *Lang*, Public Sector Pensions and Tax Treaty Law, Liber amicorum in honour of Cyrille Davide (2005) 233; *Dommes*, Pensionen im Recht der Doppelbesteuerungsabkommen (2012).

## 3. Private Ruhegehälter gem Art 18 OECD-MA

### a) Die Aufteilung des Besteuerungsrechts

In **Art 18 OECD-MA** wird geregelt, dass **Ruhegehälter** und **ähnliche Vergütungen** nur im Ansässigkeitsstaat des Ruhegehaltsempfängers zu besteuern sind. Art 18 OECD-MA kommt nachrangig gegenüber Art 19 (2) OECD-MA zum Einsatz. Die Anwendung des Methodenartikels zur Vermeidung der Doppelbesteuerung ist nicht mehr erforderlich, da ohnehin nur der Ansässigkeitsstaat besteuern darf. Von dieser Vorschrift erfasst sind im Regelfall alle Pensionszahlungen und Ruhegehälter, sofern sie nicht in einer anderen Verteilungsnorm des Abkommens geregelt werden.

**Beispiel:**

Ein früherer Angestellter eines österreichischen Industrieunternehmens bekommt von seinem früheren Arbeitgeber eine Firmenpension. Zieht der Steuerpflichtige bei seiner Pensionierung nach Südafrika, so hat Südafrika gem Art 18 DBA-Südafrika das alleinige Besteuerungsrecht und Österreich hat die Firmenpension zu befreien.

Bei der Frage der Abgrenzung einer Zahlung als Pension oder Aktivbezug sind das **Kausalitätsprinzip** und die Frage nach dem Rechtsgrund einer Zahlung entscheidend. Zahlungen, die zwar bereits im Zeitpunkt der Pensionierung gezahlt werden, jedoch ihren Rechtsgrund in der aktiven Tätigkeit haben (zB Nachzahlungen von Gehalt, Urlaubsabfindungen, Abfindungen für das vorzeitige Ausscheiden aus dem Dienstverhältnis) fallen daher unter Art 15 OECD-MA. Auch Abfertigungen, die aus Anlass der Pensionierung gezahlt werden, fallen nach hA als nachträgliche Vergütungen aus dem aktiven Dienstverhältnis unter Art 15 OECD-MA (Erlass des BMF vom 21. 12. 2010, BMF-010221/3371-IV/4/2010, „Zusammenfassung der im Ergebnisprotokoll vom 13. 8. 2010 abgestimmten Auslegungsfragen zum DBA-Deutschland, BGBl. III Nr. 182/2002"). Somit ist der Zeitpunkt des tatsächlichen Zuflusses für die Einordnung unter die Verteilungsnorm nicht entscheidend.

Werden Vergütungen jedoch nur aufgrund des beendeten Dienstverhältnisses gezahlt, käme Art 18 OECD-MA zur Anwendung. Pensionsabfindungen und Pensionsvorbezüge, welche zum Zwecke der Altersversorgung gezahlt werden, fallen unter Art 18 OECD-MA.

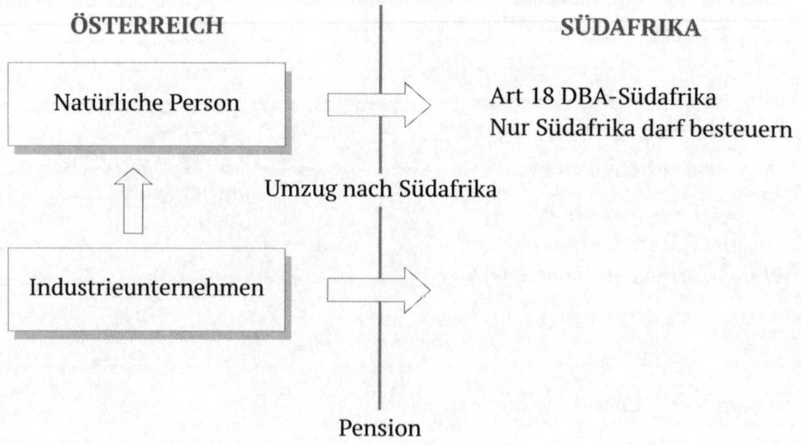


**Beispiel:**

Erhält ein russischer Ingenieur bei einem russischen Gaskonzern kurz nach seiner Pensionierung eine Einmalzahlung und wird ihm im Rahmen dieser Einmalzahlung die vertragliche Zusicherung abgerungen, dass er in den nächsten zehn Jahren nicht in der Gasbranche tätig wird, dann ist von einem Aktivbezug auszugehen, welcher im Tätigkeitsstaat zu besteuern ist. War der Russe in mehreren verschiedenen Staaten tätig, hätte eine Aufteilung zu erfolgen.

### b) Die österreichische DBA-Praxis

Betreffend die Besteuerung von privaten Ruhegehältern folgt Österreich im Regelfall dem OECD-MA. Zahlreiche von Österreich abgeschlossene DBA (zB DBA-Belgien, Deutschland, Luxemburg, Niederlande und USA) enthalten Sonderregelungen für **Sozialversicherungspensionen**, welche in der Folge nur im Kassenstaat zu besteuern sind. Ähnlich wie bei den öffentlichen Ruhegehältern ist der Sinn und Zweck, dass ein Vertragsstaat nicht die Vergütungen, die aus den Kassen eines anderen Vertragsstaates gezahlt werden, besteuern soll. Besteht in einem DBA keine Sonderregelung für Sozialversicherungspensionen, fallen diese unter Art 18 OECD-MA (siehe BMF EAS 1822, 2. 4. 2001).

**Beispiel:**

Ein Österreicher hat einige Jahre während seines aktiven Erwerbslebens in Belgien gearbeitet und im Zuge dessen in das belgische Sozialversicherungssystem eingezahlt. Nach seiner Pensionierung bezieht er daher einen Großteil seiner Pension aus einer belgischen Sozialversicherungskasse. Diese ist gem Art 18 (2) DBA-Belgien in Belgien zu versteuern, Österreich befreit die belgische Pension unter Progressionsvorbehalt.

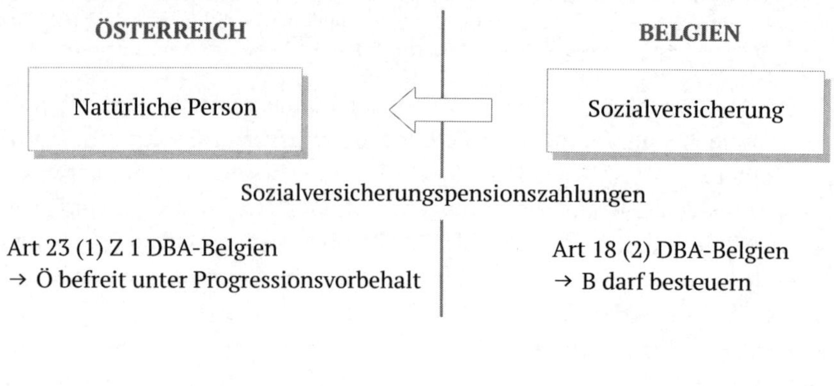

**Literaturhinweise:**

*Andreoni*, Cross-Border Tax Issues of Pensions, Intertax 2006, 245; *Burgstaller*, Mitarbeiter-Stock-Options im Recht der Doppelbesteuerungsabkommen (2006); *Dommes*, Die Besteuerung von Abfertigungen und Abfindungen nach dem Recht der Doppelbesteuerungsabkommen, ÖStZ 2010, 494; *Dommes*, Pensionen im Recht der Doppelbesteuerungsabkommen (2012).

## 4. Öffentliche Ruhegehälter gem Art 19 (2) OECD-MA

**Art 19 (2) OECD-MA** erfasst **Ruhegehälter** für Mitarbeiter des **öffentlichen Dienstes**. Die Bestimmung geht der des Art 18 OECD-MA vor. Der Vertragsstaat, für den der Ruhegehaltsbezieher vormals tätig war, hat das ausschließliche Besteuerungsrecht. Die Doppelbesteuerung hat nicht mehr durch den Methodenartikel vermieden zu werden, da nur der Kassenstaat besteuern darf. Jedoch sind die öffentlichen Ruhegehälter für Zwecke des Progressionsvorbehalts zu beachten.

Das Kassenstaatsprinzip gilt wiederum nicht, wenn der Dienstnehmer im anderen Staat ansässig war und Staatsangehöriger des anderen Staates ist (**Ortskräftevorbehalt**).

**Beispiel:**

Eine österreichische Universitätsprofessorin verbringt ihre Pension in Spanien. Die aufgrund ihrer vormaligen Tätigkeit im öffentlichen Dienst gezahlte Pension ist gem Art 20 (1) DBA-Spanien nur im Kassenstaat, also Österreich, zu versteuern.

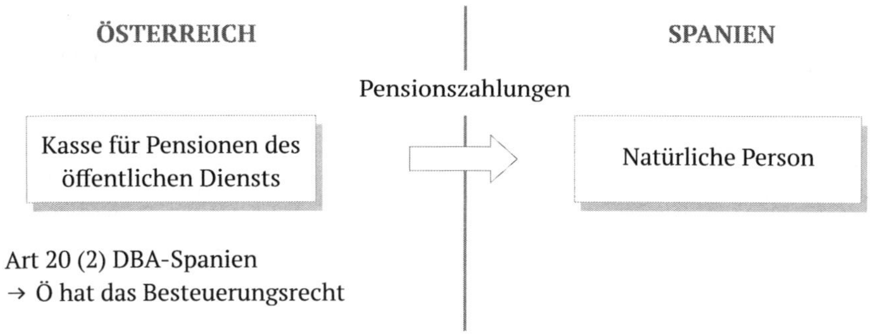


## 5. Erwerbsklausel

**Art 19 (3) OECD-MA** enthält eine **Erwerbsklausel**, wonach Vergütungen und Ruhegehälter für Dienstleistungen, die im Zusammenhang mit einer **gewerblichen Tätigkeit eines Vertragsstaates oder einer seiner Gebietskörperschaften** gezahlt werden, nicht von Art 19 OECD-MA erfasst sind. Vielmehr greifen in diesen Fällen die Zuteilungsregeln des Art 15, 16, 17 oder 18 OECD-MA. Der Grund für die Schaffung einer solchen Regelung ist das Ziel der **Wettbewerbsneutralität**. Werden öffentliche Einrichtungen am Markt wie privatwirtschaftliche Einrichtungen tätig und stehen die öffentlichen Einrichtungen in diesem Bereich auch im Wettbewerb mit privatwirtschaftlichen Einrichtungen, so soll betreffend die Besteuerung auch kein Unterschied gemacht werden.

**Beispiel:**

Wird ein in Deutschland wohnender Mitarbeiter in einem österreichischen öffentlichen Krankenhaus beschäftigt, so fallen seine Einkünfte unter Art 19 (3) DBA-Deutschland, wodurch Art 15 und die Grenzgängerregelung zur Anwendung gelangen.

## XI. Aufsichtsratsvergütungen

Lesen Sie aufmerksam Art 16 OECD-MA.

### 1. Die Aufteilung des Besteuerungsrechts

Gem **Art 16 OECD-MA** dürfen **Aufsichtsrats-**, **Verwaltungsratsvergütungen** und **ähnliche Zahlungen** im Ansässigkeitsstaat der Gesellschaft besteuert werden. Von der Verteilungsnorm erfasst sind allerdings nur Vergütungen, die eine Person in ihrer Eigenschaft als Aufsichtsrat erhält. Der Ansässigkeitsstaat einer Gesellschaft erlangt auch dann ein Besteuerungsrecht an Aufsichtsratsvergütungen, wenn der Aufsichtsrat physisch gar nicht im Staat der Gesellschaft anwesend ist. Die Vermeidung der Doppelbesteuerung erfolgt je nach dem Methodenartikel durch Anrechnung oder Befreiung der im Ansässigkeitsstaat der Gesellschaft besteuerten Einkünfte des Aufsichtsrats.

**Beispiel:**

Der in Österreich ansässige Aufsichtsrat einer deutschen Kapitalgesellschaft nimmt regelmäßig in seiner Funktion als Aufsichtsrat an Sitzungen in London, die direkt am Londoner Flughafen abgehalten werden, teil. London wurde aus Gründen der leichten Erreichbarkeit der Aufsichtsratsorgane als Sitzungsort gewählt. Die Bezüge des österreichischen Aufsichtsrates sind dennoch in Deutschland zu besteuern. In Österreich werden die Einkünfte unter Progressionsvorbehalt befreit.

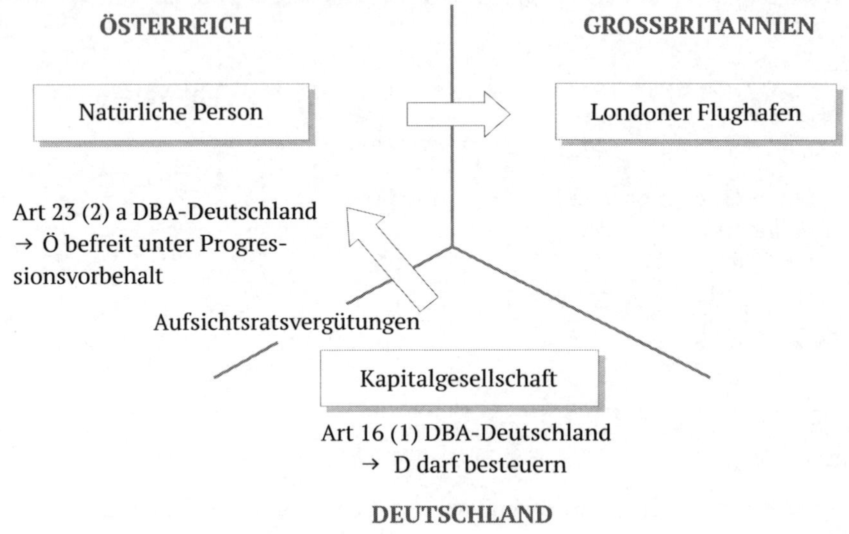


### 2. Der Begriff „Aufsichtsrat" oder „Verwaltungsrat"

Wer als Aufsichts- oder Verwaltungsrat zu qualifizieren ist, ist im Abkommen nicht definiert. Nach der österreichischen Rsp (VwGH 31. 7. 1996, 92/13/0172) und Verwaltungspraxis sind allerdings nur Vergütungen an Gesellschaftsorgane erfasst, die mit der **Überwachung der Geschäftsführung** betraut sind; Gesellschaftsorgane, die selbst mit der Geschäftsführung befasst sind, fallen hingegen nicht unter Art 16 OECD-MA. Diese Sichtweise wird in Teilen der Literatur kritisch gesehen und auch die Verwaltungspraxis einiger Staaten unterscheidet sich von dieser Rechtsansicht.

**Beispiel:**

Bei einer Schweizer GmbH wird anstelle eines Aufsichtsrates ein Beirat eingesetzt. Da der Beirat die Funktion der Überwachung der Geschäftsführung innehat, fallen Beiratsvergütungen unter Art 16 DBA-Schweiz und dürfen in der Schweiz besteuert werden (BMF EAS 1989, 29. 1. 2002).

## 3. Die österreichische DBA-Praxis

Die österreichische DBA-Praxis folgt bei Art 16 idR dem OECD-MA und sieht für Aufsichtsratsbezüge regelmäßig die Befreiungsmethode vor.

**Literaturhinweise:**

*Urtz*, Neues DBA Österreich – Deutschland: Sonderregelung für Geschäftsführervergütungen, SWI 1999, 429; *Beiser*, Verwaltungsratsvergütungen iSd Art 16 DBA Österreich – Schweiz, SWI 2000, 199; *Gruber*, Aufsichtsrats- und Verwaltungsratsvergütungen im österreichischen DBA-Netzwerk, SWI 2010, 354.

# XII. Künstler und Sportler

Lesen Sie aufmerksam Art 17 OECD-MA.

## 1. Die Aufteilung des Besteuerungsrechts

**Künstler und Sportler** werden gem **Art 17 OECD-MA** im jeweiligen Tätigkeitsstaat bzw Auftrittsstaat besteuert. Es muss dabei keine Betriebstätte oder feste Einrichtung im Auftrittsstaat begründet werden und die 183-Tage-Regelung des Art 15 OECD-MA spielt ebenfalls keine Rolle. Irrelevant ist ferner, ob die Vergütungen des Künstlers oder Sportlers direkt dem Künstler oder Sportler oder einer zwischengeschalteten Person (zB Künstleragentur) gezahlt werden (**echter Künstlerdurchgriff**) (siehe Z 8 letzter Satz OECD-MK sowie VwGH 27. 11. 2003, 2000/15/0033; VwGH 11. 12. 2003, 2000/14/0165). Die Vermeidung der Doppelbesteuerung hängt vom jeweiligen Methodenartikel ab.

**Beispiel:**

Ein niederländischer Sänger kommt für eine Konzerttournee, die von einem österreichischen Konzertveranstalter organisiert wird, nach Österreich. Sein Honorar ist in Österreich, dem Auftrittsstaat, zu besteuern. Der Konzertveranstalter hat daher bei Auszahlung des Honorars eine Abzugssteuer iSd § 99 EStG einzubehalten. Die in Österreich gezahlte Steuer wäre, um eine Doppelbesteuerung zu vermeiden, in den Niederlanden anzurechnen.

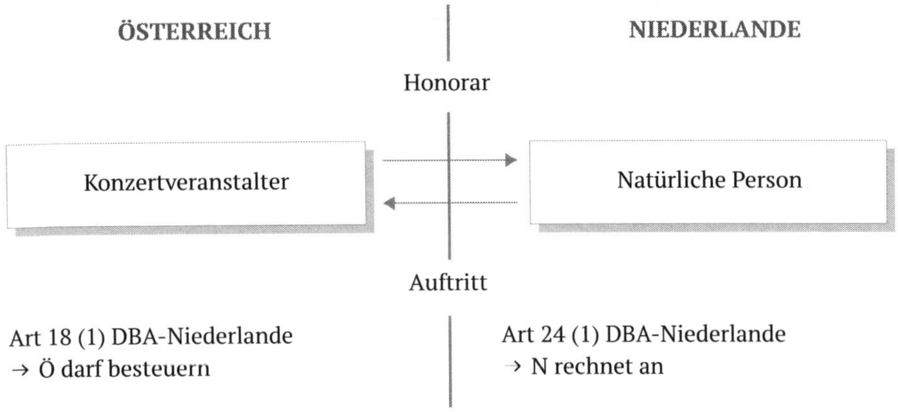


## 2. Die Begriffe „Künstler" und „Sportler"

Die Reichweite des Künstler- und Sportlerbegriffs unterscheidet sich abkommensrechtlich von der im österreichischen innerstaatlichen Recht. Nur natürliche Personen können als Künstler oder Sportler iSd Art 17 (1) OECD-MA angesehen werden. In Art 17 (1) OECD-MA werden beispielhaft für einen Künstler der Bühnen-, Film-, Rundfunk- und Fernsehkünstler sowie der Musiker genannt.

**Sportler** iSd Abkommens sind neben den Athleten auch Personen, die im Unterhaltungsbereich sportlich tätig sind, wie zB Schach- oder Billardspieler. Allerdings ist erforderlich, dass die Sportler bei Wettkämpfen teilnehmen, wodurch Sporttrainer und Sporteventorganisatoren nicht erfasst sind.

Nach der hL und Rsp sind nur **persönlich auftretende Personen** vom Künstler und Sportlerbegriff des Abkommens erfasst, bloße **werkherstellende Künstler** jedoch nicht. Persönlich auftretende Künstler sind gemäß der österreichischen Verwaltungspraxis auch Discjockeys (BMF EAS 692, 17. 8. 1995), Zauberkünstler (BMF EAS 2170, 26. 11. 2002) sowie Stuntmen (BMF EAS 2394, 29. 12. 2003). Models, die Auftritte im Rahmen von Modeschauen absolvieren, wurden zwar vor langer Zeit vonseiten des BMF als Künstler eingestuft (BMF EAS 108, 26. 3. 1992; EAS 196, 17. 11. 1992). Diese Rechtsansicht ist jedoch angesichts der seit dem Jahr 2014 dazu publizierten OECD-Auffassung (OECD-MK Art 17 Rz 3), wonach Models keine „Künstlereigenschaft" iSd Art 17 OECD-MA zukommt, überholt.

Nach der Rspr des VwGH reicht es aus, dass eine Person grundsätzlich „Künstler" iSd Abkommens ist und in ihrer Eigenschaft als Künstlerin für eine in Österreich persönlich ausgeübte Tätigkeit Einkünfte bezieht. Darüber hinaus ist nicht entscheidend, ob ein Auftritt selbst eine bestimmte künstlerische Qualität, Mindestdauer oder dergleichen aufweist (VwGH 30. 6. 2015, 2013/15/0266). Komponisten, Bühnenbildner, Maler, Regisseure und Schriftsteller (werkherstellende Künstler) fallen dagegen aus dem Anwendungsbereich des Art 17 heraus (siehe zB BMF EAS 669, 5. 7. 1995; EAS 2385, 9. 12. 2003). Im Rahmen des Updates 2014 stellte die OECD im Übrigen klar, dass ein ehemaliger Politiker, der aufgrund eines Auftritts im Rahmen einer Konferenz Einkünfte erzielt, nicht von Art 17 erfasst ist.

In der Praxis kommt es häufig vor, dass Künstleragenturen, Theater-AG oder Orchestergesellschaften die Auftritte von Künstlern managen und organisieren und ein Gesamthonorar bestehend aus Künstlerhonorar und Honorar für die Künstleragentur, Theater-AG oder Orchestergesellschaft bekommen. Die zwischen Veranstalter und Künstler oder Sportler **zwischengeschalteten Personen** können allerdings nicht im Rahmen des Art 17 (1) OECD-MA besteuert werden, sondern allenfalls nur im Wege des **„unechten Künstlerdurchgriffs"** des Art 17 (2) OECD-MA, da der zwischengeschalteten Person die Künstlereigenschaft fehlt.

## 3. Abgrenzung zu anderen Verteilungsnormen

Es spielt abkommensrechtlich keine Rolle, ob der Künstler oder Sportler selbständig oder nichtselbständig tätig wird, Art 17 geht generell Art 7, 14 oder 15 OECD-MA vor.

**Beispiel:**

Eine als Mitunternehmerschaft organisierte Musikgruppe erzielt aus Sicht des innerstaatlichen Rechts Einkünfte aus Gewerbebetrieb. Tritt die Musikgruppe allerdings im Ausland, zB in Frankreich auf, so sind die daraus resultierenden Einkünfte gem Art 17 (1) DBA-Frankreich in Frankreich zu besteuern, ungeachtet dessen, dass im österreichischen nationalen Recht eine Einordnung unter § 23 EStG erfolgt ist.

IdR geht Art 17 auch Art 19 OECD-MA vor (da meist die Erwerbsklausel des Art 19 [3] zur Anwendung gelangen wird). Wenn zB ein Opernsänger eines Staatstheaters in Österreich gastiert, kommt nicht die Kassenstaatsregel zur Anwendung, sondern die Gage wird im Tätigkeitsstaat Österreich besteuert (VwGH 4. 11. 1998, 93/13/0201).

Beziehen abkommensrechtlich als Künstler anzusehende Personen Vergütungen für Tätigkeiten, die nicht unmittelbar mit einem öffentlichen Auftritt im Zusammenhang stehen (zB Film- und Studioaufnahmen), so sind diese ebenso als künstlerisch iSd Art 17 OECD-MA anzusehen (BMF EAS 610, 12. 4. 1995). Wird dabei allerdings ein gesondertes Entgelt für die **Überlassung der Verwertungsrechte** gezahlt, so ist von einer Einordnung unter Art 12 OECD-MA auszugehen (siehe zB BMF EAS 1811, 19. 2. 2001).

Art 17 OECD-MA unterliegen nicht nur Einkünfte eines Sportlers aus der Teilnahme von Sportveranstaltungen, sondern auch **Werbeeinnahmen**, sofern diese mit Sportwettkämpfen in Verbindung stehen.

**Beispiel:**

Nimmt ein kubanischer Rennrodelfahrer an einem in Österreich stattfindenden Wettkampf teil, so unterliegen die Vergütungen für den Wettkampf einer österreichischen Abzugssteuer gem § 99 EStG. Sollte der Rennrodler darüber hinaus von einem US-amerikanischen Getränkeproduzenten Sponsorgelder erhalten, dafür dass der Sportler während des Rennens seine Produkte trinkt und Bekleidungsstücke mit Werbeaufschriften trägt, so unterliegen auch die auf den Inlandsauftritt entfallenden Sponsorgelder der österreichischen Besteuerung, deren steuerliche Erfassung durch Art 17 DBA abgesichert wird (siehe auch BMF EAS 2874, 29. 8. 2007).

Sportler, die Einkünfte aufgrund eines Werbefilmes bekommen, sind in dieser Tätigkeit als Künstler iSd Art 17 OECD-MA anzusehen (BMF EAS 2317, 23. 7. 2003). Erzielt ein Sportler Einnahmen durch Plakat- oder Katalogwerbung, welche nicht mit einem Sportwettkampf in Verbindung steht, so sind diese Einkünfte nicht unter Art 17, sondern unter den Lizenzgebührenartikel zu subsumieren. Ehemalige Sportler, die Sportevents im Fernsehen kommentieren, sind gleichfalls nicht von Art 17 erfasst (OECD-MK Art 17 Rz 9.1)

## 4. Der „Künstlerdurchgriff“

In Art 17 (2) OECD-MA findet sich der sogenannte **„unechte Künstlerdurchgriff“**. Dieser stellt einerseits klar, dass der Tätigkeitsstaat auch dann die Vergütungen eines Künstlers oder Sportlers besteuern darf (den „Künstleranteil“), wenn sie ihm nicht direkt, sondern einer zwischengeschalteten Person zufließen.

**Beispiel:**

Eine russische Orchestergesellschaft bezieht ein Honorar für den Auftritt eines russischen Orchesters in Österreich. Da die Orchestergesellschaft selber nicht Künstler sein kann, wurde teilweise die Auffassung vertreten, dass Art 17 nicht anwendbar sei und stattdessen Art 7 oder 14 für das gesamte Honorar greifen würde. Mangels Betriebstätte oder fester Einrichtung hätte Österreich kein Besteuerungsrecht. Da das DBA-Russland allerdings in Art 17 (2) einen Künstlerdurchgriff beinhaltet, sind die an die Musiker weiterfließenden Gagen dennoch im Tätigkeitsstaat zu besteuern. Die österreichische Steuerverwaltung würde aber bereits in Art 17 (1) eine Rechtsgrundlage für die Besteuerung der Künstler sehen.

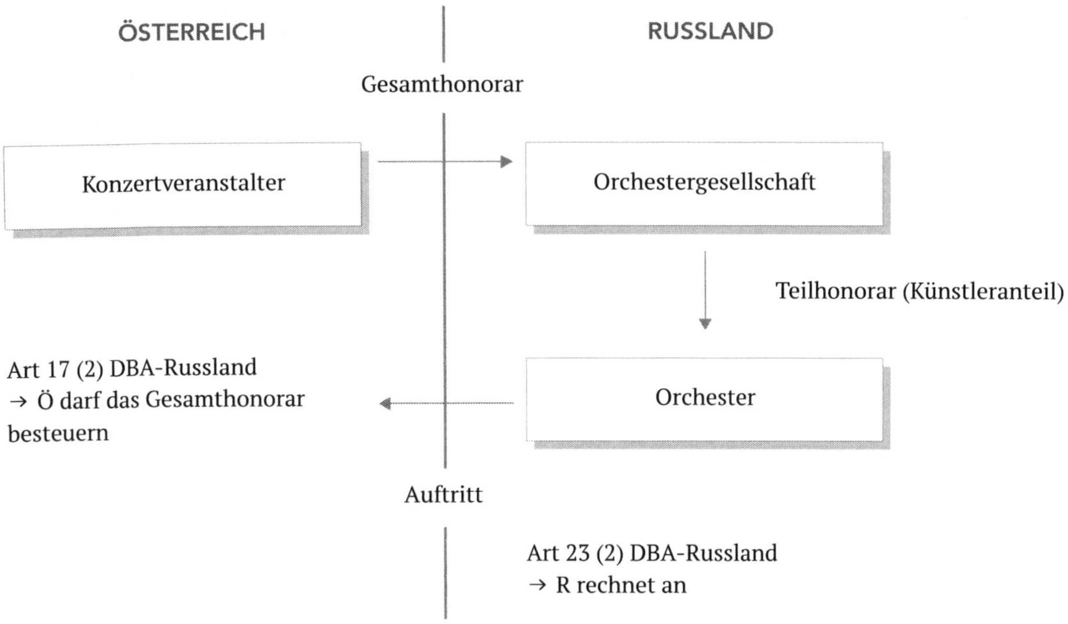


Darüber hinaus ermöglicht Art 17 (2) OECD-MA aber vor allem, dass das Honorar einer **zwischengeschalteten Person** besteuert werden kann. Dabei ist die Besteuerung der zwischengeschalteten Person nur insofern zulässig, als sie Vergütungen erhält, die unmittelbar mit den persönlichen Aktivitäten des Künstlers oder Sportlers im Tätigkeitsstaat in Zusammenhang stehen (OECD-MK Art 17 Rz 11.4).

Nach der Rsp des VwGH muss die zwischengeschaltete Person dabei selbst als „Mitwirkende an einer Unterhaltungsdarbietung" im Inland der beschränkten Steuerpflicht unterliegen (VwGH 11. 12. 2003, 2000/14/0165).

Als zwischengeschaltete Personen kommen idR **Theater-AG, Orchestergesellschaften** oder **Künstleragenturen** infrage. Ausländische Theater-AG und Orchestergesellschaften sind selbst aktiv als Mitwirkende an einer Unterhaltungsdarbietung anzusehen und somit im Tätigkeitsstaat zu besteuern. Hingegen werden ausländische Künstleragenturen, die die Auftritte von Künstlern zwar aus dem Ausland organisieren, jedoch nicht unmittelbar in den Auftritt im Gaststaat involviert sind und daher nur als Managementgesellschaften agieren, selber nicht im Tätigkeitsstaat aktiv tätig und somit nicht „Mitwirkende an einer Unterhaltungsdarbietung". Die auf die Künstleragentur entfallende Vergütung kann somit aufgrund der Rechtsprechung des VwGH aus Sicht des innerstaatlichen Rechts und auch aufgrund der Ausführungen im OECD-MK seit dem Jahre 2014 (Art 17 Rz 11.4) aus Sicht des DBA-Rechts nicht im Tätigkeitsstaat besteuert werden.

**Beispiel:**

Ein belgisches Orchester tritt in Österreich auf und erhält für seinen Auftritt eine Gage iHv 1.000. Der darin enthaltene Künstleranteil beträgt 600. Aufgrund des österreichischen Rechts wäre eine 20%ige Abzugssteuer auf das gesamte Entgelt einzubehalten. Da das DBA-Belgien keine dem Art 17 (2) OECD-MA nachgebildete Vorschrift enthält, kann aus abkommensrechtlicher Sicht allerdings nur der Künstleranteil in Österreich zur Besteuerung herangezogen werden. Gleiches hätte zu gelten, wenn es sich anstatt des Orchesters um eine Künstleragentur handeln würde, mit dem Zusatz, dass auch aus Sicht des nationalen Rechts keine Besteuerung möglich wäre.

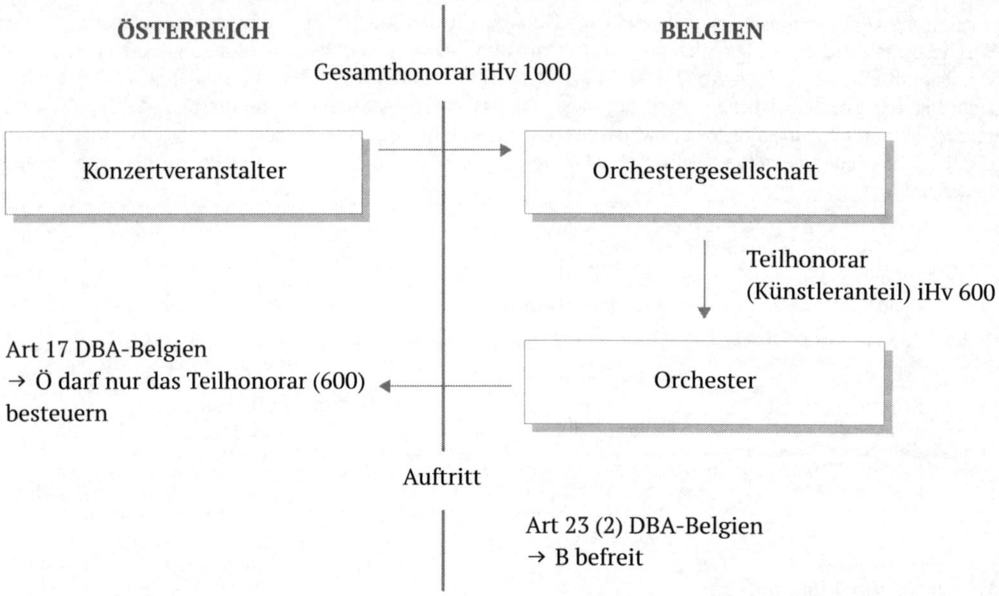


**Beispiel:**

Eine slowenische Jazzband tritt in Österreich auf, wobei eine Gage iHv 1.000 direkt an die slowenische Künstleragentur gezahlt wird. Der darin enthaltene Künstleranteil beträgt 600. Da die Künstleragentur in Österreich nicht der beschränkten Steuerpflicht unterliegt, kann nur der Künstleranteil iHv 600 in Österreich besteuert werden. Eine Entlastung an der Quelle des Agenturanteils ist allerdings nur möglich, sofern das Formular ZS-QU 2 vollständig ausgefüllt dem Abzugsverpflichteten vorliegt und die Höhe des Agenturanteils bekannt ist.

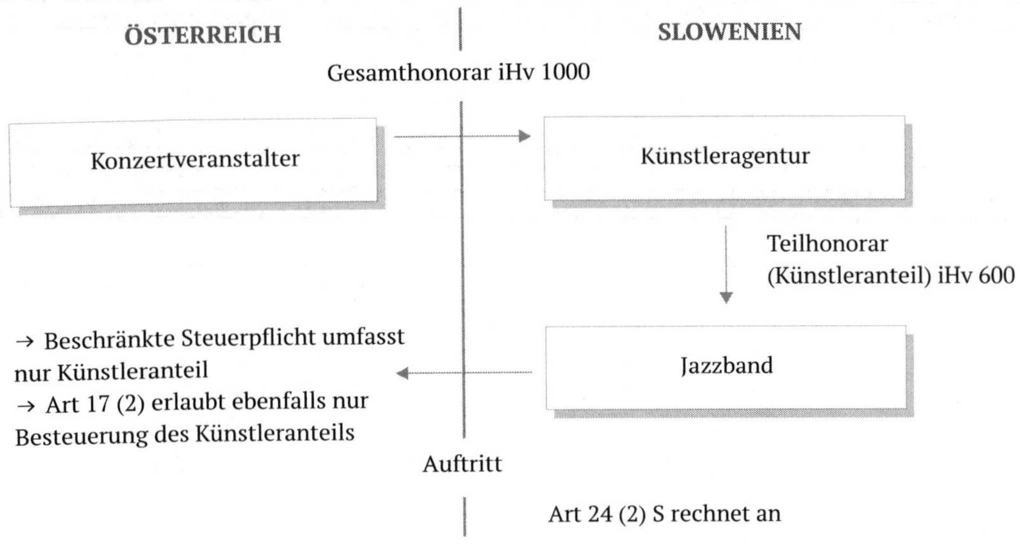


**Beispiel:**

Ein slowenisches Orchester tritt in Österreich auf, wobei die Gage iHv 1.000 direkt an die Orchestergesellschaft gezahlt wird. Da das gesamte Gehalt der beschränkten Steuerpflicht unterliegt und dies abkommensrechtlich auch bestätigt wird, darf Österreich die Gage iHv 1.000 einer Abzugssteuer unterwerfen. Alternativ besteht bei Slowenien als EU-Mitgliedstaat auch die Möglichkeit, dass das Orchester allfällige Betriebsausgaben direkt dem Veranstalter mitteilt und sodann nur mit den Nettoeinnahmen in Österreich einer Abzugssteuer unterliegt (§ 99 [2] Z 2 EStG).

### 5. Die österreichische DBA-Praxis

Österreich folgt bei Art 17 dem OECD-MA. Dabei werden Vergütungen österreichischer Künstler und Sportler, die im Ausland tätig werden, in Österreich regelmäßig unter Progressionsvorbehalt befreit. Österreichs DBA enthalten zudem häufig in einem dritten Absatz zu Art 17 eine Sondervorschrift zur **Förderung des Kulturaustausches**, der zufolge Künstler und deren Trägerkörperschaften von einer Besteuerung im Auftrittsstaat befreit sind, sofern die Auftritte überwiegend aus öffentlichen Mitteln oder gemeinnützigen Einrichtungen finanziert werden oder die Veranstaltung im Rahmen eines Kulturaustauschs stattfindet oder die Veranstaltungen nicht auf Gewinnerzielung gerichtet sind.

**Literaturhinweise:**

*Lang/Stefaner*, Künstler und Sportler im DBA Deutschland-Österreich, IStR 2003, 829; *Loukota*, Kehrtwende bei der Besteuerung ausländischer Künstleragenturen, SWI 2004, 99; *Felderer*, DBA-Schutz für ausländische Künstler- und Sportlergesellschaften? SWI 2007, 456; *Ehrke/Freudhofmeier/Linzner-Strasser/Toifl/Vrignaud*, Künstler und Sportler im nationalen und internationalen Steuerrecht[3] (2011); *Molenaar*, Entertainers and Sportspersons Following the Updated OECD Model (2014), Bulletin for International Taxation 2015, 37; *Bendlinger*, Ist jeder Auftritt eine „Kunst"? ÖStZ 2016, 58.

## XIII. Studenten

Lesen Sie aufmerksam Art 20 OECD-MA.

### 1. Die Aufteilung des Besteuerungsrechts

Das OECD-MA beinhaltet eine Sonderregelung für die Besteuerung von **Studenten, Praktikanten und Lehrlingen** in **Art 20**, der zufolge

- Studenten, Praktikanten oder Lehrlinge, die sich ausschließlich zu Ausbildungszwecken in einem Vertragsstaat aufhalten und
- unmittelbar davor im anderen Staat ansässig waren bzw noch ansässig sind,

- mit ihren Unterhaltseinkünften, die aus Quellen außerhalb des Ausbildungsstaats stammen,
- im Ausbildungsstaat nicht zu besteuern sind.

**Beispiel:**

Ein kroatischer Student bekommt von einem deutschen Förderungsfonds ein Stipendium zum Zwecke der Absolvierung eines Forschungsjahrs an der Klagenfurter Universität. Das Stipendium ist in Österreich von der Steuer aufgrund Art 20 DBA-Kroatien zu befreien.

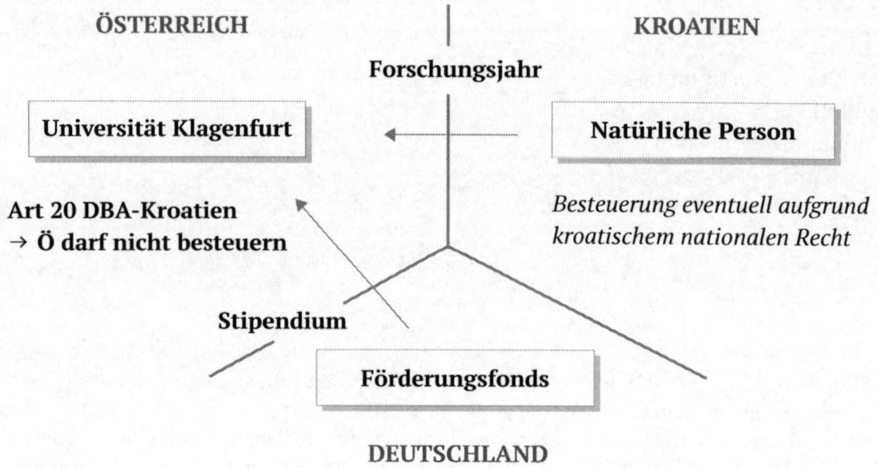


## 2. Die österreichische DBA-Praxis

Betreffend die Besteuerung von Studenten folgt Österreich grundsätzlich dem OECD-Vorschlag. Teilweise beinhalten die österreichischen DBA zusätzlich noch Bestimmungen, welche dem Tätigkeitsstaat für **Ferialpraxis**, die einen Zeitraum von sechs Monaten nicht übersteigt, ebenfalls das Besteuerungsrecht entziehen.

Einige österreichische DBA sehen in diesem Zusammenhang ähnliche Sonderregelungen für **Gastprofessoren und Lehrer** vor. Die Regelungen sind allerdings in den verschiedenen DBA sehr unterschiedlich, sodass die Frage der Steuerpflicht eines ausländischen Gastlehrers stets unter Heranziehung des jeweiligen Abkommens zu prüfen ist (siehe dazu „Steuerliche Behandlung von international tätigen Gastlehrern“, Erlass des BMF 21. 12. 2005, BMF-010221/0789-IV/4/2005, AÖF 2006/69).

**Beispiel:**

Ein polnischer Hochschulprofessor ist als Gastprofessor für ein Jahr an einer österreichischen Universität tätig. Da die Aufenthaltsdauer in Österreich die Frist von zwei Jahren nicht übersteigt, ist der Professor in Österreich unter der Voraussetzung, dass seine Einkünfte in Polen besteuert werden, gem Art 20 DBA-Polen von der Steuer befreit.

**Literaturhinweis:**

*Bauer*, Studenten, Gastlehrer und Gastprofessoren im DBA-Recht, in *Gassner/Lang/Lechner/Schuch/Staringer* (Hrsg), Arbeitnehmer im Recht der Doppelbesteuerungsabkommen (2003).

# XIV. Andere Einkünfte

Lesen Sie aufmerksam Art 21 OECD-MA.

## 1. Die Aufteilung des Besteuerungsrechts

Die Besteuerung von **„anderen“ Einkünften**, die in den vorstehenden Artikeln nicht behandelt werden, ist in **Art 21 OECD-MA** geregelt. Demnach sind „andere“ Einkünfte nur im Ansässigkeitsstaat des Einkünfteempfängers zu besteuern. Art 21 OECD-MA stellt somit eine **Generalklausel** dar, die alle Einkünfte, die von keiner anderen Verteilungsnorm erfasst sind, auffängt. Die Anwendung des Methodenartikels ist bei Art 21 OECD-MA nicht mehr erforderlich.

Einerseits können von dieser Verteilungsnorm Einkünfte betroffen sein, die aus einer Quelle des anderen Vertragsstaats stammen und nicht in einem vorstehenden Artikel geregelt werden, wie zB **wiederkehrende Bezüge** (zB Renten und Lebensversicherungszahlungen), **Entschädigungen, Zuwendungen von Privatstiftungen** (sofern diese nicht unter den Dividendenartikel fallen, wie zB im DBA-Deutschland).

**Beispiel:**

Eine in Ungarn ansässige Person bezieht Zuwendungen aus einer österreichischen Privatstiftung, welche gem Art 20 des DBA-Ungarn nur im Ansässigkeitsstaat Ungarn zu besteuern sind (BMF EAS 2074, 17. 6. 2002).

Andererseits unterfallen dieser Verteilungsnorm auch „andere Einkünfte" aus einer Quelle eines dritten Staates oder Einkünfte, die nicht grenzüberschreitend gezahlt werden.

**Beispiel:**

Eine GmbH mit Sitz in Österreich und Ort der Geschäftsleitung in Deutschland schüttet Gewinne an ihren in Deutschland ansässigen Anteilseigner aus. Obwohl aus Sicht des österreichischen nationalen Rechts KESt-pflichtig, sind die Gewinnausschüttungen gem Art 21 DBA-Deutschland von einer Steuer in Österreich zu befreien. Art 10 DBA-Deutschland kommt nicht zur Anwendung, da kein grenzüberschreitender Dividendenfluss im Sinne dieser Bestimmung vorliegt (BMF EAS 2217, 27. 1. 2003).

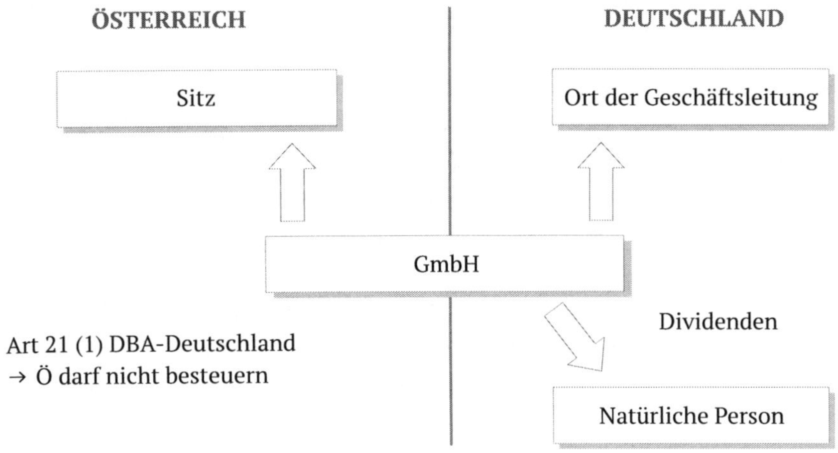


## 2. Die österreichische DBA-Praxis

Im Allgemeinen folgen die von Österreich abgeschlossenen DBA betreffend Art 21 dem OECD-MA. Zudem wird häufig eine Sonderbestimmung für Einkünfte aufgrund **gesetzlicher Versorgungsrechtsansprüche**, die eine in einem Vertragsstaat ansässige Person aus dem anderen Vertragsstaat bezieht, aufgenommen. Demnach dürfen diese im Ansässigkeitsstaat nicht besteuert werden, wenn sie nach dem Recht des Quellenstaats von der Besteuerung ausgenommen wären.

**Literaturhinweise:**

*Ward/Avery-Jones ua*, The Other Income Article of Income Tax Treaties, Bulletin for International Taxation 1990, 409; *Avery-Jones*, Does any income fall within Art 21 (2) of the OECD-Model? in FS Maarten Ellis (2005).

## XV. Vermögensbesteuerung

Lesen Sie aufmerksam Art 22 OECD-MA.

### 1. Die Aufteilung des Besteuerungsrechts

Art 22 OECD-MA regelt die **Vermögensbesteuerung**. Vom Aufbau entspricht Art 22 dem Art 13 OECD-MA betreffend die Besteuerung von Veräußerungsgewinnen: So regelt Abs 1 die Besteuerung von **unbeweglichem Vermögen**, Abs 2 erfasst **bewegliches Betriebsvermögen**, Abs 3 betrifft **Seeschiffe und Luftfahrzeuge im internationalen Verkehr und Schiffe, die der Binnenschifffahrt dienen** (voraussichtliche Änderung im Update des OECD-MA 2017) und Art 22 (4) OECD-MA enthält eine **Auffangnorm**, wie sie für die Steuern vom Einkommen in Art 21 vorgesehen ist.

### 2. Die österreichische DBA-Praxis

In Österreich wird derzeit keine Vermögensteuer erhoben. Dennoch enthalten zahlreiche österreichische DBA eine dem Art 22 OECD-MA nachempfundene Vorschrift. Grund dafür ist einerseits, dass für den Fall, dass Österreich wieder eine Vermögensteuer erhebt, vorgesorgt ist. Andererseits heben häufig die anderen Vertragsstaaten noch eine Vermögensteuer ein.

**Kontrollfragen:**

1. Nach welcher Grundregel ist unbewegliches Vermögen gemäß OECD-MA zu besteuern?
2. Nach welchen Kriterien ist eine Betriebstätte in einem Vertragsstaat gegeben?
3. Was ist die Folge im Falle des Bestehens einer Betriebstätte?
4. Nach welcher Grundregel sind Einkünfte aus selbständiger Arbeit gemäß OECD-MA zu besteuern?
5. Was versteht man unter einer „Primärberichtigung“?
6. Was versteht man unter einer „Gegenberichtigung“?
7. Was versteht man unter einer „Sekundärberichtigung“?
8. Welche Methoden zur Ermittlung fremdvergleichskonformer Verrechnungspreise werden von der OECD vorgeschlagen?
9. Nach welcher Grundregel sind Dividenden gemäß OECD-MA zu besteuern?
10. Nach welcher Grundregel sind Zinsen gemäß OECD-MA zu besteuern?
11. Nach welcher Grundregel sind Lizenzgebühren gemäß OECD-MA zu besteuern?
12. Nach welcher Grundregel sind Veräußerungsgewinne gemäß OECD-MA zu besteuern?
13. Nach welcher Grundregel sind Einkünfte aus unselbständiger Arbeit (private Aktiveinkünfte) gemäß OECD-MA zu besteuern?
14. Was besagt die 183-Tage-Klausel des Art 15 (2) OECD-MA?
15. Nach welcher Grundregel sind öffentliche Aktiveinkünfte gemäß OECD-MA zu besteuern?
16. Nach welcher Grundregel sind private Ruhegehälter gemäß OECD-MA zu besteuern?
17. Nach welcher Grundregel sind öffentliche Ruhegehälter gemäß OECD-MA zu besteuern?
18. Nach welcher Grundregel sind Aufsichtsratsvergütungen gemäß OECD-MA zu besteuern?
19. Nach welcher Grundregel sind Künstler und Sportler gemäß OECD-MA zu besteuern?
20. Was ist der „echte Künstlerdurchgriff“?
21. Was ist der „unechte Künstlerdurchgriff“?
22. Nach welcher Grundregel sind Studenten gemäß OECD-MA zu besteuern?
23. Nach welcher Grundregel sind „andere Einkünfte“ gemäß OECD-MA zu besteuern?

# D. Die Methoden zur Vermeidung der Doppelbesteuerung

Die Vermeidung der Doppelbesteuerung obliegt grundsätzlich dem Ansässigkeitsstaat. Doppelbesteuerung kann dabei durch zwei Methoden vermieden werden: Einerseits durch die Befreiungsmethode, bei welcher der Ansässigkeitsstaat die im Ausland zu besteuernden Einkünfte von der inländischen Steuerbemessungsgrundlage ausnimmt. Oder durch die Anrechnungsmethode, bei der das gesamte Welteinkommen im Ansässigkeitsstaat besteuert wird, jedoch die im Ausland gezahlte Steuer von der inländischen Steuerschuld abgezogen wird und so die im Inland zu zahlende Steuer verringert wird. Vonseiten Österreichs wird idR die Befreiungsmethode in Kombination mit der Anrechnungsmethode für Passiveinkünfte in die DBA aufgenommen.

## I. Der Methodenartikel

Das OECD-MA beinhaltet im **Methodenartikel** zwei verschiedene Methoden (Befreiungs- und Anrechnungsmethode) zur **Vermeidung der Doppelbesteuerung**, die als gleichberechtigt nebeneinander anzusehen sind (zB EuGH 6. 12. 2007, C-298/05, *Columbus Container*). Die Vertragsstaaten können eigenständig entscheiden, in welcher Weise sie eine Doppelbesteuerung zu vermeiden gedenken. Dabei ist es ohne Weiteres möglich, dass ein Staat in einem DBA eine Methode und der andere Staat im selben DBA eine andere Methode zur Vermeidung der Doppelbesteuerung anwendet.

Einige Verteilungsnormen, wie zB Art 7 OECD-MA betreffend die Besteuerung von Unternehmensgewinnen, teilen sowohl dem Quellenstaat als auch dem Ansässigkeitsstaat ein Besteuerungsrecht zu, wodurch es notwendig wird, eine allfällige Doppelbesteuerung zu vermeiden. Andere Verteilungsnormen, wie zB Art 18 OECD-MA, sehen eine Besteuerung nur im Ansässigkeitsstaat vor. In diesen Fällen ist die Vermeidung der Doppelbesteuerung nicht mehr erforderlich, nachdem dem Ansässigkeitsstaat, dem ohnehin die Vermeidung der Doppelbesteuerung obliegt, auch das alleinige Besteuerungsrecht an den Einkünften zusteht.

Die österreichischen DBA beinhalten überwiegend die Befreiungsmethode in Kombination mit der Anrechnungsmethode für Passiveinkünfte. Insbesondere aus Reziprozitätsgründen wurde mit angloamerikanischen Staaten (zB Großbritannien, Irland, Kanada, USA) sowie mit wenigen anderen Staaten (zB Bahrain, Belize, Barbados, Finnland, Italien, San Marino, Schweden) die Anrechnungsmethode vereinbart.

## II. Die Befreiungsmethode

Lesen Sie aufmerksam Art 23 A OECD-MA, § 2 (8) Z 3 EStG, EStR 2000 Rz 187–211.

### 1. Funktionsweise

**Art 23 A (1) OECD-MA** regelt die Anwendung der **Befreiungsmethode**. Nach der Systematik der Befreiungsmethode werden die aufgrund eines DBA befreiten ausländischen Einkünfte im Ansässigkeitsstaat von der Besteuerung ausgenommen.

! **Beispiel:**

Eine österreichische AG betreibt eine Fertigungsbetriebstätte in Tschechien. Die Betriebstättengewinne iHv 100 dürfen gem Art 7 des DBA-Tschechien in Tschechien, aber aufgrund des Wortlauts des Art 7 auch im Ansässigkeitsstaat der AG besteuert werden. Dürfen allerdings beide Staaten besteuern, besteht die Gefahr der Doppelbesteuerung. Daher regelt Art 22 des DBA, dass Einkünfte, die nach dem Abkommen in Tschechien besteuert werden dürfen, zur Vermeidung der Doppelbesteuerung von in Österreich Ansässigen in Österreich von einer Besteuerung auszunehmen sind. Die steuerlichen Gewinne der AG werden somit unter Außerachtlassung der Tschechien-Gewinne besteuert.

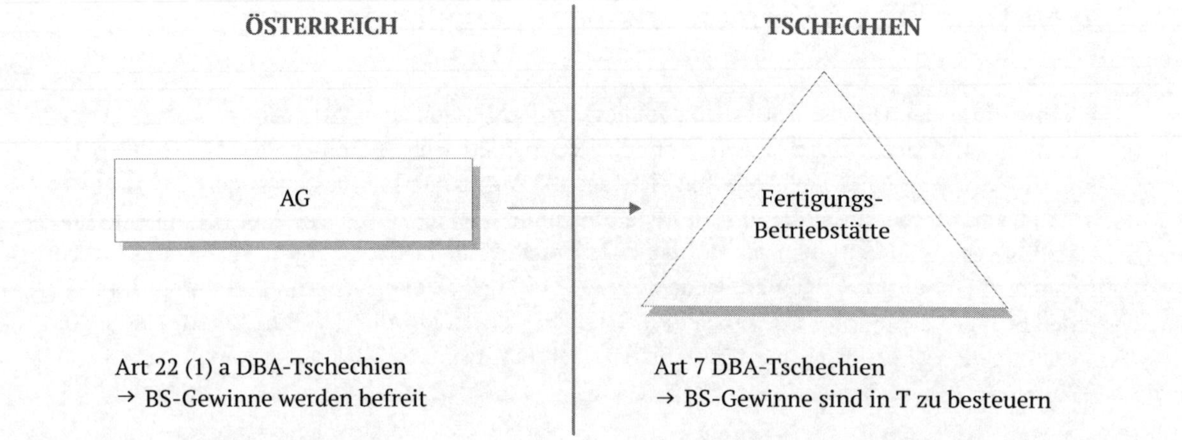


Die Befreiungsmethode greift grundsätzlich ungeachtet dessen, ob im Quellenstaat auch tatsächlich besteuert wird. Etwas anderes gilt nur, wenn ein Abkommen eine Subject-to-Tax-Klausel enthält. Übt der Quellenstaat sein ihm abkommensrechtlich zustehendes Besteuerungsrecht nicht aus und darf der Ansässigkeitsstaat aufgrund des Abkommens nicht besteuern, kann es in einzelnen Fällen auch zu einer legalen doppelten Nichtbesteuerung kommen, obwohl dies dem Sinn und Zweck des Abkommens zuwiderläuft.

## 2. Progressionsvorbehalt

Art 23 A (3) und Art 23 B (2) OECD-MA enthalten die Regelung des **Progressionsvorbehalts**. Der Progressionsvorbehalt ist ein **Vorbehalt des Ansässigkeitsstaates**, die ausländischen befreiten Einkünfte für Zwecke der **Berechnung des inländischen Steuersatzes** zu berücksichtigen. Es wird jener Steuersatz herangezogen, der zur Anwendung käme, wenn die gesamten Einkünfte, also auch die ausländischen befreiten Einkünfte, im Inland besteuert würden. Somit zeitigt der Progressionsvorbehalt aber nur bei einem progressiven Steuersatz seine Wirkung.

Werden Einkünfte nur im Kassenstaat besteuert (zB Einkünfte von öffentlich Bediensteten), so werden diese Einkünfte, obwohl eine Vermeidung der Doppelbesteuerung nicht mehr notwendig ist, dennoch für Zwecke des Progressionsvorbehalts berücksichtigt (siehe zB BMF EAS 2065, 14. 5. 2002).

Wie der **Tarif** konkret zu ermitteln ist, richtet sich nach inländischem Recht. Die von der Besteuerung in Österreich freizustellenden ausländischen Einkünfte sind gem **§ 2 (8) Z 1 EStG** nach den Regeln des österreichischen EStG umzurechnen. **Aufwendungen**, die getätigt werden und die in unmittelbarem wirtschaftlichen Zusammenhang mit den ausländischen befreiten Einkünften stehen, mindern die befreiten Einkünfte.

**Berechnung des Progressionsvorbehalts:**

1. Zunächst ist das **österreichische Welteinkommen gem § 2 (2) EStG** nach den Vorschriften des österreichischen Rechts **ohne Berücksichtigung des DBA** zu ermitteln.

**Tipp:**

KESt-pflichtige endbesteuerte Einkünfte, die sich auch innerstaatlich nicht auf die Progression auswirken, sind außer Ansatz zu lassen. Auch mit einem ermäßigten Steuersatz gem § 67 EStG besteuerte Einkünfte werden nicht einberechnet (BMF EAS 997, 12. 1. 1997). Außergewöhnliche Belastungen sowie Sonderausgaben sind allerdings zu berücksichtigen (VwGH 11. 10. 1977, 1830/77). Bei der Ermittlung des Sonderausgabenhöchstbetrages sowie des Selbstbehalts bei außergewöhnlichen Belastungen sind auch die ausländischen Einkünfte zu beachten (VwGH 24. 5. 2007, 2004/15/0051; BMF EAS 1916, 13. 8. 2001).

2. In einem nächsten Schritt wird die auf das Einkommen entfallende österreichische **Einkommensteuer** ohne Berücksichtigung des DBA ermittelt.

3. Im dritten Schritt wird anhand des Welteinkommens der **Durchschnittssteuersatz** errechnet.
4. Der so ermittelte Durchschnittssteuersatz wird schließlich auf jene Einkommensteile angewandt, die gemäß dem DBA in Österreich besteuert werden dürfen.

**Tipp:**

Auf dieser Stufe sind auch Steuerabsetzbeträge zu berücksichtigen, welche unaliquotiert in vollem Ausmaß zustehen (§ 33 [11] EStG). Sonderausgaben und außergewöhnliche Belastungen mindern in vollem Ausmaß die im Inland steuerpflichtigen Einkünfte.

**Beispiel:**

Ein in Österreich Ansässiger bezieht neben seinen österreichischen Einkünften aus nichtselbständiger Arbeit iHv 40.000 Zinserträge auf einem österreichischen Sparbuch iHv 7.000 sowie ausländische Einkünfte aus selbständiger Arbeit iHv 80.000.

1. Das österreichische Welteinkommen gem § 2 (2) EStG beträgt unter Außerachtlassung der endbesteuerten Einkünfte 120.000. Etwaige Begünstigungen, wie zB außergewöhnliche Belastungen oder Sonderausgaben, wären ebenfalls zu berücksichtigen.
2. Sodann wird die ESt gem § 33 EStG iHv 47.880 errechnet: ([120.000 – 90.000] * 455.000 / 910.000) + 32.880).
3. Der Durchschnittssteuersatz beträgt 39,9 % (47.880 x 100/120.000).
4. Dieser Durchschnittssteuersatz wird für die in Österreich steuerpflichtigen Einkünfte iHv 40.000 angewandt. Die inländische Steuerschuld beträgt 15.960. Hiervon wären noch allfällige Steuerabsetzbeträge abzuziehen.

Nach hA kommt der Progressionsvorbehalt nur im Ansässigkeitsstaat zur Anwendung. Somit ist bei Personen, die in Österreich einen Zweitwohnsitz haben, die Anwendung des Progressionsvorbehalts ausgeschlossen (siehe EStR 2000 Rz 7595, anders wird dies allerdings zB in Deutschland gehandhabt). Dies gilt nicht bei unterjähriger Wohnsitzverlagerung (BMF EAS 2372, 11. 11. 2003).

**Verluste**, die in einer ausländischen Betriebstätte erwirtschaftet wurden, sind auch, wenn die Befreiungsmethode in dem DBA vereinbart wurde und somit die Gewinne nicht besteuert werden können, im Inland zum Abzug zugelassen (siehe dazu im Detail Teil I, Erster Abschnitt, B.III.3.g).

**Beispiel:**

Ein österreichisches Unternehmen betreibt in Deutschland eine Betriebstätte, welche im Jahr 1 einen Verlust iHv 50 erzielt. Der Verlust ist gem § 2 (8) Z 3 EStG unter Berücksichtigung des österreichischen Steuerrechts und höchstens in Höhe des nach ausländischem Steuerrecht ermittelten Verlustes des betreffenden Wirtschaftsjahres umzurechnen. Angenommen, eine Umrechnung ergibt einen Verlust iHv 40, so sind 40 von den inländischen Einkünften abzuziehen. Kommt es im Jahr 2 zu einem Betriebstättengewinn iHv 100, der nach Umrechnung gemäß dem österreichischen Steuerrecht einen Gewinn iHv 90 ergibt, so kommt es zu einer Nachversteuerung des gesamten berücksichtigten Verlusts iHv 40. Der restliche Gewinn iHv 50 darf nur progressionserhöhend angesetzt, jedoch aufgrund der Befreiungsmethode in Österreich nicht besteuert werden. Würde der im Jahr 2 in Deutschland ermittelte Gewinn allerdings 30 betragen, dann wären auch in Österreich nur 30 nachversteuerungspflichtig, auch wenn der nach österreichischem Recht ermittelte Gewinn 40 beträgt. Dies deshalb, weil nur in der Höhe eine Nachversteuerung zu erfolgen hat, in der es zu einer Verlustdoppelverwertung gekommen ist.

## 3. Qualifikationskonflikte

### a) Qualifikationskonflikte aufgrund des nationalen Rechts

Zur Lösung von Qualifikationskonflikten, die aufgrund unterschiedlicher nationaler Rechtsordnungen entstehen, schlägt die OECD vor, dass der Ansässigkeitsstaat der Qualifikation des Quellenstaats folgt. Als Grundlage dafür dient Art 23 A (1) OECD-MA, wonach Einkünfte im Ansässigkeitsstaat zu befreien oder die darauf entfallende ausländische Steuer anzurechnen ist, „wenn diese Einkünfte nach diesem Abkommen im anderen Vertragsstaat besteuert werden" können. Wenn nun der andere Vertragsstaat der Ansicht ist, dass er Einkünfte aufgrund des DBA nicht besteuern kann, dann besteht auch für den Ansässigkeitsstaat nicht die Verpflichtung zur Freistellung.

**Beispiel:**

Wirkt ein in Österreich ansässiger und auf selbständiger Basis arbeitender Filmproduzent als Kameramann an einer deutschen Filmherstellung mit, wobei die hierfür erzielten Einkünfte nach deutschem nationalen Steuerrecht als Einkünfte aus unselbständiger Arbeit gewertet und in Deutschland besteuert werden, sind diese Einkünfte in Österreich auch dann (unter Progressionsvorbehalt) von der Besteuerung freizustellen, wenn sie aus der Sicht des österreichischen Steuerrechts als Einkünfte aus Gewerbebetrieb zu erfassen sind (BMF EAS 1798, 5. 2. 2001).

**Beispiel:**

Art 18 des alten DBA-Bulgarien aus dem Jahre 1984 verpflichtet Österreich, bei in Österreich Ansässigen nur dann Einkünfte von der Besteuerung zu befreien, wenn die Einkünfte nach dem DBA in Bulgarien besteuert werden dürfen. Bezieht ein in Österreich Ansässiger von mehreren bulgarischen Konzerngesellschaften Bezüge als Mitglied des Vorstands dieser Gesellschaften und ist Bulgarien nach seinem Recht genötigt, diese Einkünfte Art 11 (Honorare) zuzuordnen, dann darf Bulgarien diese Einkünfte aufgrund dieser DBA-Bestimmung keiner Besteuerung unterziehen. Dies hat zur Folge, dass gem Art 18 auf österreichischer Seite keine Verpflichtung zur Steuerfreistellung erwächst. Der Umstand, dass nach österreichischem Recht die Vorstandsbezüge, abweichend von der Qualifikation in Bulgarien, als Einkünfte aus in Bulgarien ausgeübter nichtselbständiger Tätigkeit im Sinn von Art 7 gewertet werden, vermag die aus Art 18 herrührende Steuerberechtigung Österreichs nicht zu beeinträchtigen und ist im gegebenen Zusammenhang unerheblich. Ein zur Doppelnichtbesteuerung führender Qualifikationskonflikt kann daher nicht eintreten (BMF EAS 2924, 21. 12. 2007).

### b) Qualifikationskonflikte aufgrund des DBA oder unterschiedlicher Sachverhaltsbeurteilung

Art 23 A (4) OECD-MA beinhaltet eine Regelung zur Lösung von Qualifikationskonflikten, der zufolge der Ansässigkeitsstaat bestimmte Einkünfte oder Vermögen nicht gem Art 23 A (1) OECD-MA zu befreien hat, wenn der andere Staat das DBA so anwendet, dass er die Einkünfte von der Besteuerung ausnimmt oder nur ein begrenztes Quellenbesteuerungsrecht wahrnimmt. Sinn und Zweck dieser Bestimmung ist, dass, wenn es wegen der unterschiedlichen Sachverhaltsbeurteilung oder der unterschiedlichen DBA-Auslegung zu einem negativen Qualifikationskonflikt kommt, der Eintritt einer Doppelnichtbesteuerung oder einer unbeabsichtigten Niedrigbesteuerung verhindert wird.

**Beispiel:**

Das DBA-Usbekistan enthält in Art 23 (5) eine dem Art 23 A (4) OECD-MA ähnliche Bestimmung, der zufolge der Ansässigkeitsstaat nicht zu befreien hat, wenn der andere Staat die Einkünfte nach Durchführung eines Verständigungsverfahrens von der Steuer befreit. Werden daher zB in Österreich Einkünfte von der Steuer befreit, unter der Annahme, dass in Usbekistan eine Betriebstätte besteht und diese Einkünfte daher in Usbekistan besteuert werden, und besteuert Usbekistan aber nicht, da es der Auffassung ist, dass keine Betriebstätte in Usbekistan besteht, so wäre zunächst zur Klärung des Sachverhalts ein Verständigungsverfahren durchzuführen. Führt dieses Verständigungsverfahren zu dem Ergebnis, dass tatsächlich in Usbekistan keine Betriebstätte besteht, so hat Österreich die Einkünfte nicht zu befreien.

**Literaturhinweis:**

*Lang*, Conflicts of Income Allocation in Tax Treaty Law: The Differing Opinions of the Austrian Federal Ministry of Finance and the OECD, Bulletin for International Taxation 2013, 2.

## III. Anrechnungsmethode

Lesen Sie aufmerksam Art 23 B OECD-MA, § 2 (8) EStG, EStR 2000 Rz 7583 ff.

### 1. Funktionsweise

Bei der in **Art 23 B (1) OECD-MA** geregelten **Anrechnungsmethode** besteuert der Ansässigkeitsstaat das Welteinkommen und rechnet die im Quellenstaat gezahlte Steuer auf die inländische Steuer an. Konsequenz aus der Anrechnung ist, dass in jedem Fall auf das Steuerniveau des Ansässigkeitsstaates hochgeschleust wird. Etwaige Steuervorteile im Quellenstaat gehen somit wieder verloren. Ist die im Ausland gezahlte Steuer allerdings höher als die des Ansässigkeitsstaates, so kann maximal bis zur im

Ansässigkeitsstaat zu zahlenden Steuer angerechnet werden und die Differenz zwischen inländischer und ausländischer Steuer wird zum Kostenfaktor (Anrechnungshöchstbetrag).

Die in die inländische Steuerbemessungsgrundlage hineingenommenen ausländischen Einkünfte sind nach Maßgabe der österreichischen Steuerrechtsvorschriften (§ 2 [8] Z 3 EStG) zu ermitteln.

**Beispiel:**

Eine in Österreich ansässige natürliche Person bezieht Dividenden sowie Zinsen aus den USA. Gem Art 10 DBA-USA darf in den USA eine Quellensteuer iHv 15 % einbehalten werden. Für Zinsen steht den USA jedoch gem Art 11 (1) DBA-USA kein Besteuerungsrecht zu. Die Dividendeneinkünfte werden im Rahmen der Steuererklärung in Österreich besteuert und die US-Steuer iHv 15 % wird angerechnet. Zugleich werden aber in Österreich auch noch 10 % KESt erhoben, sodass die gesamte Steuerbelastung 25 % beträgt. Eine allenfalls auf die Zinsen erhobene US-Steuer kann in Österreich jedoch nicht angerechnet werden, da es sich dabei um keine Steuer handelt, die „nach dem Abkommen auf die US-Einkünfte entfällt" (anrechnungsbegünstigte Einkünfte). Dementsprechend ist auch eine Berücksichtigung für Zwecke der Berechnung des Anrechnungshöchstbetrags nicht möglich (VwGH 26. 5. 2010, 2005/13/0031).

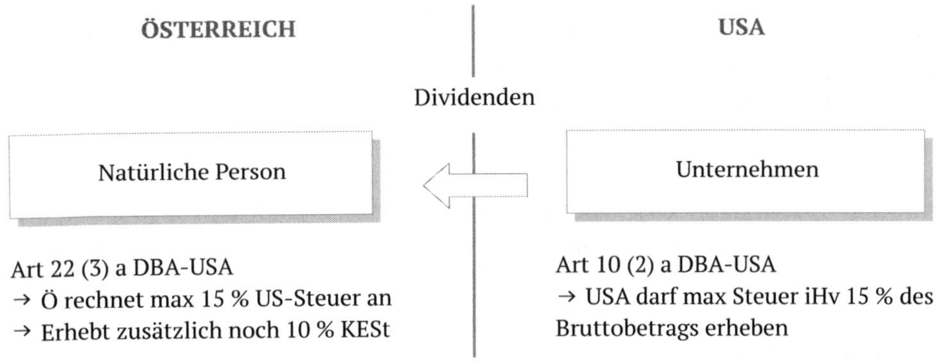


**Beispiel:**

Eine österreichische GmbH erzielt Dividenden aus einer Beteiligung (Beteiligungsausmaß 15 %) an einer Schweizer AG. Die Schweiz erhebt eine Verrechnungssteuer iHv 35 % auf die Dividenden. Gem Art 10 (2) DBA-Schweiz darf die Schweiz eine Quellensteuer iHv 15 % fordern. Eine Steuerbefreiung aufgrund des mit der Schweiz abgeschlossenen Zinsbesteuerungsabkommens greift nicht. Der das abkommensrechtliche Ausmaß übersteigende Betrag der Quellensteuer iHv 20 % ist von den Schweizer Steuerbehörden auf Antrag wieder zurückzuerstatten. Aus Sicht des österreichischen nationalen Rechts handelt es sich bei der Gewinnausschüttung um eine steuerbefreite internationale Schachtelbeteiligung iSd § 10 (1) Z 7 iVm (2) KStG. Die in Art 23 (2) DBA-Schweiz festgeschriebene Anrechnungsverpflichtung geht somit ins Leere, da in Österreich gar keine Steuer erhoben wird, auf die eine ausländische Steuer angerechnet werden könnte (BMF EAS 2122, 1. 10. 2002).

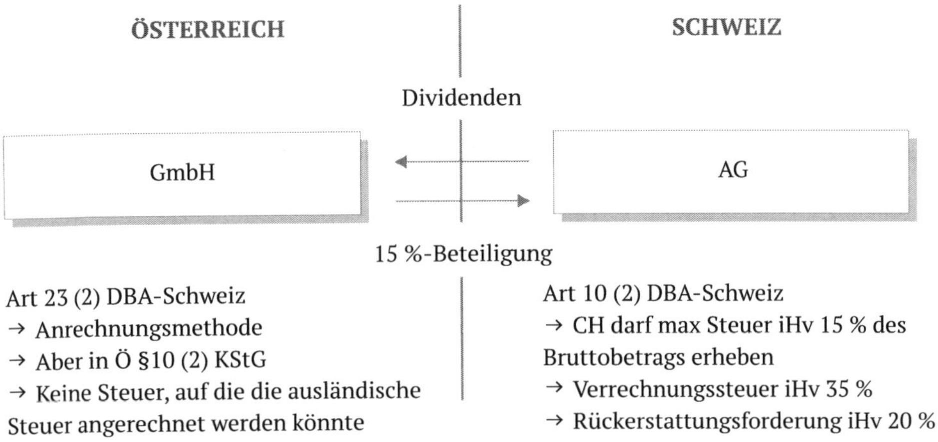

Bei der Ermittlung der anrechnungsbegünstigten ausländischen Einkünfte sind in wirtschaftlichem Zusammenhang stehende Aufwendungen (zB Refinanzierungskosten) abzuziehen (siehe zB BMF EAS 2527, 6. 12. 2004).

## 2. Anrechnungshöchstbetrag

Da es der Wortlaut der Bestimmung offenlässt, in welcher Art und Weise konkret eine Anrechnung ausländischer Steuern vorzunehmen ist, bleibt diese Frage dem innerstaatlichen Recht des Ansässigkeitsstaates überlassen. In der österreichischen Verwaltungspraxis werden der Anrechnung ausländischer Steuer in Form des **Anrechnungshöchstbetrages** Grenzen gesetzt:

1. Anrechenbar ist nur eine im Ausland tatsächlich bezahlte Steuer, welche mittels eines Zahlungsnachweises dokumentiert werden kann.
2. Sämtliche zur Verfügung stehenden **Steuervorteile** sind im Ausland auszunutzen.
3. Eine Anrechnung kann nur **im selben Jahr** erfolgen, in dem die ausländischen Einkünfte im Inland steuerlich erfasst wurden. Der tatsächliche Zahlungszeitpunkt im Ausland spielt dabei keine Rolle. Nach der derzeitigen Verwaltungspraxis (BMF EAS 3113, 22. 1. 2010; siehe zuletzt auch VwGH 27. 11. 2014, 2012/15/0002) ist kein **Anrechnungsvortrag**, also eine Anrechnung ausländischer Steuer in einem Folgejahr, möglich. Darin liegt nach der Rsp des EuGH auch kein Verstoß gegen Unionsrecht (EuGH 10. 2. 2011, C-436/08, 437/08, *Haribo Salinen*). Wird im Inland ein Verlust erwirtschaftet und fällt daher keine österreichische Steuer an, können etwaige ausländische Quellensteuern weder im Verlustjahr noch in einem darauffolgenden Jahr angerechnet werden und sind somit endgültiger Kostenfaktor.
4. Nur die **auf die ausländischen Einkünfte entfallende inländische Steuer** darf angerechnet werden. Hierzu ist gemäß der Rsp des VwGH (15. 4. 1997, 93/14/0135) folgende Formel heranzuziehen:

**Einkommensteuer/Einkommen * Auslandseinkünfte**

Im Wesentlichen wird dadurch der österreichische Durchschnittssteuersatz auf die ausländischen Einkünfte angewandt. Für die Ermittlung der bei der Höchstbetragsberechnung anzusetzenden Auslandseinkünfte sind **Verluste** vorrangig mit den von der Auslandssteueranrechnung nicht begünstigten Einkünften zu verrechnen (Verlustausgleich, Verlustvortrag), selbst wenn im Fall des Verlustausgleiches hierdurch ein vertikaler Verlustausgleich vor dem horizontalen Verlustausgleich stattfindet.

**Beispiel:**

Ein österreichischer Steuerpflichtiger hat neben seinen positiven inländischen Einkünften aus nichtselbständiger Arbeit iHv 100 auch inländische negative Einkünfte aus selbständiger Arbeit iHv –70. Zudem erzielt er auch Gewinne aus selbständiger Arbeit aus Italien iHv umgerechnet 50, wobei Italien gemäß dem DBA das Besteuerungsrecht zusteht, da die Tätigkeit im Ausland durch eine feste Einrichtung ausgeübt wird. Das DBA-Italien sieht zur Vermeidung einer Doppelbesteuerung die Anrechnungsmethode vor. Die inländischen Verluste iHv –70 sind zunächst mit den inländischen Einkünften aus nichtselbständiger Arbeit auszugleichen. Somit unterliegt die gesamte Summe der ausländischen Einkünfte der Besteuerung im Inland, wodurch ein Maximum an Anrechnungssubstrat zur Verfügung steht.

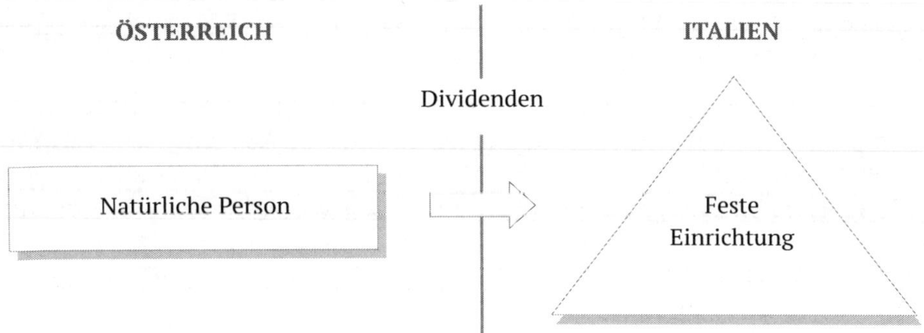


Art 23 (3) a DBA-Italien
→ Ö rechnet an
Anrechnungshöchstbetrag:
→ § 25 EStG: +100
→ § 22 EStG: -70
→ § 22 EStG: +50 (Ausland)
Verlustausgleich mit nichtanrechnungsbegünstigten Einkünften:
+100 – 70 = 30
30 + 50 = 80 (steuerpflichtiges Welteinkommen)
→ Ausländische Einkünfte voll in inländischen Gewinnen erfasst
→ Anrechnung der ausländischen Steuer möglich, sofern ausländischer Steuersatz nicht höher als inländischer

Art 14 DBA-Italien
→ I darf die der festen Einrichtung zurechenbaren Gewinne besteuern

Bei Einkünften aus einer Beteiligung an einer österreichischen Personengesellschaft können die Einkünfte der Personengesellschaft gleichsam „zerrissen“ werden, um einen innerbetrieblichen Verlustausgleich, der die Auslandseinkünfte und den Anrechnungshöchstbetrag aufzehrt, zu unterbinden. Der in der Formel verwendete Begriff „Auslandseinkünfte“ wird daher auch als Teileinkünfte einer Einkunftsquelle zu verstehen sein (BMF EAS 2962, 30. 4. 2008).

Bei der Anrechnung können die ausländischen Einkünfte grundsätzlich auf unterschiedliche Weise zusammengefasst werden:

- **„Overall limitation“**: Sämtliche weltweit erzielten Auslandseinkünfte werden für die Berechnung des Anrechnungshöchstbetrages zusammengefasst. In Österreich darf nach Auffassung des BMF nur in besonderen Fällen, wenn eine länderweise Trennung mit erheblichem administrativen Aufwand verbunden wäre, welcher in keinem vernünftigen Verhältnis zum Steueraufkommen steht, von einer „overall limitation“ Gebrauch gemacht werden, wie zB im Falle eines in Österreich ansässigen Investors österreichischer Investmentfonds (siehe BMF EAS 1904, 7. 8. 2001).
- **„Per-country-limitation“**: Nur die in einem bestimmten Land erzielten Auslandseinkünfte werden für Zwecke des Anrechnungshöchstbetrages zusammengefasst. Die österreichische Verwaltungspraxis folgt grundsätzlich der „per-country-limitation“.

**Beispiel:**

Eine österreichische AG bezieht Dividenden aus einer 100%igen Beteiligung sowie Zinsen aus Japan. Nach dem DBA-Japan darf auf die Dividenden gem Art 9 eine Quellensteuer iHv max 10 % erhoben werden. Die Dividenden werden allerdings in Österreich aufgrund des internationalen Schachtelprivilegs von einer Steuer befreit. Die Zinsen sind gem Art 10 in Japan ebenfalls mit max 10 % zu besteuern. Durch die „per-country-limitation“ kommt es grundsätzlich zu einer Zusammenfassung der japanischen Einkünfte. Sind die japanischen Einkünfte von der österreichischen Besteuerung vollständig freigestellt worden, gibt es keine zu beseitigende Doppelbesteuerung mehr, weil dann eben nur mehr ein Staat besteuert. In einem solchen Fall ist eine Anrechnung der japanischen Steuer gegenstandslos. Daran vermag auch der „Per-country-limitation-Grundsatz" nichts zu ändern (siehe auch BMF EAS 1816, 12. 3. 2001).

Wenn aufgrund eines DBA eine Quellensteueranrechnungsverpflichtung besteht, der Quellenstaat aber nach seinem inländischen Recht keine Besteuerung vornimmt, können solche **im Quellenstaat unbesteuert gebliebenen Einkünfte** für Belange der Höchstbetragsberechnung einbezogen werden (EStR 2000 Rz 7585). Etwas anderes gilt allerdings, wenn dem Quellenstaat abkommensrechtlich gar kein Besteuerungsrecht zusteht: Da es sich um keine **„anrechnungsbegünstigten Einkünfte"** handelt, besteht auch nicht die Möglichkeit der Berücksichtigung im Rahmen des Anrechnungshöchstbetrages (siehe auch VwGH 26. 5. 2010, 2005/13/0031).

- **„Per-item-limitation"**: Der Anrechnungshöchstbetrag wird für jedes Land und jede Einkunftsquelle gesondert ermittelt. Die Anwendung der genaueren „per-item-limitation" durch den Steuerpflichtigen ist möglich (EStR 2000 Rz 7584; BMF EAS 2968, 26. 5. 2008).

### 3. Fiktive Steueranrechnung

Durch das Hinaufschleusen der ausländischen Einkünfte auf inländisches Steuerniveau werden etwaige Steuervorteile im Ausland zunichtegemacht. Um allerdings Investitionen in bestimmte Staaten zu begünstigen, wurden in einige Abkommen Spezialbestimmungen aufgenommen, welche eine Anrechnung einer fiktiven und höheren, allerdings nicht tatsächlich gezahlten Steuer ermöglichen. Diese zumeist in Abkommen zwischen Industrie- und Entwicklungsländern aufgenommenen Bestimmungen sollen gewährleisten, dass steuerliche Investitionsanreize der Entwicklungsländer im Ansässigkeitsstaat des Investors nicht verloren gehen.

**„Tax Sparing Credit"**: Der Ansässigkeitsstaat hat jene Steuer anzurechnen, die im Quellenstaat zu zahlen gewesen wäre, wenn dort nicht aufgrund **innerstaatlicher Begünstigungen** eine Reduktion der Quellensteuer gewährt worden wäre (siehe zB DBA-Malaysia in Bezug auf Dividenden).

**„Matching Credit"**: Im DBA wird bereits festgelegt, in welcher **Höhe** der Ansässigkeitsstaat eine **Steueranrechnung** vorzunehmen hat, ungeachtet dessen, wie hoch die tatsächlich im Quellenstaat gezahlte Steuer war (siehe zB DBA-Brasilien).

**Beispiel:**

Wird in indonesische Aktien investiert, dann kommt es in Österreich gem Art 24 (3) lit d DBA-Indonesien automatisch zu einer Anrechnung iHv 15 %, ungeachtet dessen, ob überhaupt und in welcher Höhe in Indonesien Steuern erhoben wurden.

**Literaturhinweise:**

*Gassner/Lang/Lechner*, Die Methoden zur Vermeidung der Doppelbesteuerung (1995); *Zorn*, Verwertung von Auslandsverlusten bei DBA mit Befreiungsmethode, SWI 2001, 456; *Loukota*, Gebietet EU-Recht einen DBA-Anrechnungsvortrag? SWI 2006, 250; *Petritz*, Gebieten Abkommens- und/oder Gemeinschaftsrecht einen Anrechnungsvortrag, RdW 2007, 331; *Brugger*, Mindeststeuer und Steueranrechnung, ÖStZ 2008, 150; *Daurer/Tüchler*, Foreign Tax Credit – Is a Carry-Forward Obligatory? Bulletin for International Taxation 2012, 563.

## IV. Unilaterale Entlastung gem § 48 (5) BAO

Lesen Sie aufmerksam § 48 (5) BAO, DoppelbesteuerungsV BGBl II 2002/474.

Parallel zu den DBA besteht unilateral – im österreichischen innerstaatlichen Recht verankert – die Möglichkeit, Doppelbesteuerung zu vermeiden. Gem **§ 48 (5) BAO** kann das Bundesministerium für Finanzen bei Abgabepflichtigen, die der Abgabenhoheit mehrerer Staaten unterliegen,

- soweit dies zur **Ausgleichung der in- und ausländischen Besteuerung** (tatsächliche Doppelbesteuerung)
- oder zur Erzielung einer den **Grundsätzen der Gegenseitigkeit entsprechenden Behandlung** (virtuelle Doppelbesteuerung) erforderlich ist,

- anordnen, bestimmte Gegenstände der Abgabenerhebung ganz oder teilweise aus der Abgabenpflicht auszuscheiden oder ausländische, auf solche Gegenstände entfallende Abgaben ganz oder teilweise auf die inländischen Abgaben anzurechnen.

Österreich hat bisher nicht mit allen existierenden Staaten ein DBA abgeschlossen. Besteht ein abkommensloser Zustand, so ermöglicht § 48 (5) BAO, eine Doppelbesteuerung zu vermeiden. In manchen Fällen versagen aber auch die bestehenden DBA bei der Vermeidung einer Doppelbesteuerung, wodurch eine unilaterale Entlastung gem § 48 (5) BAO notwendig werden kann.

§ 48 (5) BAO kann entweder aufgrund der dazu ergangenen **DoppelbesteuerungsV** (BGBl II 2002/474) direkt im Wege der Geltendmachung durch den Steuerpflichtigen in der Steuererklärung zur Anwendung kommen oder auf **Antrag** der Partei, wenn die Voraussetzungen der V nicht erfüllt sind.

Eine unilaterale Entlastung durch V kommt nur für **unbeschränkt Steuerpflichtige** infrage. Zudem betrifft die V nur den Bereich der **ESt und KSt.** § 48 (5) BAO gilt aber für sämtliche von der BAO umfasste Abgaben. Dadurch werden Fälle von Doppelbesteuerung in anderen Steuerbereichen (in der Vergangenheit zB die Erbschafts- und Schenkungssteuer) nicht von der V gedeckt und werden daher im Wege von Einzelbescheiden erledigt.

Eine Entlastung in Form einer **Befreiung** der ausländischen Einkünfte greift gem § 1 der V, sofern **kein DBA abgeschlossen** wurde, die Auslandseinkünfte im Ausland mindestens einer **15%igen Durchschnittssteuerbelastung** unterliegen und es sich um folgende Einkünfte handelt:

- Einkünfte aus im Ausland belegenem unbeweglichen Vermögen;
- Einkünfte aus Gewerbebetrieb sowie Einkünfte aus selbständiger Arbeit, die aus einer im Ausland gelegenen Betriebstätte stammen;
- Einkünfte, die aus einer im Ausland unternommenen Bauausführung oder Montage stammen;
- Einkünfte aus einer im Ausland ausgeübten Vortrags- oder Unterrichtstätigkeit;
- Einkünfte aus einer im Ausland erfolgten Mitwirkung an einer Unterhaltungsdarbietung;
- Einkünfte aus einer im Ausland ausgeübten nichtselbständigen Arbeit.

Liegen keine der oa Einkünfte vor (zB im Falle von Dividenden, Zinsen oder Lizenzgebühren) oder liegt die Durchschnittssteuerbelastung unter 15 %, so kommt es gem § 2 der V zur **Anrechnung** der ausländischen Steuer.

Die Anwendung der DoppelbesteuerungsV setzt außerdem voraus, dass den **Aufzeichnungserfordernissen** des § 3 der V entsprochen wird.

Nicht erfasst von der V sind Fälle, in denen **trotz Bestehens eines DBA** eine Doppelbesteuerung eintritt. Kann eine Doppelbesteuerung nicht im Wege der V beseitigt werden und waren nationale Rechtsmittelverfahren sowie Verständigungsverfahren nicht in der Lage, eine Doppelbesteuerung zu beseitigen, so kann auf Basis eines **Einzelantrages** beim BMF eine unilaterale Entlastung gem § 48 (5) BAO erwirkt werden. Als Entlastungsmaßnahme stehen grundsätzlich sowohl die Befreiungsmethode als auch die Anrechnungsmethode – je nach Ermessen der Behörde – zur Verfügung.

**Literaturhinweise:**

*Lang et al* (Hrsg), Unilaterale Maßnahmen zur Vermeidung der Doppelbesteuerung (2004); *Weninger*, Die aktuelle Praxis des Bundesministeriums für Finanzen bei der Anwendung des § 48 BAO, SWI 2004, 204.

**Kontrollfragen:**

1. Wie funktioniert die Befreiungsmethode und was ist ein Progressionsvorbehalt?
2. Wie funktioniert die Anrechnungsmethode und was ist ein Anrechnungshöchstbetrag?

3. Was ist ein Matching Credit und ein Tax Sparing Credit?
4. Was kann man tun, wenn eine Doppelbesteuerung nicht durch ein DBA vermieden werden kann?

# E. Sonstige Abkommensbestimmungen

## I. Die Diskriminierungsverbote

Lesen Sie aufmerksam Art 24 OECD-MA.

**Art 24 OECD-MA** beinhaltet das **Diskriminierungsverbot**, welches bestimmte Formen von Ungleichbehandlungen verbietet. Somit gehen die DBA in dieser Bestimmung über den eigentlichen Zweck – die Vermeidung der Doppelbesteuerung sowie der Doppelnichtbesteuerung – hinaus. Gem Art 24 (1) und (2) OECD-MA sind Ungleichbehandlungen aufgrund der **Staatsangehörigkeit** sowie im Falle der **Staatenlosigkeit**, gem Abs 3 Ungleichbehandlungen von inländischen **Betriebstätten** von Nichtansässigen, gem Abs 4 Ungleichbehandlungen in Form von Abzugsverboten aufgrund der Ansässigkeit des **Gläubigers** und gem Abs 5 Ungleichbehandlungen bei Kapitalbeherrschung aufgrund der Ansässigkeit des **Gesellschafters** untersagt. Art 24 gilt ungeachtet des Art 2 für Steuern jeder Art, selbst wenn diese Steuern nicht vom sachlichen Anwendungsbereich erfasst sind (Art 24 [6] OECD-MA).

**Beispiel:**

Werden von einer operativen österreichischen GmbH & Co KG mit 60%igem österreichischen und 40%igem deutschen GmbH-Gesellschafter Anteile an osteuropäischen Betriebsgesellschaften gehalten, die ebenfalls als Personengesellschaften organisiert sind, dann sind die Anlaufverluste der Ostgesellschaften bei der Gewinnermittlung für den beschränkt steuerpflichtigen deutschen GmbH-Gesellschafter genauso abzugsfähig wie für den unbeschränkt steuerpflichtigen Gesellschafter. Gem Art 24 DBA-Deutschland darf die inländische Personengesellschaftsbetriebstätte des deutschen Gesellschafters nicht ungünstiger behandelt werden als die Personengesellschaftsbetriebstätte eines österreichischen Unternehmens (des österreichischen GmbH-Gesellschafters). Und da die Verlustverwertung dem österreichischen GmbH-Gesellschafter auf der Grundlage des § 2 (8) EStG zu gewähren ist, hat Gleiches zugunsten des deutschen Gesellschafters zu geschehen (BMF EAS 2522, 30. 11. 2004).

Das Diskriminierungsverbot ist unmittelbar anwendbar. Dh, im Falle des Verstoßes einer innerstaatlichen Vorschrift gegen das Diskriminierungsverbot ist die innerstaatliche Vorschrift automatisch in diesem Anwendungsbereich unanwendbar.

**Literaturhinweise:**

*Van Raad*, Nondiscrimination in International Tax Law (1986); *Lang/Schuch/Staringer*, Die Diskriminierungsverbote im Recht der Doppelbesteuerungsabkommen (2006); *Schneeweiss*, Betriebstättendiskriminierungsverbot: Kein Verlustvortrag für beschränkt Steuerpflichtige bei doppelter Verlustverwertung, SWI 2006, 312.

## II. Das Verständigungsverfahren

Lesen Sie aufmerksam Art 25 OECD-MA, EU-Schiedskonvention 90/436/EWG, Verhaltenskodex zur effektiven Implementierung der EU-Schiedskonvention, EU-Besteuerungsstreitbeilegungsgesetz (EU-BStbG), § 48 BAO, § 295 (2a) BAO, BMF-Info vom 24. 7. 2019, BMF-010221/0237-VI/8/2019, „Verständigungs- und Schiedsverfahren nach Doppelbesteuerungsabkommen und dem EU-Schiedsübereinkommen".

Grundsätzlich beinhaltet das OECD-MA **drei verschiedene Formen** von Verständigungsverfahren:

### 1. Verständigungsverfahren in Einzelfällen (Art 25 [1] und [2] OECD-MA)

**Art 25 (1) OECD-MA** regelt die Durchführung von Verständigungsverfahren in Einzelfällen. Steuerpflichtige, die der Auffassung sind, dass eine Maßnahme eines Vertragsstaats oder beider Vertragsstaaten für sie zu einer Besteuerung führt oder führen wird, die diesem Abkommen nicht entspricht, können **unbeschadet der nach innerstaatlichem Recht dieser Staaten vorgesehenen Rechtsmittel**

ihren Fall der zuständigen Behörde des Vertragsstaats, in dem sie ansässig sind, unterbreiten. Eine bereits tatsächlich erfolgte Doppelbesteuerung ist nicht erforderlich, es reicht bereits die **Gefahr einer eintretenden Doppelbesteuerung**.

Der **Antrag** auf Einleitung eines Verständigungsverfahrens hat **innerhalb von drei Jahren** nach der ersten Mitteilung der Maßnahme, die zu einer dem Abkommen nicht entsprechenden Besteuerung geführt hat, gestellt zu werden und ist grundsätzlich bei der obersten Behörde des **Ansässigkeitsstaats** (in Österreich das BMF) zu stellen. Das OECD-MA 2017 ermöglicht es, dass die Einleitung eines Verständigungsverfahrens in einem der beiden Vertragsstaaten beantragt werden kann. Die österreichischen DBA sehen jedoch in der Regel weiterhin eine Einleitung im Ansässigkeitsstaat vor. Wurde ein Antrag gestellt, so prüft die Behörde zunächst, ob die Einwände des Steuerpflichtigen begründet sind. Sind sie begründet, bemüht sich die Behörde vorerst selbst, eine befriedigende Lösung herbeizuführen. Sofern dies nicht möglich ist, tritt sie mit dem anderen Vertragsstaat in Verständigungsgespräche.

Die Dauer von Verständigungsverfahren ist in den OECD-MA vor 2008 nicht geregelt. Sie können sich daher über mehrere Jahre erstrecken. Hinzu kommt, dass keine rechtliche Pflicht zu einer Einigung der Vertragsstaaten in Verständigungsverfahren besteht. Können sich die zuständigen Behörden nicht einigen, bleibt dies ohne Konsequenz und der Steuerpflichtige wird endgültig abkommenswidrig besteuert. Seitens Österreichs könnte in diesen Fällen aber eine unilaterale Entlastung gem § 48 (5) BAO erteilt werden.

Im **OECD-Update 2008** wurde dem Art 25 OECD-MA ein neuer **Abs 5** angefügt, der vorsieht, dass falls bei einem Verständigungsverfahren keine Einigung der zuständigen Behörden **innerhalb von zwei Jahren** ab Präsentation des Falles bei der zuständigen Behörde des anderen Staates erzielt werden kann, ein **Schiedsverfahren** über Antrag eingeleitet werden kann. Ein Schiedsverfahren hätte den Zweck, dass eine unabhängige Kommission den Fall rasch entscheidet. Allerdings kann kein Schiedsverfahren eingeleitet werden, wenn eine Entscheidung eines Gerichts oder Verwaltungstribunals in einem der beiden Staaten ergangen ist. Sofern die Umsetzung der Schiedsentscheidung nicht ausdrücklich abgelehnt wird, ist sie für beide Staaten verbindlich und ungeachtet der zeitlichen Beschränkungen des innerstaatlichen Rechts umzusetzen.

Österreich hat bereits mit einigen Staaten DBA mit verschiedentlich ausformulierten Schiedsklauseln abgeschlossen. Das DBA-Deutschland beinhaltet beispielsweise eine Bestimmung, der zufolge für den Fall, dass im herkömmlichen Wege binnen drei Jahren keine Lösung gefunden werden kann, der Fall im Rahmen eines Schiedsverfahrens vor dem EuGH geklärt werden muss.

**Tipp:**

Eine Liste jener Staaten, mit denen im jeweiligen Doppelbesteuerungsabkommen eine Schiedsklausel aufgenommen wurde, findet sich in der BMF-Info vom 24. 7. 2019, BMF-010221/0237-VI/8/2019, „Verständigungs- und Schiedsverfahren nach Doppelbesteuerungsabkommen und dem EU-Schiedsübereinkommen".

Wird eine Lösung im Verständigungsweg gefunden, so ist diese **ungeachtet der Fristen des innerstaatlichen Rechts** der Vertragsstaaten durchzuführen. In der Vergangenheit wurden Verständigungslösungen in Österreich idR im Wege einer unilateralen Entlastung gem § 48 BAO, aufgrund dessen eine Anpassung des Bescheides nach § 295 (3) BAO erfolgen konnte, umgesetzt. Daneben bestand auch die Möglichkeit, durch § 236 BAO (Nachsicht), § 295a BAO (rückwirkendes Ereignis, bis zum Ablauf der Verjährung), § 299 BAO (Bescheidaufhebung, innerhalb eines Jahres) oder § 303 BAO (Wiederaufnahme, Antrag bis zum Ablauf der Verjährung) eine verständigungskonforme Anpassung vorzunehmen. Zudem wurden Anspruchszinsen gem § 205 BAO (Nachforderungszinsen oder Gutschriftszinsen) bei Verständigungsverfahren eingefordert bzw ausbezahlt.

Durch das EU-Finanz-Anpassungsgesetz 2019, BGBl I 2019/62, wurde die Umsetzung von Verständigungslösungen reformiert und in die Vorschrift des § 48 BAO implementiert. Demnach ist die **Eini-**

**gung im Verständigungsverfahren** gem **§ 48 (2) BAO mit Bescheid festzustellen**, sofern noch kein Verwaltungsgericht über die Streitfrage entschieden hat. Unabhängig vom Eintritt der Rechtskraft oder der Verjährung ist der ursprüngliche Bescheid in der Folge gem § 295 (2a) BAO auszuheben oder abzuändern.

Es besteht keine Bindung der Gerichte (BFG, VwGH, VfGH) an Verständigungsvereinbarungen. Allerdings ist zu beachten, dass insbesondere im Falle allgemeiner Konsultationsverfahren iSd Art 25 (3) OECD-MA die Übung der Vertragsstaaten gem Art 31 Wiener Vertragsrechtskonvention zum Ausdruck kommt.

In erster Linie werden Einzelverständigungsverfahren zur Abklärung des Sachverhalts benötigt. Teilweise entwickeln sich Einzelverständigungsverfahren aber auch in Richtung allgemeiner Konsultationsverfahren, wenn Rechtsfragen von allgemeiner Relevanz abgestimmt werden.

! **Beispiel:**

Ein österreichisches Unternehmen ist eine Kooperation mit einem ukrainischen Unternehmen eingegangen, wonach das österreichische Unternehmen sich verpflichtet, regelmäßige Wartungsarbeiten an Maschinen in der Ukraine durchzuführen. Das Unternehmen ist der Auffassung, dass in der Ukraine keine Betriebstätte begründet wird. Daher wurden in der Ukraine auch keine Steuern bezahlt. Kommt nun die ukrainische Behörde zu einem anderen Ergebnis und besteuert daher das österreichische Unternehmen in der Ukraine, so wird doppelt besteuert. Im Wege eines Verständigungsverfahrens auf Antrag des Steuerpflichtigen wäre somit der Sachverhalt zu klären, insbesondere ob in der Ukraine eine Betriebstätte zur Verfügung steht, und ob eine allenfalls bestehende feste Einrichtung möglicherweise bloß Hilfsfunktionen übernimmt.

## 2. Allgemeine Konsultationsverfahren

Stellen sich bei der **DBA-Auslegung oder Anwendung** offene Fragen von allgemeiner Bedeutung, so haben sich die zuständigen Behörden gem **Art 25 (3) Satz 1 OECD-MA** zu bemühen, diese im Wege eines **allgemeinen Konsultationsverfahrens** zu lösen.

! **Beispiel:**

Mit einigen Staaten (zB USA, Thailand, Türkei) wurde abgestimmt, dass bei Rückerstattungsanträgen bzw Anträgen für eine Entlastung an der Quelle die US-Ansässigkeitsbescheinigung auch dem Formular angeheftet werden kann und nicht, wie sonst, direkt auf dem Formular erforderlich ist (siehe Erlass des BMF vom 29. 1. 2019, BMF-010221/0027-IV/8/2019).

## 3. DBA-ergänzende Konsultationsverfahren

Grundsätzlich besteht gem **Art 25 (3) Satz 2 OECD-MA** auch die Möglichkeit, dass sich die Vertragsstaaten darüber einigen, wie eine Doppelbesteuerung in Fällen vermieden werden kann, die im Abkommen nicht behandelt werden. Diese Bestimmung eröffnet die Möglichkeit, auch über den sachlichen Anwendungsbereich eines Abkommens hinausgehend Verständigungsverfahren zu führen und theoretisch somit auch Doppelbesteuerung von im Abkommen nicht genannten Steuern zu beseitigen. Beispielsweise wäre hier an Fälle von Doppelbesteuerung im Bereich der Umsatzsteuer zu denken. Seitens Österreich besteht allerdings kaum Erfahrung mit DBA-ergänzenden Konsultationsverfahren.

## 4. Das EU-Schiedsübereinkommen

Zwischen den **EU-Mitgliedstaaten** ist ein **Schiedsübereinkommen** (Übereinkommen 90/436/EWG vom 23. Juli 1990 über die Beseitigung der Doppelbesteuerung im Falle von Gewinnberichtigungen zwischen verbundenen Unternehmen) abgeschlossen worden, welches nur für **Verrechnungspreiskonflik-**

**te** Anwendung findet. Der Mechanismus des Schiedsübereinkommens zur Vermeidung von Doppelbesteuerung ist dreistufig:

1. Ausgangspunkt ist, dass eine **Verrechnungspreiskorrektur** nach den Regeln des **Fremdvergleichsgrundsatzes** des Art 4 des Schiedsübereinkommens vorgenommen wird. Art 4 umfasst Verrechnungspreiskorrekturen zwischen verbundenen Unternehmen (Abs 1) wie auch zwischen Stammhaus und Betriebstätte (Abs 2).
2. Sodann ist **binnen drei Jahren** ab Mitteilung über die Doppelbesteuerung ein Verständigungsverfahren nach dem Schiedsübereinkommen einzuleiten. Die zuständigen Behörden haben nun **zwei Jahre Zeit**, eine Einigung zur Beseitigung der Doppelbesteuerung zu erzielen. Die Zwei-Jahres-Frist wird allerdings im Falle einer anhängigen Gerichtsentscheidung unterbrochen. Verständigungslösungen sind ungeachtet der Fristen des innerstaatlichen Rechts umzusetzen.
3. Wurde nicht binnen zwei Jahren eine Einigung im Verständigungsverfahren erzielt, so ist der Fall einem **beratenden Ausschuss** zu unterbreiten. Dieser hat innerhalb von sechs Monaten eine Stellungnahme zur Lösung des Falles abzugeben. Die zuständigen Behörden haben sodann wiederum sechs Monate lang Zeit, dem Lösungsvorschlag des Ausschusses zu folgen oder auf andere Weise zu einer Einigung zu kommen.

**Tipp:**

Für eine effektive Anwendung des EU-Schiedsübereinkommens wurde ein Verhaltenskodex (Verhaltenskodex zur effektiven Implementierung der EU-Schiedskonvention [Code of Conduct]) vom Rat der europäischen Union in Kooperation mit den Mitgliedstaaten erarbeitet.

**Verfahrensweg der EU-Schiedskonvention:**

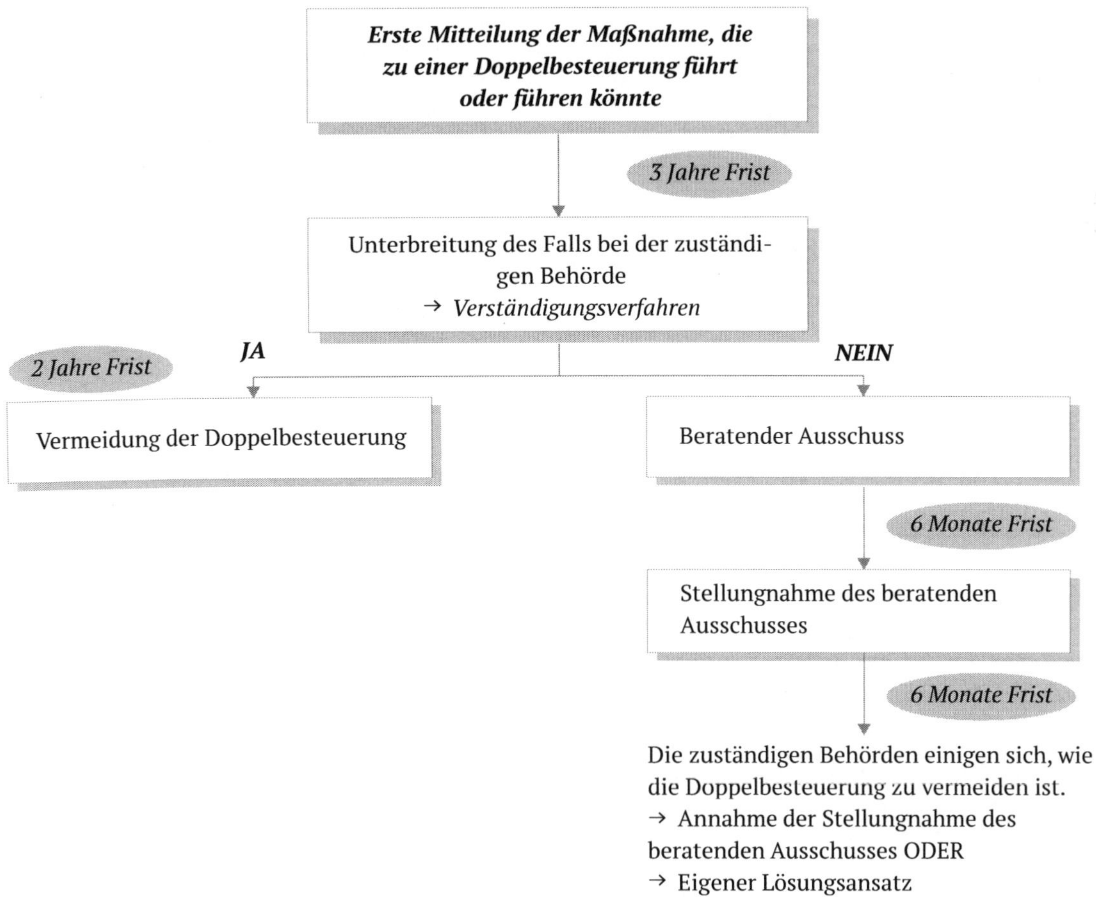

### 5. Das EU-Besteuerungsstreitbeilegungsgesetz

Die EU erachtete das in den DBA bestehende Verständigungsverfahren als unzureichend, da im Falle des Fehlens einer Schiedsklausel in einem DBA kein Einigungszwang zwischen den betroffenen Staaten besteht. Um unter anderem diesen Defekt auf EU-Ebene zu beseitigen, wurden die EU-Mitgliedstaaten durch die **EU-Streitbeilegungsrichtlinie** (RL 2017/1852/EU) verpflichtet, ein umfassendes Regelungswerk zur verpflichtenden Beseitigung von Besteuerungsstreitigkeiten innerhalb der EU in nationales Recht zu implementieren. In Österreich ist die Umsetzung der RL durch das EU-Besteuerungsstreitbeilegungsgesetz (EU-BStbG) erfolgt, welches bereits seit 1. 7. 2019 für Streitfälle, die in den Besteuerungszeitraum ab 1. 1. 2018 fallen, anwendbar ist. Das EU-BStbG ist nur betreffend Besteuerungsstreitigkeiten innerhalb der EU anwendbar. Der Vorteil eines Verfahrens nach dem EU-BStbG liegt im verpflichtenden Einigungszwang der Mitgliedstaaten, der notfalls auch durch die Einschaltung eines Schiedsgerichts herbeigeführt wird. Darüber hinaus sieht das EU-BStbG strenge Fristen vor, die sowohl vonseiten des Steuerpflichtigen als auch durch die zuständige Behörde einzuhalten sind, wodurch die Verfahrensdauer im Vergleich zum „herkömmlichen" DBA-Verfahren erheblich verkürzt werden kann. Steuerpflichtige haben nunmehr die Wahl, Besteuerungskonflikte durch das „herkömmliche" Verständigungsverfahren nach DBA, dem Verfahren nach der EU-Schiedskonvention oder dem Verfahren nach dem EU-BStbG zu beseitigen. Eine Parallelität der Verfahren ist jedoch nicht vorgesehen: Entscheidet sich der Steuerpflichtige für das Streitbeilegungsverfahren nach dem EU-BStbG, so werden daraufhin sämtliche anderen Streitbeilegungsverfahren ex lege beendet.

**Literaturhinweise:**

*Loukota*, Das internationale Verständigungsverfahren als Instrument zur DBA-Auslegung, SWI 2000, 299; *Züger*, Schiedsverfahren für Doppelbesteuerungsabkommen (2001); *Hofbauer*, Schiedsklauseln als Ergänzung des Verständigungsverfahrens in der jüngeren Abkommenspraxis, SWI 2003, 325; *Dommes*, Verständigungsverfahren zur Vermeidung von Doppelbesteuerung bei Verrechnungspreiskonflikten, in *Hack et al*, Internationale Steuer-Fallstudien (2011) 491; *Spanblöchl/Turcan*, Das neue EU-Besteuerungsstreitbeilegungsgesetz (EU-BStbG), SWI 2019, 187; *Turcan*, Das EU-Besteuerungsstreitbeilegungsgesetz und die neue Ära der Streitbeilegung, TPI 2019, 287; *Vock/Spanblöchl*, Das EU-Besteuerungsstreitbeilegungsgesetz im Überblick, RdW 2019, 192; *Schmidjell-Dommes/Turcan*, Internationale Streitbeilegungsmechanismen im Vergleich, TPI 2019, 282; *Kubik/Schmidjell-Dommes/Staringer*, SWI Spezial EU-Besteuerungsstreitbeilegungsgesetz, 2020.

## III. Der Informationsaustausch

Lesen Sie aufmerksam Art 26 OECD-MA, Übereinkommen über die gegenseitige Amtshilfe in Steuersachen BGBl III 2014/193, EU-AHG; V des Bundesministers für Finanzen betreffend die Durchführung des automatischen Informationsaustausches BGBl II 2014/380, §§ 1–4 ADG, § 91 GMSG; Verordnung des Bundesministers für Finanzen zu § 91 Z 2 GMSG über die Liste der teilnehmenden Staaten BGBl II 2019/120; Richtlinien zum Gemeinsamer Meldestandard-Gesetz 2020; EU-Meldepflichtgesetz.

**Art 26 OECD-MA** regelt den abkommensrechtlichen **Informationsaustausch** zwischen den zuständigen Behörden zweier Vertragsstaaten. Informationen können in vier Formen ausgetauscht werden: Entweder aufgrund eines **vorher ergangenen Ersuchens** oder in Form einer **Spontanauskunft** oder des **automatischen Informationsaustauschs** oder aber im Wege von **Simultanbetriebsprüfungen** oder Prüferentsendung ins Ausland. Die im Rahmen des Informationsaustauschs ausgetauschten Informationen unterliegen strengster Geheimhaltung und dürfen nur mit den mit der Abgabenerhebung betrauten Stellen ausgetauscht werden. Grundsätzlich lässt sich in der bestehenden österreichischen DBA-Praxis zwischen der „großen Klausel" und der „kleinen Klausel" betreffend den Informationsaustausch unterscheiden:

### 1. Der „große" Informationsaustausch

Die **„große Klausel"** normiert, dass die zuständigen Behörden der Vertragsstaaten die Informationen austauschen, die **zur Durchführung dieses Abkommens** oder des **innerstaatlichen Rechts** der Vertragsstaaten betreffend Steuern jeder Art und Bezeichnung, die für Rechnung der Vertragsstaaten oder ihrer Gebietskörperschaften erhoben werden, erforderlich sind.

**Tipp:**

Enthält ein DBA eine große Auskunftsklausel, so spricht man von einer **„umfassenden Amtshilfe" iSd österreichischen nationalen Rechts**. Eine Liste der Staaten, mit denen eine „umfassende Amtshilfe" besteht, findet sich in der Info des BMF vom 20. 12. 2019, BMF-010221/0282-IV/8/2019 (siehe auch Teil I, Erster Abschnitt, B.III.3.a).

**Beispiel:**

Erhält eine österreichische GmbH eines multinationalen Konzerns nachträglich ausgestellte Computerrechnungen über angeblich von einer konzernzugehörigen US-Gesellschaft erbrachte Dienstleistungen und stellt sich bei Nachforschungen durch die Betriebsprüfung heraus, dass an der einen angegebenen Adresse die US-Firma überhaupt nicht aufscheint und dass eine weitere Adresse lediglich eine „mail box drop for companies" ist (von der aus die Post mit Aufgabestempel eines asiatischen Landes versandt worden ist), werden weiters zur Vermeidung von Zahlungsflüssen in die USA die Rechnungen durch eine Verringerung des Darlehens gegenüber einer anderen ausländischen Konzerngesellschaft „bezahlt", dann erscheint die Einleitung eines Amtshilfeverfahrens mit den USA erforderlich, um herauszufinden, ob die Dienstleistungen durch die US-Gesellschaft erbracht wurden und ob die hierfür in Rechnung gestellten Vergütungen in den USA steuerlich erfasst worden sind (BMF EAS 2040, 24. 4. 2002).

Grundsätzlich bleibt es den Staaten überlassen, in welcher Form, also spontan, auf Ersuchen oder automatisch, der Informationsaustausch stattfindet. In der Vergangenheit wurden Informationen in der Regel auf Ersuchen ausgetauscht. Im Zuge der jüngsten internationalen Entwicklungen hat jedoch der **automatische Informationsaustausch** enorm an Bedeutung gewonnen (siehe sogleich im Unterabschnitt 4 und 5).

Ein Informationsaustausch kann nicht nur auf Basis einer dem Art 26 OECD-MA nachgebildeten Bestimmung stattfinden, sondern auch aufgrund des **multilateralen Amtshilfe-Übereinkommens** (BGBl III 2014/193 idgF), dem Österreich seit dem Jahr 2014 angehört.

**Tipp:**

Eine aktuelle Liste jener Staaten, die dem Multilateralen Amtshilfe-Übereinkommen beigetreten sind, findet sich auf http://www.oecd.org/ctp/exchange-of-tax-information/Status_of_convention.pdf.

Darüber hinaus wurden mit Steueroasenjurisdiktionen, mit denen der Abschluss eines DBA nicht opportun erscheint, Abkommen über den Auskunftsaustausch in Steuersachen (**Tax Information Exchange Agreements**, TIEA) abgeschlossen. TIEAs bilden in der Folge (gemeinsam mit dem ADG) eine Grundlage zum vollumfänglichen Informationsaustausch mit Steueroasen.

## 2. Der „kleine" Informationsaustausch

Die **„kleine Klausel"** sieht vor, dass nur jene Informationen ausgetauscht werden, die zur **Durchführung dieses Abkommens** erforderlich sind. Informationen betreffend die Besteuerung nach innerstaatlichem Recht sind daher nicht erfasst. Zudem ist die „kleine Klausel" nur für in einem der beiden Vertragsstaaten ansässige Personen anwendbar. Der „kleine" Informationsaustausch entspricht allerdings nicht mehr dem erforderlichen OECD-Standard für Transparenz und Amtshilfe und wird daher langfristig in keinem der österreichischen DBA zu finden sein.

## 3. Einschränkungen des Informationsaustauschs

Der abkommensrechtliche Informationsaustausch unterliegt verschiedenen Einschränkungen. Demnach hätte gem Art 26 (2) OECD-MA kein Informationsaustausch zu erfolgen, wenn

- Verwaltungsmaßnahmen durchzuführen wären, die von den Gesetzen und der Verwaltungspraxis der Vertragsstaaten abweichen (lit a);

- Informationen zu erteilen wären, die nach den Gesetzen oder im üblichen Verwaltungsverfahren der Vertragsstaaten nicht beschafft werden können (lit b);
- Informationen zu erteilen wären, die ein Handels-, Industrie-, Gewerbe- oder Berufsgeheimnis oder ein Geschäftsverfahren preisgeben würden oder deren Erteilung dem Ordre public widerspräche (lit c).

Gem **Art 26 (5) OECD-MA** kann der Informationsaustausch nicht durch einen Staat abgelehnt werden, weil sich die ersuchten Informationen im Besitz einer Bank, einer anderen Finanzinstitution, eines Bevollmächtigten oder Treuhänders befinden oder weil sie sich auf Eigentumsanteile an einer Person beziehen. In der Vergangenheit hatte Österreich einen Vorbehalt gegen diese Bestimmung bei der OECD eingelegt, da Österreich aufgrund des **nationalen Bankgeheimnisses gem § 38 BWG** am Austausch von Bankinformationen außerhalb eines Finanzstrafverfahrens gehindert war. Nachdem Österreich den Vorbehalt gegenüber der OECD im Jahre 2009 zurückgezogen hat, können nun auf Grundlage des **Amtshilfe-Durchführungsgesetzes (ADG) als materielle Rechtsgrundlage** in Verbindung mit einem jeweils Art 26 (5) OECD-MA enthaltenden DBA auch Bankinformationen ausgetauscht werden („Zweistufenlösung"). Das österreichische Abkommensnetzwerk wird daher derzeit stetig revidiert, um den neuen Transparenz- und Amtshilfestandard der OECD in allen österreichischen DBA umzusetzen. Parallel dazu ist Österreich dem **„Multilateralen Amtshilfeübereinkommen"** (BGBl III 2014/193) beigetreten, das den Informationsaustausch sämtlicher Steuerdaten zwischen den beigetretenen Jurisdiktionen ermöglicht und regelt. In der Zwischenzeit wurde international sogar ein automatischer Informationsaustausch betreffend Bankinformationen vereinbart, welcher innerhalb der EU auf Ebene der EU-Amtshilferichtlinie stattfindet und im Verhältnis zu Drittstaaten auf Basis einer mehrseitigen Vereinbarung zwischen den zuständigen Behörden über den automatischen Austausch von Informationen über Finanzkonten (BGBl III 2017/182).

## 4. Der automatische Informationsaustausch innerhalb der EU

**Innerhalb der EU** regelt die **EU-Amtshilferichtlinie** (2014/107/EU, umgesetzt in Österreich durch das EU-Amtshilfegesetz BGBl I 2012/112 idgF), den Informationsaustausch. Sie umfasst den „großen" Informationsaustausch und verpflichtet seit 1. 1. 2015 auch zum **automatischen Informationsaustausch** zwischen den Mitgliedstaaten (Directive on Administrative Cooperation, DAC 1). Der automatische Informationsaustausch umfasste zunächst nur folgende Einkünfte (§ 7 [1] EU-AHG iVm V des Bundesministers für Finanzen betreffend die Durchführung des automatischen Informationsaustausches BGBl II 2014/380):

- Einkünfte aus nichtselbständiger Arbeit
- Aufsichtsratsvergütungen
- Ruhegehälter
- Einkünfte aus unbeweglichem Vermögen

Zwischenzeitlich wurde auch der **„neue einheitliche globale Amtshilfestandard"** iSd OECD-MA 2014 in die EU-Amtshilferichtlinie aufgenommen (DAC 2), und somit tauscht Österreich seit dem Jahr 2018 auf automatischem Wege auch Bankinformationen (beginnend mit Informationen des Jahres 2017) aus. Nur im Falle von Neukonten hat sich Österreich innerhalb der EU verpflichtet, bereits ab September 2017 Informationen hinsichtlich des 4. Quartals 2016 auszutauschen. Die Durchführung des **verpflichtenden automatischen Informationsaustausches** zur Umsetzung des globalen Standards für den automatischen Informationsaustausch über Finanzkonten in Steuersachen richtet sich auch innerhalb der EU nach den Bestimmungen des **Gemeinsamer Meldestandard-Gesetz (GMSG)**. Der automatische Austausch von Informationen betreffend Finanzkonten erfolgt dabei mit sämtlichen EU-Staaten (vgl § 91 Z 1 GMSG).

In einem weiteren Schritt werden seit dem Jahr 2017 innerhalb der EU auch Informationen über **grenzüberschreitende Vorbescheide und Vorabverständigungen** über die Verrechnungspreisgestaltung im automatischen Wege ausgetauscht (vgl § 7a EU-AHG) (DAC 3). Daneben wurde auch der automatische Austausch von Country-by-Country Reports nach dem Vorbild der OECD-Initiative umgesetzt (DAC 4) und erfordert den Austausch dieser Berichte (welche frühestens das Jahr 2016 betreffen) ab dem Jahr 2017.

Ab 1. 7. 2020 erfolgt schließlich zwischen den EU-Mitgliedstaaten ein automatischer Informationsaustausch über **meldepflichtige Gestaltungen** (DAC 6). Dieser automatische Informationsaustausch basiert auf einer neuerlichen Änderung der EU-Amtshilferichtlinie (2018/822/EU), welche in Österreich durch das **EU-Meldepflichtgesetz** (EU-MPfG) umgesetzt wurde. Meldepflichtig sind jene grenzüberschreitenden (bedingt [§ 6] oder unbedingt [§ 5] meldepflichtigen) Gestaltungen, deren erster Schritt zwischen 25. 6. 2018 und 30. 6. 2020 umgesetzt worden ist oder die ab 1. 7. 2020 konzipiert, vermarktet, organsiert, verwaltet, zur Umsetzung bereitgestellt werden oder deren erster Schritt ab diesem Zeitpunkt umgesetzt wird. Den Intermediär (insbesondere einen Berater) und alternativ den relevanten Steuerpflichtigen trifft eine Meldepflicht der in den §§ 4, 5 und 6EU-MPfG definierten grenzüberschreitenden Gestaltungen an die Finanzverwaltung. Die Finanzverwaltung ist sodann verpflichtet, Informationen über die grenzüberschreitende Gestaltung in ein Zentralregister hochzuladen und zu speichern, wodurch ein automatischer Austausch mit den zuständigen Behörden der anderen Mitgliedstaaten erfolgen kann.

## 5. Der automatische Informationsaustausch mit Drittstaaten

Mit Drittstaaten erfolgt der **automatische Informationsaustausch** mit jenen Staaten, die einerseits der mehrseitigen Vereinbarung zwischen den zuständigen Behörden über den automatischen Austausch von Informationen über Finanzkonten vom 29. Oktober 2014 (BGBl III 2017/182) beigetreten sind und andererseits die Voraussetzungen der VO über die Liste der teilnehmenden Staaten erfüllen (BGBl II 2019/120).

**Weltweit** wurde der automatische Informationsaustausch für sogenannte „early adopters" ab 2017 betreffend Informationen des Jahres 2016 umgesetzt. Österreich hatte sich als „early adopter +1" für die Umsetzung noch ein weiteres Jahr ausbedungen, sodass ein automatischer Informationsaustausch in Österreich ab 2018 betreffend Informationen des Jahres 2017 erfolgte.

Die Durchführung des **verpflichtenden automatischen Informationsaustausches** zur Umsetzung des globalen Standards für den automatischen Informationsaustausch über Finanzkonten in Steuersachen richtet sich nach den Bestimmungen des **Gemeinsamer Meldestandard-Gesetz (GMSG)**. Der automatische Austausch von Informationen betreffend Finanzkonten erfolgt dabei nicht nur mit sämtlichen EU-Staaten (vgl § 91 Z 1 GMSG), sondern auch einer großen Anzahl an Drittstaaten, die in § 2 der Verordnung des Bundesministers für Finanzen über die Liste der teilnehmenden Staaten gemäß der Vereinbarung vom 29. Oktober 2014, BGBl II 2019/120, angeführt sind (§ 91 Z 2 GMSG), sowie mit jenen Staaten, mit denen die EU gesonderte Abkommen über den Austausch von Informationen über Finanzkonten abgeschlossen hat und die in einer von der Europäischen Kommission veröffentlichten Liste angeführt sind (§ 91 Z 3 GMSG).

**Tipp:**

Die Liste aller Staaten, mit denen automatisch Informationen über Finanzkonten ausgetauscht werden (sogenannte **„teilnehmende Staaten"**), findet sich auch in der Findok als Info des BMF vom 17. 6. 2019, BMF-010221/0183-IV/8/2019, Automatischer Informationsaustausch über Finanzkonten nach § 91 GMSG – Liste der teilnehmenden Staaten (1. Mai 2019).

Der neue einheitliche globale Amtshilfestandard umfasst als Mindeststandard den Austausch von Bankinformationen. Somit werden laufend sämtliche Bankinformationen betreffend jegliches Einkommen aus

Investitionen (Zinsen, Dividenden, Einkünfte aus Versicherungsverträgen etc), Kontostände sowie Veräußerungsvorgänge automatisch zwischen Vertragsstaaten ausgetauscht.

**Tipp:**

Das für den neuen einheitlichen globalen Amtshilfestandard relevante OECD-Dokument, der sogenannte **„Common Reporting Standard"** (Gemeinsamer Meldestandard), der im GMSG umgesetzt wurde, ist unter http://www.oecd.org/ctp/exchange-of-tax-information/automatic-exchange-financial-account-information-common-reporting-standard.pdf abrufbar.

Mit Drittstaaten werden im Rahmen des **„verpflichtenden spontanen Informationsaustausches"** bestimmte Fallkategorien grenzüberschreitender Vorbescheide bzw Vorabverständigungen ausgetauscht. Details dazu finden sich im Erlass zum automatischen bzw verpflichtenden spontanen Austausch von Informationen über grenzüberschreitende Vorbescheide und Vorabverständigungen über die Verrechnungspreisgestaltung vom 20. 10. 2016, BMF-010221/0708-VI/8/2016.

**Tipp:**

Mit der **Schweiz und Liechtenstein** wurden darüber hinaus „Abkommen über die Zusammenarbeit im Bereich der Steuern" **(Steuerabkommen)** abgeschlossen, welche ua dem Mangel Rechnung tragen sollen, dass der in der Vergangenheit geltende OECD-Standard betreffend Transparenz und Amtshilfebereitschaft die verpflichtende Informationsweitergabe grundsätzlich lediglich auf Anfrage vorsieht. Um eine effektive Besteuerung in Österreich sicherzustellen und die bilaterale Zusammenarbeit der beiden Staaten in ihrer Wirkung dem automatischen Informationsaustausch im Bereich der Kapitaleinkünfte gleichzustellen, normieren die Steuerabkommen einerseits für die Vergangenheit eine (anonyme) Nachversteuerung von Vermögenswerten (Regularisierung der Vergangenheit) und für die Zukunft die Sicherstellung der Besteuerung von Erträgnissen und Gewinnen mittels Quellensteuerabzug (abgeltende Quellensteuer zukünftiger Erträge und Gewinne). Im Gegensatz zum Steuerabkommen mit der Schweiz umfasst das Steuerabkommen mit Liechtenstein auch liechtensteinische Stiftungen.

Das **Steuerabkommen mit der Schweiz** ist inzwischen – aufgrund des Inkrafttretens des automatischen Informationsaustausches ab 2017 – ausgelaufen.

Mit **Liechtenstein** wurde eine teilweise Weiteranwendung des Steuerabkommens für bestimmte Bereiche vereinbart: Für natürliche Personen und transparente Stiftungen läuft das Steuerabkommen ab 2017 aus. Nur für **intransparente Stiftungen** kommt es zu keiner Einschränkung des Geltungsbereichs des Steuerabkommens und diese werden in der Folge auch vom automatischen Informationsaustausch ausgenommen.

**Literaturhinweise:**

*Nolz/Jirousek*, Das neue Amtshilfe-Durchführungsgesetz – Neuerungen beim Bankgeheimnis, ÖStZ 2009, 430; *Aumayr/Marchgraber*, Der Anwendungsbereich des Art 26 OECD-MA mit kleiner Auskunftsklausel, SWI 2011, 199; *Urtz*, Praxisfragen zum neuen Bankgeheimnis, SWI 2011, 144; *Jirousek*, Die neue Amtshilferichtlinie der EU im Bereich der Ermittlungsamtshilfe, SWI 2011, 235; *Jirousek*, Das Steuerabkommen mit der Schweiz, SWI 2012, 203; *Jirousek*, Die neuen Steuerabkommen mit Liechtenstein, SWI 2013, 48; *Schlager*, Die Zukunft der Steuerabkommen mit der Schweiz und Liechtenstein, SWK 2016, 1306; *Reither/Spanblöchl*, Das EU-Meldepflichtgesetz zur Umsetzung der DAC 6, SWI 2019, 269.

## IV. Amtshilfe bei der Vollstreckung von Steuern

Lesen Sie aufmerksam Art 27 OECD-MA, EU-Betreibungsrichtlinie (Richtlinie 2010/24/EU des Rates vom 16. März 2010 über die Amtshilfe bei der Beitreibung von Forderungen in Bezug auf bestimmte Steuern, Abgaben und sonstige Maßnahmen), § 1 EU-VAG.

Seit 2003 beinhaltet das OECD-MA in **Art 27 OECD-MA** eine Bestimmung betreffend eine **Vollstreckungsamtshilfe.** Demnach haben sich die Staaten gegenseitig Amtshilfe bei der Vollstreckung von Abgabenansprüchen zu leisten. Art 1 und 2 des Abkommens beschränken die Vollstreckung nicht, sie ist vielmehr für sämtliche Abgabenansprüche möglich. Die Besteuerung darf klarerweise dem DBA oder einem anderen von den Vertragsstaaten abgeschlossenen Abkommen nicht widersprechen. Allerdings hat die Vollstreckungsamtshilfe auch ihre Grenzen, da eine Vollstreckung nicht dazu führen soll, dass ein Vertragsstaat Verwaltungsmaßnahmen durchführen müsste, die von den Gesetzen oder von der Verwaltungspraxis dieses oder des anderen Vertragsstaates abweichen. Einige österreichische DBA enthalten Vollstreckungsamtshilfeartikel (zB Algerien, Frankreich, Großbritannien, Japan, Kanada, Liechtenstein,

Mexiko, Norwegen, Schweiz und die USA), wobei vor allem bei den älteren DBA die Bestimmungen wesentlich vom OECD-MA abweichen.

Innerhalb der EU übernimmt die **EU-Beitreibungsrichtlinie** (2010/24/EU) die Rolle einer Vollstreckungsamtshilfebestimmung.

**Tipp:**

Eine „umfassende Amts- und Vollstreckungshilfe" kann in der großen Informationsaustauschklausel mit uneingeschränkter Vollstreckungsamtshilfe (dh nicht nur zur Rückgängigmachung von zu Unrecht erlangten Abkommensvorteilen) gesehen werden. Gegenwärtig besteht mit Algerien, Frankreich, Großbritannien, Japan, Liechtenstein und Norwegen im DBA eine umfassende Amts- und Vollstreckungshilfe. Mit Algerien bedarf es jedoch noch des Abschlusses eines Verwaltungsübereinkommens zur Anwendung der Vollstreckungsamtshilfe. Mit Frankreich besteht bereits durch die EU-Beitreibungsrichtlinie eine umfassende Vollstreckungshilfe.

**Literaturhinweise:**

*Jirousek*, Zwischenstaatliche Amtshilfe in Steuersachen (2001); *Jirousek*, Der neue Vollstreckungsamtshilfeartikel im OECD-Musterabkommen 2002, SWI 2002, 215.

## V. Inanspruchnahme von Abkommensvorteilen

Lesen Sie aufmerksam Art 29 OECD-MA.

Das neue OECD-MA 2017 enthält in Art 29 nunmehr eine Bestimmung zur Inanspruchnahme von Abkommensvorteilen, welche letztlich auf eine Vermeidung des **Abkommensmissbrauchs** abzielt. Art 29 OECD-MA enthält folgende optionale Regelungen:

- Art 29 (1) bis (7) enthält eine detaillierte **Limitation-on-Benefits-Bestimmung**
- Art 29 (8) enthält eine Bestimmung zur **Vermeidung von Missbrauch bei Betriebstätten** in Drittstaaten
- Art 29 (9) enthält eine allgemeine Anti-Missbrauchs-Bestimmung (**„Principle-Purpose-Test"**, PPT)

### 1. Die Limitation-on-Benefits-Klausel

Die Limitation-on-Benefits-Klausel geht zunächst davon aus, dass nur **„qualifizierte Personen"** (Art 29 [1]) die Vergünstigung eines DBA erhalten und abkommensberechtigt sein sollen. Jedenfalls als „qualifizierte Personen" sollen jene in Art 29 (2) gelten, sofern sie in einem der beiden Vertragsstaaten ansässig sind. Dazu zählen ua ansässige natürliche Personen, ein Vertragsstaat und dessen Gebietskörperschaften, bestimmte börsenotierte Gesellschaften, bestimmte gemeinnützige Organisationen und anerkannte Pensionsfonds.

Handelt es sich nicht von vornherein um eine „qualifizierte Person", so können die Abkommensvorteile dennoch bei **Erfüllen bestimmter alternativer Voraussetzungen** gewährt werden:

1. Wenn Einkünfte von einer Person bezogen werden, die **aktiv eine Geschäftstätigkeit im Staat ihrer Ansässigkeit** ausübt, und die Einkünfte von dieser Geschäftstätigkeit herrühren oder im Zusammenhang mit ihr stehen (Art 29 [3], sog **„Active-Conduct-of-Business"-Test**);
2. Wenn zumindest mehr als ein vereinbarter Anteil dieses Rechtsträgers bestimmten Personen gehört, die einen Anspruch auf gleichwertige Vergünstigungen besitzen (Art 29 [4], sog **„Derivatives-Benefits"-Test**);
3. Wenn die Person als „Stammsitz des Unternehmens" qualifiziert wird (Art 29 [5], sog **„Headquarters-Company"-Test**);
4. Wenn die zuständige Behörde es gestattet, einer Person bestimmte Abkommensvergünstigungen zu gewähren (Art 29 [6], sog **„Discretionary Relief"**).

**Beispiel:**

Bezieht eine in Japan ansässige, nicht börsenotierte Mutterkapitalgesellschaft (J-Co) von ihrer österreichischen Tochterkapitalgesellschaft (Ö-Co) Dividenden, so besteht Anspruch auf vollständige Entlastung von der österreichischen KESt auf die Dividendenausschüttung gem Art 10 (3) DBA-Japan, sofern – neben der Erfüllung der sonstigen in Art 10 (3) normierten Voraussetzungen des Nutzungsberechtigten, der Behaltedauer und des Beteiligungsausmaßes – die J-Co den Limitation-on-Benefits-Test des Art 22 DBA-Japan besteht. Da die J-Co nicht von vornherein als „berechtigte Person" iSd Art 22 (2) qualifiziert wird, muss sie den Anspruch auf die DBA-rechtliche Vergünstigung auf andere Weise erwirken. Übt die J-Co in Japan eine Geschäftstätigkeit aus und werden die Einkünfte im Zusammenhang mit dieser Geschäftstätigkeit bezogen oder sind mit ihr verbunden, so hat die J-Co Anspruch auf den reduzierten Quellensteuersatz des Art 10 (3). Alternativ dazu wäre es denkbar, dass ein Anspruch auf Vergünstigungen darauf beruht, dass „gleichberechtigte Begünstigte" unmittelbar oder mittelbar 75 % der Stimm- oder Eigentumsrechte der J-Co halten (Art 22 [3b] iVm [7c]). Dies wäre der Fall, wenn „hinter" der J-Co eine Gesellschaft steht, die selbst einen Anspruch auf Vergünstigung hätte, würde sie die Einkünfte direkt beziehen, da sie zB eine in Japan ansässige Kapitalgesellschaft ist, die den „Active-Conduct-of-Business"-Test erfüllt.

## 2. Vermeidung von Missbrauch bei Betriebstätten in Drittstaaten

Art 29 (8) OECD-MA beinhaltet eine spezielle Anti-Missbrauchs-Regel für die Besteuerung von **Betriebstätteneinkünften in Dreiecksachverhalten.** Im Fokus stehen Konstellationen, in denen Steuerpflichtige versuchen, eine Niedrigbesteuerung oder Nichtbesteuerung von Anteilen, Forderungen, Rechten und anderen Wirtschaftsgütern zu erreichen, indem sie eine Zurechnung an zu diesem Zweck errichtete ausländische Betriebstätten vornehmen. Art 29 (8) ermöglicht dem Quellenstaat, die Abkommensvorteile für solche niedrig oder nicht besteuerten Einkünfte zu versagen, wenn der Ansässigkeitsstaat sie freistellt oder nur sehr niedrig besteuert. Der Quellenstaat kann in diesem Fall gemäß seinem nationalen Recht besteuern.

## 3. Der „Principle-Purpose-Test"

Art 29 (9) beinhaltet eine allgemeine Anti-Missbrauchs-Vorschrift, die es den Vertragsstaaten ermöglicht, eine Vergünstigung eines DBA nicht für bestimmte Einkünfte zu gewähren, wenn unter Berücksichtigung aller maßgeblichen Tatsachen und Umstände die Feststellung gerechtfertigt ist, dass der Erhalt dieser Vergünstigung **einer der Hauptzwecke einer Gestaltung** war, die (un)mittelbar zu dieser Vergünstigung geführt hat, es sei denn, es wird nachgewiesen, dass die Gewährung dieser Vergünstigung unter diesen Umständen mit dem Ziel und Zweck des jeweiligen DBA im Einklang steht.

Für die Anwendung des PPT muss somit die Feststellung gerechtfertigt sein, dass **einer der Hauptzwecke** einer Gestaltung die Erlangung eines Steuervorteils ist. Ist diese Voraussetzung erfüllt, so kommt es zur Versagung des Abkommensvorteils. Ein Steuervorteil führt allerdings nicht zur Annahme von Missbrauch, wenn ein solcher mit dem Ziel und Zweck des jeweiligen DBA im Einklang ist.

Nationale Anti-Missbrauchs-Vorschriften bleiben von einem PPT unberührt. Das bedeutet, dass ein Staat auch bei Bestehen einer bilateralen Anti-Missbrauchs-Klausel nicht daran gehindert wird, seine nationalen Regelungen anzuwenden.

**Beispiel:**

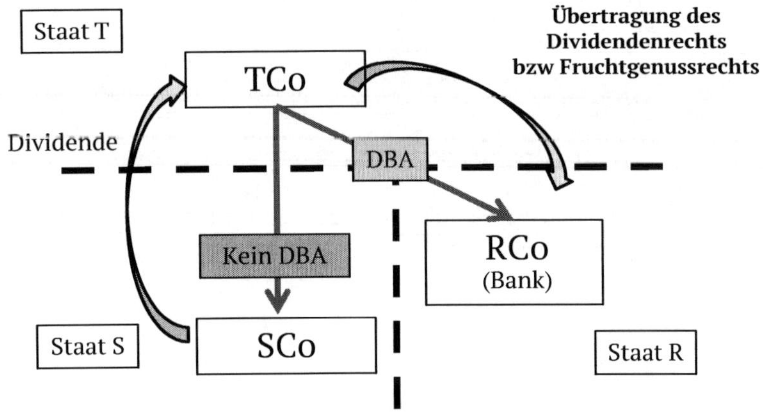


TCO, eine in Staat T ansässige Gesellschaft, hält Anteile an der SCO, eine börsenotierten Gesellschaft des Staates S. Zwischen dem Staat T und Staat S besteht kein DBA, somit wären sämtliche von SCO an TCO gezahlten Dividenden der nationalen Quellenbesteuerung iHv 25 % zu unterwerfen.

Im zwischen Staat R und Staat S geschlossenen DBA wurde jedoch vereinbart, keine Quellensteuern auf Dividenden zu erheben.

Wenn nun TCO mit RCO, einem Finanzinstitut des Staates R, eine Vereinbarung schließt, wonach RCO das Recht an den Dividendenzahlungen erhält, die von SCO noch nicht ausbezahlt wurden, so kann vernünftigerweise geschlossen werden, dass einer der Gründe für diese Transaktion die Erlangung des Abkommensvorteils nach dem DBA zwischen Staat R und Staat S war. Folglich kann die Anwendung des DBA T – R verweigert werden (vgl OECD-MK, Art 29 Rz 182 Bsp A).

**Tipp:**

Der OECD-MK zu Art 29 (9) beinhaltet eine ganze Reihe von weiteren Praxisbeispielen, die die Anwendung des PPT in Einzelfällen verdeutlichen, vgl OECD-MK zu Art 29 (9) Rz 176 ff.

**Kontrollfragen:**

1. Welche Funktion nimmt das DBA-rechtliche Diskriminierungsverbot ein?
2. Welche Formen von Verständigungsverfahren bestehen?
3. Welche Formen des Informationsaustauschs sind in den DBA zu finden?

# Teil III: Besteuerungsverfahren

Lesen Sie aufmerksam §§ 1, 2 EStG, § 98 EStG, § 26 BAO, EStR 2000 Rz 27–36, Rz 7901–8060, LStR 2002 Rz 2–14a.

Ausländische Steuerpflichtige mit österreichischen Einkünften werden in unterschiedlicher Art und Weise besteuert: Arbeitnehmer werden in den meisten Fällen dem Lohnsteuerabzug unterworfen. Haben beschränkt steuerpflichtige Einkünfte aus Kapitalvermögen, so unterliegen diese Einkünfte unter denselben Bedingungen dem KESt-Abzug wie bei unbeschränkt Steuerpflichtigen. Zudem ist für ausländische Steuerpflichtige ein „besonderer Steuerabzug“ für bestimmte Einkünfte (insbesondere Einkünfte als Schriftsteller, Vortragender, Künstler oder Sportler) vorgesehen. Einkünfte, für die kein Steuerabzug vorzunehmen war, sowie Einkünfte, die Betriebseinnahmen eines inländischen Betriebes sind, sind verpflichtend zu veranlagen. Dem Steuerpflichtigen steht schließlich in allen Fällen frei, eine freiwillige Veranlagung auf Antrag durchzuführen.

## A. Der Lohnsteuerabzug beschränkt steuerpflichtiger Arbeitnehmer

Lesen Sie aufmerksam § 70 EStG, LStR 2002 Rz 1178–1182a, Rz 1205–1207a.

Beschränkt steuerpflichtige Arbeitnehmer, die einen Arbeitgeber gem § 47 EStG mit **lohnsteuerlicher Betriebstätte iSv § 81** EStG im Inland haben, unterliegen **dem Lohnsteuerabzug gem § 70 EStG**. Dabei wird die Lohnsteuer in den meisten Fällen nach dem **progressiven Einkommensteuertarif gem § 33 EStG** berechnet. Die Tarifbesteuerung bezweckt im Wesentlichen die Gleichstellung beschränkt Steuerpflichtiger mit unbeschränkt Steuerpflichtigen. Ist der beschränkt Lohnsteuerpflichtige in einem aktiven Dienstverhältnis, so steht ihm der Verkehrsabsetzbetrag zu. Pensionisten haben Anspruch auf den Pensionistenabsetzbetrag. Der Alleinverdienerabsetzbetrag, der Alleinerzieherabsetzbetrag, der Kinderabsetzbetrag, der Unterhaltsabsetzbetrag und der Familienbonus Plus sowie der Kindermehrbetrag stehen beschränkt Steuerpflichtigen nicht zu (LStR 2002 Rz 1241l). Steuerfreie Bezüge iSd § 3 EStG sind bei Ermittlung der steuerpflichtigen Einkünfte abzuziehen. Weiters bleiben Leistungen des Arbeitgebers iSd § 26 EStG, die nicht unter die Einkünfte aus nichtselbständiger Arbeit fallen, außer Ansatz. Die Bestimmungen der §§ 67 (sonstige Bezüge) und 68 EStG (Zulagen und Zuschläge) kommen zur Anwendung. Das Werbungskostenpauschale und das Sonderausgabenpauschale stehen ebenfalls zu. Außergewöhnliche Belastungen sowie der Freibetrag gem § 105 EStG werden allerdings nicht berücksichtigt. Beim Lohnsteuerabzug für beschränkt lohnsteuerpflichtige Einkünfte kommt es zu keiner Hinzurechnung des Betrages von 9.000 € zum Einkommen.

Üben unselbständig Beschäftigte Tätigkeiten iSd § 99 (1) Z 1 EStG als **Schriftsteller, Vortragende, Künstler, Architekten, Sportler, Artisten oder Mitwirkende an Unterhaltungsdarbietungen** aus, dann kommt nicht der tarifmäßige Lohnsteuerabzug, sondern ein besonderer Steuerabzug iHv 20 % gem § 70 (2) Z 2 EStG zur Anwendung. **Ausländische Arbeitgeber** sind im Fall der Beschäftigung von beschränkt steuerpflichtigen Arbeitnehmern jedenfalls zum Lohnsteuerabzug im Inland verpflichtet, wenn sie eine **Lohnsteuerbetriebstätte gem § 81 EStG** im Inland haben. Der Betriebstättenbegriff des § 81 (1) EStG ist weiter gefasst als der des § 29 BAO: Er deckt nicht nur feste örtliche Anlagen oder Einrichtungen ab, die der Ausübung eines Betriebes dienen, sondern auch jene Anlagen oder Einrichtungen, die der Ausübung der durch die Arbeitnehmer ausgeführten Tätigkeit dienen, sofern sie länger als **einen Monat** unterhalten werden. Besteht keine Lohnsteuerbetriebstätte gem § 81, kann die Einkommensteuer freiwillig im Wege des Lohnsteuerabzuges erhoben werden.

**Tipp:**

Handelt es sich um einen in Österreich unbeschränkt steuerpflichtigen Arbeitnehmer und hat der ausländische Arbeitgeber im Inland keine Betriebstätte iSd § 81 EStG, besteht ab dem Kalenderjahr 2020 die Verpflichtung zum Lohnsteuerabzug, wenn die Tätigkeit in Österreich ausgeübt wird und Österreich das Besteuerungsrecht nach zwischenstaatlichem Steuerrecht zusteht (vgl LStR 2002 Rz 927).

**Beispiel:**

Gastiert ein ausländischer Zirkus durch sechs Wochen hindurch in einer österreichischen Gemeinde und wird für diesen Zeitraum ein Zirkuszelt aufgebaut, dann stellt dieses Zirkuszelt weder nach § 29 BAO noch nach DBA-Recht eine Betriebstätte für den Zirkus dar, da es an der hierfür erforderlichen Dauerhaftigkeit der örtlichen Einrichtung fehlt. Für lohnsteuerliche Belange wird hingegen eine inländische Betriebstätte iSd § 81 EStG begründet, da kraft ausdrücklicher gesetzlicher Anordnung das Kriterium der Dauerhaftigkeit bereits nach Ablauf eines Monats erfüllt ist. Der ausländische Zirkus unterliegt daher nicht der Besteuerung in Österreich, wohl aber wird von dem ausländischen Zirkusunternehmen für die in Österreich steuerpflichtigen Dienstnehmer der Lohnsteuerabzug vorzunehmen sein (BMF EAS 750, 31. 10. 1995).

Im Falle **internationaler Personalentsendungen** wird eine Betriebstätte in Österreich dann begründet, wenn nicht nur eine bloße Duldungsleistung (Arbeitskräftegestellung) vorliegt, sondern das entsendende Unternehmen eine Aktivleistung (Assistenzleistung zB durch Unterstützung der inländischen Tochtergesellschaft beim Aufbau einer Vertriebsorganisation) erbringt. Im Fall der Assistenzleistung stellen jene Räumlichkeiten, die die Tochtergesellschaft dem entsandten Personal der Muttergesellschaft zur Verfügung stellt, nach einem Monat eine Betriebstätte iSd § 81 (1) EStG dar (siehe LStR 2002 Rz 1206).

**Beispiel:**

Ein Mechaniker einer in den USA ansässigen Muttergesellschaft wird zur österreichischen Tochtergesellschaft für die Dauer von zwei Jahren entsandt, um dort die ordnungsgemäße Anschaffung und Installation neuer Maschinen zu überwachen sowie die Schulung der Mitarbeiter an den neuen Maschinen zu leiten. Dadurch begründet die ausländische Muttergesellschaft eine Lohnsteuerbetriebstätte gem § 81 EStG in Österreich.

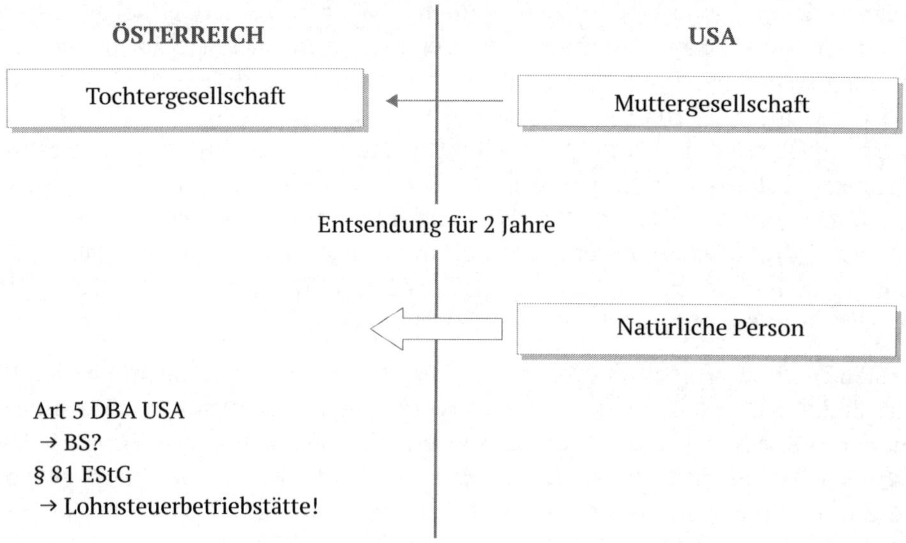


**Beispiel:**

Werden von einem US-Unternehmen im Rahmen der Produktion eines Kinofilmes mit einem in den USA ansässigen Darsteller zwei Drehtage in Österreich abgehalten, dann tritt der Künstler hierdurch in die österreichische Steuerpflicht ein. Denn ein beschränkt steuerpflichtiger Filmkünstler unterliegt gem § 98 EStG kraft inländischer Arbeitsausübung der inländischen Steuerpflicht. Wurde der Künstler als Dienstnehmer der Filmgesellschaft beschäftigt, so besteht mangels inländischer Lohnsteuerbetriebstätte und da es sich um einen bloß beschränkt steuerpflichtigen Arbeitnehmer handelt, keine Pflicht zum Lohnsteuerabzug für die Filmgesellschaft. Im Fall eines Werkvertrages ist jedoch eine Abzugssteuer gem § 99 EStG abzuführen (BMF EAS 2129, 11. 10. 2002).

**Literaturhinweis:**

*Haunold*, Lohnsteuerabzug bei beschränkt steuerpflichtigen Arbeitnehmern, ecolex 1994, 638.

**Kontrollfragen:**

1. Wie werden beschränkt Steuerpflichtige, die unselbständig bei einem österreichischen Arbeitgeber beschäftigt werden, besteuert?
2. Besteht ein Unterschied, wenn der beschränkt Steuerpflichtige nicht bei einem österreichischen, sondern bei einem ausländischen Arbeitgeber unselbständig beschäftigt ist?
3. Wie werden beschränkt steuerpflichtige, unselbständig beschäftigte Schriftsteller, Vortragende, Künstler, Architekten, Sportler, Artisten oder Mitwirkende an Unterhaltungsdarbietungen besteuert?

## B. Der Kapitalertragsteuerabzug bei beschränkter Steuerpflicht

Lesen Sie aufmerksam § 27a, §§ 93–97 EStG, EStR 2000 Rz 7742–7750 und 7965–7972g.

Einkünfte aus Kapitalvermögen von beschränkt Steuerpflichtigen unterliegen unter den gleichen Bedingungen dem Kapitalertragsteuerabzug wie im Falle von unbeschränkt Steuerpflichtigen. Hat daher ein beschränkt Steuerpflichtiger Einkünfte gem **§ 98 (1) Z 5 EStG**, so wäre eine **KESt-Pflicht** in den Fällen des **§ 27a** iVm **§ 93 EStG** gegeben und eine allfällige **Endbesteuerung gem § 97 EStG** zu prüfen. Zu beachten ist, dass der Umfang der Steuerpflicht bei Kapitalerträgen bei beschränkter Steuerpflicht geringer ist als bei unbeschränkter Steuerpflicht. So sind – um nur ein Beispiel zu nennen – Zinsen, die von juristischen Personen erzielt werden, zwar für Steuerinländer, nicht aber für Steuerausländer steuerpflichtig. Darüber hinaus besteht bei natürlichen Personen keine beschränkte Steuerpflicht, wenn Zinsen von natürlichen Personen bezogen werden, die in einem Staat ansässig sind, mit dem ein automatischer Informationsaustausch besteht.

Für dem KESt-Abzug unterliegende beschränkt steuerpflichtige Kapitalerträge besteht auch die Möglichkeit einer **Antragsveranlagung gem § 27a (5) EStG**. Dabei sind alle in Betracht kommenden Kapitalerträge einzubeziehen. Liegt bei einem beschränkt Steuerpflichtigen die Tarifsteuer unter 25 % bzw 27,5 %, kann die KESt im den Tarif übersteigenden Ausmaß zur Rückerstattung beantragt werden. Hierbei können allerdings mit den Einkünften im Zusammenhang stehende Aufwendungen nicht abgezogen werden (§ 97 [2] Z 1 EStG). Bei der Antragsveranlagung KESt-pflichtiger Einkünfte kommt es zur Hinzurechnung des Betrages von 9.000 €. Werden der KESt unterliegende Kapitalerträge auf Antrag veranlagt, so besteht erst beim Überschreiten der 2.000 €-Grenze (§ 42 [2] EStG) Steuerpflicht.

**Literaturhinweis:**

*Bodis/Hammerl*, 2. AbgÄG 2014 – Die wichtigsten Änderungen im EStG, RdW 2014, 728.

**Kontrollfrage:**

1. Welche wesentlichen Unterschiede bestehen beim Kapitalertragsteuerabzug von beschränkt Steuerpflichtigen im Vergleich zu unbeschränkt Steuerpflichtigen?

## C. Die Immobilienertragssteuer bei beschränkter Steuerpflicht

Lesen Sie aufmerksam § 98 (1) Z 7 und §§ 30–30c EStG, EStR 2000 Rz 6620–6740.

Einkünfte aus **privaten Grundstücksveräußerungen** iSd § 30 EStG, soweit es sich um inländische Grundstücke handelt (§ 98 [1] Z 7 EStG), unterliegen der 25%igen **Immobilienertragsteuer** (ImmoESt).

Die Regelungen zur ImmoESt gelten grundsätzlich gleichermaßen für beschränkt und unbeschränkt Steuerpflichtige. Dementsprechend kommt auch der besondere Steuersatz iHv 25 % sowohl für unbeschränkt als auch für beschränkt Steuerpflichtige zur Anwendung, sofern nicht zur Regelbesteuerung optiert wird. Je nachdem wird die ImmoESt im Wege der Veranlagung des Veräußerers abgeführt oder es wird eine Selbstberechnung der ImmoESt durch einen Parteienvertreter (Rechtsanwalt, Notar) vorgenommen. Die ImmoESt hat dabei grundsätzlich Abgeltungswirkung.

**Literaturhinweise:**

*Urtz* (Hrsg), Die neue Immobiliensteuer – Update 2013[2] (2014); *Thunshirn*, Die Immobilien-Ertragsteuer[3] (2018).

# D. Der besondere Steuerabzug gem § 99 EStG

Lesen Sie aufmerksam § 99 EStG, EStR 2000 Rz 7996–8015.

## I. Anwendungsbereich

Dem **besonderen Steuerabzug**, der zum Zweck der Vereinfachung der Besteuerung und zur Sicherung des Steueranspruches geschaffen wurde, unterliegen nur die folgenden Einkünfte beschränkt Steuerpflichtiger:

- **Einkünfte aus im Inland ausgeübter oder verwerteter Tätigkeit als Schriftsteller, Vortragender, Künstler, Architekt, Sportler, Artist oder Mitwirkender an Unterhaltungsdarbietungen (§ 99 [1] Z 1)**

**Tipp:**

Wird eine der oben genannten Tätigkeiten unselbständig ausgeübt, so unterliegen die Einkünfte dem Steuerabzug vom Arbeitslohn nach Maßgabe des § 70 [2] Z 2 EStG.

**Exkurs: Künstler-Sportler-Erlass** (BMF 31. 10. 2005, AÖF 2005/256 idgF)

Wirken im Ausland ansässige und in Österreich bloß der beschränkten Steuerpflicht unterliegende Personen auf selbständiger Basis an inländischen kulturellen oder sportlichen Veranstaltungen mit, dann unterliegen die diesen Personen zufließenden Einkünfte gem § 98 EStG der inländischen Besteuerung und dem Steuerabzug gem § 99 EStG. Allerdings kann von der Einbehaltung der Abzugssteuer aus Vereinfachungsgründen abgesehen werden, wenn aufgrund des vorliegenden Sachverhalts im Fall einer nachträglichen Antragsveranlagung eine inländische Steuerleistung voraussichtlich nicht anfallen wird und bestimmte Voraussetzungen (siehe Rz 3 des Künstler-Sportler-Erlasses) erfüllt sind.

**Beispiel:**

Der italienische Pianist R tritt im Rahmen eines Klassikfestivals in Österreich auf. Sein Honorar unterliegt in Österreich dem besonderen Steuerabzug gem § 99 EStG. Der österreichische Veranstalter hat den Steuerabzug bei der Auszahlung vorzunehmen. Er kann allerdings von einem Steuerabzug absehen, sofern die Voraussetzungen des Künstler-Sportler-Erlasses erfüllt sind:

- Die Einkünfte des einzelnen Musikers betragen abzüglich etwaiger Kostenersätze, die als Betriebsausgaben abzugsfähig wären, max 1.000 € vom selben Veranstalter.
- Jede beschränkt steuerpflichtige natürliche Person erklärt schriftlich gegenüber dem Veranstalter, dass ihre Einkünfte, die der inländischen Besteuerung unterliegen, im Kalenderjahr den Gesamtbetrag von 2.000 € nicht übersteigen werden.
- Der Veranstalter nimmt die Erklärung jedes beschränkt Steuerpflichtigen sowie einen Nachweis über seine Identität und Angaben über Wohnort und Adresse zu den Unterlagen.

- **Gewinnanteile von Mitunternehmern einer ausländischen Gesellschaft, die an einer inländischen Personengesellschaft beteiligt ist (Z 2)** (sogenannte doppelstöckige Personengesellschaften), wobei der Abgabenbehörde die dahinterstehenden Personen nicht bekannt sind.

  Ziel der Regelung ist die Sicherung der Besteuerung, wenn eine ausländische Personengesellschaft inländische Einkünfte bezieht und die hinter der ausländischen Personengesellschaft stehenden Gesellschafter unbekannt sind.
- **Einkünfte aus der Überlassung oder Verwertung von Rechten (Z 3)**

**Beispiel:**

Ein berühmtes ausländisches Fotomodell kommt für einen PR-Auftritt und ein Fotoshooting mit einem österreichischen Unternehmen nach Wien, wobei die Rechte an den Fotos gänzlich dem österreichischen Unternehmen eingeräumt werden. Da die Steuerpflichtige weder über eine Betriebstätte noch über eine feste Einrichtung oder einen ständigen Vertreter im Inland verfügt, sind die daraus resultierenden Einkünfte des Fotomodells entsprechend der Isolationstheorie als Einkünfte aus der Überlassung von Rechten zu erfassen und unterliegen daher dem 20%igen Steuerabzug (VwGH 19. 10. 2006, 2006/14/0109).

- **Aufsichtsratsvergütungen (Z 4)**
- **Einkünfte aus im Inland ausgeübter kaufmännischer oder technischer Beratung, Einkünfte aus der Gestellung von Arbeitskräften zur inländischen Arbeitsausübung (Z 5)**

  Damit sollen auch Fälle, bei denen keine Betriebstätte im Inland unterhalten wird oder ein ständiger Vertreter im Inland bestellt ist, einem Steuerabzug unterworfen werden.
- **Einkünfte bestimmter ausländischer Immobilienfonds aus inländischen Immobilien (Z 6)**
- **Gewinnanteile aus einer stillen Beteiligung (§ 27 [2] Z 4 EStG) an einem inländischen Unternehmen (Z 7)**

## II. Bruttoabzugsbesteuerung

Grundsätzlich unterliegt der **volle Betrag der Einnahmen** (einschließlich aller Kostenersätze und Sachbezüge) der Abzugssteuer gem § 100 (1) EStG iHv 20 % (**System der Bruttoabzugsbesteuerung**). Eine 27,5%ige Abzugssteuer wird auf steuerabzugspflichtige Einkünfte gem § 99 (1) Z 6 EStG (österreichisches Immobilienvermögen bestimmter Immobilienfonds) sowie § 99 (1) Z 7 EStG (Einkünfte aus einer echten stillen Beteiligung) erhoben.

**Beispiel:**

Einem ausländischen Vortragenden werden für eine Vortragsreihe im Inland 10.000 € vertraglich zugesichert. Ohne besondere Vereinbarung verbleiben dem Vortragenden nach Abzug von 20 % Abzugssteuer 8.000 €. Sollen dem Vortragenden 10.000 € verbleiben – dh, der Veranstalter trägt die Abzugssteuer –, so beträgt diese rechnerisch 25 % des ausbezahlten Betrages, nämlich 2.500 €.

**Beispiel:**

Erhält ein beschränkt steuerpflichtiger Vortragender kein Honorar, sondern nur die Reisekosten für seine Vortragstätigkeit ersetzt bzw werden ohne Honorarzahlungen nur Reisekosten vom Veranstalter übernommen, so kann aus Vereinfachungsgründen von der Einbehaltung einer Abzugssteuer abgesehen werden, wenn der Reisekostenersatz beim beschränkt Steuerpflichtigen im Fall einer Veranlagung in gleicher Höhe als Betriebsausgaben abzugsfähig wäre (EStR 2000 Rz 8030).

Betriebsausgaben oder Werbungskosten können bei der Bruttoabzugsbesteuerung erst im Veranlagungsweg geltend gemacht werden (zurückgehend auf die Rs *Gerritse*, EuGH 12. 6. 2003, C-234/01).

**Beispiel:**

Vergütungen an ein russisches Theater für Auftritte im Inland unterliegen grundsätzlich dem besonderen Steuerabzug. Bemessungsgrundlage für den Steuerabzug sind die Bruttoeinnahmen. Möchte das Theater die an die Schauspieler geleisteten Gagen zum Abzug bringen, so kann das durch eine Antragsveranlagung bewirkt werden. Hierbei wäre ein Besteuerungsnachweis der Gagen, die in Österreich der beschränkten Steuerpflicht unterliegen, erforderlich.

# III. Nettoabzugsbesteuerung

Das **System der Nettoabzugsbesteuerung** (zurückgehend auf die Rs *Scorpio*, EuGH 3. 10. 2006, C-290/04), das nur für Einkünfte zur Anwendung kommen kann, die in der EU bzw dem EWR-Raum Ansässigen zufließen, sieht die Möglichkeit der Berücksichtigung von Betriebsausgaben oder Werbungskosten bereits **im Zeitpunkt des Steuerabzugs** vor. Voraussetzung für die unmittelbare Berücksichtigung ist, dass

1. es sich bei den Aufwendungen um mit den Einnahmen **in unmittelbarem Zusammenhang stehende Ausgaben** handelt und
2. der Einkünfteempfänger die Betriebsausgaben oder Werbungskosten dem Abzugsverpflichteten (also demjenigen, der die Einkünfte ausbezahlt) noch vor Auszahlung **schriftlich mitteilt** (§ 99 [2] Z 2 EStG).

Sodann kann der Abzugsverpflichtete die inländische Steuerbemessungsgrundlage um die mitgeteilten Aufwendungen kürzen. Allerdings haftet der Abzugspflichtige auch für die richtige Einbehaltung und Abfuhr. Er ist daher gut beraten, nur bei Vorliegen der gesetzlichen Voraussetzungen die Aufwendungen zu berücksichtigen. Die Abzugssteuer beträgt im Falle der Nettoabzugsbesteuerung einheitlich gem **§ 100 (1) EStG 25 %**. Somit wird in der Praxis das System der Nettoabzugsbesteuerung nur im Falle beträchtlicher Betriebsausgaben oder Werbungskosten dem System der Bruttoabzugsbesteuerung vorgezogen werden. Ein **nachgelagertes Veranlagungsverfahren** steht dem beschränkt Steuerpflichtigen jedenfalls offen.

**Beispiel:**

Der in Großbritannien ansässige Sänger D gibt in Österreich ein Konzert. Als Honorar wird eine Gage iHv 1 Mio € für den Auftritt vereinbart. D reist nach Wien, wodurch ihm Reiseaufwendungen erwachsen. Zusätzlich nächtigt D drei Nächte in einem Hotel in Wien. Sofern D dem österreichischen Veranstalter seine Aufwendungen nicht vor der Auszahlung seiner Gage schriftlich mitteilt, sind 20 % Abzugssteuer auf das volle Honorar einzubehalten. Teilt D dem österreichischen Konzertveranstalter die Aufwendungen jedoch mit, so hat der Veranstalter zunächst einmal die Unmittelbarkeit der Aufwendungen mit den Einnahmen zu würdigen. Stellt der Veranstalter fest, dass sämtliche Aufwendungen in unmittelbarem Zusammenhang mit dem Auftritt stehen, so kann er den Steuerabzug auf die Nettoeinkünfte mit einem 25%igen Steuersatz anwenden.

Ist der **Empfänger** der vom beschränkt Steuerpflichtigen als Ausgaben geltend gemachten Beträge **selbst in Österreich beschränkt steuerpflichtig,** ist ein Abzug nur zulässig, wenn die steuerliche Erfassung beim Empfänger der Ausgaben ausreichend sichergestellt ist. Damit soll gewährleistet werden, dass Aufwendungen nicht abgezogen werden können, ohne dass eine steuerliche Erfassung beim Empfänger, sofern dieser auch der Steuerpflicht in Österreich unterliegt, erfolgt.

**Beispiel:**

Muss D zusätzlich noch das Honorar iHv 3.000 € für seine (in Österreich beschränkt steuerpflichtige) Backgroundsängerin übernehmen, so können diese Aufwendungen direkt im Zeitpunkt des Steuerabzugs berücksichtigt werden, sofern die steuerliche Erfassung der Einkünfte der Backgroundsängerin im Inland sichergestellt ist. Eine steuerliche Erfassung könnte beispielsweise dadurch erfolgen, dass D den österreichischen Konzertveranstalter ersucht, für das Honorar der Backgroundsängerin eine Abzugssteuer einzubehalten.

Der **Schuldner der Abzugssteuer** ist zwar der Einkünfteempfänger (§ 100 [2] EStG), der **Schuldner der Einkünfte** haftet allerdings für die Einbehaltung und Abfuhr der Steuerabzugsbeträge (§ 100 [2] EStG). Er hat die Abzugssteuer auch innerhalb eines Kalendermonats, spätestens am 15. Tag nach Ablauf des Kalendermonats an sein Betriebstättenfinanzamt bzw Wohnsitzfinanzamt abzuführen (§ 101 [1] EStG).

Eine **Befreiung vom Steuerabzug besteht gem § 99a EStG** für **Zinsen und Lizenzgebühren zwischen verbundenen Unternehmen** innerhalb der EU (RL 2003/49/EG).

**Literaturhinweise:**

*W. Loukota/Hohenwarter*, Die Abzugsbesteuerung beschränkt Steuerpflichtiger auf dem Prüfstand des Gemeinschaftsrechts – Die EuGH-Rechtssache Scorpio, SWI 2004, 539; *Zorn*, Abzugssteuer nach § 99 EStG auf Leistungen eines ausländischen Fotomodells, RdW 2006, 716; *Jann/Petutschnig/Six*, Praxisprobleme der Abzugsteuer bei Lizenzgebühren, SWI 2007, 159.

**Kontrollfragen:**

1. Welche Arten von Einkünften beschränkt Steuerpflichtiger unterliegen dem besonderen Steuerabzug gem § 99 EStG?
2. Was besagt das System der Bruttoabzugsbesteuerung?
3. Was besagt das System der Nettoabzugsbesteuerung?

# E. Veranlagung gem § 102 EStG für beschränkt Steuerpflichtige

Lesen Sie aufmerksam § 102 EStG, EStR 2000 Rz 8032–8060, LStR 2002 Rz 1241a–1241m.

## I. Pflichtveranlagung

**Veranlagungspflichtig** gem § 102 (1) Z 1 und 2 EStG sind Einkünfte eines beschränkt Steuerpflichtigen,

- für die noch überhaupt **kein Steuerabzug vorgenommen wurde** (also weder ein Lohnsteuerabzug noch ein Kapitalertragsteuerabzug oder ein besonderer Steuerabzug gem § 99 EStG) – darunter fallen in erster Linie die betrieblichen Einkünfte, Einkünfte aus nichtselbständiger Arbeit, wenn die Voraussetzungen einer lohnsteuerlichen Betriebstätte nicht gegeben sind und kein freiwilliger Lohnsteuerabzug vorgenommen wurde, Einkünfte aus wesentlichen Beteiligungen sowie Einkünfte aus privaten Grundstücksveräußerungen, wenn keine Selbstberechnung der ImmoESt erfolgt ist –,
- die zu den **Betriebseinnahmen eines inländischen Betriebs** gehören und für die ein Steuerabzug vorgenommen wurde,

**Beispiel:**

Ein deutscher Unternehmer vertreibt seine Produkte am österreichischen Markt über eine österreichische Betriebstätte. Erzielt der deutsche Unternehmer im Rahmen seines Betriebs dabei auch Beraterhonorare aus einer kaufmännischen oder technischen Beratung, für die ein Steuerabzug gem § 99 EStG vorgenommen wurde, sind diese Einkünfte dennoch bei der Veranlagung anzugeben. Die bereits entrichtete Abzugssteuer wird dabei auf die Steuer angerechnet.

- aus einer Beteiligung an einem Unternehmen als **echter stiller Gesellschafter**, für die ein Steuerabzug vorgenommen wurde,

**Tipp:**

Die Einkünfte des unecht stillen Gesellschafters werden bereits als betriebliche Einkünfte gem § 102 (1) Z 1 EStG pflichtveranlagt.

- **aus Gewinnanteilen gem § 99 (1) Z 2 EStG** (doppelstöckige Personengesellschaft),
- wenn neben lohnsteuerpflichtigen Einkünften andere veranlagungspflichtige Einkünfte über 730 € bezogen werden,
- wenn neben lohnsteuerpflichtigen Einkünften zwei oder mehrere lohnsteuerpflichtige Einkünfte, die beim Lohnsteuerabzug gesondert versteuert wurden, bezogen worden sind.

Technisch wird die Veranlagung mittels Abgabe einer Steuererklärung durchgeführt. Die Abgabe einer Steuererklärung hat zu erfolgen, wenn die veranlagungspflichtigen Einkünfte im Kalenderjahr 2.000 € überschreiten oder wenn der Steuerpflichtige vom Finanzamt dazu aufgefordert wird (§ 42 [2] EStG).

## II. Antragsveranlagung

Auf freiwilliger Basis besteht für beschränkt Steuerpflichtige die Möglichkeit der **Antragsveranlagung** gem § 102 (1) Z 3 EStG für Einkünfte, die dem Lohnsteuerabzug unterlegen haben, für KESt-pflichtige, endbesteuerte Einkünfte (§ 27a [5] EStG), Einkünfte, die der ImmoESt unterliegen (§ 30a [2] EStG), oder für Einkünfte, für die der besondere Steuerabzug des § 99 (1) Z 1, 3, 4, 5 oder 6 EStG erhoben wurde. Der Antrag kann innerhalb von fünf Jahren ab dem Ende des Veranlagungszeitraumes gestellt werden.

Unterliegen Einkünfte einer Abzugssteuer, können Werbungskosten oder Betriebsausgaben zunächst bei Auszahlung des Honorars (ausgenommen im Falle der Nettoabzugsbesteuerung gem § 99 EStG) nicht berücksichtigt werden.

**Beispiel:**

Ein argentinischer Tennisspieler spielt bei einer österreichischen Tennistrophy mit. Seine Remuneration zahlt der österreichische Veranstalter unter Einbehalt einer 20%igen Abzugssteuer aus. Es besteht zunächst keine Möglichkeit der Berücksichtigung etwaiger durch den Sportler aufgewendeter Spesen (zB Transportkosten, Hotel, Sportausrüstung).

Im Wege einer freiwilligen Antragsveranlagung können Werbungskosten oder Betriebsausgaben berücksichtigt werden, sofern sie mit den zu veranlagenden Einkünften in **wirtschaftlichem Zusammenhang** stehen.

**Beispiel:**

Möchte der Tennisspieler seine mit der in Österreich ausgeübten Tätigkeit in wirtschaftlichem Zusammenhang stehenden Aufwendungen berücksichtigt wissen, steht ihm die Möglichkeit offen, sich im Nachhinein freiwillig veranlagen zu lassen. In der Folge kann er seine Steuerbemessungsgrundlage durch Werbungskosten bzw Betriebsausgaben verringern, allerdings unterliegen seine Einkünfte unter Hinzurechnung des Betrages von 9.000 € (§ 102 [3] EStG) dem Tarifsteuersatz gem § 33 EStG.

Eine Antragsveranlagung macht aber neben dem Vorteil der Berücksichtigung der Betriebsausgaben immer dann Sinn, wenn beschränkt Steuerpflichtige ein sehr niedriges Einkommen in Österreich haben und in der Folge der reguläre progressive Steuersatz niedriger ist als der besondere Steuerabzug gem § 99 EStG, der Lohnsteuerabzug, die ImmoESt oder der Kapitalertragsteuerabzug.

Von der Veranlagungsoption ausgenommen sind die Einkünfte einer ausländischen Personengesellschaft, die an einer inländischen Personengesellschaft beteiligt ist (§ 99 [1] Z 2 EStG).

## III. Durchführung der Veranlagung

Hat ein Steuerpflichtiger sowohl Einkünfte, die verpflichtend zu veranlagen sind, als auch Einkünfte, die nur auf Antrag zu veranlagen sind, so werden die auf Antrag zu veranlagenden Einkünfte nur über ausdrückliche Antragsveranlagung berücksichtigt. Wird allerdings ein Antrag auf Veranlagung gestellt, sind sämtliche steuerabzugspflichtigen Einkünfte (ausgenommen steuerabzugspflichtige Einkünfte, von denen ein Lohnsteuerabzug iHv 20 % vorgenommen wurde; siehe EStR 2000 Rz 8039) in die Veranlagung miteinzubeziehen. Im Falle einer Antragsveranlagung ist die bereits einbehaltene Steuer auf die ESt anzurechnen. Bei beschränkt steuerpflichtigen Einkünften kommt es zu keinem **Progressionsvorbehalt**, dh, die im Ausland erzielten Einkünfte werden nicht für Zwecke der Ermittlung des Steuersatzes herangezogen.

**Beispiel:**

Der in Italien ansässige M bezieht einerseits in Österreich beschränkt steuerpflichtige Einkünfte aus einer Beteiligung an einer inländischen Mitunternehmerschaft und andererseits Einkünfte aus unselbständiger Arbeit, für die ein Lohnsteuerabzug iHv 20 % abgezogen wurde. Sofern er nicht extra einen Antrag auf Veranlagung der lohnsteuerpflichtigen Einkünfte stellt, bleiben diese Einkünfte bei der Pflichtveranlagung außer Ansatz (siehe auch § 102 [1] Z 3 EStG).

**Sonderausgaben** sind abzugsfähig, sofern sie sich auf das Inland beziehen (§ 102 [2] Z 2 EStG). Dagegen sind **außergewöhnliche Belastungen** bei der Veranlagung beschränkt Steuerpflichtiger nicht absetzbar.

Der **Steuertarif** ist bei beschränkt Steuerpflichtigen nach § 33 (1) EStG zu berechnen. Dabei ist gem § 102 (3) EStG dem Einkommen ein Betrag von 9.000 € hinzuzurechnen. Unbeschränkt Steuerpflichtige werden erst ab Überschreiten des **Existenzminimums** von 11.000 € besteuert. Durch die Hinzurechnung der 9.000 € werden beschränkt Steuerpflichtigen bereits ab einem Einkommen von 2.000 € besteuert. Dadurch soll der in den allgemeinen Steuertarif eingearbeitete Steuerabsetzbetrag, auf den ein beschränkt Steuerpflichtiger keinen Anspruch hat, ausgeglichen werden. Ein unbesteuertes Existenzminimum steht daher beschränkt Steuerpflichtigen nicht zu. Es obliegt vielmehr laut EuGH-Rsp (Rs *Gerritse*, EuGH 12. 6. 2003, C-234/01) dem Wohnsitzstaat des beschränkt Steuerpflichtigen, das Existenzminimum zu berücksichtigen. Der Hinzurechnungsbetrag gem § 102 (3) EStG wurde vonseiten des UFS als unionsrechtkonform gewertet (UFS 10. 6. 2010, RV/0274-W/10).

Werden in den Fällen des § 70 (2) Z 2 EStG sowie des § 99 (1) Z 1 EStG **Werbungskosten oder Betriebsausgaben an beschränkt steuerpflichtige Personen** geleistet, die **nicht in einem EU/EWR-Staat ansässig sind**, dann dürfen diese Werbungskosten oder Betriebsausgaben nur insoweit abgezogen werden, als ein inländischer Besteuerungsnachweis beigebracht wird. Mit anderen Worten bedeutet das, dass Aufwendungen, die an beschränkt Steuerpflichtige eines Nicht-EU/EWR-Staates geleistet werden, nur unter Beibringung eines inländischen Besteuerungsnachweises zum Abzug zugelassen sind. Dadurch soll eine steuerliche Erfassung der zum Abzug gebrachten Einkünfte in Österreich sichergestellt werden.

**Beispiel:**

Ein liechtensteinisches Orchester tritt im Jahr 2012 (vor Wirksamwerden des neuen, revidierten DBA) in Österreich auf und kassiert dafür ein Honorar. Das Orchester gibt Teile des Honorars an die ebenfalls in Liechtenstein ansässigen Musiker weiter, die auch durch ihr persönliches Tätigwerden im Inland der beschränkten Steuerpflicht unterliegen. Im Zuge einer Antragsveranlagung kann das Orchester nur dann die Musikerhonorare als Aufwendungen abziehen, wenn deren Besteuerung in Österreich nachgewiesen werden kann. Ein Nachweis könnte beispielsweise durch die Tatsache eines Steuerabzuges, durch Steuererklärung mit behördlichem Eingangsvermerk, Steuerbescheide oder abgabenbehördliche Bestätigungen erbracht werden.

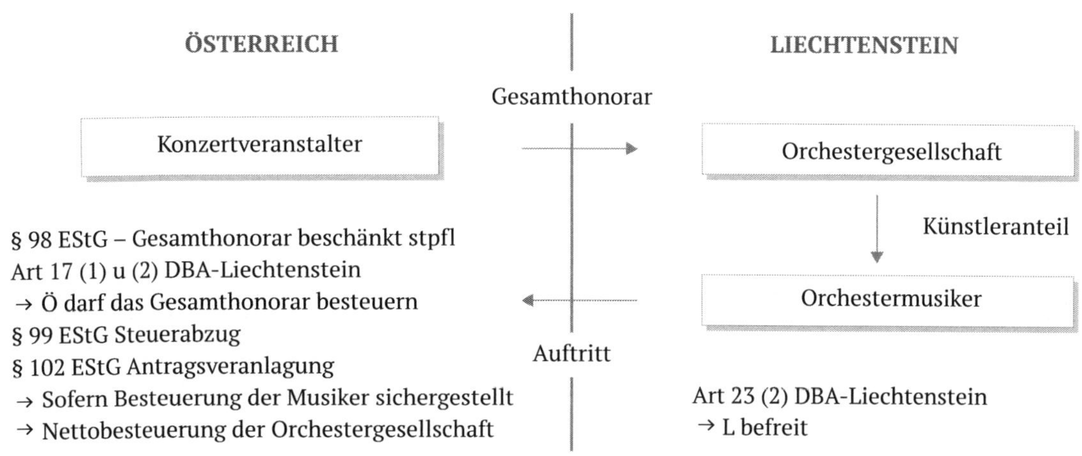

Ein Besteuerungsnachweis kann unterbleiben, wenn die Einkünfte des in Österreich beschränkt Steuerpflichtigen unter der 2.000 €-Grenze liegen und dies seitens des Finanzamtes als feststehend angesehen wird.

Betreffen die Aufwendungen Zahlungen an in Österreich unbeschränkt Steuerpflichtige oder an Personen, die in Österreich überhaupt nicht steuerpflichtig sind, kann ein Besteuerungsnachweis unterbleiben.

# IV. Verluste beschränkt Steuerpflichtiger

Ein **Verlustabzug** nach § 18 (6) EStG steht **beschränkt Steuerpflichtigen gem § 102 (2) Z 2 iVm § 21 (1) letzter Satz EStG** nur insoweit zu, als die Verluste in einer inländischen Betriebstätte mit betrieblichen Einkünften oder im Rahmen der gewerblichen Einkünfte aus unbeweglichem Vermögen entstanden sind. Ein Verlust kann nur insoweit berücksichtigt werden, als er die nicht der beschränkten Steuerpflicht unterliegenden Einkünfte überstiegen hat. Das bedeutet für ausländische Unternehmen mit österreichischer Betriebstätte, dass zunächst eine Verlustverwertung im Ansässigkeitsstaat des Unternehmens zu erfolgen hat, denn den Ansässigkeitsstaat trifft die primäre Pflicht der Berücksichtigung von Auslandsverlusten. Ob der Ansässigkeitsstaat die Verlustverwertung der in Österreich entstandenen Verluste zulässt, ist unerheblich, entscheidend ist einzig und allein, ob der beschränkt Steuerpflichtige über ausreichende Einkünfte verfügt, in denen die österreichischen Verluste Deckung finden.

**Beispiel:**

Hat ein deutscher Automobilzubehörhersteller eine Produktionsbetriebstätte in Österreich, dann sind die im Jahr 2014 entstandenen österreichischen Verluste iHv 500.000 € mit dem positiven Welteinkommen des Unternehmens auszugleichen. Betragen die Gewinne des deutschen Automobilherstellers (ohne Berücksichtigung der Betriebstättenverluste) allerdings nur 400.000 €, dann ist in Höhe des verbleibenden Verlustes von 100.000 € ein Verlustvortrag in Österreich möglich.

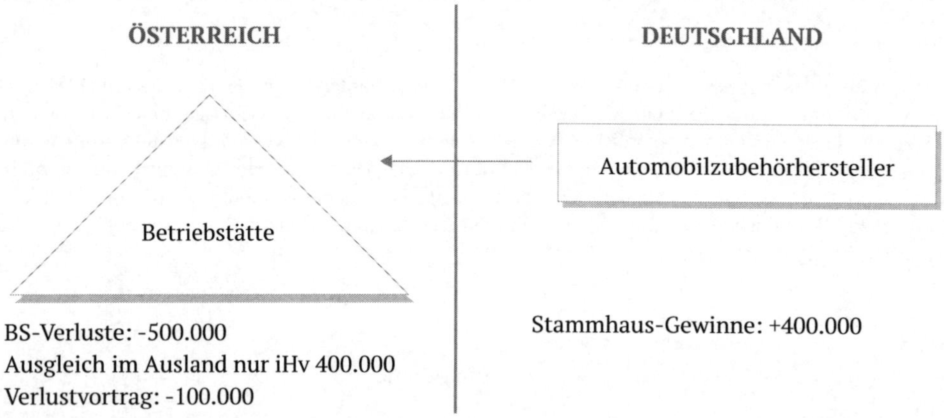


Ein Verlustabzug auf Ebene der österreichischen Betriebstätte eines in Österreich beschränkt Steuerpflichtigen kann jedoch erfolgen, wenn:

- ➔ Ansässigkeit in einem EU/EWR-Staat besteht, oder
- ➔ ein DBA besteht, das ein **Betriebstättendiskriminierungsverbot** (Art 24 [3] OECD-MA) enthält, und ein Nachweis erbracht wird, dass eine Verlustverwertung im Ansässigkeitsstaat nicht möglich ist (BMF EAS 2345, 2. 9. 2003; EStR 2000 Rz 8059; VwGH 16. 2. 2006, 2005/14/0036).

**Literaturhinweise:**

*Hruschka/Bendlinger*, Der Verlustvortrag für österreichische Betriebsstätten deutscher Unternehmer, SWI 2003, 271; *Lang/W. Loukota*, Der Inlandsbezug bei Sonderausgaben nach § 1, GeS 2003, 354; *dieselben*, Das Erfordernis der Beibringung eines inländischen Besteuerungsnachweises nach § 1, SWI 2003, 67; *Hohenwarter*, Verlustverwertung im Konzern (2009); *Hohenwarter-Mayr*, Die Rs *PhilipsElectronics*: Wende in der Verlustverwertung beschränkt Steuerpflichtiger, GES 2012, 505.

# F. Steuerentlastung von abzugsbesteuerten Einkünften beschränkt Steuerpflichtiger

Lesen Sie aufmerksam DBA-EntlastungsV BGBl III 2005/92 idgF, Erlass des BMF vom 17. Dezember 2001 zur Rückzahlung österreichischer Abzugssteuern auf Grund von Doppelbesteuerungsabkommen, 04 0101/41-IV/4/01, AÖF 2002/63 idF vom 9. 7. 2019, BMF-010221/0208-IV/8/2019, Erlass des BMF vom 10. März 2006 zur Anwendung von Doppelbesteuerungsabkommen auf steuerabzugspflichtige Einkünfte, BMF-010221/0101-IV/4/2006, AÖF 2006/127, idF vom 9. 7. 2019, BMF-010221/0208-IV/8/2019; EStR 2000 Rz 8016–8031.

Bei steuerabzugspflichtigen Einkünften trifft neben dem Einkünfteempfänger, der die Steuer schuldet, den Einkünftezahler die Pflicht, Quellensteuer einzubehalten. Der Einkünftezahler selber schuldet die Steuer zwar nicht, ihn trifft aber die Haftung für die ordnungsgemäße Erhebung und Abfuhr der Steuer. Der innerstaatlich vorgeschriebene Steuerabzug wird zudem häufig durch ein DBA beschränkt oder auf eine 0%ige Steuer reduziert. Um dem DBA Rechnung zu tragen, besteht einerseits die Möglichkeit der Entlastung an der Quelle und andererseits die Möglichkeit einer Steuerrückerstattung.

Haben Steuerausländer inländische abzugsbesteuerte Einkünfte, ist der Schuldner der Einkünfte dazu verpflichtet, einen Steuerabzug vorzunehmen. Der Schuldner der Einkünfte haftet dabei für die ordnungsgemäße Erhebung und Abfuhr. Es kann sich allerdings einerseits aufgrund mangelnder Steuerpflicht im nationalen Recht, andererseits aufgrund eines DBA das Erfordernis zur teilweisen oder gänzlichen Steuerentlastung ergeben.

## I. Entlastung mangels inländischer Steuerpflicht

Weist ein Steuerpflichtiger seine Ausländereigenschaft nach, beispielsweise durch die Vorlage einer Ansässigkeitsbescheinigung der ausländischen Steuerverwaltung, so kann die auszahlende Stelle, sofern kein Tatbestand der beschränkten Steuerpflicht nach innerstaatlichem Recht gem § 98 EStG besteht, von einem Steuerabzug absehen. Wird dennoch eine Steuer einbehalten, dann kann der Einkünfteempfänger einen Rückzahlungsantrag gem § 240 (3) iVm § 240a BAO (elektronische Vorausmeldung) stellen.

**Beispiel:**

Der in London lebende M besitzt ein Aktienpaket in Höhe einer 0,01%igen Beteiligung an einer österreichischen AG auf einem österreichischen Bankdepot. Entschließt sich M das Aktienpaket zu verkaufen, so unterliegt ein allenfalls darauf entfallender Veräußerungsgewinn nicht der österreichischen beschränkten Steuerpflicht. Hat es M unterlassen, seine Ausländereigenschaft mittels Vorlage einer Ansässigkeitsbescheinigung der österreichischen Bank nachzuweisen, wird automatisch ein KESt-Abzug vorgenommen. Somit hat M die Möglichkeit, eine Rückzahlung der österreichischen KESt zu beantragen. Zunächst hat gem § 240a BAO eine elektronische Vorausmeldung zu erfolgen. Der ausgefüllte und mit einer ausländischen Ansässigkeitsbescheinigung versehene Antrag ist sodann in Papierform postalisch an das zuständige FA zu übermitteln.

Auch im Wirkungsbereich des § 94 und des § 99a EStG kann die Entlastung an der Quelle mangels inländischer Steuerpflicht beansprucht werden.

**Tipp:**

Der Nachweis der Berechtigung zur Quellensteuerbefreiung aufgrund der **Mutter-Tochter-Richtlinie ist durch Verwendung des Formulars ZS-EUMT zu dokumentieren.**

## II. Quellenentlastung aufgrund von DBA

Sind steuerabzugspflichtige Einkünfte ganz oder teilweise aufgrund von DBA von der inländischen Steuer zu entlasten, kann eine **Steuerentlastung** unter den in der DBA-Entlastungsverordnung (BGBl III 2005/92 idgF) näher bestimmten Voraussetzungen **unmittelbar anlässlich der Auszahlung** erfolgen.

**Tipp:**

Beachte die in § 5 der DBA-EntlastungsV aufgelisteten Ausschlussgründe!

Der für die Einbehaltung der Abzugssteuer Haftende (der inländische Schuldner der Einkünfte) ist berechtigt, allfällige Steuerentlastungen aufgrund eines DBA unmittelbar anlässlich der Auszahlung der Einkünfte zu berücksichtigen. Er trägt allerdings die Verantwortung dafür, dass die abkommensrechtlichen Entlastungsvorschriften erfüllt sind, und muss diese gegebenenfalls auch nachweisen. Für die **ordnungsgemäße Dokumentation** der rechtmäßigen Unterlassung einer Abzugssteuer stehen die Formulare ZS-QU1 (für natürliche Personen) oder ZS-QU2 (für juristische Personen) zur Verfügung. Verfügt die auszahlende Stelle über ein vollständig ausgefülltes Formular inklusive der Bestätigung der Ansässigkeit des anderen Vertragsstaates, dann sind damit die wichtigsten Dokumentationsvoraussetzungen erfüllt (zur Verpflichtung der Vorlage einer Ansässigkeitsbescheinigung siehe VwGH 24. 6. 2009, 2009/15/0090). Handelt es sich nur um kleinere Beträge unter 10.000 €, dann genügt das ausgefüllte Formular ohne eine Ansässigkeitsbescheinigung der ausländischen Steuerverwaltung (**vereinfachtes Dokumentationsverfahren**).

**Beispiel:**

Der in Italien ansässige G bezieht eine Firmenpension aus seiner früher in Österreich ausgeübten Tätigkeit. Da Firmenpensionen gem Art 18 DBA-Italien nur im Ansässigkeitsstaat, sonach Italien, zu versteuern sind, kann G bei der pensionsauszahlenden Stelle um Entlastung an der Quelle ersuchen. Um sämtliche Dokumentationsvorschriften ordnungsgemäß zu erfüllen, wird die pensionsauszahlende Stelle das ausgefüllte Formular ZS-QU1, welches mit einer Ansässigkeitsbescheinigung der ausländischen Steuerbehörde versehen ist, zu den Akten nehmen. Hegt die pensionsauszahlende Stelle allerdings Zweifel an der Richtigkeit der im Formular gemachten Angaben, so wird sie dennoch anstatt einer Entlastung an der Quelle einen Steuerabzug vornehmen. In der Folge müsste G sodann beim gem § 18 AVOG zuständigen Finanzamt Bruck-Eisenstadt-Oberwart einen Rückzahlungsantrag stellen.

Sondervorschriften bestehen für eine Entlastung an der Quelle im Falle von **Arbeitskräftegestellung** (mit Ausnahme von **konzerninterner Personalüberlassung** von Angestellten, bei welcher die Gefahr der Umgehung wesentlich geringer ist): Einkünfte aus der Gestellung von Arbeitskräften, die nicht einer inländischen Betriebstätte des Einkünfteempfängers zuzurechnen sind (§ 99 [1] Z 5 EStG), können im Allgemeinen wegen des in diesem Bereich international zu beobachtenden Umgehungsproblems gem § 5 (1) Z 4 DBA-Entlastungsverordnung nicht an der Quelle entlastet werden, es sei denn, das Finanzamt Bruck-Eisenstadt-Oberwart hat betreffend die ausländische Gestellungsvergütung einen **Befreiungsbescheid** erteilt. Die Erteilung eines Befreiungsbescheides, welche im Ermessen des Finanzamtes steht, wird idR davon abhängig gemacht, dass sichergestellt wird, dass keine Umgehungsgestaltung vorliegt und dass das ausländische Arbeitskräfteüberlassungsunternehmen (oder alternativ der inländische Beschäftiger) für die überlassenen Arbeitskräfte die lohnsteuerlichen Pflichten übernimmt. Für die Löhne der Arbeitnehmer wird, da diese bei Vorliegen eines inländischen abkommensrechtlichen Arbeitgebers in Österreich der Steuerpflicht unterliegen, eine Erteilung eines Befreiungsbescheides nicht möglich sein.

Eine weitere Ausnahme besteht für **Holdinggesellschaften**: Grundsätzlich können Holdinggesellschaften keine Entlastung an der Quelle geltend machen, es sei denn, es wurde einmal ein Rückzahlungsantrag der Holdinggesellschaft beim Finanzamt Bruck-Eisenstadt-Oberwart positiv erledigt. Dadurch wird unterstellt, dass sich die Abgabenbehörde von der Unbedenklichkeit der Geschäftsbeziehungen des Vergütungsschuldners mit der Holdinggesellschaft überzeugen konnte, wodurch für einen Zeitraum von drei Jahren kein Zwang für ein Rückzahlungsverfahren erforderlich ist.

## III. Rückzahlungen aufgrund DBA

Von der einkünfteauszahlenden Stelle kann ungeachtet der Möglichkeit einer Entlastung an der Quelle immer auch ein Steuerabzug vorgenommen werden. Dieses Verfahren steht dem Schuldner der Einkünfte jederzeit zur Verfügung und ist vor dem Hintergrund der Minimierung des Haftungsrisikos auch verständlich. Wird ein Steuerabzug vorgenommen, kann der ausländische Einkünfteempfänger eine **Rückzahlung** der zu viel einbehaltenen Steuer beantragen. Dabei sind die amtlichen Vordrucke, welche vonseiten des BMF aufgelegt wurden, zu verwenden. Eine Übersicht über die bestehenden Vordrucke findet sich auf der Website des BMF unter https://www.bmf.gv.at/steuern/int-steuerrecht/rueckerstattung/rueckerstattung-oesterreichischer-abzugsteuer.html.

Für eine Rückerstattung sind folgende Schritte notwendig:

1. Der geeignete Antrag ist im Web-Formular auszufüllen und elektronisch zu übermitteln (Vorausmeldung nach § 240a BAO).
2. Die übermittelte Vorausmeldung inklusive der Übermittlungsbestätigung (samt Transaktionsnummer) ist auszudrucken und vom Antragsteller zu unterschreiben. Zudem ist die auf der ausgedruckten Vorausmeldung vorgesehene Bestätigung der ausländischen Steuerbehörde (Ansässigkeitsbestätigung) vom Antragsteller einzuholen.
3. Nach Einholung der Ansässigkeitsbestätigung ist die ausgedruckte Vorausmeldung gemeinsam mit allfälligen Unterlagen postalisch an das Finanzamt Bruck Eisenstadt Oberwart zu übermitteln. Nur auf diese Weise eingebrachte Anträge sind gem § 240a (2) BAO zulässig.

**Tipp:**

Bei der Stellung eines Rückerstattungsantrags sind Fristen zu beachten: Ein Antrag kann grundsätzlich bis zum Ablauf des fünften Kalenderjahres, das auf das Jahr der Einbehaltung folgt, gestellt werden, selbst wenn in einem DBA oder einer Durchführungsvereinbarung eine kürzere Frist vorgesehen ist, sofern die jeweilige völkerrechtliche Vereinbarung vor dem Inkrafttreten der fünfjährigen Frist des § 240 (3) BAO idF BGBl 1980/151 abgeschlossen wurde. Da das Doppelbesteuerungsabkommen mit Deutschland (BGBl III 2002/182 idF BGBl III 2012/32) im Jahr 2000 abgeschlossen wurde, ist im Verhältnis zu Deutschland jedoch die in Art 27 (2) des Abkommens festgelegte Frist von vier Jahren anzuwenden.

## IV. Durchführungsvereinbarungen in den DBA

Mit einigen DBA-Partnerstaaten (Belgien, Brasilien, Dänemark, Finnland, Großbritannien, Irland, Kanada, Liechtenstein, Luxemburg, Niederlande, Portugal, Schweden, Schweiz, Slowakei, Spanien, Tschechien und Ungarn) hat Österreich zusätzlich zu den DBA noch **Durchführungsvereinbarungen** bzw **Durchführungsverordnungen** abgeschlossen. Diese regeln die administrative Durchführung der Vermeidung der Doppelbesteuerung sowohl für Österreich als auch für den DBA-Partnerstaat. Mit Wirksamkeitsbeginn der DBA-EntlastungsV sind aus österreichischer Sicht zahlreiche Durchführungsverordnungen nicht mehr anzuwenden (Belgien, Brasilien, CSSR, Großbritannien, Irland, Kanada, Niederlande, Polen, Portugal, Spanien, Ungarn) bzw stehen einer Entlastung an der Quelle nicht entgegen.

Die Durchführungsregelungen enthalten meist Wegweiser, wie eine Entlastung von Quellensteuern beantragt werden muss, bei welcher Behörde der Antrag eingebracht werden kann (die Durchführungsvereinbarung mit der Schweiz sieht zB vor, dass Rückerstattungsanträge von Amts wegen weiterzuleiten sind, auf welchen Vordrucken die Entlastungen geltend zu machen sind) etc.

Wurde mit einem Staat keine Durchführungsregelung vereinbart, so steht es den Staaten frei, die Formerfordernisse und Verfahrensschritte für eine Entlastung an der Quelle oder Rückerstattung zu regeln. Für einen Überblick über die ausländischen Entlastungsformulare siehe https://www.bmf.gv.at/steuern/int-steuerrecht/rueckerstattung/quellensteuerformulare-von-dba-partnerstaaten.html.

**Literaturhinweise:**

*Loukota/Jirousek*, Anmerkungen zur DBA-Entlastungsverordnung, SWI 2005, 511; *Bendlinger/Walch*, Ergänzung zur DBA-Entlastungsverordnung, SWI 2006, 119; *Russo*, Administrative Aspects of the Application of Tax Treaties, Bulletin for International Taxation 2009, 482; *Nowotny/Prechtl-Aigner*, Rückerstattung der Abzugssteuer bei Arbeitskräftegestellung an Gesteller oder Arbeitnehmer? SWI 2013, 163; *Hollaus*, Erstattung von Abzugsteuern und Beantragung von Befreiungsbescheiden bei Arbeitskräfteüberlassung, SWK 2019, 421; *Bendlinger*, Die Rückzahlung österreichischer Abzugsteuer nach dem Jahressteuergesetz 2018, SWI 2019, 198.

# Lösungen

**Lösungen zu den Fragen des Teil I, Erster Abschnitt, A.**

1. Unbeschränkte Steuerpflicht begründet eine natürliche Person im Falle des Wohnsitzes oder gewöhnlichen Aufenthalts im Inland. Die Folge der unbeschränkten Steuerpflicht ist ein Besteuerungsanspruch der Republik Österreich betreffend alle in- und ausländischen Einkünfte (Welteinkommen) der natürlichen Person.
2. Der Steuerpflichtige muss seinen Mittelpunkt der Lebensinteressen länger als fünf Jahre im Ausland haben, die Wohnung darf alleine oder gemeinsam mit anderen inländischen Wohnungen nicht mehr als 70 Tage bewohnt werden und es muss ein Verzeichnis über die Benutzung der Wohnung geführt werden.
3. Beschränkt Steuerpflichtige können gem § 1 (4) EStG zur unbeschränkten Steuerpflicht optieren, sofern sie die Staatsangehörigkeit eines EU- oder EWR-Staats besitzen oder das DBA-Staatsangehörigendiskriminierungsverbot Anwendung findet und entweder mindestens 90 % der Einkünfte inländische Einkünfte iSd § 98 EStG sind oder die nicht der österreichischen Steuer unterliegenden Einkünfte nicht mehr als 11.000 € betragen. Um zur erweiterten unbeschränkten Steuerpflicht zu optieren, ist ein Antrag erforderlich. In der Folge werden sämtliche österreichischen Einkünfte unter Berücksichtigung aller nur für unbeschränkt Steuerpflichtige geltenden Absetzbeträge und Freibeträge versteuert. Ausländische Einkünfte werden allerdings – da es sich nur um eine fiktive unbeschränkte Steuerpflicht handelt – nicht in Österreich besteuert und auch nicht bei der Berechnung des Steuersatzes über einen Progressionsvorbehalt berücksichtigt.

**Lösungen zu den Fragen des Teil I, Erster Abschnitt, B.**

1. Unbeschränkt steuerpflichtig ist
   - eine juristische Person des privaten Rechts,
   - ein BgA einer KöR,
   - eine nichtrechtsfähige Personenvereinigung, Anstalt, Stiftung oder anderes Zweckvermögen,

   wenn diese Körperschaft entweder ihre Geschäftsleitung oder den Sitz in Österreich hat. Folge der unbeschränkten Körperschaftsteuerpflicht ist der Besteuerungsanspruch Österreichs hinsichtlich aller in- und ausländischen Einkünfte der Körperschaft.
2. Die Ö-GmbH erfüllt die Voraussetzungen der internationalen Schachtelbeteiligungsertragsbefreiung gem § 10 (1) Z 7 iVm (2) KStG; sowohl die Form der österreichischen Gesellschaft als Körperschaft als auch das Beteiligungsausmaß und die Behaltedauer sind erfüllt. Die französische „société anonyme“ ist in der Anlage zur Mutter-Tochter-Richtlinie explizit genannt. Darüber hinaus ist sie einer inländischen Kapitalgesellschaft vergleichbar. Die Ausschüttungen sind daher sowohl auf Ebene der M-Co in Frankreich als auch auf Ebene der empfangenden Ö-GmbH von der Steuer befreit. Ein im Zuge einer Veräußerung anfallender Veräußerungsgewinn oder -verlust ist grundsätzlich unbeachtlich, es sei denn, es wurde zur Steuerpflicht optiert.
3. Die deutsche Automobil-AG ist in Österreich gem § 1 (3) KStG beschränkt steuerpflichtig mit ihren Einkünften aus § 98 EStG. Da es sich bei der beschränkt steuerpflichtigen Körperschaft um eine Gesellschaft handelt, die die in der Anlage 2 zum EStG vorgesehenen Voraussetzungen der Mutter-Tochter-Richtlinie erfüllt, kann die in § 10 KStG normierte Beteiligungsertragsbefreiung gem § 21 (1) Z 2 lit a KStG sinngemäß auf Ebene der Betriebstätte für die italienischen Beteiligungserträge angewandt werden.
4. Es besteht aufgrund der 100%igen Beteiligung eine internationale Schachtelbeteiligung iSd § 10 (2) KStG, wodurch die Hinzurechnungsbesteuerung bei Vorliegen der weiteren Voraussetzungen zur

Anwendung gelangen kann. Die österreichische AG (beherrschende Körperschaft) hält selbst unmittelbar mehr als 50 % des Kapitals an der ungarischen Kapitalgesellschaft (beherrschte Körperschaft). Die ungarische Kapitalgesellschaft unterliegt einer tatsächlichen Steuerbelastung von weniger als 12,5 %. Der Unternehmensschwerpunkt liegt in der Erzielung von Passiveinkünften iSd § 10a (2) KStG, wenn mehr als ein Drittel der gesamten Einkünfte des zu beurteilenden Zeitraumes Passiveinkünfte darstellen. Im gegenständlichen Fall sind die Dividenden auf Ebene der österreichischen Muttergesellschaft gem § 10 (1) Z 7 iVm (2) KStG steuerfrei, diese Einkünfte stellen daher keine Passiveinkünfte gem § 10a (2) dar. Allerdings gelten Einkünfte aus Finanzierungsleasing als Passiveinkünfte, wodurch bei Überschreiten der Drittelgrenze (Einkünfte aus Finanzierungsleasing und Dividenden) eine Hinzurechnung der Einkünfte aus Finanzierungsleasing erfolgen kann. Eine Hinzurechnung hätte nur zu unterbleiben, wenn die ungarische Gesellschaft den Substanznachweis erbringen kann, wenn sie also bezogen auf Personal, Ausstattung, Vermögenswerte und Räumlichkeiten eine wesentliche wirtschaftliche Tätigkeit ausübt.

**Lösungen zu den Fragen des Teil I, Zweiter Abschnitt, A.**

1. Sofern weder Wohnsitz noch gewöhnlicher Aufenthalt in Österreich bestehen und auch die ZweitwohnsitzV keine Anwendung findet, sind natürliche Personen nur beschränkt steuerpflichtig. Die Folge ist, dass sie in Österreich nur mit aus österreichischen Quellen stammenden Einkünften gem § 98 EStG besteuert werden.
2. Der beschränkten Steuerpflicht unterliegen nur die in § 98 EStG taxativ aufgezählten Einkünfte. Das sind im Wesentlichen:
   - Einkünfte aus einer im Inland betriebenen Land- und Forstwirtschaft;
   - Einkünfte aus selbständiger Arbeit, die im Inland ausgeübt oder verwertet wurde;
   - Einkünfte aus einem Gewerbebetrieb, für den im Inland eine Betriebstätte unterhalten wird, ein ständiger Vertreter bestellt wurde oder unbewegliches Vermögen im Inland vorliegt;
   - Einkünfte aus nichtselbständiger Arbeit, die im Inland ausgeübt oder verwertet wird oder die aus öffentlichen Kassen bezahlt wird;
   - KESt-pflichtige Einkünfte aus der Überlassung von Kapital (Dividenden, GmbH-Gewinnausschüttungen, Bezüge aus Erwerbs- und Wirtschaftsgenossenschaften, Genussrechten, Partizipationskapital und Agrargemeinschaften, Zuwendungen von Privatstiftungen), Zinsen iSd EU-Quellensteuergesetzes, bei denen KESt einzubehalten war, Gewinnanteile aus echten stillen Beteiligungen, Erträge aus Immobilieninvestmentfonds sowie Erträge aus realisierten Wertsteigerungen bei über 1%igen Beteiligungen.
   - Einkünfte aus Vermietung und Verpachtung von im Inland belegenem unbeweglichen Vermögen;
   - Einkünfte aus privaten Grundstücksveräußerungen von inländischen Grundstücken.

**Lösung zur Frage des Teil I, Zweiter Abschnitt, B.**

1. Die beschränkte Steuerpflicht der „ersten Art“ betrifft Körperschaften, die der unbeschränkten Steuerpflicht deshalb nicht unterliegen, weil sie weder Sitz noch Ort der Geschäftsleitung in Österreich haben und daher nur beschränkt steuerpflichtig sind. Die beschränkte Steuerpflicht „zweiter und dritter Art“ betrifft inländische KöR und Körperschaften, die steuerbefreit sind.

**Lösungen zu den Fragen des Teil II, Erster Abschnitt.**

1. Juristische Doppelbesteuerung bedeutet die doppelte Besteuerung eines bestimmten Steuergegenstandes mit vergleichbaren Steuern in den Händen ein und derselben Person im selben Besteuerungszeitraum. Im Gegensatz dazu erfasst die wirtschaftliche Doppelbesteuerung Steuergegenstände in zwei Staaten bei zwei unterschiedlichen Steuerpflichtigen.

2. Das OECD-MA ist ein von der OECD erarbeiteter Vertragsvorschlag für DBA und bildet vor allem die Basis für DBA von OECD-Staaten. Das OECD-MA regelt in Art 1 iVm Art 4 den persönlichen Anwendungsbereich, der sachliche Anwendungsbereich ist in Art 2 normiert. Die Verteilungsnormen in Art 6–22 (mit Ausnahme des Art 9) teilen die Besteuerungsrechte zwischen den Vertragsstaaten auf. Im Methodenartikel Art 23 A (Befreiungsmethode) oder B (Anrechnungsmethode) wird die Doppelbesteuerung – sofern nicht schon durch eine Verteilungsnorm erfolgt – vermieden. Zusätzlich sieht das OECD-MA noch sonstige Abkommensbestimmungen, die nicht unmittelbar der Vermeidung der Doppelbesteuerung dienen, vor. In Art 24 ist das Diskriminierungsverbot, in Art 25 das Verständigungsverfahren, in Art 26 und 27 sind der Informationsaustausch und die Amtshilfe bei der Vollstreckung von Steuern, in Art 29 der Anspruch auf Vergünstigungen (Abkommensmissbrauch) und in Art 30 und 31 die Inkrafttretens- und Kündigungsbestimmungen geregelt.
3. Nach der Dreistufentechnik ist zunächst der Bestand der Steuerpflicht nach österreichischem innerstaatlichen Steuerrecht zu beurteilen. Ergibt sich aus dem innerstaatlichen Steuerrecht eine Steuerpflicht, ist in einem zweiten Schritt zu beurteilen, ob das Besteuerungsrecht durch das DBA eingeschränkt wird. Die weitere Vorgangsweise bei der Erhebung der abkommensgemäß Österreich zustehenden Steuern richtet sich wieder nur nach innerstaatlichem Steuerrecht (allerdings unter Beachtung von DBA-Diskriminierungsverboten).

**Lösungen zu den Fragen des Teil II, Zweiter Abschnitt, A.**

1. Ein DBA findet auf eine Person Anwendung, sofern sie in einem der beiden Vertragsstaaten oder in beiden Vertragsstaaten ansässig ist. Es ist daher erforderlich, dass sie nach dem Recht des Ansässigkeitsstaates dort aufgrund ihres Wohnsitzes, ihres ständigen Aufenthalts, des Ortes der Geschäftsleitung oder eines anderen ähnlichen Merkmals steuerpflichtig ist.

   Hat eine natürliche Person in zwei Staaten eine ständige Wohnstätte, so liegt die Ansässigkeit in dem Staat, in dem sie ihren Mittelpunkt der Lebensinteressen hat. Sind diese in beiden oder in keinem der Staaten belegen, gilt sie als in dem Staat ansässig, in welchem sie sich gewöhnlich aufhält. Hat die Person den gewöhnlichen Aufenthalt in keinem der Vertragsstaaten oder in beiden Vertragsstaaten, so gilt sie als in dem Staat ansässig, dessen Staatsangehöriger sie ist. Ist die Person allerdings Staatsangehöriger beider Vertragsstaaten oder keiner der Vertragsstaaten, so regeln die zuständigen Behörden der Vertragsstaaten die Frage in gegenseitigem Einvernehmen.

   Doppelt ansässige juristische Personen gelten nach dem OECD-MA 2014 nur in dem Staat ansässig, in dem sich der Ort ihrer tatsächlichen Geschäftsleitung befindet. Das OECD-MA 2017 sieht vor, dass im Fall von doppelansässigen juristischen Personen ein Verständigungsverfahren zur Klärung von Ansässigkeitskonflikten geführt werden muss.
2. Österreichische Personengesellschaften werden für steuerliche Zwecke als transparent angesehen, wodurch ihnen keine Abkommensberechtigung zukommt. Nur die dahinterstehenden Anteilsinhaber können als „ansässige“ Personen von Österreichs DBA-Netzwerk profitieren.
3. Alle DBA enthalten neben den Inkrafttretensbestimmungen auch Kündigungsklauseln. Meist ist bis zu einem gewissen Termin zu kündigen, um die Kündigung im Folgejahr wirksam werden zu lassen. Abkommenskündigungen sind in der Praxis äußerst selten. Sollte ein Staat mit einem DBA nicht mehr zufrieden sein, tritt er in der Regel mit dem anderen Staat in Revisionsverhandlungen.

**Lösungen zu den Fragen des Teil II, Zweiter Abschnitt, C.**

1. Unbewegliches Vermögen ist grundsätzlich im Belegenheitsstaat des unbeweglichen Vermögens zu besteuern, wobei sich nach dem Recht des Belegenheitsstaates bemisst, was als unbewegliches Vermögen anzusehen ist.
2. Ob eine Betriebstätte in einem Staat begründet wird, richtet sich nach Art 5 OECD-MA. Demnach muss eine feste Geschäftseinrichtung durch eine örtliche Betriebstätte vorliegen. Liegt keine Betriebstätte iSe „festen örtlichen Einrichtung“ vor, kann dennoch ein abhängiger ständiger Vertre-

ter eines Unternehmens eine Betriebstätte begründen. Wichtig ist, dass das Unternehmen seine Geschäftstätigkeit in der Betriebstätte ganz oder teilweise ausübt. Es dürfen daher nicht bloße Hilfstätigkeiten in der vermeintlichen Betriebstätte verrichtet werden. Zudem muss das Unternehmen über eine gewisse Dauer hinweg die Verfügungsmacht über die Betriebstätte haben. Insbesondere als Betriebstätte gelten der Ort der Leitung eines Unternehmens, eine Zweigniederlassung, eine Geschäftsstelle, eine Fabrikationsstätte, eine Werkstätte, ein Bergwerk, ein Öl- oder Gasvorkommen, ein Steinbruch oder eine andere Stätte zur Ausbeutung von Bodenschätzen. Außerdem gelten Bauausführungen oder Montagen, wenn ihre Dauer zwölf Monate überschreitet, als Betriebstätten.

3. Im Betriebstättenstaat dürfen jene Unternehmensgewinne besteuert werden, die der Betriebstätte zuzurechnen sind. Hierbei sind der „Authorized OECD Approach" sowie der Fremdvergleichsgrundsatz zu beachten.

4. Einkünfte aus selbständiger Arbeit fallen ab dem OECD-MA 2000 unter Art 7, die Verteilungsnorm für Unternehmensgewinne. Davor bestand eine eigene Verteilungsnorm für Einkünfte aus selbständiger Arbeit in Art 14. Grundsätzlich sind Einkünfte aus selbständiger Arbeit im Tätigkeitsstaat zu besteuern, sofern dort eine feste Einrichtung besteht und die Einkünfte dieser festen Einrichtung zugerechnet werden können.

5. Eine Primärberichtigung ist eine – meist im Rahmen einer Betriebsprüfung vorgenommene – erste Verrechnungspreisanpassung zwischen verbundenen Unternehmen auf Basis des Art 9 OECD-MA.

6. Die Gegenberichtigung ist die entsprechend – in Übereinstimmung mit der Primärberichtigung – stattfindende Berichtigung der Verrechnungspreise im anderen Vertragsstaat, um Doppelbesteuerung zu vermeiden.

7. Die Sekundärberichtigung ist die buchmäßige Nachvollziehung der Primärberichtigung.

8. Die Preisvergleichsmethode, die Kostenaufschlagsmethode, die Wiederverkaufspreismethode, die Nettomargenmethode und die Gewinnteilungsmethode.

9. Dividenden sind grundsätzlich im Ansässigkeitsstaat des Einkünfteempfängers zu besteuern, dem Quellenstaat kommt allerdings ein begrenztes Besteuerungsrecht zu. Im OECD-MA findet sich diesbezüglich eine Aufteilung in Portfoliobeteiligungen und „wesentliche" Schachtelbeteiligungen. Ist der Nutzungsberechtigte der Dividenden eine Gesellschaft und beträgt das unmittelbare Beteiligungsausmaß über einen Zeitraum von 365 Tagen einschließlich des Tages, an dem die Dividende gezahlt wird, mehr als 25 %, so darf der Quellenstaat maximal Steuern iHv 5 % vom Bruttobetrag erheben. Bei Portfoliobeteiligungen darf der Quellenstaat maximal Steuern iHv 15 % vom Bruttobetrag einheben.

10. Im Falle von Zinsen gem Art 11 teilt das OECD-MA das grundsätzliche Besteuerungsrecht dem Ansässigkeitsstaat zu. Allerdings wird dem Quellenstaat ein Besteuerungsrecht iHv 10 % des Bruttobetrages zugestanden. Art 11 greift nur, wenn Zinsen an den Nutzungsberechtigten gezahlt werden.

11. OECD-MA-konform werden Lizenzgebühren nur im Ansässigkeitsstaat des Einkünfteempfängers besteuert, wobei der Einkünfteempfänger auch der Nutzungsberechtigte der Lizenzgebühren sein muss.

12. Veräußerungsgewinne von unbeweglichem Vermögen sind im Belegenheitsstaat des unbeweglichen Vermögens zu besteuern. Gewinne aus der Veräußerung von beweglichem Vermögen einer Betriebstätte eines Vertragsstaates, einschließlich Gewinne aus der Veräußerung der Betriebstätte, dürfen im Betriebstättenstaat besteuert werden. Gewinne, die ein Unternehmen eines Vertragsstaates aus der Veräußerung von Seeschiffen und Luftfahrzeugen, die im internationalen Verkehr betrieben werden, und von beweglichem Vermögen, das dem Betrieb dieser Schiffe oder

Luftfahrzeuge dient, erzielt, sind nur in diesem Vertragsstaat zu besteuern. Im Falle von Beteiligungen an Immobiliengesellschaften dürfen Veräußerungsgewinne im Belegenheitsstaat der Immobilien besteuert werden, sofern innerhalb von 365 Tagen vor der Veräußerung der Wert der Anteile zu mehr als 50 % auf unbeweglichem Vermögen beruht. Veräußerungsgewinne von bisher nicht genanntem Vermögen sind nur in dem Staat zu besteuern, in dem der Veräußerer ansässig ist.

13. Einkünfte aus nichtselbständiger Arbeit sind grundsätzlich im Ansässigkeitsstaat zu besteuern. Wird die Tätigkeit allerdings in einem anderen Staat ausgeübt, so darf der Tätigkeitsstaat die Einkünfte – unter Vorbehalt des Art 15 (2) OECD-MA (183-Tage-Klausel) – besteuern.

14. Aus Vereinfachungsgründen sind Einkünfte aus nichtselbständiger Arbeit, obwohl sie im Tätigkeitsstaat ausgeübt wurden, im Ansässigkeitsstaat zu besteuern, wenn:
    - sich der Einkünfteempfänger nicht länger als 183 Tage innerhalb eines Zeitraumes von zwölf Monaten im Tätigkeitsstaat aufhält und
    - die Vergütungen von einem Arbeitgeber gezahlt werden, der nicht im Tätigkeitsstaat ansässig ist, und
    - die Vergütungen nicht von einer Betriebstätte getragen werden, die der Arbeitgeber im Tätigkeitsstaat hat.

15. Vergütungen öffentlich Bediensteter, also Vergütungen, die von einem Vertragsstaat oder einer seiner Gebietskörperschaften gezahlt werden, dürfen nur im Kassenstaat, also dem Staat, der die Aufwendungen auch zu tragen hat, besteuert werden (Kassenstaatsprinzip).

16. Ruhegehälter und ähnliche Vergütungen sind nur im Ansässigkeitsstaat des Ruhegehaltsempfängers zu besteuern.

17. Der Vertragsstaat, für den der Ruhegehaltsbezieher vormals tätig war, hat das ausschließliche Besteuerungsrecht an Ruhegehältern für Mitarbeiter des öffentlichen Dienstes. Das Kassenstaatsprinzip gilt grundsätzlich (auch im Falle von Aktiveinkünften) nicht, wenn der Dienstnehmer im anderen Staat ansässig war und Staatsangehöriger des anderen Staates ist (Ortskräftevorbehalt).

18. Aufsichtsrats-, Verwaltungsratsvergütungen und ähnliche Zahlungen dürfen im Ansässigkeitsstaat der Gesellschaft besteuert werden. Von der Verteilungsnorm erfasst sind allerdings nur Vergütungen, die eine Person in ihrer Eigenschaft als Aufsichtsrat erhält.

19. Künstler und Sportler werden im jeweiligen Tätigkeitsstaat bzw Auftrittsstaat besteuert. Es muss dabei keine Betriebstätte oder feste Einrichtung im Auftrittsstaat begründet werden und die 183-Tage-Regelung des Art 15 OECD-MA spielt ebenfalls keine Rolle.

20. Der „echte Künstlerdurchgriff" macht auf Abkommensebene möglich, dass Künstler- und Sportlergagen auch dann im Tätigkeitsstaat besteuert werden können, wenn diese nicht direkt dem Künstler oder Sportler gezahlt werden.

21. Zwischen Künstler/Sportler und Auftraggeber zwischengeschaltete Theater-AG oder Orchestergesellschaften, die Auftritte von Künstlern managen, organisieren und selbst auch an der Unterhaltungsdarbietung mitwirken sowie ein Gesamthonorar bestehend aus Künstlerhonorar und Honorar für die Theater-AG oder Orchestergesellschaft bekommen, können nicht im Rahmen des Art 17 (1) OECD-MA besteuert werden, sondern nur im Wege des „unechten Künstlerdurchgriffs" des Art 17 (2).

22. Studenten, Praktikanten oder Lehrlinge, die sich ausschließlich zu Ausbildungszwecken in einem Vertragsstaat aufhalten und unmittelbar davor im anderen Staat ansässig waren bzw noch ansässig sind, sind mit ihren Unterhaltseinkünften, die aus Quellen außerhalb des Ausbildungsstaats stammen, im Ausbildungsstaat nicht zu besteuern.

23. „Andere" Einkünfte, die in den vorstehenden Artikeln nicht behandelt werden, sind nur im Ansässigkeitsstaat des Einkünfteempfängers zu besteuern. Art 21 OECD-MA stellt somit eine Generalklausel dar, die alle Einkünfte, die von keiner anderen Verteilungsnorm erfasst sind, auffängt.

**Lösungen zu den Fragen des Teil II, Zweiter Abschnitt, D.**

1. Nach der Systematik der Befreiungsmethode werden die aufgrund eines DBA befreiten ausländischen Einkünfte im Ansässigkeitsstaat unter Progressionsvorbehalt von der Besteuerung ausgenommen. Der Progressionsvorbehalt ist ein Vorbehalt des Ansässigkeitsstaates, die ausländischen befreiten Einkünfte für Zwecke der Berechnung des inländischen Steuersatzes zu berücksichtigen. Es wird jener Steuersatz herangezogen, der zur Anwendung käme, wenn die gesamten Einkünfte, also auch die ausländischen befreiten Einkünfte, im Inland besteuert würden. Somit zeitigt der Progressionsvorbehalt aber nur bei einem progressiven Steuersatz seine Wirkung.
2. Nach der Systematik der Anrechnungsmethode besteuert der Ansässigkeitsstaat das Welteinkommen und rechnet die im Quellenstaat gezahlte Steuer auf die inländische Steuer an. Konsequenz aus der Anrechnung ist, dass in jedem Fall auf das Steuerniveau des Ansässigkeitsstaates hochgeschleust wird. Etwaige Steuervorteile im Quellenstaat werden somit wieder zunichte gemacht. Ist die im Ausland gezahlte Steuer allerdings höher als die im Ansässigkeitsstaat, so kann maximal bis zur im Ansässigkeitsstaat zu zahlende Steuer angerechnet werden, die Differenz zwischen inländischer und ausländischer Steuer wird somit zum Kostenfaktor (Anrechnungshöchstbetrag).
3. Beim Tax Sparing Credit hat der Ansässigkeitsstaat jene Steuer anzurechnen, die im Quellenstaat zu zahlen gewesen wäre, wenn dort nicht aufgrund innerstaatlicher Begünstigungen eine Reduktion der Quellensteuer gewährt worden wäre. Der Matching Credit legt auf Ebene des DBA fest, in welcher Höhe der Ansässigkeitsstaat eine Steueranrechnung vorzunehmen hat, ungeachtet dessen, wie hoch die tatsächlich im Quellenstaat gezahlte Steuer war.
4. Wurde noch kein DBA abgeschlossen oder verfehlt ein DBA die Vermeidung einer Doppelbesteuerung, so besteht gem § 48 (5) BAO die Möglichkeit, ausländische Einkünfte entweder von der inländischen Abgabenerhebung zu befreien oder ausländische Steuer auf die inländische Steuer anzurechnen, soweit dies zur Vermeidung einer tatsächlich auftretenden Doppelbesteuerung erforderlich ist. § 48 (5) BAO kann entweder aufgrund der dazu ergangenen DoppelbesteuerungsV (BGBl II 2002/474) direkt im Wege der Geltendmachung durch den Steuerpflichtigen in der Steuererklärung zur Anwendung kommen oder auf Antrag der Partei, wenn die Voraussetzungen der V nicht erfüllt sind.

**Lösungen zu den Fragen des Teil II, Zweiter Abschnitt, E.**

1. Das Diskriminierungsverbot verbietet bestimmte Formen von Ungleichbehandlungen.
2. Das am häufigsten vorkommende Verständigungsverfahren ist das Verständigungsverfahren in Einzelfällen. Hier werden meist im bilateralen Wege Sachverhalte geklärt. Daneben besteht auch die Möglichkeit, Konflikte zwischen zwei oder mehreren Steuerverwaltungen im Wege eines allgemeinen Konsultationsverfahrens zu lösen. Schließlich besteht als dritte Form eines Verständigungsverfahrens auch die Alternative, dass sich die Vertragsstaaten darüber einigen, wie eine Doppelbesteuerung in Fällen vermieden werden kann, die im Abkommen nicht behandelt werden. Zwischen den EU-Mitgliedstaaten ist zudem ein Schiedsübereinkommen abgeschlossen worden, welches für Verständigungsverfahren im Rahmen von Verrechnungspreiskonflikten Anwendung findet. Ab 1. 7. 2019 findet darüber hinaus für Besteuerungskonflikte innerhalb der EU das EU-Besteuerungsstreitbeilegungsgesetz Anwendung, in welchem strenge Fristen für das Tätigwerden der zuständigen Behörden vorgesehen sind. Können sich die betroffenen Staaten auf keine Verständigungslösung einigen, so sind sie dazu verpflichtet, den Konflikt durch ein Schiedsgericht zu entscheiden.
3. Grundsätzlich lässt sich in der DBA-Praxis zwischen der „großen Klausel" und der „kleinen Klausel" betreffend den Informationsaustausch unterscheiden: Die „große Klausel" normiert, dass die zuständigen Behörden der Vertragsstaaten die Informationen austauschen, die zur Durchführung

dieses Abkommens oder des innerstaatlichen Rechts der Vertragsstaaten betreffend Steuern jeder Art und Bezeichnung, die für Rechnung der Vertragsstaaten oder ihrer Gebietskörperschaften erhoben werden, erforderlich sind. Die „kleine Klausel" sieht vor, dass nur jene Informationen ausgetauscht werden, die zur Durchführung dieses Abkommens erforderlich sind. Daneben hat sich auch der OECD-Standard betreffend Transparenz und Amtshilfebereitschaft gemäß dem OECD-MA idF 2010 entwickelt. Dieser sieht einen umfassenden Informationsaustausch vor, wobei die Bankgeheimnisgesetzgebung eines Staates keinen Hinderungsgrund für den Informationsaustausch darstellen darf. Der automatische Informationsaustausch ist innerhalb der EU betreffend bestimmte Kategorien von Einkünften sowie betreffend Finanzkonten anwendbar. Darüber hinaus sind die Mitgliedstaaten verpflichtet, Vorabauskünfte („Rulings") untereinander auszutauschen. Weiters erfolgt ein automatischer Informationsaustausch von CbC-Reports. Schließlich werden ab 1. 7. 2020 meldepflichtige Gestaltungen innerhalb der EU ausgetauscht.

Im Verhältnis zu Drittstaaten erfolgte die weltweite Umsetzung des automatischen Informationsaustausches im Wege des neuen einheitlichen globalen Amtshilfestandards der OECD. Seit 2018 erfolgt ein Austausch von Bankinformationen mit jenen Staaten, die in § 2 der Verordnung des Bundesministers für Finanzen über die Liste der teilnehmenden Staaten genannt sind. Darüber hinaus werden auch Vorabauskünfte und CbC-Reports mit Drittstaaten ausgetauscht.

**Lösungen zu den Fragen des Teil III, A.**

1. Der österreichische Arbeitgeber hat einen Lohnsteuerabzug gem § 70 EStG vorzunehmen.
2. Der ausländische Arbeitgeber hat im Falle einer Lohnsteuerbetriebstätte gem § 81 EStG einen Lohnsteuerabzug vorzunehmen. Besteht keine Lohnsteuerbetriebstätte, kann von beschränkt steuerpflichtigen Arbeitnehmern die Einkommensteuer freiwillig durch Abzug vom Arbeitslohn (Lohnsteuer) erhoben werden.
3. Unselbständig Beschäftigte, die Tätigkeiten iSd § 99 (1) Z 1 EStG ausüben, unterliegen nicht dem tarifmäßigen Lohnsteuerabzug, sondern es kommt ein besonderer Steuerabzug gem § 70 (2) Z 2 EStG zur Anwendung.

**Lösung zur Frage des Teil III, B.**

1. Einkünfte aus Kapitalvermögen von beschränkt Steuerpflichtigen unterliegen grundsätzlich unter den gleichen Bedingungen dem KESt-Abzug wie im Falle unbeschränkt Steuerpflichtiger. Zu beachten ist, dass der Umfang der Steuerpflicht bei Kapitalerträgen bei Steuerausländern geringer ist als bei Steuerinländern. Für dem KESt-Abzug unterliegende beschränkt steuerpflichtige Kapitalerträge besteht auch die Möglichkeit einer Antragsveranlagung, wobei es hierbei zur Hinzurechnung des Betrages von 9.000 € kommt. Im Falle der Antragsveranlagung besteht erst beim Überschreiten der 2.000 €-Grenze Steuerpflicht.

**Lösungen zu den Fragen des Teil III, C.**

1. Unter Z 1 sind Einkünfte aus im Inland ausgeübter oder verwerteter Tätigkeit als Schriftsteller, Vortragender, Künstler, Architekt, Sportler, Artist oder Mitwirkender an Unterhaltungsdarbietungen erfasst. Z 2 beinhaltet Gewinnanteile von Mitunternehmern einer ausländischen Gesellschaft, die an einer inländischen Personengesellschaft beteiligt ist, wenn die dahinterstehenden Personen nicht bekannt sind. Einkünfte aus der Überlassung oder Verwertung von Rechten unterliegen gem Z 3 dem besonderen Steuerabzug und Aufsichtsratsvergütungen (Z 4), Einkünfte aus im Inland ausgeübter kaufmännischer oder technischer Beratung sowie Einkünfte aus der Gestellung von Arbeitskräften zur inländischen Arbeitsausübung (Z 5) und Einkünfte bestimmter ausländischer Immobilienfonds aus inländischen Immobilien (Z 6) unterliegen ebenfalls § 99 EStG. Seit dem BudBG 2011 sind auch Gewinnanteile aus einer stillen Beteiligung an einem österreichischen Unternehmen vom besonderen Steuerabzug erfasst.

2. Bei der Bruttoabzugsbesteuerung unterliegt der volle Betrag der Einnahmen (einschließlich aller Kostenersätze und Sachbezüge) der Abzugssteuer gem § 100 (1) EStG iHv 20 %. Betriebsausgaben oder Werbungskosten können bei der Bruttoabzugsbesteuerung erst im Veranlagungsweg geltend gemacht werden.

3. Bei der Nettoabzugsbesteuerung, die nur für Einkünfte zur Anwendung kommen kann, die in der EU bzw dem EWR-Raum Ansässigen zufließen, besteht die Möglichkeit der Berücksichtigung von Betriebsausgaben oder Werbungskosten bereits im Zeitpunkt des Steuerabzugs. Voraussetzung für die unmittelbare Berücksichtigung ist, dass
   - es sich bei den Aufwendungen um mit den Einnahmen in unmittelbarem Zusammenhang stehende Ausgaben handelt und
   - der Einkünfteempfänger die Betriebsausgaben oder Werbungskosten dem Abzugsverpflichteten noch vor Auszahlung schriftlich mitteilt.

   Die Abzugssteuer beträgt im Falle der Nettoabzugsbesteuerung gem § 100 (1) EStG 25 %. Ein nachgelagertes Veranlagungsverfahren steht dem beschränkt Steuerpflichtigen jedenfalls offen. Ist der Empfänger der vom beschränkt Steuerpflichtigen als Ausgaben geltend gemachten Beträge selbst in Österreich beschränkt steuerpflichtig, ist ein Abzug nur dann zulässig, wenn die steuerliche Erfassung beim Empfänger der Ausgaben ausreichend sichergestellt ist.

# Anhang
# OECD-Musterabkommen 2017

**Convention between (State A) and (State B)**

**for the elimination of double taxation with respect to taxes on income and on capital and the prevention of tax evasion and avoidance**

*Chapter I*

## SCOPE OF THE CONVENTION

### ARTICLE 1

### PERSONS COVERED

1. This Convention shall apply to persons who are residents of one or both of the Contracting States.
2. For the purposes of this Convention, income derived by or through an entity or arrangement that is treated as wholly or partly fiscally transparent under the tax law of either Contracting State shall be considered to be income of a resident of a Contracting State but only to the extent that the income is treated, for purposes of taxation by that State, as the income of a resident of that State.
3. This Convention shall not affect the taxation, by a Contracting State, of its residents except with respect to the benefits granted under paragraph 3 of Article 7, paragraph 2 of Article 9 and Articles 19, 20, 23 [A] [B], 24, 25 and 28.

### ARTICLE 2

### TAXES COVERED

1. This Convention shall apply to taxes on income and on capital imposed on behalf of a Contracting State or of its political subdivisions or local authorities, irrespective of the manner in which they are levied.
2. There shall be regarded as taxes on income and on capital all taxes imposed on total income, on total capital, or on elements of income or of capital, including taxes on gains from the alienation of movable or immovable property, taxes on the total amounts of wages or salaries paid by enterprises, as well as taxes on capital appreciation.
3. The existing taxes to which the Convention shall apply are in particular:

   *a)* (in State A): ..........................................

   *b)* (in State B): ..........................................
4. The Convention shall apply also to any identical or substantially similar taxes that are imposed after the date of signature of the Convention in addition to, or in place of, the existing taxes. The competent authorities of the Contracting States shall notify each other of any significant changes that have been made in their taxation laws.

*Chapter II*

## DEFINITIONS

### ARTICLE 3

### GENERAL DEFINITIONS

1. For the purposes of this Convention, unless the context otherwise requires:

*a)* the term "person" includes an individual, a company and any other body of persons;

*b)* the term "company" means any body corporate or any entity that is treated as a body corporate for tax purposes;

*c)* the term "enterprise" applies to the carrying on of any business;

*d)* the terms "enterprise of a Contracting State" and "enterprise of the other Contracting State" mean respectively an enterprise carried on by a resident of a Contracting State and an enterprise carried on by a resident of the other Contracting State;

*e)* the term "international traffic" means any transport by a ship or aircraft except when the ship or aircraft is operated solely between places in a Contracting State and the enterprise that operates the ship or aircraft is not an enterprise of that State;

*f)* the term "competent authority" means:

*(i)* (in State A): ...............................

*(ii)* (in State B): ...............................

*g)* the term "national", in relation to a Contracting State, means:

*(i)* any individual possessing the nationality or citizenship of that Contracting State; and

*(ii)* any legal person, partnership or association deriving its status as such from the laws in force in that Contracting State;

*h)* the term "business" includes the performance of professional services and of other activities of an independent character.

*i)* the term "recognised pension fund" of a State means an entity or arrangement established in that State that is treated as a separate person under the taxation laws of that State and:

*(i)* that is established and operated exclusively or almost exclusively to administer or provide retirement benefits and ancillary or incidental benefits to individuals and that is regulated as such by that State or one of its political subdivisions or local authorities; or

*(ii)* that is established and operated exclusively or almost exclusively to invest funds for the benefit of entities or arrangements referred to in subdivision *(i)*.

2. As regards the application of the Convention at any time by a Contracting State, any term not defined therein shall, unless the context otherwise requires or the competent authorities agree to a different meaning pursuant to the provisions of Article 25, have the meaning that it has at that time under the law of that State for the purposes of the taxes to which the Convention applies, any meaning under the applicable tax laws of that State prevailing over a meaning given to the term under other laws of that State.

## ARTICLE 4

## RESIDENT

1. For the purposes of this Convention, the term "resident of a Contracting State" means any person who, under the laws of that State, is liable to tax therein by reason of his domicile, residence, place of management or any other criterion of a similar nature, and also includes that State and any political subdivision or local authority thereof as well as a recognised pension fund of that State. This term, however, does not include any person who is liable to tax in that State in respect only of income from sources in that State or capital situated therein.

2. Where by reason of the provisions of paragraph 1 an individual is a resident of both Contracting States, then his status shall be determined as follows:

   *a)* he shall be deemed to be a resident only of the State in which he has a permanent home available to him; if he has a permanent home available to him in both States, he shall be deemed to be a resident only of the State with which his personal and economic relations are closer (centre of vital interests);

   *b)* if the State in which he has his centre of vital interests cannot be determined, or if he has not a permanent home available to him in either State, he shall be deemed to be a resident only of the State in which he has an habitual abode;

   *c)* if he has an habitual abode in both States or in neither of them, he shall be deemed to be a resident only of the State of which he is a national;

   *d)* if he is a national of both States or of neither of them, the competent authorities of the Contracting States shall settle the question by mutual agreement.

3. Where by reason of the provisions of paragraph 1 a person other than an individual is a resident of both Contracting States, the competent authorities of the Contracting States shall endeavour to determine by mutual agreement the Contracting State of which such person shall be deemed to be a resident for the purposes of the Convention, having regard to its place of effective management, the place where it is incorporated or otherwise constituted and any other relevant factors. In the absence of such agreement, such person shall not be entitled to any relief or exemption from tax provided by this Convention except to the extent and in such manner as may be agreed upon by the competent authorities of the Contracting States.

## ARTICLE 5

## PERMANENT ESTABLISHMENT

1. For the purposes of this Convention, the term "permanent establishment" means a fixed place of business through which the business of an enterprise is wholly or partly carried on.

2. The term "permanent establishment" includes especially:

   *a)* a place of management;

   *b)* a branch;

   *c)* an office;

   *d)* a factory;

   *e)* a workshop, and

   *f)* a mine, an oil or gas well, a quarry or any other place of extraction of natural resources.

3. A building site or construction or installation project constitutes a permanent establishment only if it lasts more than twelve months.

4. Notwithstanding the preceding provisions of this Article, the term "permanent establishment" shall be deemed not to include:

   *a)* the use of facilities solely for the purpose of storage, display or delivery of goods or merchandise belonging to the enterprise;

   *b)* the maintenance of a stock of goods or merchandise belonging to the enterprise solely for the purpose of storage, display or delivery;

   *c)* the maintenance of a stock of goods or merchandise belonging to the enterprise solely for the purpose of processing by another enterprise;

   *d)* the maintenance of a fixed place of business solely for the purpose of purchasing goods or merchandise or of collecting information, for the enterprise;

   *e)* the maintenance of a fixed place of business solely for the purpose of carrying on, for the enterprise, any other activity;

   *f)* the maintenance of a fixed place of business solely for any combination of activities mentioned in subparagraphs *a)* to *e),*

provided that such activity or, in the case of subparagraph *f)*, the overall activity of the fixed place of business, is of a preparatory or auxiliary character.

4.1 Paragraph 4 shall not apply to a fixed place of business that is used or maintained by an enterprise if the same enterprise or a closely related enterprise carries on business activities at the same place or at another place in the same Contracting State

and

*a)* that place or other place constitutes a permanent establishment for the enterprise or the closely related enterprise under the provisions of this Article, or

*b)* the overall activity resulting from the combination of the activities carried on by the two enterprises at the same place, or by the same enterprise or closely related enterprises at the two places, is not of a preparatory or auxiliary character,

provided that the business activities carried on by the two enterprises at the same place, or by the same enterprise or closely related enterprises at the two places, constitute complementary functions that are part of a cohesive business operation.

5. Notwithstanding the provisions of paragraphs 1 and 2 but subject to the provisions of paragraph 6, where a person is acting in a Contracting State on behalf of an enterprise and, in doing so, habitually concludes contracts, or habitually plays the principal role leading to the conclusion of contracts that are routinely concluded without material modification by the enterprise, and these contracts are

   *a)* in the name of the enterprise, or

   *b)* for the transfer of the ownership of, or for the granting of the right to use, property owned by that enterprise or that the enterprise has the right to use, or

   *c)* for the provision of services by that enterprise,

   that enterprise shall be deemed to have a permanent establishment in that State in respect of any activities which that person undertakes for the enterprise, unless the activities of such person are limited to those mentioned in paragraph 4 which, if exercised through a fixed place of business (other than a fixed place of business to which paragraph 4.1 would apply), would not make this fixed place of business a permanent establishment under the provisions of that paragraph.

6. Paragraph 5 shall not apply where the person acting in a Contracting State on behalf of an enterprise of the other Contracting State carries on business in the first- mentioned State as an independent agent and acts for the enterprise in the ordinary course of that business. Where, how-

ever, a person acts exclusively or almost exclusively on behalf of one or more enterprises to which it is closely related, that person shall not be considered to be an independent agent within the meaning of this paragraph with respect to any such enterprise.

7. The fact that a company which is a resident of a Contracting State controls or is controlled by a company which is a resident of the other Contracting State, or which carries on business in that other State (whether through a permanent establishment or otherwise), shall not of itself constitute either company a permanent establishment of the other.

8. For the purposes of this Article, a person or enterprise is closely related to an enterprise if, based on all the relevant facts and circumstances, one has control of the other or both are under the control of the same persons or enterprises. In any case, a person or enterprise shall be considered to be closely related to an enterprise if one possesses directly or indirectly more than 50 per cent of the beneficial interest in the other (or, in the case of a company, more than 50 per cent of the aggregate vote and value of the company's shares or of the beneficial equity interest in the company) or if another person or enterprise possesses directly or indirectly more than 50 per cent of the beneficial interest (or, in the case of a company, more than 50 per cent of the aggregate vote and value of the company's shares or of the beneficial equity interest in the company) in the person and the enterprise or in the two enterprises.

## *Chapter III*

## TAXATION OF INCOME

### ARTICLE 6

### INCOME FROM IMMOVABLE PROPERTY

1. Income derived by a resident of a Contracting State from immovable property (including income from agriculture or forestry) situated in the other Contracting State may be taxed in that other State.

2. The term "immovable property" shall have the meaning which it has under the law of the Contracting State in which the property in question is situated. The term shall in any case include property accessory to immovable property, livestock and equipment used in agriculture and forestry, rights to which the provisions of general law respecting landed property apply, usufruct of immovable property and rights to variable or fixed payments as consideration for the working of, or the right to work, mineral deposits, sources and other natural resources; ships and aircraft shall not be regarded as immovable property.

3. The provisions of paragraph 1 shall apply to income derived from the direct use, letting, or use in any other form of immovable property.

4. The provisions of paragraphs 1 and 3 shall also apply to the income from immovable property of an enterprise.

### ARTICLE 7

### BUSINESS PROFITS

1. Profits of an enterprise of a Contracting State shall be taxable only in that State unless the enterprise carries on business in the other Contracting State through a permanent establishment situated therein. If the enterprise carries on business as aforesaid, the profits that are attributable to the

permanent establishment in accordance with the provisions of paragraph 2 may be taxed in that other State.

2. For the purposes of this Article and Article [23 A] [23 B], the profits that are attributable in each Contracting State to the permanent establishment referred to in paragraph 1 are the profits it might be expected to make, in particular in its dealings with other parts of the enterprise, if it were a separate and independent enterprise engaged in the same or similar activities under the same or similar conditions, taking into account the functions performed, assets used and risks assumed by the enterprise through the permanent establishment and through the other parts of the enterprise.
3. Where, in accordance with paragraph 2, a Contracting State adjusts the profits that are attributable to a permanent establishment of an enterprise of one of the Contracting States and taxes accordingly profits of the enterprise that have been charged to tax in the other State, the other State shall, to the extent necessary to eliminate double taxation on these profits, make an appropriate adjustment to the amount of the tax charged on those profits. In determining such adjustment, the competent authorities of the Contracting States shall if necessary consult each other.
4. Where profits include items of income which are dealt with separately in other Articles of this Convention, then the provisions of those Articles shall not be affected by the provisions of this Article.

## ARTICLE 8

## INTERNATIONAL SHIPPING AND AIR TRANSPORT

1. Profits of an enterprise of a Contracting State from the operation of ships or aircraft in international traffic shall be taxable only in that State.
2. The provisions of paragraph 1 shall also apply to profits from the participation in a pool, a joint business or an international operating agency.

## ARTICLE 9

## ASSOCIATED ENTERPRISES

1. Where

   *a)* an enterprise of a Contracting State participates directly or indirectly in the management, control or capital of an enterprise of the other Contracting State, or

   *b)* the same persons participate directly or indirectly in the management, control or capital of an enterprise of a Contracting State and an enterprise of the other Contracting State,

   and in either case conditions are made or imposed between the two enterprises in their commercial or financial relations which differ from those which would be made between independent enterprises, then any profits which would, but for those conditions, have accrued to one of the enterprises, but, by reason of those conditions, have not so accrued, may be included in the profits of that enterprise and taxed accordingly.
2. Where a Contracting State includes in the profits of an enterprise of that State — and taxes accordingly — profits on which an enterprise of the other Contracting State has been charged to tax in that other State and the profits so included are profits which would have accrued to the enterprise of the first-mentioned State if the conditions made between the two enterprises had been those which would have been made between independent enterprises, then that other State shall make an appropriate adjustment to the amount of the tax charged therein on those profits. In determining such adjustment, due regard shall be had to the other provisions of this Convention and the competent authorities of the Contracting States shall if necessary consult each other.

## ARTICLE 10

## DIVIDENDS

1. Dividends paid by a company which is a resident of a Contracting State to a resident of the other Contracting State may be taxed in that other State.

2. However, dividends paid by a company which is a resident of a Contracting State may also be taxed in that State according to the laws of that State, but if the beneficial owner of the dividends is a resident of the other Contracting State, the tax so charged shall not exceed:

   *a)* 5 per cent of the gross amount of the dividends if the beneficial owner is a company which holds directly at least 25 per cent of the capital of the company paying the dividends throughout a 365 day period that includes the day of the payment of the dividend (for the purpose of computing that period, no account shall be taken of changes of ownership that would directly result from a corporate reorganisation, such as a merger or divisive reorganisation, of the company that holds the shares or that pays the dividend);

   *b)* 15 per cent of the gross amount of the dividends in all other cases.

   The competent authorities of the Contracting States shall by mutual agreement settle the mode of application of these limitations. This paragraph shall not affect the taxation of the company in respect of the profits out of which the dividends are paid.

3. The term "dividends" as used in this Article means income from shares, "jouissance" shares or "jouissance" rights, mining shares, founders' shares or other rights, not being debt-claims, participating in profits, as well as income from other corporate rights which is subjected to the same taxation treatment as income from shares by the laws of the State of which the company making the distribution is a resident.

4. The provisions of paragraphs 1 and 2 shall not apply if the beneficial owner of the dividends, being a resident of a Contracting State, carries on business in the other Contracting State of which the company paying the dividends is a resident through a permanent establishment situated therein and the holding in respect of which the dividends are paid is effectively connected with such permanent establishment. In such case the provisions of Article 7 shall apply.

5. Where a company which is a resident of a Contracting State derives profits or income from the other Contracting State, that other State may not impose any tax on the dividends paid by the company, except insofar as such dividends are paid to a resident of that other State or insofar as the holding in respect of which the dividends are paid is effectively connected with a permanent establishment situated in that other State, nor subject the company's undistributed profits to a tax on the company's undistributed profits, even if the dividends paid or the undistributed profits consist wholly or partly of profits or income arising in such other State.

## ARTICLE 11

## INTEREST

1. Interest arising in a Contracting State and paid to a resident of the other Contracting State may be taxed in that other State.

2. However, interest arising in a Contracting State may also be taxed in that State according to the laws of that State, but if the beneficial owner of the interest is a resident of the other Contracting State, the tax so charged shall not exceed 10 per cent of the gross amount of the interest. The competent authorities of the Contracting States shall by mutual agreement settle the mode of application of this limitation.

3. The term "interest" as used in this Article means income from debt-claims of every kind, whether or not secured by mortgage and whether or not carrying a right to participate in the debtor's profits, and in particular, income from government securities and income from bonds or debentures, including premiums and prizes attaching to such securities, bonds or debentures. Penalty charges for late payment shall not be regarded as interest for the purpose of this Article.
4. The provisions of paragraphs 1 and 2 shall not apply if the beneficial owner of the interest, being a resident of a Contracting State, carries on business in the other Contracting State in which the interest arises through a permanent establishment situated therein and the debt-claim in respect of which the interest is paid is effectively connected with such permanent establishment. In such case the provisions of Article 7 shall apply.
5. Interest shall be deemed to arise in a Contracting State when the payer is a resident of that State. Where, however, the person paying the interest, whether he is a resident of a Contracting State or not, has in a Contracting State a permanent establishment in connection with which the indebtedness on which the interest is paid was incurred, and such interest is borne by such permanent establishment, then such interest shall be deemed to arise in the State in which the permanent establishment is situated.
6. Where, by reason of a special relationship between the payer and the beneficial owner or between both of them and some other person, the amount of the interest, having regard to the debt-claim for which it is paid, exceeds the amount which would have been agreed upon by the payer and the beneficial owner in the absence of such relationship, the provisions of this Article shall apply only to the last-mentioned amount. In such case, the excess part of the payments shall remain taxable according to the laws of each Contracting State, due regard being had to the other provisions of this Convention.

## ARTICLE 12

## ROYALTIES

1. Royalties arising in a Contracting State and beneficially owned by a resident of the other Contracting State shall be taxable only in that other State.
2. The term "royalties" as used in this Article means payments of any kind received as a consideration for the use of, or the right to use, any copyright of literary, artistic or scientific work including cinematograph films, any patent, trade mark, design or model, plan, secret formula or process, or for information concerning industrial, commercial or scientific experience.
3. The provisions of paragraph 1 shall not apply if the beneficial owner of the royalties, being a resident of a Contracting State, carries on business in the other Contracting State in which the royalties arise through a permanent establishment situated therein and the right or property in respect of which the royalties are paid is effectively connected with such permanent establishment. In such case the provisions of Article 7 shall apply.
4. Where, by reason of a special relationship between the payer and the beneficial owner or between both of them and some other person, the amount of the royalties, having regard to the use, right or information for which they are paid, exceeds the amount which would have been agreed upon by the payer and the beneficial owner in the absence of such relationship, the provisions of this Article shall apply only to the last-mentioned amount. In such case, the excess part of the payments shall remain taxable according to the laws of each Contracting State, due regard being had to the other provisions of this Convention.

## ARTICLE 13

## CAPITAL GAINS

1. Gains derived by a resident of a Contracting State from the alienation of immovable property referred to in Article 6 and situated in the other Contracting State may be taxed in that other State.
2. Gains from the alienation of movable property forming part of the business property of a permanent establishment which an enterprise of a Contracting State has in the other Contracting State, including such gains from the alienation of such a permanent establishment (alone or with the whole enterprise), may be taxed in that other State.
3. Gains that an enterprise of a Contracting State that operates ships or aircraft in international traffic derives from the alienation of such ships or aircraft, or of movable property pertaining to the operation of such ships or aircraft, shall be taxable only in that State.
4. Gains derived by a resident of a Contracting State from the alienation of shares or comparable interests, such as interests in a partnership or trust, may be taxed in the other Contracting State if, at any time during the 365 days preceding the alienation, these shares or comparable interests derived more than 50 per cent of their value directly or indirectly from immovable property, as defined in Article 6, situated in that other State.
5. Gains from the alienation of any property, other than that referred to in paragraphs 1, 2, 3 and 4, shall be taxable only in the Contracting State of which the alienator is a resident.

## [ARTICLE 14 - INDEPENDENT PERSONAL SERVICES ]

[DELETED]

## ARTICLE 15

## INCOME FROM EMPLOYMENT

1. Subject to the provisions of Articles 16, 18 and 19, salaries, wages and other similar remuneration derived by a resident of a Contracting State in respect of an employment shall be taxable only in that State unless the employment is exercised in the other Contracting State. If the employment is so exercised, such remuneration as is derived therefrom may be taxed in that other State.
2. Notwithstanding the provisions of paragraph 1, remuneration derived by a resident of a Contracting State in respect of an employment exercised in the other Contracting State shall be taxable only in the first-mentioned State if:
   *a)* the recipient is present in the other State for a period or periods not exceeding in the aggregate 183 days in any twelve month period commencing or ending in the fiscal year concerned, and
   *b)* the remuneration is paid by, or on behalf of, an employer who is not a resident of the other State, and
   *c)* the remuneration is not borne by a permanent establishment which the employer has in the other State.
3. Notwithstanding the preceding provisions of this Article, remuneration derived by a resident of a Contracting State in respect of an employment, as a member of the regular complement of a ship or aircraft, that is exercised aboard a ship or aircraft operated in international traffic, other than aboard a ship or aircraft operated solely within the other Contracting State, shall be taxable only in the first-mentioned State.

## ARTICLE 16

## DIRECTORS' FEES

Directors' fees and other similar payments derived by a resident of a Contracting State in his capacity as a member of the board of directors of a company which is a resident of the other Contracting State may be taxed in that other State.

## ARTICLE 17

## ENTERTAINERS AND SPORTSPERSONS

1. Notwithstanding the provisions of Article 15, income derived by a resident of a Contracting State as an entertainer, such as a theatre, motion picture, radio or television artiste, or a musician, or as a sportsperson, from that resident's personal activities as such exercised in the other Contracting State, may be taxed in that other State.
2. Where income in respect of personal activities exercised by an entertainer or a sportsperson acting as such accrues not to the entertainer or sportsperson but to another person, that income may, notwithstanding the provisions of Article 15, be taxed in the Contracting State in which the activities of the entertainer or sportsperson are exercised.

## ARTICLE 18

## PENSIONS

Subject to the provisions of paragraph 2 of Article 19, pensions and other similar remuneration paid to a resident of a Contracting State in consideration of past employment shall be taxable only in that State.

## ARTICLE 19

## GOVERNMENT SERVICE

1. *a)* Salaries, wages and other similar remuneration paid by a Contracting State or a political subdivision or a local authority thereof to an individual in respect of services rendered to that State or subdivision or authority shall be taxable only in that State.

   *b)* However, such salaries, wages and other similar remuneration shall be taxable only in the other Contracting State if the services are rendered in that State and the individual is a resident of that State who:

   *(i)* is a national of that State; or

   *(ii)* did not become a resident of that State solely for the purpose of rendering the services.
2. *a)* Notwithstanding the provisions of paragraph 1, pensions and other similar remuneration paid by, or out of funds created by, a Contracting State or a political subdivision or a local authority thereof to an individual in respect of services rendered to that State or subdivision or authority shall be taxable only in that State.

   *b)* However, such pensions and other similar remuneration shall be taxable only in the other Contracting State if the individual is a resident of, and a national of, that State.

3. The provisions of Articles 15, 16, 17, and 18 shall apply to salaries, wages, pensions, and other similar remuneration in respect of services rendered in connection with a business carried on by a Contracting State or a political subdivision or a local authority thereof.

## ARTICLE 20

## STUDENTS

Payments which a student or business apprentice who is or was immediately before visiting a Contracting State a resident of the other Contracting State and who is present in the first-mentioned State solely for the purpose of his education or training receives for the purpose of his maintenance, education or training shall not be taxed in that State, provided that such payments arise from sources outside that State.

## ARTICLE 21

## OTHER INCOME

1. Items of income of a resident of a Contracting State, wherever arising, not dealt with in the foregoing Articles of this Convention shall be taxable only in that State.
2. The provisions of paragraph 1 shall not apply to income, other than income from immovable property as defined in paragraph 2 of Article 6, if the recipient of such income, being a resident of a Contracting State, carries on business in the other Contracting State through a permanent establishment situated therein and the right or property in respect of which the income is paid is effectively connected with such permanent establishment. In such case the provisions of Article 7 shall apply.

*Chapter IV*

# TAXATION OF CAPITAL

## ARTICLE 22

## CAPITAL

1. Capital represented by immovable property referred to in Article 6, owned by a resident of a Contracting State and situated in the other Contracting State, may be taxed in that other State.
2. Capital represented by movable property forming part of the business property of a permanent establishment which an enterprise of a Contracting State has in the other Contracting State may be taxed in that other State.
3. Capital of an enterprise of a Contracting State that operates ships or aircraft in international traffic represented by such ships or aircraft, and by movable property pertaining to the operation of such ships or aircraft, shall be taxable only in that State.
4. All other elements of capital of a resident of a Contracting State shall be taxable only in that State.

*Chapter V*

## METHODS FOR ELIMINATION OF DOUBLE TAXATION

### ARTICLE 23 A

### EXEMPTION METHOD

1. Where a resident of a Contracting State derives income or owns capital which may be taxed in the other Contracting State in accordance with the provisions of this Convention (except to the extent that these provisions allow taxation by that other State solely because the income is also income derived by a resident of that State or because the capital is also capital owned by a resident of that State), the first- mentioned State shall, subject to the provisions of paragraphs 2 and 3, exempt such income or capital from tax.
2. Where a resident of a Contracting State derives items of income which may be taxed in the other Contracting State in accordance with the provisions of Articles 10 and 11 (except to the extent that these provisions allow taxation by that other State solely because the income is also income derived by a resident of that State), the first- mentioned State shall allow as a deduction from the tax on the income of that resident an amount equal to the tax paid in that other State. Such deduction shall not, however, exceed that part of the tax, as computed before the deduction is given, which is attributable to such items of income derived from that other State.
3. Where in accordance with any provision of the Convention income derived or capital owned by a resident of a Contracting State is exempt from tax in that State, such State may nevertheless, in calculating the amount of tax on the remaining income or capital of such resident, take into account the exempted income or capital.
4. The provisions of paragraph 1 shall not apply to income derived or capital owned by a resident of a Contracting State where the other Contracting State applies the provisions of this Convention to exempt such income or capital from tax or applies the provisions of paragraph 2 of Article 10 or 11 to such income.

### ARTICLE 23 B

### CREDIT METHOD

1. Where a resident of a Contracting State derives income or owns capital which may be taxed in the other Contracting State in accordance with the provisions of this Convention (except to the extent that these provisions allow taxation by that other State solely because the income is also income derived by a resident of that State or because the capital is also capital owned by a resident of that State), the first- mentioned State shall allow:

   *a)* as a deduction from the tax on the income of that resident, an amount equal to the income tax paid in that other State;

   *b)* as a deduction from the tax on the capital of that resident, an amount equal to the capital tax paid in that other State.

   Such deduction in either case shall not, however, exceed that part of the income tax or capital tax, as computed before the deduction is given, which is attributable, as the case may be, to the income or the capital which may be taxed in that other State.
2. Where in accordance with any provision of the Convention income derived or capital owned by a resident of a Contracting State is exempt from tax in that State, such State may nevertheless, in

calculating the amount of tax on the remaining income or capital of such resident, take into account the exempted income or capital.

*Chapter VI*

## SPECIAL PROVISIONS

## ARTICLE 24

## NON-DISCRIMINATION

1. Nationals of a Contracting State shall not be subjected in the other Contracting State to any taxation or any requirement connected therewith, which is other or more burdensome than the taxation and connected requirements to which nationals of that other State in the same circumstances, in particular with respect to residence, are or may be subjected. This provision shall, notwithstanding the provisions of Article 1, also apply to persons who are not residents of one or both of the Contracting States.
2. Stateless persons who are residents of a Contracting State shall not be subjected in either Contracting State to any taxation or any requirement connected therewith, which is other or more burdensome than the taxation and connected requirements to which nationals of the State concerned in the same circumstances, in particular with respect to residence, are or may be subjected.
3. The taxation on a permanent establishment which an enterprise of a Contracting State has in the other Contracting State shall not be less favourably levied in that other State than the taxation levied on enterprises of that other State carrying on the same activities. This provision shall not be construed as obliging a Contracting State to grant to residents of the other Contracting State any personal allowances, reliefs and reductions for taxation purposes on account of civil status or family responsibilities which it grants to its own residents.
4. Except where the provisions of paragraph 1 of Article 9, paragraph 6 of Article 11, or paragraph 4 of Article 12, apply, interest, royalties and other disbursements paid by an enterprise of a Contracting State to a resident of the other Contracting State shall, for the purpose of determining the taxable profits of such enterprise, be deductible under the same conditions as if they had been paid to a resident of the first-mentioned State. Similarly, any debts of an enterprise of a Contracting State to a resident of the other Contracting State shall, for the purpose of determining the taxable capital of such enterprise, be deductible under the same conditions as if they had been contracted to a resident of the first-mentioned State.
5. Enterprises of a Contracting State, the capital of which is wholly or partly owned or controlled, directly or indirectly, by one or more residents of the other Contracting State, shall not be subjected in the first-mentioned State to any taxation or any requirement connected therewith which is other or more burdensome than the taxation and connected requirements to which other similar enterprises of the first- mentioned State are or may be subjected.
6. The provisions of this Article shall, notwithstanding the provisions of Article 2, apply to taxes of every kind and description.

## ARTICLE 25

## MUTUAL AGREEMENT PROCEDURE

1. Where a person considers that the actions of one or both of the Contracting States result or will result for him in taxation not in accordance with the provisions of this Convention, he may, irrespective of the remedies provided by the domestic law of those States, present his case to the com-

petent authority of either Contracting State. The case must be presented within three years from the first notification of the action resulting in taxation not in accordance with the provisions of the Convention.

2. The competent authority shall endeavour, if the objection appears to it to be justified and if it is not itself able to arrive at a satisfactory solution, to resolve the case by mutual agreement with the competent authority of the other Contracting State, with a view to the avoidance of taxation which is not in accordance with the Convention. Any agreement reached shall be implemented notwithstanding any time limits in the domestic law of the Contracting States.

3. The competent authorities of the Contracting States shall endeavour to resolve by mutual agreement any difficulties or doubts arising as to the interpretation or application of the Convention. They may also consult together for the elimination of double taxation in cases not provided for in the Convention.

4. The competent authorities of the Contracting States may communicate with each other directly, including through a joint commission consisting of themselves or their representatives, for the purpose of reaching an agreement in the sense of the preceding paragraphs.

5. Where,

   *a)* under paragraph 1, a person has presented a case to the competent authority of a Contracting State on the basis that the actions of one or both of the Contracting States have resulted for that person in taxation not in accordance with the provisions of this Convention, and

   *b)* the competent authorities are unable to reach an agreement to resolve that case pursuant to paragraph 2 within two years from the date when all the information required by the competent authorities in order to address the case has been provided to both competent authorities,

   any unresolved issues arising from the case shall be submitted to arbitration if the person so requests in writing. These unresolved issues shall not, however, be submitted to arbitration if a decision on these issues has already been rendered by a court or administrative tribunal of either State. Unless a person directly affected by the case does not accept the mutual agreement that implements the arbitration decision, that decision shall be binding on both Contracting States and shall be implemented notwithstanding any time limits in the domestic laws of these States. The competent authorities of the Contracting States shall by mutual agreement settle the mode of application of this paragraph.

## ARTICLE 26

## EXCHANGE OF INFORMATION

1. The competent authorities of the Contracting States shall exchange such information as is foreseeably relevant for carrying out the provisions of this Convention or to the administration or enforcement of the domestic laws concerning taxes of every kind and description imposed on behalf of the Contracting States, or of their political subdivisions or local authorities, insofar as the taxation thereunder is not contrary to the Convention. The exchange of information is not restricted by Articles 1 and 2.

2. Any information received under paragraph 1 by a Contracting State shall be treated as secret in the same manner as information obtained under the domestic laws of that State and shall be disclosed only to persons or authorities (including courts and administrative bodies) concerned with the assessment or collection of, the enforcement or prosecution in respect of, the determination of appeals in relation to the taxes referred to in paragraph 1, or the oversight of the above. Such persons or authorities shall use the information only for such purposes. They may disclose the information in public court proceedings or in judicial decisions. Notwithstanding the foregoing, infor-

mation received by a Contracting State may be used for other purposes when such information may be used for such other purposes under the laws of both States and the competent authority of the supplying State authorises such use.

3. In no case shall the provisions of paragraphs 1 and 2 be construed so as to impose on a Contracting State the obligation:

   *a)* to carry out administrative measures at variance with the laws and administrative practice of that or of the other Contracting State;

   *b)* to supply information which is not obtainable under the laws or in the normal course of the administration of that or of the other Contracting State;

   *c)* to supply information which would disclose any trade, business, industrial, commercial or professional secret or trade process, or information the disclosure of which would be contrary to public policy (*ordre public*).

4. If information is requested by a Contracting State in accordance with this Article, the other Contracting State shall use its information gathering measures to obtain the requested information, even though that other State may not need such information for its own tax purposes. The obligation contained in the preceding sentence is subject to the limitations of paragraph 3 but in no case shall such limitations be construed to permit a Contracting State to decline to supply information solely because it has no domestic interest in such information.

5. In no case shall the provisions of paragraph 3 be construed to permit a Contracting State to decline to supply information solely because the information is held by a bank, other financial institution, nominee or person acting in an agency or a fiduciary capacity or because it relates to ownership interests in a person.

## ARTICLE 27

## ASSISTANCE IN THE COLLECTION OF TAXES[1]

1. The Contracting States shall lend assistance to each other in the collection of revenue claims. This assistance is not restricted by Articles 1 and 2. The competent authorities of the Contracting States may by mutual agreement settle the mode of application of this Article.

2. The term "revenue claim" as used in this Article means an amount owed in respect of taxes of every kind and description imposed on behalf of the Contracting States, or of their political subdivisions or local authorities, insofar as the taxation thereunder is not contrary to this Convention or any other instrument to which the Contracting States are parties, as well as interest, administrative penalties and costs of collection or conservancy related to such amount.

3. When a revenue claim of a Contracting State is enforceable under the laws of that State and is owed by a person who, at that time, cannot, under the laws of that State, prevent its collection, that revenue claim shall, at the request of the competent authority of that State, be accepted for purposes of collection by the competent authority of the other Contracting State. That revenue claim shall be collected by that other State in accordance with the provisions of its laws applicable to the enforcement and collection of its own taxes as if the revenue claim were a revenue claim of that other State.

1 In some countries, national law, policy or administrative considerations may not allow or justify the type of assistance envisaged under this Article or may require that this type of assistance be restricted, e.g. to countries that have similar tax systems or tax administrations or as to the taxes covered. For that reason, the Article should only be included in the Convention where each State concludes that, based on the factors described in paragraph 1 of the Commentary on the Article, they can agree to provide assistance in the collection of taxes levied by the other State.

4. When a revenue claim of a Contracting State is a claim in respect of which that State may, under its law, take measures of conservancy with a view to ensure its collection, that revenue claim shall, at the request of the competent authority of that State, be accepted for purposes of taking measures of conservancy by the competent authority of the other Contracting State. That other State shall take measures of conservancy in respect of that revenue claim in accordance with the provisions of its laws as if the revenue claim were a revenue claim of that other State even if, at the time when such measures are applied, the revenue claim is not enforceable in the first- mentioned State or is owed by a person who has a right to prevent its collection.
5. Notwithstanding the provisions of paragraphs 3 and 4, a revenue claim accepted by a Contracting State for purposes of paragraph 3 or 4 shall not, in that State, be subject to the time limits or accorded any priority applicable to a revenue claim under the laws of that State by reason of its nature as such. In addition, a revenue claim accepted by a Contracting State for the purposes of paragraph 3 or 4 shall not, in that State, have any priority applicable to that revenue claim under the laws of the other Contracting State.
6. Proceedings with respect to the existence, validity or the amount of a revenue claim of a Contracting State shall not be brought before the courts or administrative bodies of the other Contracting State.
7. Where, at any time after a request has been made by a Contracting State under paragraph 3 or 4 and before the other Contracting State has collected and remitted the relevant revenue claim to the first-mentioned State, the relevant revenue claim ceases to be
   *a)* in the case of a request under paragraph 3, a revenue claim of the first- mentioned State that is enforceable under the laws of that State and is owed by a person who, at that time, cannot, under the laws of that State, prevent its collection, or
   *b)* in the case of a request under paragraph 4, a revenue claim of the first- mentioned State in respect of which that State may, under its laws, take measures of conservancy with a view to ensure its collection

   the competent authority of the first-mentioned State shall promptly notify the competent authority of the other State of that fact and, at the option of the other State, the first-mentioned State shall either suspend or withdraw its request.
8. In no case shall the provisions of this Article be construed so as to impose on a Contracting State the obligation:
   *a)* to carry out administrative measures at variance with the laws and administrative practice of that or of the other Contracting State;
   *b)* to carry out measures which would be contrary to public policy (*ordre public*);
   *c)* to provide assistance if the other Contracting State has not pursued all reasonable measures of collection or conservancy, as the case may be, available under its laws or administrative practice;
   *d)* to provide assistance in those cases where the administrative burden for that State is clearly disproportionate to the benefit to be derived by the other Contracting State.

## ARTICLE 28

## MEMBERS OF DIPLOMATIC MISSIONS AND CONSULAR POSTS

Nothing in this Convention shall affect the fiscal privileges of members of diplomatic missions or consular posts under the general rules of international law or under the provisions of special agreements.

## ARTICLE 29

## ENTITLEMENT TO BENEFITS[2]

1. [Provision that, subject to paragraphs 3 to 5, restricts treaty benefits to a resident of a Contracting State who is a "qualified person" as defined in paragraph 2].
2. [Definition of situations where a resident is a qualified person, which covers
   - an individual;
   - a Contracting State, its political subdivisions and their agencies and instrumentalities;
   - certain publicly-traded companies and entities;
   - certain affiliates of publicly-listed companies and entities;
   - certain non-profit organisations and recognised pension funds;
   - other entities that meet certain ownership and base erosion requirements;
   - certain collective investment vehicles.]
3. [Provision that provides treaty benefits to certain income derived by a person that is not a qualified person if the person is engaged in the active conduct of a business in its State of residence and the income emanates from, or is incidental to, that business].
4. [Provision that provides treaty benefits to a person that is not a qualified person if at least more than an agreed proportion of that entity is owned by certain persons entitled to equivalent benefits].
5. [Provision that provides treaty benefits to a person that qualifies as a "headquarters company"].
6. [Provision that allows the competent authority of a Contracting State to grant certain treaty benefits to a person where benefits would otherwise be denied under paragraph 1].
7. [Definitions applicable for the purposes of paragraphs 1 to 7].
8. *a)* Where
   *(i)* an enterprise of a Contracting State derives income from the other Contracting State and the first-mentioned State treats such income as attributable to a permanent establishment of the enterprise situated in a third jurisdiction, and
   *(ii)* the profits attributable to that permanent establishment are exempt from tax in the first-mentioned State,

   the benefits of this Convention shall not apply to any item of income on which the tax in the third jurisdiction is less than the lower of [rate to be determined bilaterally] of the amount of that item of income and 60 per cent of the tax that would be imposed in the first-mentioned State on that item of income if that permanent establishment were situated in the first-mentioned State. In such a case any income to which the provisions of this paragraph apply shall remain taxable according to the domestic law of the other State, notwithstanding any other provisions of the Convention.

2 The drafting of this Article will depend on how the Contracting States decide to implement their common intention, reflected in the preamble of the Convention and incorporated in the minimum standard agreed to as part of the OECD/G20 Base Erosion and Profit Shifting Project, to eliminate double taxation without creating opportunities for non-taxation or reduced taxation through tax evasion or avoidance, including through treaty-shopping arrangements. This may be done either through the adoption of paragraph 9 only, through the adoption of the detailed version of paragraphs 1 to 7 that is described in the Commentary on Article 29 together with the implementation of an anti- conduit mechanism as described in paragraph 187 of that Commentary, or through the adoption of paragraph 9 together with any variation of paragraphs 1 to 7 described in the Commentary on Article 29.

*b)* The preceding provisions of this paragraph shall not apply if the income derived from the other State emanates from, or is incidental to, the active conduct of a business carried on through the permanent establishment (other than the business of making, managing or simply holding investments for the enterprise's own account, unless these activities are banking, insurance or securities activities carried on by a bank, insurance enterprise or registered securities dealer, respectively).

*c)* If benefits under this Convention are denied pursuant to the preceding provisions of this paragraph with respect to an item of income derived by a resident of a Contracting State, the competent authority of the other Contracting State may, nevertheless, grant these benefits with respect to that item of income if, in response to a request by such resident, such competent authority determines that granting such benefits is justified in light of the reasons such resident did not satisfy the requirements of this paragraph (such as the existence of losses). The competent authority of the Contracting State to which a request has been made under the preceding sentence shall consult with the competent authority of the other Contracting State before either granting or denying the request

9. Notwithstanding the other provisions of this Convention, a benefit under this Convention shall not be granted in respect of an item of income or capital if it is reasonable to conclude, having regard to all relevant facts and circumstances, that obtaining that benefit was one of the principal purposes of any arrangement or transaction that resulted directly or indirectly in that benefit, unless it is established that granting that benefit in these circumstances would be in accordance with the object and purpose of the relevant provisions of this Convention.

## ARTICLE 30

## TERRITORIAL EXTENSION[3]

1. This Convention may be extended, either in its entirety or with any necessary modifications [to any part of the territory of (State A) or of (State B) which is specifically excluded from the application of the Convention or], to any State or territory for whose international relations (State A) or (State B) is responsible, which imposes taxes substantially similar in character to those to which the Convention applies. Any such extension shall take effect from such date and subject to such modifications and conditions, including conditions as to termination, as may be specified and agreed between the Contracting States in notes to be exchanged through diplomatic channels or in any other manner in accordance with their constitutional procedures.
2. Unless otherwise agreed by both Contracting States, the termination of the Convention by one of them under Article 32 shall also terminate, in the manner provided for in that Article, the application of the Convention [to any part of the territory of (State A) or of (State B) or] to any State or territory to which it has been extended under this Article.

3 The words between brackets are of relevance when, by special provision, a part of the territory of a Contracting State is excluded from the application of the Convention.

*Chapter VII*

## FINAL PROVISIONS

### ARTICLE 31

### ENTRY INTO FORCE

1. This Convention shall be ratified and the instruments of ratification shall be exchanged at .......... as soon as possible.
2. The Convention shall enter into force upon the exchange of instruments of ratification and its provisions shall have effect:

   *a)* (in State A): .......................................

   *b)* (in State B): .......................................

### ARTICLE 32

### TERMINATION

This Convention shall remain in force until terminated by a Contracting State. Either Contracting State may terminate the Convention, through diplomatic channels, by giving notice of termination at least six months before the end of any calendar year after the year ...... In such event, the Convention shall cease to have effect:

*a)* (in State A): .........................................

*b)* (in State B): .........................................

### TERMINAL CLAUSE[4]

4 The terminal clause concerning the signing shall be drafted in accordance with the constitutional procedure of both Contracting States.

# Stichwortverzeichnis

## Verlagsübergreifend gut sortiert

Mehr als 10.000 Werke zu Steuern,
Recht und Wirtschaft.

- Umfangreiche Auswahl an Fachbüchern
- Alle relevanten Neuerscheinungen
- Einfache Auffindbarkeit nach Rechtsgebieten, Autoren und Verlagen
- Versandkostenfreie Lieferung innerhalb Österreichs

LexisNexis®
Weil Vorsprung entscheidet.

shop.lexisnexis.at